한어방언 어음 연구

漢語方言 語音 研究

한어방언 어음 연구

漢語方言　語音　研究

• 모정열 지음 •

서문

漢語方言은 수천 년의 세월을 거치는 동안 거대한 어음상의 변화를 겪어왔다. 뿐만 아니라 방대한 지역에 분포되어 있는 각 지역 방언의 변화 양상은 실로 우리가 상상하기 힘들 정도의 큰 차이를 보이고 있다. 이처럼 장기간에 걸친 거대하고 다양한 변화는 漢語方言을 세계의 언어 중에서도 보기 드문 복잡한 면모를 보이도록 하였다. 漢語方言의 어음 변화 유형은 크게 두 가지로 나누어 볼 수 있는데, 첫 번째는 방언 자체의 내부적 요인 때문에 발생하는 자연적인 변화이고, 두 번째는 주변 방언과의 접촉과 영향으로 인해 발생되는 변화이다. 방언 자체의 내부적 요인 때문에 나타나는 변화는 언어의 일반적 변화 규칙으로 설명될 수 있는 자연스런 역사적 변화이며, 이와 같은 변화가 오랜 기간 누적되어 일정한 수준에 이르면 하나의 독립적인 방언으로 分化하게 되는 것이라고 볼 수 있다. 반면 외래 방언과의 접촉으로 인해 나타나는 변화는 주변 방언의 영향으로 인해 형성되는 변화로서 상당히 복잡한 양상으로 나타난다. 외래 방언의 영향으로 방언 내에 형성된 새로운 언어성분은 본래의 언어성분과 함께 병존할 수도 있고, 본래의 언어성분을 사라지게 할 수도 있다. 이와 같은 변화 역시 오랜 기간 누적되다 보면 방언 체계의 큰 변화를 유도할 수 있다. 방언의 어음 변화는 첫 번째 유형이 변화의 주류인 것은 틀림이 없다. 하지만 중국은 역사상 전쟁이나 기근, 북방민족의 침입, 천도 등의 이유로 북방의 漢族들이 수차례에 걸쳐 대거 남방으로 이동하는 역사를 가지고 있고, 또 지역마다 지역 권위 방언(강세방언)과 지역 토속어(약세방언)가 명확히 구분되는 경우가 많다. 따라서 중국의 漢語方言 중에는 일반적으로 외래 방언의 영향으로 형성된 성분이 일정 부분(혹은 다량) 함유되어 있는 경우가 대부분이며, 이는 漢語方言 어음을 분석하는데 많은 어려움을 가져오는 주요 원인 중 하나라고 할 수 있다. 이 책은 이처럼 복잡다단한 漢語方言 어음에 대해 漢語方言 어음 변화의 보편적 특징과 漢語方言 어음의 전체 면모를 살펴볼 수 있도록 1부와 부록:「漢語 7대 방언의 지역적 분포와 어음 특징」에서 총괄적인 소개를 해 보았다. 그리고 2부에서는 漢語方言 어음 현상의 구체적인 분석 방법과 분석 과정을 실례를 통해 제시해 보았다.

　필자는 1995년 北京大學 대학원 중문과 석사과정에 입학하여 王洪君 교수님의 지도하에 現代와 古代漢語 音韻學, 歷史言語學, 方言學 등에 대한 이론적 토대를 공부하였고, 박사과정에서는 王洪君 교수님의 부군이신 王福堂 교수님의 지도하에서 전문적으로 現代漢語 方言學을 공부하였다. 학위과정 중에는 北京大學 중문과에서 매년 대학원에 진학하는 학부 4학년 학생들과 대학원생들이 참여하여 한 달간 현지에서 진행하는 '方言調査實習'에 3차례(江西省 宜春(贛방언), 廣東省 翁源(客家방언), 江蘇省 呂四(吳방언)) 참여하였고, 또 방언 조사 연습을 위해 교내에서 粵방언 지역이 고향인 학생을 섭외하여 廣東省 茂名(粵방언) 방언을 기록해 본 경험이 있다. 그리고 박사학위논문을 쓰기 위해 2000년 9월부터 약 3개월 동안은 廣東省에 머물면서 당시 韶關大學 교수(현재 中山大學 교수)이셨던 莊初昇 교수님의 도움으로 韶關西河, 南雄百順, 南雄雄州, 曲江犁市, 連州附城 5군데 지역 방언(粵北土話)의 어음을 조사하였다. 漢語가 모어가 아닌 외국인으로서 漢語方言

學을 전공한다는 것이 쉬운 일은 아니었지만, 王洪君 교수님과 王福堂 교수님의 엄격하시면서도 자상하신 지도 덕분에 무사히 마칠 수 있었던 것 같다. 필자가 그동안 漢語方言學과 관련하여 작은 의견이라도 내면서 논문을 쓸 수 있었던 것은 모두 王洪君 교수님과 王福堂 교수님의 가르침 덕분이었다고 할 수 있다. 이 글을 빌어 두 분 교수님께 다시 한 번 머리 숙여 깊은 감사의 마음을 전하고 싶다. 이 책은 그동안 필자가 공부해 왔던 내용을 다듬어서 다시 글로 엮어본 것이다. 여러모로 부족한 글이지만 이 글이 앞으로 漢語方言學과 관련된 연구를 하시는 분들에게 작은 참고자료라도 될 수 있기를 기대해 본다.

목차

제2부 ··· 개별 현상에 대한 분석

제1부

漢語方言 어음 연구의
이론적 배경과 연구 방법

제1장
漢語方言과 普通話

1. 漢語方言의 개념

'漢語'란 말은 크게 두 가지 의미를 내포하고 있다고 할 수 있다. 첫 번째는 중국의 표준어인 普通話를 지칭하는 개념이다. 예를 들어 '漢語水平考試', '漢語拼音方案', '學習漢語'에서 '漢語'는 바로 普通話를 가리키는 개념이다. 두 번째는 漢族의 언어라는 개념이다. 이때의 漢語는 漢族이 사용하는 사투리 즉 방언을 모두 포함하는 개념이 된다. 즉, 上海방언, 廣州방언, 廈門방언 등도 모두 漢語이다. 따라서 '漢語方言'이라고 할 때의 漢語는 漢語의 두 번째 의미 즉 漢語의 방언을 포함한 漢族의 언어라는 개념이 된다고 할 수 있다.

방언이란 한 언어의 지역적 변이체이다. 한 언어에서 갈라져 나온 모든 방언은 자신 고유의 어음, 어휘, 어법체계를 갖추고 있으며, 방언 상호간 다양한 차이를 내포하게 된다. 漢語方言 역시 漢語의 지역적 변이체이며, 방언 상호간 다양한 차이를 내포하고 있다. 漢語方言 간의 차이는 주로 글자 음과 사용 어휘에서 나타나는데, 漢語方言은 방언 간의 차이가 너무 커서 서로 의사소통이 되지 않는 경우가 비일비재하다. 미국의 언어학자 Jerry Norman은 그의 저서 『漢語槪說』(1988/1995, 張惠英 譯)에서 "북경

사람이 廣東語를 듣고 이해하는 정도는 영국인이 호주 원주민 언어를 이해하는 정도일 것이다. …… 漢語는 방언의 복잡성으로 미루어 볼 때 몇몇 방언이 존재하는 단일 언어라기보다는 유럽의 로만어족과 같은 하나의 어족에 가깝다."라고 언급한 적이 있다. 漢語方言에는 분명 유럽 국가 간 언어의 차이만큼이나 큰 차이가 존재한다. 하지만 漢語方言은 본래 하나의 언어에서 갈라져 나온 동일 계보의 방언들이라는 데는 의심의 여지가 없다. 한 가지 증거로 각 지역의 漢語方言은 표면적으로 큰 차이가 난다고 하더라도 언어특성상 현재에도 상호 규칙적인 대응관계를 유지하고 있기 때문에 漢語를 母語로 사용하는 사람들끼리는 상대 방언을 비교적 수월하게 배우고 익힐 수 있다는 점이다. 예를 들어 어느 漢族人이 자신의 母語 방언으로는 의사소통하기 힘든 타 방언 지역에 살게 되었다고 했을 때 이 사람은 머지않아 비교적 수월하게 그 지역 방언을 배워 말할 수 있게 된다고 한다. 이는 자신의 母語와 상대 방언의 요소를 규칙적으로 대응시켜 배워나가기 때문인데 외국어를 학습하는 과정과는 근본적으로 다른 것이다. 예를 들어 자신의 방언에서는 入聲으로 발음하는 글자들을 상대 방언에서는 모두 上聲으로 발음한다든가, 자신의 방언에서는 [-n] 韻尾로 발음되는 글자들을 상대 방언에서는 모두 [-ŋ] 韻尾로 발음하는 등의 규칙을 스스로 적용시키며 배우게 된다는 것이다. 이와 같은 대응관계의 규칙성 그리고 학습의 수월성은 漢語方言을 서로 다른 언어의 집합이 아닌 하나의 방언 체계로 묶을 수 있는 하나의 근거가 될 수 있을 것이다.

또한 방언의 구분은 국가나 민족, 표준어의 존재 여부 등을 통해서 이루어질 수도 있다. 예를 들어 스웨덴, 덴마크, 노르웨이 사람들은 자신들의 언어로만 이야기하더라도 서로 의사소통이 가능하다고 한다. 그렇지만 스웨덴어, 덴마크어, 노르웨이어를 한 언어의 방언이라고 하지는 않는다. 독일과 네덜란드 접경지역의 주민들도 상호 의사소통이 가능하지만, 독일어와 네덜란드어라고 명확히 구분을 한다. 네덜란드 접경지역의 독일어는 표준 독일어와는 의사소통이 어려울 정도로 차이가 크지만 여전히 독일어라는 동일 언어의 방언으로 구분된다. 이와 같은 상황은 스웨덴어, 덴마크어, 노르웨이어, 독일어, 네덜란드어가 각자 공통의 표준어가 있고 공통의 글말이 있기 때문이라고 할 수 있다. 만약 언어의 유사성 혹은 의사소통의 가능성 여부만을 방언의 기준으로 삼는다면 미국, 캐나다, 호주 등 국가에서 사용되는 주요 언어도 모두 영어의 방언이 될 수 있을 것이다. 따라서 언어와 방언의 구분은 순수 언어학적인 문제를 넘어 국가나 민족, 표준어의 존재 여부 등을 근거로 정해질 수도 있다. 중국은 秦漢이래 전국적으로 통일된 글말이 있었고, 隋唐이래로는 韻書를 통해 전국적인 표준음(讀書音)도 규정해 왔다. 현재는 주지하다시피 글말과 입말이 통일된 전국적 표준어 普通話가 사용되고 있다. 이와 같은 자국 내의 언어 조건과 지역 방언특성 간 대응관계의 규칙성, 漢語 母語 화자들의 어감 등을 종합적으로 고려해 볼 때 漢語의 다양한 방언들은 비록 지역 간 큰 차이가 존재하지만 하나의 언어에 기원한 동일 계보의 방언으로 규정하는 데 큰 무리가 없다고 판단된다. 물론 중국에 존재하는 소수민족의 언어는 대부분 漢語와 언어의 계보가 다르기 때문에 漢語方言이 될 수 없다.

2. 普通話의 개념

공식적인 중국의 표준어 普通話에 대한 정의는 다음과 같다.[1]

> 以北京語音爲標準音, 以北方方言爲基礎方言,
> 以典範的現代白話文著作爲語法規範的漢民族共同語.

---

1) 北京大學中文系現代漢語敎硏室, 『現代漢語』, 商務印書館, 2007:9.

즉, 普通話의 정의는 "北京音을 표준음으로 삼고, 북방 방언을 기초방언으로 하며, 현대의 대표적 白話文 저작을 어법의 규범으로 삼는다."라고 되어있다. 이러한 정의는 사실 상당히 모호한 면이 없지 않지만, 대체로 普通話의 성격을 잘 반영해 내고 있다고 할 수 있다. 北京音을 표준음으로 삼는다는 것은 普通話의 어음에 대한 정의이며, 북방 방언을 기초방언으로 한다는 것은 普通話 어휘에 관한 정의이고, 현대의 대표적 白話文 저작을 어법의 규범으로 삼는다는 것은 普通話 어법에 대한 정의라고 할 수 있다. 이와 같은 普通話의 정의는 매우 포괄적으로 규정되어 있기 때문에 실제 상황과는 일정한 차이가 있을 수 있다. 본 절에서는 이와 같은 普通話의 정의가 내포하고 있는 실제 의미에 대해 생각해 보고자 한다.

먼저 어음에 대한 규정을 보자. '北京音을 표준음으로 삼는다.'는 普通話의 어음에 대한 규정은 표현 그대로 받아들일 수 있는 것인가? 당연한 것처럼 보이는 이 표현은 사실 많은 예외적 현상들을 내포하고 있다. 왜냐하면 普通話의 어음 표준은 北京語만을 기준으로 삼고 있는 것이 아니기 때문이다. 北京語 외에도 1950년대 이전까지 전국적으로 통용되었던 전통적 표준어 官話2)의 발음 또한 普通話에 상당 부분 포함되어 있는데, 官話의 발음은 북경어와 상당히 다른 경우가 많다. 따라서 普通話의 어음은 北京語만을 기준으로 삼고 있다기보다는 北京語와 전통적 표준어인 官

---

2) '官話'는 대체로 14C(明) 정도에 北京을 중심으로 한 북방 방언의 기초 위에서 형성되어, 淸나라 때는 상당히 보편적으로 사용되던 전국적 통용어였다. '官話'에는 명확한 발음의 표준은 존재하지 않았지만, 북방 방언 지역 사람들이라면 대체로 알아들을 수 있었다고 하며, 전국적인 의사소통의 필요에 의해서 자연스럽게 형성되었다고 볼 수 있다. 官話는 어느 특정 지역의 말이 아니었으며 지금의 普通話와도 많은 차이가 있는 말이었다. 明淸 이전에도 표준어에 대한 개념은 늘 있어왔다. 春秋시대 『論語』에서는 '雅言'이라 하였고, 漢나라 揚雄의 『方言』에서는 '通語', 晉나라 郭璞의 『方言注』에서는 '北方通語', 隋唐宋 시대의 韻書 『切韻』, 『廣韻』, 『集韻』에서는 '正音', 元나라 周德淸의 『中原音韻』에서는 '天下通語'라는 말을 사용하였다. 20세기 초 辛亥革命 이후에는 국가 표준어의 개념으로 '國語'라는 용어를 사용하기도 하였다.

話의 요소가 혼합된 형태라고 볼 수 있다. 普通話의 어음 표준은 '普通話審音委員會'에서 규정하는데, 普通話의 표준 어음을 규정하는 과정에서 일부 官話音을 인정하고 있기 때문에 이러한 현상이 나타나고 있다. 이러한 현상은 대중들의 보편적인 언어습관과 전통, 즉 늘 익숙하게 써 오던 것을 존중하기 위함이라고 할 수 있다. 예를 들어 北京語에서는 하나의 독음만을 가지고 있는 글자가 普通話에서는 같은 뜻인데도 불구하고 두 개의 독음을 가지고 있는 경우가 있다. 이러한 경우 일반적으로 두 개의 독음 중 하나는 北京語에 근거한 독음이고 다른 하나는 전통적 官話의 독음이다.3)

	北京語	普通話		北京語	普通話
伯	bāi(bǎi)	bǎi, bó	迫	pǎi	pǎi, pò
剥	bāo	bāo, bō	塞	sāi	sāi, sè
薄	báo	báo, bó	色	shǎi	shǎi, sè
臂	bèi	bèi, bì	削	xiāo	xiāo, xuē
给	gěi	gěi, jǐ	寻	xín	xín, xún
嚼	jiáo	jiáo, jué	钥	yào	yào, yuè
角	jiǎo	jiǎo, jué	跃	yào	yào, yuè
觉	jiǎo	jiǎo, jué	凿	záo	záo, zuò
落	lào	lào, luò	着	zháo	zháo, zhuó
勒	lēi	lēi, lè			

또한 北京語와 普通話의 독음이 전혀 다른 경우도 있다. 이는 普通話의 독음을 규정하는 과정에서 일부 글자에 대해 北京語 독음은 버리고 전통적 官話의 독음을 선택한 결과라고 볼 수 있는데, 이 역시 대중들의 보편

---

3) 북경어와 官話의 독음 예는 胡明揚, 『北京話初探』(商務印書館, 1987년:27-28) 중의 예를 인용하였다.

적인 언어습관과 전통 혹은 北京語의 일반적 변화 규칙 등을 고려한 결정
이라고 생각된다. 예를 들어보면 다음과 같은 경우이다.

	北京語	普通話
熟	shóu	shú
學	xiáo	xué
朽	qiǔ	xiǔ
逮	dēi	dǎi

　이처럼 普通話의 어음에는 전통적 官話音을 일정부분 포함하고 있다.
즉, 淸나라 때까지도 보편적으로 통용되던 官話의 전통은 아직도 사라지
지 않고, 현재의 중국 표준어인 普通話에 여전히 영향을 끼치고 있는 것이
다. 이와 같이 볼 때 普通話의 어음은 정의에 나타나 있는 것처럼 北京語
만을 기준으로 삼고 있다기보다는 北京語와 전통적 표준어인 官話의 요소
가 혼합된 형태라고 볼 수 있다. 그러나 普通話에서 인정되는 官話音은 현
재의 北京語 음운체계, 즉 北京語의 성모와 운모 체계, 성모와 운모의 배
합관계, 성조의 종류, 성조값 등의 범위를 벗어나는 발음을 가질 수는 없
을 것이다.

　또한 주지하다시피 北京語에는 소위 '兒化'音이 상당히 발달해 있다. 그
러나 北京音을 표준음으로 삼고 있는 普通話에서는 단어를 '兒化'시켜 발
음하는 경우가 극히 드문데 필자는 그 이유를 다음과 같이 정리해 볼 수
있다고 생각한다. ①일부 북방 방언을 제외한 대부분의 漢語方言(특히 남
방 방언)에는 북경어의 '兒'[ər]과 같은 권설모음이 존재하지 않는다. 따라
서 대부분의 방언지역 사람들은 北京語의 '兒化'音을 발음하기 힘들다. ②
'兒化'의 중요한 의미작용인 '작고 예쁜' 느낌, '좋아하는(사랑스러운)' 느

낌을 표현하는 기능이 현대에는 점차 소실되어가는 추세에 있기 때문에 '兒化'의 필요성이 경감되었다. 예를 들어 事와 事兒 / 一點과 一點兒 / 小孩와 小孩兒 / 媳妇와 媳妇兒 / 玩과 玩兒 / 树根과 树根兒 / 小偷와 小偷兒 / 东边 과 东边兒 모두 이미 의미상의 차이는 거의 없다고 보는 것이 일반적이다. 이처럼 '兒化'音은 중국 전체 방언의 발음 특성으로 보나, 의미 작용의 변화 추세로 보나 더 이상 보편적이라고 할 수 없기 때문에 普通話에서는 '兒化'音을 거의 사용하지 않는 경향이 생겼다고 볼 수 있을 것이다.

다음은 어휘에 대한 정의를 생각해 보자. '普通話는 북방 방언을 기초방언으로 삼는다.'라고 했는데 이것은 '普通話 어휘'의 범위에 대한 규정이다. 학자들의 연구에 의하면 현대 普通話의 어휘는 한 지역 방언(예를 들어 北京語)의 어휘가 바로 普通話의 어휘가 된 것이 아니라, 북방 방언을 토대로 한 전통적 白話文에서 사용되던 어휘가 普通話 어휘 형성의 근간이 되었다라고 보는 시각이 일반적이다. 다시 말해 현대 普通話에서 사용되는 어휘는 입에서 입으로 전해져 현재의 표준어 어휘가 된 것이 아니라 북방 방언을 기초로 써진 白話文 문학작품 등 전통적 白話文에서 사용되던 어휘가 현재 普通話 어휘 형성의 근간이 되었다는 것이다. 예를 들어 明나라 때의 『水滸傳』, 『三國演義』, 『西遊記』, 『金瓶梅』, 淸나라 때의 『紅樓夢』, 『儒林外史』 등 작품들은 전국적으로 애독되면서 작품 속에서 사용된 어휘들이 점차 사람들의 의식 속에 표준 어휘로 인식되어 뿌리내리게 되었다는 것이다. 사실 이러한 문학작품들은 1919년 5,4운동 이후 쓰기 시작한4) 현대적 의미의 진정한 白話文은 아니었지만(文言文 색채도 여전

---

4) 중국에서 입말(口語)에 기초한 白話文이 정식으로 인정받고, 공식적으로 쓰이기 시작한 시기는 1919년 5.4운동 이후이다. 하지만 唐宋시대부터 白話文에 대한 시도는 꾸준히 있어왔는데, 특히 明淸시기 전국적으로 애독되었던 『紅樓夢』, 『西遊記』, 『水滸傳』, 『儒林外史』 등 白話文 소설들은 특정 지역 방언으로 쓰인 작품이 아니라 표현 방식이

히 띠고 있었고, 지역 방언 색채도 어느 정도 가지고 있었지만), 이들 문학 작품 속에서 사용되었던 어휘는 하나의 지역 방언에서만 사용되던 어휘가 아니라 대체로 중국 북방지역에서(다수의 북방 방언에서) 보편적으로 사용되던 어휘들이었다. 또한 대중들에게 영향력이 컸던 연극이나 전통극(京劇 등)같은 경우도 白話文으로 쓰인 대본에 따라 말을 하는 것이기 때문에 이것도 글로 된 白話文 형식이라고 볼 수 있는데, 이러한 연극이나 전통극에서 사용되던 어휘도 대부분 북방 방언 어휘였고, 普通話 어휘 형성에 큰 역할을 했다고 볼 수 있다. 이처럼 현대 普通話의 어휘는 구두로 전승되어진 측면보다는 주로 白話文으로 쓰인 문학작품 등 서면형식을 통해 형성되었다는 것이다. 또한 白話文을 1919년 5·4운동을 기점으로 舊白話와 新白話로 나눈다면 新白話는 舊白話(적어도 民國初 혹은 淸末 白話文)를 계승 발전시킨 것일 수밖에 없고, 普通話 어휘 형성에도 舊白話의 전통적 요소들이 많은 영향을 끼쳤을 것이다.

정리하면, 普通話의 어휘는 사실 입에서 입으로 전해진 것이 아니라(물론 官話 등 입으로 전해진 측면도 있지만 그건 일부이고), 대부분 白話文으로 써진 글을 통해 사람들의 의식 속에 뿌리내리게 되었다고 볼 수 있다. 白話文이 공식적인 글말(書面語)이 된 1919년 5·4운동 이후는 말할 것도 없고, 그 이전의 白話文도(明, 淸 소설, 전통극 대본 등) 현대 普通話 어휘 형성에 큰 역할을 했다. 따라서 北京語에서만 쓰이는 어휘와 普通話 어휘는 상당한 차이가 있다. 일부 예를 들어 보면 다음과 같다.

나 어휘 선택에 있어서 북방 방언을 근거로 하고 있다.

北京語	普通話
瞧, 瞅	看
今兒	今天
鷄子兒	鷄蛋
伍的	什么的
趕明兒	以後
耗子	老鼠
沒轍	沒辦法
搧	吝嗇
洋灰	水泥
头里	前面
擦黑儿	傍晚
拧	倔强, 固执

　　이처럼 北京語에서 쓰이는 어휘와 普通話의 어휘는 상당한 차이가 있
다. 그 외 수많은 北京 토속 어휘들은 普通話에서는 사용되지 않고 있다.
이처럼 중국 사람들의 의식 속에는 전통적으로 북방지역에서 통용되던 어
휘, (古代, 現代의) 白話文 문학작품 속에서 상용되는 어휘가 표준 어휘이
지 北京 토속어에서만 사용되는 어휘는 표준어가 아니라는 인식이 있는
것이라고 할 수 있다. 이처럼 普通話 어휘는 北京語와 같은 지역방언 어휘
가 바로 普通話 어휘가 된 것이 아니라, 전통적으로 북방지역에서 상용되
던 어휘가 普通話 어휘가 되었기 때문에 현대 普通話의 어휘에 대한 정의
를 '북방 방언을 기초방언으로 한다.'라고 했다고 볼 수 있다. 물론 이러한
규정은 普通話 어휘의 모든 범위를 포괄할 수 있는 개념은 아니다. 普通話
어휘 중에는 남방 방언의 어휘를 차용하는 경우도 있고, 북방 방언에서 전
통적으로 사용되던 어휘를 버리고 北京語 어휘로 대체하는 경우도 있다.
예를 들어 普通話 어휘 중 '尷尬 gān gà' '瘪三 biě sān' 등의 단어는 吳방
언 어휘에서 차용한 단어들이고, '打的 dǎ dí', '買單 mǎi dān' 등은 粤방

언에서 차용한 단어들이다. 북방 방언에서 보편적으로 사용되던 '爹 diē', '娘 niáng', '啥 shá' 등의 단어는 현재 普通話에서 '爸爸', '妈妈', '什么' 등으로 대체되었는데, '爸爸', '妈妈', '什么' 등은 본래 北京 지역을 중심으로 사용되던 북경 토속 어휘이다. 북방 방언의 어휘가 北京語 어휘로 대체되는 경우는 대체로 北京의 오랜 정치 사회 문화적 지위와 관련된 현상이라고 볼 수 있다. 따라서 많은 北京語 어휘들이 普通話로 흡수되었다고 볼 수 있지만, 北京語와 普通話의 어휘는 여전히 큰 차이를 보인다. 하지만 普通話의 어휘는 필요하다면(普通話의 표현을 풍부하게 하는 데 도움이 된다면), 어느 특정 지역에서만 사용되는 어휘라 할지라도 普通話 어휘로 흡수시킬 수 있는 개방적 구조를 가지고 있다.

어법에 대한 규정은 '현대의 대표적 白話文 저작을 어법의 규범으로 삼는다'라고 했는데 이는 '현대의 대표적 白話文 저작'의 모든 표현을 어법의 규범으로 삼는다는 뜻은 아닐 것이다. 아마도 (문학적) 표현의 극대화를 위한 비어법적 표현이나 사투리를 제외한 작품 속 일반 용례, 어순이나 용법 등 반복적으로 사용되는 패턴을 어법의 규범으로 삼는다는 뜻이 될 것이다. 어법의 기준을 '표준어를 구사하는 漢族의 어감 혹은 직관' 정도로 설정해 볼 수도 있겠지만, 중국처럼 광활한 영토와 다양한 방언을 가진 국가에서는 통일된 기준을 마련하기가 매우 힘든 측면이 있다. 또한 방언지역 사람들의 普通話 (어법) 학습은 입말 형식보다는 우선 글말 형식으로 전파되어지는 것이라고 볼 때(TV나 라이오, 방송, 영화, 연극 등에서 사용되는 언어도 普通話로 쓰인 대본이나 극본에 근거한 것이라면이 역시 글말 형식으로 볼 수 있다), 普通話 어법의 기준을 입말 형식보다는 '현대의 대표적 白話文 저작'과 같은 글말 형식을 기준으로 삼는 것이 普通話 어법의 기준점과 근거를 보다 명확히 할 수 있는 방법이 될 수 있을 것이다.

이상의 논의에서 추론할 수 있듯이 普通話는 일상생활에 자연스럽게 존재하는 언어라기보다는 상당부분 인위적인 요소가 가미된 추상적인 언어라고 할 수 있다. 중국 사람도 자신의 母語가 普通話인 사람은 아무도 없다. 北京語는 普通話에 가장 근접하지만 普通話와는 여전히 큰 차이를 가지고 있고, 北京 사람도 普通話로 이야기하기 위해서는 상당히 의식적으로 말을 해야 한다. 따라서 우리가 普通話를 가장 정확하게 들을 수 있는 곳은 普通話에 대해 전문적으로 훈련을 받은 사람들이 진행하는 TV나 라디오, 영화와 연극 같은 매체를 통해서라고 할 수 있다.

3. 漢語方言에 대한 普通話의 영향

신중국의 성립 이후 중국의 현대화가 진행되면서 방언지역에 대한 普通話의 영향력은 점차 확대되고 강화되어 왔다. 漢語方言에 대한 普通話의 영향은 크게 두 가지 측면에서 관찰해 볼 수 있는데, 첫 번째는 普通話의 언어 성분이 방언 내에 침투하여 세대 간 방언의 차이를 발생시킨다는 점과, 두 번째는 普通話와 방언이 한 지역에서 병용되는 상황이 지속되면서 普通話가 점차 방언을 대체하는 경향을 보이게 된다는 점이다.

첫 번째 普通話 언어성분의 방언 내 침투는 보통 노년층과 청년층 등 세대 간 방언의 차이를 만들어내는 경우가 많다. 노년층은 보통 普通話의 영향력 하에서도 자신들 고유의 언어 특성을 그대로 유지하려고 하는 경향이 강한 반면, 청년층은 비교적 쉽게 普通話의 언어 성분을 받아들이기 때문이다. 上海방언의 경우 이러한 경향이 뚜렷이 나타난다고 한다. 許寶華, 陶寰(1997)『上海方言詞典』에서는 上海방언을 노년층(1950년대 이전 上海방언), 중년층(1950~60년대 上海방언), 청년층(1980년대 上海방언)

세 부류로 나누어 분석을 시도하였는데, 노년층 上海방언의 일부 특징들은 중년층부터 사라지기 시작해 청년층에서는 普通話와 거의 같거나 유사해졌다고 하였다. 예를 들어 노년층에서는 尖音과 團音[5])이 확연히 구분된다. 즉 尖音 성모는 舌尖音 ts-, tsʻ-, s- 이고, 團音 성모는 舌面音 tɕ-, tɕʻ-, ɕ-이다. 중년층에서는 이미 尖音과 團音의 구분이 없어져 모두 舌面音 성모로 발음된다. 예를 들어, 노년층에서는 酒 tsiʏ⁵⁵/九 tɕiʏ⁵⁵, 靑 tsʻiŋ⁵⁵/輕 tɕʻiŋ⁵⁵ 등처럼 성모가 구분되지만, 중년층과 청년층에서는 구분이 없어졌다고 한다. 마찬가지로 노년층에서는 '府, 分, 仿, 發'의 글자 음이 각각 '火, 昏, 謊, 豁'의 글자 음과 같다. 모두 f- 성모이다. 하지만 중년층과 청년층에서는 발음이 다른데, 전자는 f- 성모이고, 후자는 h- 성모로 普通話와 유사하다. 이와 같은 경향은 상용 어휘에서도 나타난다. 예를 들어 다음과 같은 단어의 경우 노년층과 중년층에서는 上海방언 고유의 단어(왼쪽)를 사용하지만 청년층에서는 普通話의 단어(오른쪽)를 사용한다고 한다. 昨日：昨天, 好一眼：好一點, 假使：如果, 日逐：天天, 常椿：經常, 險介乎：差一點, 葛咾：所以, 定規：一定 등. 普通話의 영향은 심지어 上海방언 어법에서도 나타나는데 예를 들어 普通話의 의문문 你是不是學生? 혹은 你是學生嗎? 에 해당되는 上海방언의 의문문은 노년층과 중년층의 경우 다음 5가지로 표현될 수 있다고 한다. ①儂是勿是學生子?, ②儂是學生子伐?, ③儂阿是學生子?, ④儂阿是學生子伐?, ⑤儂是勿是學生子伐? 하지만 청년층에서는 보통 普通話의 구조와 유사한 ①과 ②유형만 사용한다고 한다. 이와 같이 普通話의 영향으로 발생한 세대 간의 차이는 처음에는 도시를 중심으로 나타난 현상이었지만 현재는 농촌까지 그 범위가 확대되고 있다고 한다.

---

5) 尖音이란 中古 精, 淸, 從, 心, 邪母字의 성모가 현재 細音운모(운모 혹은 介音이 [i] 혹은 [y]인 운모)와 결합될 때의 음질을 가리키고, 團音이란 中古 見, 溪, 群, 曉, 匣 母字의 성모가 현재 細音운모와 결합될 때의 음절을 가리킨다.

두 번째로 普通話와 지역 방언이 동일 지역에서 병용되는 상황이 지속되면 普通話가 방언을 대체하는 경향이 나타나게 된다(물론 아직 普通話가 거의 사용되지 않는 지역도 많이 있다). 이는 普通話와 방언이 상황에 따라 선택적으로 사용되는 방언전환 현상인데, 普通話는 보통 직장 사무실이나 학교 등 공공장소에서 주로 사용되지만, 동향인들이 모인 사적인 자리에서는 지역 방언이 주요 소통 수단이 된다. 특히 가정 내에서는 방언의 사용이 절대적인데 普通話와 방언 병용지역의 경우 부부지간에는 대부분 100% 방언만을 사용한다고 한다. 그런데 최근 들어 이들 부모와 자식 간에는 普通話와 방언이 병용되거나 심지어 普通話만을 사용하는 경향이 생겼다고 한다. 이와 같은 경향은 점점 심화되어, 어려서부터 방언을 사용하는 가정에서 자란 아이가 커서는 지신의 母語 방언을 알아듣기는 하지만 말할 줄은 모르는 기이한 현상도 나타나고 있다고 한다.

이처럼 漢語方言에 普通話의 주요 성분이 침투하여 세대 간 방언에 차이가 발생한다거나, 普通話와 방언의 병용 지역에서 普通話가 방언을 대체하여 사용되는 현상 등은 現代漢語의 큰 흐름이라고 볼 수 있다. 하지만 이와 같은 경향이 漢語方言의 단기간 내 소멸을 의미하는 것은 결코 아니다. 普通話 언어성분의 방언 내 침투는 점진적이고, 지엽적이어서 일부 언어특징에 국한된 현상이지 전체 방언의 체계를 바꿀 수 있는 정도는 아니다. 전체 방언의 특징 체계를 모두 바꾼다는 것은 사실상 불가능한 일이며, 또 일부 普通話와 유사한 특징이 방언 내에 자리 잡는다 하더라도 그와 같은 특징이 나타나기까지는 매우 긴 세월을 필요로 하는 것이기 때문에 방언의 소멸과는 거리가 멀다고 할 수 있다. 또한 普通話와 방언의 병용 지역에서 상황에 따라 普通話가 방언을 대체하는 경향이 나타나고 있긴 하지만 이들 지역에서의 방언사용은 普通話와는 관련 없이 독립적으로 사용되는 것이기 때문에 방언의 언어체계가 普通話의 영향을 그리 크게 받지 않고 안정적으로 보존될 수 있다는 측면도 있다. 뿐만 아니라 방언은 일정 지역의 의사소통 수단일 뿐만 아니라 그 지역 문화를 대표하는 상징이다. 방언에는 지역 문화의 정수가 모두 함축되어있다. 따라서 지역 문화가 존재의 가치가 있다면, 방언 또한 소멸되지 않을 것이고, 소멸 되어서도 안 될 것이다. 최근 중국의 경제가 발전하고, 사회 환경이 바뀌면서 사람들의 문화에 대한 수요도 점점 높아져 가고 있다. 만약 지역 문화가 방언과 함께 약화되거나 소멸되어가는 추세를 보인다면, 중국은 지방 정부를 중심으로 지역 문화와 방언을 보호하기 위한 정책을 강력히 펴 나갈 것이다. 최근 들어 江蘇省 남부 그리고 上海 등 吳방언 지역을 중심으로 이와 같은 정책은 이미 실행되고 있다고 한다.

漢語方言은 세계 언어에서 유래를 찾아보기 힘들 정도로 광범위한 지역에 걸쳐 분포되어 있을 뿐만 아니라, 漢語方言 간에는 실로 가늠하기 힘들 정도의 다양한 차이가 내포되어 있다. 漢語方言 중에는 아직까지 알려지지 않은 수많은 언어 현상들이 내재되어 있으며, 이미 알려진 현상들 중에서도 상당부분은 현재까지 만족할만한 이론적 해석을 제시하지 못하고 있는 경우도 많다. 漢語方言은 실로 언어 연구의 보고이며 앞으로도 끊임없이 발굴하고 연구되어야 할 대상이라고 할 수 있다. 漢語方言에 대한 연구는 漢語는 물론 세계 언어의 보편적 변화 규칙을 밝히는 데도 중요한 가치를 지니고 있다고 할 수 있다.

제2장
방언 차이의 형성 원인

1. 방언 자체의 내부 변화와 외부 접촉으로 인한 변화

우주의 모든 물질 그리고 인간의 정신세계는 끊임없이 변화한다. 어찌 보면 변화하는 것만이 진실이라고 할 수도 있다. 인간의 언어도 마찬가지로 古代로부터 현재까지 부단히 변화를 거듭해 왔다. 漢語方言學에서 흔히 기준으로 삼고 있는 약 1000여 년 전의 中古漢語와 현재의 漢語를 비교해 보더라도 놀라울 정도의 큰 변화와 차이가 나타남을 쉽게 관찰할 수 있다. 또한 매일 매일 서로 다른 지역에서 서로 다른 사람들에 의해 사용되는 언어는 자연스럽게 지역 간 차이가 발생하게 되는데 이는 서로 다른 방언이 출현하게 되는 가장 근본적인 원인이 된다. 母語에서 갈라져 나온 방언도 끊임없이 변화를 거듭하게 되고 또 이러한 변화가 오랜 세월 누적되다 보면 서로 다른 방언 간에는 점점 더 선명하고 큰 차이가 나타나게 된다.

방언이 역사적으로 변화하게 되는 원인은 크게 두 가지 관점에서 관찰해 볼 수 있다. 첫 번째는 방언 자체의 내부적 요인 때문에 나타나는 변화이고, 두 번째는 외부방언과의 접촉으로 인하여 형성되는 변화이다. 방언 자체의 내부적 요인 때문에 나타나는 변화는 대부분 언어의 일반적 변화 규칙으로 설명될 수 있는 자연스런 역사적 변화이며 이와 같은 변화가 오랜 기간 누적되어 일정한 수준에 이르면 하나의 독립적인 방언으로 分化하게 되는 것이라고 볼 수 있다. 예를 들어 中古 漢語에는 유성음으로 발음되는 일련의 파열음, 파찰음, 마찰음 성모가 있었는데 후에 이들은 모두 무성음으로 변화하여 발음 부위가 같은 기존의 무성음 계열 성모로 합류되었다. 이와 같은 방언 내부의 역사적 변화는 방언의 어음체계 내에 유성 파열음, 파찰음, 마찰음 성모를 모두 사라지게 하였을 뿐만 아니라, 방언마다 서로 다른 방식의 합류 과정을 거치면서 방언 간 음운체계의 차이를 만들어내었다. 예를 들어 북방 방언의 경우 유성음 성모였던 平聲字는 무성 유기음 성모로 합류되었고, 유성음 성모였던 上, 去, 入聲(仄聲)字는 무성 무기음 성모로 합류되었다. 客家방언의 경우는 유성음 성모였던 글자들이 예외 없이 모두 무성 유기음 성모로 합류되었으며, 粵방언은 平, 上聲字는 무성 유기음 성모로, 去, 入聲字는 무성 무기음 성모로 합류되었다. 그 외 漢語의 大方言들도 각기 서로 다른 방식의 합류과정을 나타내고 있는데 이와 같은 일련의 변화는 現代漢語 방언 분류의 주요 근거가 될 뿐만 아니라 漢語方言이 古代로부터 分化하게 된 주요 원인을 실증적으로 나타내주고 있는 것이라고 볼 수 있다.

반면 외래 방언과의 접촉으로 인해 나타나는 변화는 주변 방언의 영향으로 인해 형성되는 변화로서 상당히 복잡한 양상으로 나타난다. 외래 방언의 영향으로 방언 내에 형성된 새로운 언어성분은 본래의 언어성분과 함께 병존할 수도 있고, 본래의 언어성분을 사라지게 할 수도 있다. 이와 같은 변화 역시 오랜 기간 누적되다 보면 방언 체계의 큰 변화를 유도할 수도 있다. 즉 영향을 받은 방언이 영향을 준 방언체계와 유사한 모습으로 변화할 수도 있다. 安徽省 남부에는 소위 '徽州方言'이라고 일컬어지는 독특한 방언이 존재한다. 徽州方言은 古代로부터 본래 吳방언에 속한 방언이었다. 그런데 徽州方言은 오랜 기간 주변 방언들의 영향을 받아 현재는 주변 방언들의 특징이 방언 내에 혼재되어있는 독특한 방언으로 변화하였다. 徽州方言은 북쪽으로는 江淮官話와 맞닿아 있고, 남쪽으로는 贛방언과 마주하고 있는데, 徽州方言의 운모 체계는 아직 대체로 吳방언의 특징을 유지하고 있지만, 성모 체계는 贛방언 혹은 江淮官話의 특징을 나타내고 있다. 이와 같은 이유로『中國語言地圖』(1987)에서는 徽州方言을 吳방언의 次方言으로 분류하지 않고, 吳방언이나 贛방언, 粤방언, 閩방언 등 大方言들과 동등한 자격의 독립적인 방언으로 분류하고 있다. 徽州方言의 이와 같은 변화는 방언 내부의 자연적인 역사적 변화 때문에 생긴 것이 아니라 주변 방언들과의 접촉과 영향으로 인해 형성된 결과이다.

방언 자체의 내부적 요인 때문에 나타나는 변화와 외부방언과의 접촉으로 인하여 형성되는 변화는 동시에 진행될 수도 있다. 한 가지 예로, 福建省을 중심으로 분포한 閩방언의 남부 일부 주민들은 古代(대략 宋代)로부터 廣東省 남부의 潮汕 지역, 海南, 臺灣 등으로 이동하게 되는데, 이는 閩방언 내부의 지역적 차이를 만들어내는 중요한 원인 중 하나가 되었다. 閩방언지역 주민의 이동으로 생긴 방언의 변화는 기본적으로는 이들이 본래의 閩방언 밀집지역과 동떨어진 지역에 살게 되면서 생긴 방언 내부의 자체적 변화겠지만, 이동한 지역에 본래 살고 있던 원주민(漢族 혹은 기타 壯族 등 소수민족)과의 접촉과 교류를 통해서도 많은 변화가 생기게 되었다고 알려져 있다.

중국은 역사상 전쟁이나 기근, 북방민족의 침입, 천도 등의 이유로 북방의 漢族들이 대거 남방으로 이동하는 역사를 가지고 있다. 이와 같은 북방 漢族의 대거 남하 역시 방언의 변화를 초래한 주요 원인 중 하나이다. 북방 漢族의 남하는 북방의 漢語가 남쪽으로 확산되는 결과를 가져왔을 뿐만 아니라, 남방으로 이동한 북방 漢語는 자체적인 변화 발전을 거듭함과 동시에 남방 漢語와의 접촉과 교류를 통해서도 많은 변화가 발생하였다. 한 가지 예로, 江蘇省 북부, 安徽省 중남부에 집중 분포되어 있는 江淮官話는 先秦시기 楚나라 땅으로 中古시기만 하더라도 북방의 洛陽, 長安을 중심으로 한 소위 '通語'와 구분되는 남방 방언 계통의 언어였다고 한다.6) 하지만 中古 이후 江淮官話 지역은 여러 차례의 큰 전란으로 인한 북방 주민들의 대거 이동으로 인구의 구성 면에서 북방 지역 주민들이 차지하는 비율이 현격히 증가했을 뿐만 아니라 지역 방언에도 큰 변화를 가져오게 된다. 현재 南京, 揚州, 合肥, 桐城, 寶應, 灌南 등을 비롯한 이 지역 방언들은 언어 특성상 북방 방언(즉 江淮官話)으로 분류되고 있다. 현재 북방 방언과 남방 방언(吳, 客家, 贛, 湘, 閩, 粤, 平話방언 등) 사이에는 서로 의사소통이 전혀 불가능할 정도로 그 차이가 크다는 점을 감안한다면 江淮官話는 中古 이래 1500년 이상의 세월동안 원래의 언어에서 전혀 다른 언어로 변모한 것이라고 할 수 있을 것이다. 이는 방언 자체의 내부적 요인과 외부방언과의 접촉으로 인한 요인이 복합적으로 작용한 결과라고 볼 수 있을 것이다.

2. 언어 변화의 불균형성

본래 동일한 언어에서 갈라져 나온7) 漢語方言은 동일한 언어 현상도 지역마다 변화의 속도와 방향이 다르다. 즉 母語에 존재했던 동일한 언어 현상도 개별 방언으로 갈라진 이후에는 지역에 따라 변화의 속도가 상대적으로 빠를 수도 있고, 상대적으로 느릴 수도 있다. 예를 들어 北京語의 k-,

---

6) 袁家驊 等, 『漢語方言概要』(第二版), 語文出版社, 2001年:57.
7) 물론 漢語의 原始母語에도 일정한 방언의 차이가 있었다고 가정할 수 있다.

k'-, x-, ts-, ts'-, s- 성모는 開口呼, 合口呼 운모와만 결합되고, tɕ-, tɕ'-, ɕ- 성모는 齊齒呼, 撮口呼 운모와만 결합된다. 이는 사실 본래 四呼의 구분 없이 모두 k-, k'-, x-, ts-, ts'-, s-로 발음되던 성모가 후대에 齊齒呼, 撮口呼 운모 앞에서 구개음화되었기 때문인데, 기타 漢語方言에서는 北京語와 다른 모습으로 나타나는 경우가 많다.

예를 들어 廣東省 廣州방언(粵방언)에서는 k-, k'-, x-, ts-, ts'-, s- 성모가 齊齒呼, 撮口呼 운모 앞에서도 구개음화되지 않고 여전히 k-, k'-, x-, ts-, ts'-, s-로 발음되며, 江蘇省 蘇州방언(吳방언)에서는 k-, k'-, x-는 齊齒呼, 撮口呼 운모 앞에서 구개음화되어 tɕ-, tɕ'-, ɕ-로 발음되지만, ts-, ts'-, s- 성모는 齊齒呼, 撮口呼 운모 앞에서도 변화하지 않고 여전히 ts-, ts'-, s-로 발음된다. 또 하나의 간단한 예를 들어 보면, 中古 漢語의 入聲이 福州 방언(閩방언)에서는 中古 성모의 淸/濁을 조건으로 陰入과 陽入 두 개의 성조로 나누어지지만, 長沙방언(湘방언)에서는 하나의 入聲으로만 발음된다. 北京語를 비롯한 대부분의 북방 방언에서 中古 入聲은 이미 舒聲調로 합류되어 소실되었다. 入聲 성조 형성의 원인이 되는 入聲韻尾도 지역에 따라 다양한 모습으로 나타나는데, 中古漢語의 -p, -t, -k 韻尾를 모두 보유한 방언도 있고, 그 중 일부가 소실되어 하나 혹은 두 개의 入聲韻尾만 남아있는 경우도 있으며, 일부 방언에서는 入聲 성조만 남아있고 入聲韻尾는 모두 소실된 경우도 있다.

이와 같은 지역 간 언어 변화의 불균형성은 지역 언어가 변화하는 가장 자연스러운 모습이지만 이는 방언의 차이를 형성시키는 주요한 원인이 되기도 한다. 하지만 漢語方言 간의 이러한 차이는 대부분 명확한 변화 조건을 가지고 있으며, 방언 간 규칙적인 대응관계를 유지하고 있다.

제3장

漢語方言 어음 연구의 이론적 배경

1. 漢語方言 어음 연구의 방법과 원칙

한어방언의 어음 연구는 언제나 개별 방언의 어음체계에 대한 묘사를 기초로 한다. 개별 방언 지역에 대한 어음 묘사는 먼저 일정 수량(약 3000여字)의 글자 음을 기록한 다음, 그것을 근거로 방언의 성모, 운모, 성조체계 및 발음 특성, 성모, 운모, 성조의 상호 배합관계 등을 귀납한다. 그런 다음 조사 자료를 활용하여 變調, 輕聲, 兒化, 文白異讀 등 방언 내에 나타나는 다양한 음운 현상들과 음운 규칙도 분석, 귀납한다.

현대한어 방언의 어음 조사는 보편적으로 『方言調査字表』를 사용하는데, 『方言調査字表』는 趙元任 선생이 설계한 것으로 中古音을 대표하는 『切韻』 음운체계의 성모, 운모, 성조에 따라 글자를 배열한 일종의 中古音 同音字表이다. 글자가 『切韻』의 음계에 따라 배열되어 있기 때문에 방언 조사를 할 때 방언의 글자 음과 『切韻』의 대응관계를 비교하는 데 용이하며, 『切韻』 이후의 변화 양상을 고찰하는 데도 매우 편리하게 사용될 수 있다. 『方言調査字表』에 방언의 글자 음을 기록할 때는 먼저 『方言調査字表』의 앞 장에 나와 있는 성모, 운모, 성조의 각 例字들을 발음인의 발음에 근거해 정밀표기법(narrow transcription, 嚴式標音)으로 기록한 다음, 그것을 근거로 방언의 자음, 모음, 성조의 음소(phoneme, 音位)를 귀납한다. 그 다음『方言調査字表』내의 글자들을 간략표기법(음소표기법, broad transcription, 寬式標音)으로 기록하는데, 이 때 방언 내의 음소는 글자 음을 기록하는 과정에서 다시 일부 조정될 수 있다. 글자 음을 다 기록하고 나면 마지막으로 전체 글자의 <同音字表>를 만들어 발음인에게 읽어보게 함으로써 방언 조사의 착오를 수정한다. 같은 발음의 글자들을 나열한 표이기 때문에 발음인은 읽는 과정에서 발음이 다른 글자(즉 기록이 잘못된 글자)를 바로 찾아낼 수 있다. 이와 같은『方言調査字表』를 활용한 각 지역 방언의 어음에 대한 묘사는 1920년대 歷史語言硏究所의 방언 조사로부터 현재까지 수많은 연구 성과를 축적해 왔으며, 현재는 중국 내 대부분 지역의 한어방언 어음의 면모를 알 수 있는 수준까지 와 있다.8) 한어방언의 어음 연구는 모두 이러한 각 지역 방언에 대한 어음 묘사를 기초로 하고 있다. 하지만 현대적 의미의 방언 연구는 개별 지역 방언의 묘사에만 그쳐서는 안 될 것이다.

한어방언의 어음 연구는 보통 각 지역 방언 어음 특성에 대한 묘사를 근거로 '비교'의 방법을 사용한다. 크게 두 가지 측면으로 나누어 볼 수 있는데, 첫 번째는 방언 음운과 中古音을 대표하는『切韻』의 음운을 비교하는 것이고, 두 번째는 방언 간의 비교를 진행하는 것이다.

(1) 방언의 음운과『切韻』의 음운 비교

방언의 음운과『切韻』의 음운을 비교하는 것은 한어방언 어음 연구의 가장 보편적인 방법이다. 방언의 음운과『切韻』의 음운을 비교하는 이유는

---

8) 물론 內蒙古, 新彊, 西藏 등 서북 지역에 대한 방언 조사는 아직 미흡한 상태이며, 縣 단위 이하 모든 지역의 방언 조사가 이루어진 것은 아니다.

현대 한어방언이 모두『切韻』이 반영하고 있는 中古音으로부터 변화 발전된 형태라는 이론적 전제가 있기 때문이다. 이와 같은 연구 방법은 버나드 칼그렌(klas Bernhard Tohnnes Karlgren, 高本漢)의 『中國音韻學研究』(1915)에서부터 시작되었다고 볼 수 있다. 칼그렌은『切韻』을 현대한어 방언의 원시모어(原始母語)로 삼고, 모든 현대방언을『切韻』과 연결시켜 그 차이를『切韻』으로부터 변화 발전된 것으로 설명하였다. 또한 그는 韻書 내의 反切과 宋 이후 각 시대별 韻圖 그리고 각종 현대한어 방언의 글자 음을 근거로 3100字의 古音을 재구해 내기도 하였다. 이와 같은 칼그렌의 연구 방법론은 후에 중국의 대부분의 학자들에 의해 받아들여졌으며 현재에도 한어방언을 연구하는 가장 실효적인 방법론으로 자리 잡고 있다. 실제로 방언 조사를 해 보면 현대 한어방언의 어음은 거의 예외 없이『切韻』의 음운체계와 체계적 대응관계를 이루고 있음을 발견할 수 있다. 즉 『切韻』에 분류되어 있는 서로 다른 성모 혹은 운모 혹은 성조는 현대 한어방언 내에서도 똑같이 서로 다르게 나타난다. 설령 후대에『切韻』 중의 서로 다른 성모 혹은 운모 혹은 성조가 합류되었거나,『切韻』에서는 같았던 성모 혹은 운모 혹은 성조가 현재는 분리되어 있다고 하더라도,『切韻』과 한어방언의 어음은 현재까지 규칙적인 대응관계를 유지하고 있으며, 음가의 차이도 대부분 어음의 보편적 변화 원리로 설명되어질 수 있다.

이와 같이『切韻』과 한어방언을 직접 비교하는 연구 방법은 문헌자료와 방언자료를 함께 결합시켜 비교 분석하는 방법으로 문헌자료를 배제하고 분석하는 순수 '역사비교법'과는 일정한 차이가 있다고 할 수 있다. 일찍이 미국 학자 제리 노먼(Jerry Norman, 羅傑瑞)은 이러한 점을 비판하기도 했지만, 현대의 한어방언 연구에서『切韻』을 완전히 배제하고 분석한다는 것은 한어방언의 실제 상황을 고려해 볼 때 채택하기 힘든 방법이라고 볼 수 있다. 학자들의 연구에 의하면,『切韻』의 음운체계는 하나의 지역방언 음운을 반영하고 있는 것이 아니라, 당시(대체로 隋唐시기) 중국 南北 방언의 음운을 모두 반영하고 있는 종합적 음운체계라고 하였다.9) 이러한 『切韻』을 현대 한어방언 발전 변화의 시작점(혹은 참고할 수 있는 기준점)으로 보고 『切韻』과 한어방언의 음운을 비교하는 연구 방법은 현대 한어방언 연구에서 가장 보편적으로 사용되고 있는 방법론이다.10) 실제로 『切韻』과 방언의 비교를 통해 방언 중에 나타나는 음운현상을 설명하는 방법은 분명 수많은 언어 현상들을 설명해 낼 수 있는 매우 효율적인 방법이라고 할 수 있다. 이는 오랜 시간동안 축적된 연구 결과가 증명해 주고 있기도 하다. 하지만 한어방언의 음운현상 중에는 『切韻』과의 비교만으로는 해결할 수 없는 문제들도 다량 존재하기 때문에 보다 진일보한 분석과 이론적 설명이 필요한 경우가 많다. 따라서 '역사비교법'도 적절히 활용하여야 하고, 다양한 이론적 분석을 통해 한어방언 중에 나타나는 복잡한 언어 현상들을 설명해 내야만 한다.

(2) 방언간의 비교

방언간의 비교 연구는 서로 다른 방언간의 차이를 명시적으로 나타내줄 수 있을 뿐만 아니라 한어 어음의 역사적 발전 과정과 규칙을 규명하는 데도 중요한 단서를 제공해 줄 수 있다. 방언 간 비교연구와 관련된 몇 가지 논문과 저서의 예를 들어보면 다음과 같다. 張光宇(1993, 2006, 2008)의 「漢語方言見系二等文白讀의 機種類型」, 「漢語方言合口介音消失의 階段性」, 「漢語方言的魯奇規律, 現代篇」 등의 논문은 풍부한 한어방언 자료를 바탕으로 방언간의 비교 그리고 역사비교법을 활용하여 특정 음운 성분의 다양한 표현형식을 분석함으로써 방언 음운 성분의 변화 과정과 규칙을 설

---

9) 칼그렌은 『切韻』을 隋唐시기의 長安音이라고 했다.
10) 閩방언 등 한어의 일부 방언에는 『切韻』 이전 上古漢語의 특성을 가지고 있는 경우도 있다. 하지만 이러한 현상들은 현대 한어방언의 음운 특성 중 극히 일부에 불과하고 그 외 특성들은 모두 『切韻』과 관련하여 설명할 수 있는 경우가 대부분이다.

득력 있게 증명해 내고 있다. 曹志耘(2008)의『南部吳語語音硏究』에서는 浙江省 남부와 인근 지역 吳방언 11개 지역의 어음을 전면적으로 묘사, 귀납한 다음, 남부 吳방언 어음 발전과정의 규칙 및 특징을 분석하고, 아울러 이 지역 방언 어음의 형성과 변화 방식에 대해 본인의 견해를 밝히고 있다. 謝留文(2003)의『客家方言語音硏究』에서는 이미 수많은 연구가 축적되어 있는 客家방언의 어음 특성에 대해 共時的인 측면과 歷時的인 측면 두 가지 관점에서 보다 심층적인 분석을 시도하고 있다. 王臨惠(2003)의『汾河流域方言的語音特點及其流變』에서는 山西省 汾河 유역 방언의 공통 특징과 차이점을 분석하고, 이 지역 방언 어음 특성의 형성 원인에 대해서 매우 심도 있는 분석을 제시하고 있다. 이와 같은 일정 지역 내 방언간의 체계적이고 심도 있는 비교연구는 지역 방언 어음의 실제 면모를 통찰력을 가지고 바라볼 수 있게 해 줄 뿐만 아니라, 지역 방언 음운 특성의 형성 원인과 발전 과정을 규명하는 데도 유용한 단서를 제공해 주고 있다. 단일 지역의 음운 특성에 대한 분석만으로는 방언 특성 형성의 원인이나 배경을 분석하기 어려운 경우가 많지만, 관련된 주변 방언과의 비교 연구는 같으면서 다르고 다르면서 같은 다양한 현상들을 설명해야하기 때문에 방언 중에 나타나는 여러 가지 현상에 대한 원인을 규명하고 방언 특성의 본질을 밝히는 데 많은 정보를 제공해 줄 수 있게 된다.

그런데 연구 방법론의 관점에서 보면 중국의 방언 간 비교 연구는 일부 학자들을 제외하면 대부분 방언 음운에 대한 묘사성 분석만을 나열하거나 문헌자료와 결합하여 古今의 음운을 단순 대조(주로『切韻』으로 대표되는 中古音과 현대 방언의 대조)하는 연구가 주를 이루고 있다고 해도 과언이 아닐 것이다. 특히 방언간의 어음 차이와 어음의 대응관계에 근거하여, 어음 변화의 단서와 변화 과정, 변화 규칙을 찾아내는 역사비교법의 응용은 아직 보편적이지 않다고 볼 수 있다.[11] 물론 역사비교법을 활용한 분석이 항상 정확한 결론을 도출해 낼 수 있는 것은 아니다. 한어방언 중에는 文白異讀 등 역사비교법으로는 설명될 수 없는 한어 특유의 독특한 현상들이 대량 함유되어 있기 때문에 전통적이 방법론이 한어방언의 분석에 더욱 유용할 수도 있다. 하지만 역사비교법을 활용한 분석은 중국의 전통적 연구 방법론의 부족한 부분을 보완해 줄 수 있고, 때로는 논리적으로 보다 본질에 근접한 결론을 도출해낼 수 있는 가능성을 가지고 있다고 할 수 있다. 사실『切韻』과 현대 한어방언 어음의 비교는 한어방언 어음의 시작과 끝을 알려줄 뿐, 중간에 어떠한 과정을 거쳐 그러한 변화가 나타났는지는 설명하기 힘들다. 하지만 역사비교법을 활용한 방언간의 비교 연구는 중간 과정에서 발생했던 여러 변화 과정을 실증적으로 설명해 줄 수 있고12), 또 때로는

---

11) '역사비교법'이란 간단히 말해, 현재의 방언 자료를 활용하여 고대 방언의 특성을 재구하고, 또 재구해 낸 고대 방언으로부터 현재까지의 발전 과정을 규명하는 연구 방법론이라고 할 수 있다. 간단한 예를 들어 보면 다음과 같다.

廣州방언에서 k-성모로 발음되는 글자들은 北京語에서 두 가지로 나누어진다. 開口呼, 合口呼 운모 앞에서는 廣州방언과 마찬가지로 k-성모로 발음되고, 齊齒呼, 撮口呼 운모 앞에서는 tɕ-로 발음된다. 한 글자도 예외가 없으며, 조건에 따라 정확히 두 가지로 나누어진다. 방언 간의 이와 같은 규칙적인 대응관계는 언어의 규칙적인 발전의 결과라고 할 수 있다. 이와 같은 대응관계의 규칙성을 근거로 우리는 北京語 중의 k-, tɕ- 성모는 본래 고대에는 廣州방언처럼 k-성모 한 가지로 발음되고 있었지만, 후대에 운모의 영향으로 k-와 tɕ- 두 가지로 나누어지게 된 것이라고 추론할 수 있다. 어음의 대응관계에서 '1' 대 '다수'의 대응이 이루어지고 그곳에 명확한 변화 조건이 있다면 일반적으로 '1'이 더 오래된 성분이고 '다수'가 후대에 나타난 성분이다. 이때의 대응조건은 어음의 분화조건이 된다. 그런데 두 번째 예의 대응관계에서는 앞의 예와는 다르게 변화 조건이 존재하지 않는다. 즉 北京語 중의 -n운미는 廣州방언의 -m, -n운미와 대응되는데, 대응관계의 규칙성은 있지만, 분화 조건이 존재하지 않는다. 즉 -n운미가 -m운미로 변화한 원인이나 조건을 찾을 수 없다. 이러한 경우는 반대의 가정이 가능하다. 즉, '1' 대 '다수'의 대응관계에서 변화 조건이 존재하지 않는다면, '다수'가 더 오래된 성분이고, '1'이 후대에 나타난 성분이다. 즉 원래는 두 가지로 나누어져 있었지만 후대에 합류되어 구분이 없어진 것이다. 간단한 예이지만 이와 같은 방법으로 추론해 나가는 방법을 역사비교법이라고 할 수 있다.

한어방언의 역사적 발전 변화에 대해 보다 보편적이고 공신력 있는 해석을 제공해 줄 수도 있다. 따라서 지역 방언간의 비교연구는 전통적인 방법과 역사비교법을 적절히 결합한 연구 방법이 보다 바람직할 것이라고 판단된다.

2. 어음 변화 이론의 활용: 어휘 확산 이론

18세기 이래 발전한 유럽의 역사언어학은 19세기 말 20세기 초에 이르러 독일을 중심으로 활동하던 신문법학파의 출현을 계기로 체계적인 음성 변화 이론을 맞이하게 된다. 그들은 공시태를 중시하는 20세기 구조주의 언어학, 변형생성 이론 등과는 달리 언어학은 곧 언어의 역사적 발전 과정을 규명하는 역사언어학이라는 신념하에 통시태를 중시하며 음성의 역사적 변화 연구를 통해 음성 변화를 지배하는 원리를 찾아내고 연구 방법론을 수립하려 하였다. 신문법학파의 이론을 간단히 정리하면 어음의 변화는 점진적, 연속적으로 진행되지만, 그것이 어휘에서 실현될 때는 일시적(동시적), 급진적으로 나타난다는 것이다. 즉 언어의 음성변화는 화자가 인지할 수 없는 미세한 음 변화를 통해 발생하므로 음성적으로는 점진적, 연속적인 양상을 띠지만, 이러한 변화가 어휘에서 실현될 때는 같은 음성 조건에 있는 모든 어휘에서 동시에 급진적으로 나타난다는 것이다.13) (중

---

12) 예를 들어 k- 성모가 齊齒呼, 撮口呼 운모 앞에서 구개음화되어 tɕ- 성모가 되는 과정은 현재 한어방언 각 지역에 존재하는 같은 조건의 서로 다른 발음들을 논리적으로 연결하여 k → kj → c → tɕ와 같은 변화 과정을 가정해 볼 수 있다. 이는 "공시적 차이가 역사적 발전(변화) 과정을 반영하다."는 역사비교법의 기본 전제에 근거한 가정이다. (각주(11) 참조)

13) 또한 신문법학파의 이론에 따르면 모든 음성변화는 규칙적이며 예외가 없다고 하였다. 모든 음성변화는 동일한 음성 환경에서 예외 없이 적용되며, 만약 예외가 있다면 그것은 또 다른 어떤 음성변화가 규칙적으로 적용된 결과라고 하였다. 또한 음성변화는 순수하게 음성적 요인에 의해서만 일어나며 문법이나 형태론 등 요소의 영향을 받지 않는다고 하였다.

국 학계에서는 신문법학파의 이와 같은 음 변화 유형을 '連續式音變'이라고 부르고 있다. 이하 '連續式音變'이라 칭함) 예를 들어, 음가의 변화는 i → °i → əi → ei / i → i₁ → ŋi → ʅ / ki → kʅi → ci → tɕi 등과 같이 점진적인 변화의 과정을 거치지만, 이와 같은 변화가 어휘에서 실현될 때는 각 단계마다 해당되는 모든 어휘에서 함께 동시에 발생한다는 것이다. 王士元(1969)은 이와 같은 신문법학파의 이론에 의문을 제기하며「相互競爭的變化産生剩餘」(Competing Changes as a Cause of Residue)라는 문장에서 어음 변화 이론의 새로운 관점인 '어휘 확산이론'을 제시한다. 어휘 확산이론의 기본 가정은 신문법학파의 連續式音變과 상반된다. 즉 어음의 변화는 일시적(동시적), 급진적으로 발생하지만, 그것이 어휘에서 실현될 때는 점진적, 연속적으로 확산되어 가는 과정을 거친다는 것이다(중국 학계에서는 어휘 확산이론에 근거한 음 변화 유형을 '離散式音變'이라 부르고 있다. 이하 '離散式音變'이라 칭함). 한어방언에서 어휘 확산이론에 부합되는 離散式音變 유형은 자주 접할 수 있다. 王福堂(1999:5)에 의하면 북경어 중, 零聲母, uei 운모의 陽平字 '危, 微' 등은 점차 陰平으로 변화하고 있는데 이는 어휘 확산식 변화의 좋은 예가 될 수 있다고 하였다. 즉 북경어 중 零聲母, uei 운모, 陽平이라는 동일한 조건을 가진 글자들의 성조를 분석해 보면 '圍, 爲, 桅' 등의 글자들은 여전히 陽平으로 발음되고 있지만, '唯, 惟, 維, 違' 등의 글자들은 陽平 혹은 陰平 두 가지로 발음되고 있고, '危, 微, 薇, 巍' 등의 글자들은 이미 陰平으로만 발음된다고 하였다. 이와 같은 변화의 경우 음가는 과도음 없이 陽平[35]에서 陰平[55]으로 직접 변화하지만, 해당 어휘들(글자들)은 일부가 먼저 변화하고, 나머지는 과도기를 거치고 있거나(한 글자에 두 개의 발음이 공존하는 형태) 아직 변화하지 않고 있는 점진적인 어휘 확산식 변화 과정을 나타내고 있다고 볼 수 있다. 이와 같은 어휘 확산식의 어음 변화는 분명 신어법학파의 連續式音變과 상반된 변화 양상을 나타낸다. 사실 한어방언이나 기타 언어에서 흔히 볼 수 있는 어음의 변화 형태는 대부분 連續式音變이지만, 어휘 확산식의 離散式音變은 連續式音變이 설명할 수 없는 부분을 성공적으로 보완해 주고 있다는 점에서 큰 의의가 있다고 볼 수 있다.

離散式音變은 어휘에서의 점진적인 확산을 통해 실현되기 때문에 변화의 완성까지는 대부분 상당히 긴 시간을 필요로 한다. 따라서 변화의 중간 과정에서 또 다른 변화 역량이 개입되어 변화가 중단되거나 변화의 방향이 바뀌는 예외적 현상이 나타나기도 한다. 徐通鏘(1996:265-267)에서는 寧波방언 覃韻字의 변화를 예로 離散式音變이 중단되는 예외적 현상을 설명하고 있다. 寧波방언(吳방언에 속함)에서는 본래 覃韻字와 談韻字의 운모 주요 모음(핵모음)이 서로 달랐다(張琨은 覃韻字의 中古音을 *-əm으로, 談韻字의 中古音을 *-am으로 재구하였다). 이와 같은 현상은 吳방언, 贛방언, 閩방언 등에서 흔히 나타나는 현상이기도 하다. 그런데 과거 어느 시점부터 寧波방언에서는 -m운미가 -n운미로 합류되는 변화가 나타나기 시작했고, 談韻字의 운모가 먼저 주요 모음이 같은 寒韻(*-an)과 합류되었다. 覃韻字의 운모는 談, 寒韻과 주요 모음이 달랐기 때문에 談韻字의 운모가 寒韻과 합류된 이후에도 談, 寒韻과 합류되지 않고 독립성을 유지하고 있었다. 하지만 그 후 覃韻字의 운모 역시 점차 談, 寒韻과 합류되는 경향을 보이게 된다. W.T. Morrison(1876) 『寧波方言字語彙解』에 따르면 1870년대 당시 寧波방언에서 談, 寒韻字의 운모는 -en으로 발음되고 있었고, 覃韻字의 운모는 발음이 두 가지였는데 일부는 -ɛn으로 발음되고 나머지는 -en으로 발음되고 있었다. 徐通鏘(1996)에서는 당시 寧波방언 覃韻字의 이와 같은 어음 분화 현상(覃韻이 -en과 ɛn 두 가지로 발음되는 현상)은 覃韻과 談, 寒韻의 합류 과정이 어휘 확산의 방식으로 진행되고 있었음을 나타내 주고 있는 것이라고 하였다.[14] 그런데 覃韻 운모의 어휘

---

14) 학자에 따라서는 寧波방언 覃韻과 談, 寒韻의 합류 과정을 어휘 확산식의 변화가 아

확산식 변화 과정 도중에 다시 비음 운미 -n의 소실이라는 또 다른 음운 변화 역량이 개입되면서 覃韻 운모의 어휘 확산식 변화는 중단되게 된다. 즉 覃韻字의 일부만이 談, 寒韻과 합류되어있는 상태에서 비음 운미의 소실이라는 변화가 나타나 -ɛn으로 발음되던 覃韻字(談, 寒韻과 합류된 覃韻字)의 운모는 談, 寒韻과 함께 -ɛ로 변화하고, -en으로 발음되던 覃韻字(談, 寒韻과 합류되지 않았던 覃韻字)의 운모는 -e로 변화하였다. 그중 -e 운모는 寧波방언 중의 '杯培梅堆推悲不眉…' 등 蟹止攝 일부 글자들의 운모 -e와 합류되게 된다. 이는 방언 음운체계 내부의 구조가 변화한 것으로, -ɛ로 변한 覃韻字의 운모는 이미 談, 寒韻과 합류되었기 때문에 그 후 談, 寒韻과 함께 변화하지만, -e로 변한 覃韻字의 운모는 蟹止攝의 '杯梅堆悲眉…' 등 글자들의 운모과 합류되어 더 이상 '覃韻의 談, 寒韻 합류'라는 離散式音變의 영향을 받지 않게 된다. 즉 어휘 확산식의 離散式音變이 도중에 중단되는 예외적 현상이 나타난 것이다. -e로 변한 覃韻字의 운모는 후에 寧波방언 모음체계의 고모음화 및 모음 연쇄변화의 영향으로 k-, k'- 성모 뒤에서는 -i로 변화하고, 기타 성모 뒤에서는 -ɛi로 변화하게 된다. 이처럼 어휘 확산식의 離散式音變은 변화의 완성까지 상당히 긴 시간이 걸리기 때문에 중간 과정에서 변화가 중단되거나 변화의 방향이 바뀌는 예외적 현상이 나타날 수 있다.

어휘 확산이론과 신어법학파의 이론은 어음의 변화 방식과 어음의 변화가 어휘에서 실현되는 양상에 대해 서로 상반된 가정을 하고 있지만, 두 이론은 서로 대립적 관계에 있다기보다는 인간의 언어에서 나타날 수 있는 다양한 어음의 변화 양상을 설명해 줄 수 있는 상보적 관계에 있다고 할 수 있다. 특히 어휘 확산이론의 가장 큰 공헌 중 하나는 여러 현상이 복잡하게 얽혀있는 어음 변화의 일부 예외적 현상들에 대해 보다 본질

닌 普通話의 영향으로 인해 생긴 변화로 보는 견해도 있다.

적이고 사실에 부합되는 분석을 가능하게 해 주었다는 데 있다고 할 수 있다. 즉 장기간 진행되는 어휘 확산식의 어음 변화 과정에서는 또 다른 변화 역량의 개입으로 변화가 도중에 중단되거나 변화의 방향이 바뀌는 등의 예외적 현상들이 나타날 수 있기 때문에 신어법학파의 이론으로는 설명될 수 없었던 이러한 예외적 현상들에 대해서도 어휘 확산이론은 원인을 설명할 수 있는 새로운 방법론을 제시해 주었다고 할 수 있다. 신어법학파의 이론에서는 어음 변화에 예외는 없다고 하였으며, 어음 조건이 동일하면 해당 어휘(글자)들의 발음에서는 모두 동일한 변화가 발생하게 된다고 하였다. 만약 예외가 있다면 그것은 차용(借用)이나 유추(類推)작용 때문에 나타나는 것이라고 하였다.

어휘 확산이론은 또 상용 어휘(글자)와 비상용 어휘(글자)의 변화 속도가 다름을 설명해 줄 수도 있다. 다음은 王福堂(2005:10)에서 제시한 북경어 泥母 蟹臻攝 合口字의 예이다.

	1950년대	1990년대
內	nei	nei
餒	nei, nuei	nei
嫩	nən, nuən	nən
臡	nuən	nuən

'內, 餒, 嫩, 臡' 등 泥母 蟹臻攝 合口字의 발음에는 본래 모두 -u-介音이 있었다. 하지만 조음위치가 앞 쪽인 성모 n-과 운미 -i 혹은 -n의 영향으로, 조음위치가 뒤쪽인 -u-介音은 발음이 점차 불안정해지면서 결국 탈락되는 현상이 나타나게 된다. 결과적으로 合口韻에 속했던 이 글자들의 발음이 開口韻으로 변화하게 된다. 50년대의 발음을 보면 '內'는 당시 이

미 -u-介音이 탈락되어 開口韻으로 발음되고 있었고, '餕'와 '嫩'은 開口韻과 合口韻 두 가지 발음이 공존하고 있었다. 두 가지 발음이 공존하는 이러한 현상은 당시 '餕'와 '嫩'의 발음이 '-u-介音 탈락'이라는 어음 변화의 과정 중에 있었음을 나타내 준다고 할 수 있다. '麕'는 50년대에도 변화가 나타나지 않았다. 그런데 90년대의 발음에서는 '餕'와 '嫩' 모두 '內'와 마찬가지로 '-u-'介音이 탈락되어 開口韻으로 발음되고, '麕'만이 여전히 合口韻으로 남아있다. 이와 같은 어음의 변화는 분명 어휘 확산식의 변화라고 볼 수 있을 것이다. 그런데 예시한 4개의 글자 중 '內'와 '嫩'은 구어에서 상용되는 글자이지만, '餕'와 '麕'은 비상용 글자들이다. 따라서 이와 같은 변화 과정을 통해 볼 때 북경어에서 사용빈도가 높은 '內'와 '嫩'은 사용빈도가 낮은 '餕'와 '麕'보다 변화의 속도가 빠른 것이라고 볼 수 있을 것이다. 즉 어휘 확산식 어음 변화에서 어휘 사용빈도의 다름은 어음 변화의 속도에 영향을 줄 수 있다는 것이다. 또한 변화의 속도가 상대적으로 느려 변화의 예외적 현상으로 보일 수 있는 글자(예의 '麕')의 경우도 시간이 더 흐른 후에는 결국 다른 글자들과 마찬가지로 '-u-介音 탈락'이라는 똑같은 변화가 나타날 가능성이 매우 높다고 볼 수 있다. 즉 어휘 확산식 변화의 과정 중에는 어휘 간 변화 속도의 다름 때문에 같은 조건을 가진 일부 어휘가 변화에 참여하지 않는 예외적 현상이 나타날 수 있지만 변화가 완성된 후에는 예외적 현상이 사라져 상호간 다시 일치된 변화 조건과 변화의 방향성을 갖게 된다.

이와 같은 어휘 확산식 어음 변화 이론은 어음의 변화방식과 과정에 대한 새로운 관점을 제시해 주었으며, 신어법학파의 이론으로는 설명할 수 없었던 현상들을 성공적으로 보완해 주었고, 규칙적인 변화 중에 나타나는 일부 불규칙적 예외 현상(중간 과정에서 변화가 중단되거나 변화의 방향이 바뀌는 예외적 현상 등)을 설명할 수 있는 방법론을 제시하였다는 점 등에서 어음 변화 이론의 큰 진전을 이룬 성과라고 볼 수 있을 것이다. 어휘 확산이론은 현재 한어방언의 어음 변화를 분석하는 데 매우 광범위하게 활용되고 있는 분석방법 중 하나이다. 하지만 어휘 확산식의 어음 변화도 언제나 변화의 규칙성과 조건 그리고 방향성을 가지고 있는 만큼, 방언 중의 어음 변화 현상이 어휘 확산식의 변화라고 판단할 때는 반드시 충분한 증거 자료의 대조를 통해 설득력 있는 증명 과정이 필요하다고 생각된다.

3. 어음 변화 이론의 활용: 文白異讀 교체식의 疊置式音變[15]

한어방언 중의 文白異讀은 외래 방언의 영향과 관련이 있다. 방언 지역 주민들은 때로 교류의 필요성 때문에 普通話나 그 지역 권위(강세)방언 단어의 발음을 차용해(모방해) 자신의 방언에서 사용하는 경우가 있다. 예를 들어 上海방언 '人'의 발음은 zəŋ² 과 ȵiŋ² 두 가지인데, 전자는 官話방언 성분을 차용하여 上海방언 음운 특성에 맞게 조정한 발음으로 文讀이라 부른다. 후자는 上海방언 고유의 본래 발음으로서 白讀이라 부른다. 이처럼 한 글자에 병존하고 있는 文讀과 白讀은 보통 각기 서로 다른 어휘에서 출현한다. 예를 들어 上海방언에서 '人'은 '一個人'에서는 ȵiŋ²(白讀), '人物'에서는 zəŋ²(文讀)으로 발음된다. 江蘇省 蘇州방언에서 '肥'자는 '肥胖'에서는 vi²(文讀)로, '肥皂'에서는 bi²(白讀)로 발음된다[16]. 湖南省 臨武(麥市)방언에서 '錫'자는 '錫鑛'에서는 sie³(文讀)로, '錫壺'에서는

---

15) 성조는 숫자로 표기하였다. 즉, 1은 阴平, 2는 阳平, 3은 上声(만약 上聲이 陰上과 陽上으로 나누어지면 3은 阴上, 4는 阳上), 5는 去声(만약 去聲이 陰去와 陽去로 나누어지면 5는 阴去, 6은 阳去), 7은 入声(만약 入聲이 陰入과 陽入으로 나누어지면 7은 阴入, 8은 阳入)이다.

16) 袁家驊等, 『漢語方言概要』, 語文出版社, 2001年:68.

ʃiɔ³(白讀)로 발음된다[17]. 일반적으로 文讀은 공식적인 자리에서의 사교언어, 문화용어 혹은 신흥 어휘 등에 주로 쓰이고, 白讀은 일상생활과 밀접히 관련이 있는 상용어휘 혹은 그 지역 특유의 어휘, 지명 등에 주로 쓰인다. 그래서 文讀을 讀書音, 白讀을 口語音이라 칭하기도 한다.

그런데 文讀과 白讀은 초기에는 병존하지만 일반적으로 文讀은 그 사용 범위가 점차 확대되어 가고, 白讀은 사용 범위가 점차 축소되어 결국에는 대부분의 어휘에서 文讀이 白讀을 교체하게 된다. 이는 일종의 어음 변화로서 王洪君(1986) 『文白異讀與疊置式音變-從山西聞喜方言的文白異讀說起』에서는 이를 疊置式音變이라 칭하였다. 앞 절에서 논의한 連續式音變이나 어휘 확산식의 離散式音變과 다른 점은 連續式音變이나 離散式音變은 하나의 언어(방언) 체계 내부의 요인으로 인해 발생되는 어음의 변화이지만, 疊置式音變은 서로 다른 방언 간의 관계 때문에 발생되는 변화라는 데 있다. 즉 疊置式音變은 방언 자체의 자연스런 역사적 음운변화가 아니라 외래 방언의 영향으로 방언 내에 형성된 文讀이 방언 고유의 성분인 白讀을 교체하는 방식이기 때문에 連續式音變이나 離散式音變과는 근본적으로 다르다. 또한 文白異讀의 교체현상은 일부 어휘에만 국한되는 개별적인 현상이 아니라 항상 두 방언의 음운체계 전체를 통해 대응관계의 규칙성을 가지고 나타나는 음운현상이다. 文讀 성분(성모 혹은 운모 혹은 성조)을 가지고 있는 어휘가 많으면 많을수록 그 대응관계는 명확해지며, 文讀 성분으로 발음하는 글자들을 종합해 보면 한어의 中古 음운체계를 교체 단위로 文白異讀 현상이 나타나고 있음을 관찰할 수 있다. 예를 들어 앞서 예시한 上海방언 '人'zəŋ²文/ ɲiŋ²白에서 文讀 성모 z-가 白讀 성모 ŋ-를 교체하였다면 이것은 '人' 한 글자만의 문제가 아니라 보통은 '人'이 속한 中古 日母字 전체가 변화하는 문제라는 것이다. 王洪君

---

17) 李永明, 「臨武方言-土話與官話的比較硏究」, 湖南人民出版社, 1988年.

(1986, 1992)에 따르면 山西省 聞喜방언에서 中古 全濁聲母字는 현재 白讀 층에서 모두 무성 유기음으로 발음된다고 한다.[18] 그런데 북경음을 표준음으로 하는 普通話의 영향으로 中古 全濁聲母字 중 上聲字와 去聲字는 현재 文讀 층에서 이미 대부분(특히 청년층의 어휘 사용 중) 무성 무기음으로 발음되고 있다(예를 들면, 舅 tɕiəu²文/tɕʻiəu²白, 蛋 tæ²文/tʻæ²白 등과 같다).[19] 즉 中古 全濁聲母 上聲字와 去聲字를 포함하는 대부분의 어휘에서 이와 같은 文白異讀 현상이 나타난다. 같은 聞喜방언의 文白異讀 예를 더 들어 보면, 聞喜방언의 宕攝字에서는 규칙적으로 iʌŋ文~iə白의 文白 교체 현상이 나타나고(예를 들면, 揚 iʌŋ²文/iə²白, 陽 iʌŋ²文/iə²白 등과 같다), 梗攝字에서는 iʌŋ文~iɛ白의 文白 교체현상이 나타난다(예를 들면, 井 tɕiʌŋ³文/tɕiɛ³白, 星 ɕiʌŋ¹文/ɕiɛ¹白 등과 같다). 일반적으로 한어방언 중의 文白異讀은 이처럼 古音의 범위를 단위로 체계적인 대응의 규칙성을 갖는다.

그런데 疊置式音變의 어음 변화 방식이나 해당 어휘에서의 확산 과정은 離散式音變과 유사하다. 즉 어음의 변화는 일시적(동시적), 급진적으로 발생하지만, 그것이 해당 어휘에서 실현될 때는 점진적으로 확산되어 간다는 점에서 疊置式音變과 離散式音變은 매우 유사하다고 볼 수 있다.[20]

---

18) 山西 聞喜 방언의 예는 王洪君 「文白異讀與疊置式音變」(語言學論叢 1992년 제17집:122-154)에서의 예를 참조하였다.

19) 북경어에서 中古 全濁聲母는 현재 무성 유기음과 무성 무기음 두 가지로 발음되는데, 平聲字는 유기음으로 仄聲字(上去入聲字)는 무기음으로 발음된다.

20) 徐通鏘(1991)에서는 山西省 聞喜방언 麻韻章組字 운모 발음을 예로 文讀과 白讀의 교체과정을 ①文弱白强, ②文白相持, ③文强白弱의 세 단계로 나누어 다음과 같이 설명하고 있다. 첫 번째 단계에서 文讀은 지극히 제한적으로 사용되어 '遮者蔗車扯蛇射麝奢賒捨舍赦余社' 등 15개의 글자는 어떤 어휘에서든 모두 白讀인 [iɛ]로 발음되는데 '社'자 만이 '社會主義'에서 文讀인 [ə]로 발음된다. 두 번째 단계에서 文讀과 白讀은 대체로 비슷한 비율로 사용된다. '遮蛇社射麝扯舍捨'등 글자의 운모는 [ə]이고, '蔗車余'의 운모는 [ə]와 [iɛ] 두 가지 모두 사용되며, '奢賒' 두 글자의 운모는 [iɛ]이다. 세 번째 단계에서는 대체로 文讀 만을 사용하고 白讀은 그 사용 범위가 크게 축소되어 지극히 제한된 어휘에서만 사용된다. 예를 들면 지명이라든가 친족의 호칭

하지만 앞서 언급한 것처럼 離散式音變은 방언 내부에서 발생되는 자연스런 역사적 어음 변화이지만, 疊置式音變은 주변 혹은 전국적인 권위(강세) 방언의 영향 때문에 (혹은 권위(강세)방언의 발음을 모방하려는 경향 때문에) 발생되는 어음 변화이다. 또한 하나의 疊置式音變이 완성되는 시간은 離散式音變보다 훨씬 더 길다고 알려져 있다. 왜냐하면 일상생활과 밀접한 관련이 있는 상용어휘나 지역 특유의 어휘, 지명 등과 같은 경우는 文讀과 白讀이 병존하는 시간이 매우 길어 장기간 쉽게 바뀌지 않기 때문이다.[21] 때로는 일부 지역 특유의 어휘나 지명의 경우 방언 화자들도 발음만 알고 어떤 글자를 쓰는지 모르는 경우도 있는데 그러한 어휘들은 사실 文讀으로 교체되는 것이 거의 불가능하다고도 볼 수도 있다.

이와 같은 文白異讀은 한어방언 중에서는 매우 보편적으로 나타나는 현상이지만 실제 방언 조사를 통해 文讀과 白讀을 분석할 때는 많은 어려움이 따르게 된다. 이에 王福堂(2009) 「文白異讀和層次區分」에서는 한어방언 文白異讀의 분석 과정 중 직면할 수 있는 몇 가지 난제들에 대해 중요한 방법론적 관점을 제공해 주고 있다. 문장 중에 예시한 몇 가지 예를 정리하여 제시해 보면 다음과 같다.

① 文讀이나 白讀은 하나가 아닌 여러 개가 함께 병존할 수 있다. 예를 들어 廈門방언 '平'자에는 piŋ²文, pʰia²白, pia²白, pʰi²白, pi²白 5개의 발음이 있는데 이 중 뒤의 4개 발음이 白讀이다. 이러한 경우 4개의 白讀 중 일부는 본래 文讀이었을 가능성이 높다고 하였다. 왜냐하면 방언 중에는 서로 다른 시기에 각각 서로 다른 文讀이 진입할 수 있기 때문이다. 최초에 (혹은 상대적으로 이른 시기에) 진입한 文讀은 후대에 진입한 文讀의 영향으로 白讀의 위치로 자리를 옮기게 될 수 있다. 이러한 현상 역시 한어방언 文白異讀에서는 종종 볼 수 있는 현상이다.

과 같은 일상생활과 밀접한 관계가 있는 몇몇 어휘에서만 제한적으로 사용된다.

21) 글말(書面語) 색체가 강한 어휘들은 비교적 빨리 변화하고, 입말(口語) 색체가 강한 어휘들은 느리게 변화하는 경향은 있다

② 일반적인 상황으로 볼 때 북방 방언(官話방언)보다는 남방 방언에 古音 성분이 많이 남아있다. 따라서 보통의 경우는 남방 방언에서 官話방언 성분을 차용하면 白讀이 文讀보다 古音에 가깝다. 하지만 경우에 따라서는 반대의 경우도 나타날 수 있다고 하였다. 예를 들어 湖南省 雙峰방언 流攝 一等 溪母字 '口'의 발음은 k'e³文/tɕ'ie³白이다. 성모 k'는 官話방언에서 차용한 文讀이고, tɕ'는 방언 고유의 白讀이다. 기타 방언에서 나타나는 見組 성모의 일반적인 상황이라면 구개음화된 성모 tɕ'가 文讀이 되겠지만, 雙峰방언에서는 구개음화된 성모 tɕ'가 白讀이고 구개음화 이전의 성모 k'가 文讀이다. 이는 官話방언에서는 구개음화되지 않은 '口'자의 성모 발음이 雙峰방언에서는 일찍이 전설모음인 韻腹의 영향으로 구개음화되었기 때문이다. 이처럼 남방 방언이 官話방언 성분을 차용하는 경우에도 文讀이 白讀보다 古音에 더 가까운 발음이 될 수도 있다. 다음은 좀 특수한 경우인데 廈門방언 운모의 예이다.

咸攝	餡 ham⁶文/ã⁶白	甲 kap⁷文/kaʔ⁷白
山攝	單 tan¹文/tuã²白	發 huat⁷文/puʔ⁷白
宕攝	娘 liɔŋ²文/niũ²白	藥 iɔk⁷文/ioʔ⁷白
江攝	腔 k'ɔŋ¹文/k'iũ¹白	學 hak⁸文/oʔ⁸白
梗攝	行 hɪŋ²文/kiã²白	摘 tɪk⁷文/tiaʔ⁷白

예의 운모 중 白讀은 舒聲字의 경우 鼻音化 된 운모이고, 入聲字의 경우는 성문 파열음 [ʔ]운미를 가진 운모이다. 이와 같은 형태의 운모는 본래의 -m, -n, -ŋ운미와 -p, -t, -k운미가 약화된 결과로 볼 수 있을 것이다. 그런데 외래 방언으로부터 차용한 文讀의 운모는 변화 이전의 운미 -m, -n, -ŋ과 -p, -t, -k를 모두 보유하고 있다. 이처럼 白讀보다 오래된 古代의 발음을 보유하고 있는 文讀은 분명 官話방언으로부터 차용한 발음은 아닐 것이다. 인근 客家방언의 경우는 현재에도 -m, -n, -ŋ과 -p, -t, -k 운미를 모두 보유하고 있지만, 방언 간의 관계를 고려해 볼 때 廈門방언이 客家방언의 성분을 차용했다고는 볼 수 없다. 이에 王福堂(2009)에서는 이러한 경우는 이 지역의 사회 문화적 배경을 고려해 보아야 한다고 하였다. 宋, 元이래 廈門방언이 속한 閩방언 지역에서는 아동 교육을 위해 서당에서 四書三經을 가르쳤다고 한다. 그런데 당시 서당에서 책을 해설할 때는 이 지역의 白讀音(口語音)을 사용했지만(廈門방언에서는 이를 '解說'이라 칭했다), 책을 독송할 때는 文讀音(讀書音)을 사용했다고 한다(廈門방언에서는

이를 '孔子白'이라 칭했다). 그런데 당시의 文讀은 어떤 특정 방언의 발음이 아니라 隋, 唐이래 과거시험과 운문의 기준이 되었던 운서『切韻』,『廣韻』의 反切을 참고한 발음으로 운서 내에 반영된 글자 음과 매우 유사했으며, 일상생활에서 사용하는 白讀音과는 많이 달랐다고 한다. 오랜 세월이 흐른 후에도 이러한 文讀音은 서당의 선생님들을 통해 세대를 바꿔가며 전승되었고, 현재까지도 방언 어음체계의 일부분이 되었다고 한다. 廈門방언의 文讀은 사실 실재 존재하였던 방언의 발음은 아니지만 古代 운서의 어음체계를 표준음으로 여겼던 당시의 상황으로 볼 때 역시 일종의 외래 권위 방언의 영향으로 형성된 文讀으로 볼수 있을 것이다.

③ 文讀이나 白讀으로 발음되는 어휘의 수가 너무 적을 경우는 어음의 대응관계가 명확치 않아 文白異讀를 판단하기가 어려운 경우가 있다. 王福堂(2009)에서는 이러한 경우 세대 간 발음을 비교한다든지 주변 방언과의 비교를 통해 문제를 해결해 볼 수 있다고 하였다. 예를 들어 山西省 聞喜방언 노년층 발음 중 假攝開口三等字에서는 '社' 한 글자에서만 sə²와 siɛ² 두 가지 발음이 나타난다. 假攝開口三等字 중 '社' 한 글자에서만 이러한 현상이 나타나기 때문에 이것이 文白異讀인지 아니면 다른 원인에 의해 한 글자에 두 가지 발음이 생겨나게 된 것인지 판단하기가 쉽지 않다. 하지만 청년층의 발음을 조사해 보면 假攝開口三等字 중 '蔗, 牙, 餘' 등 다른 글자들의 운모 발음에서도 '-ə'와 '-iɛ' 두 가지 발음이 병존하고 있음을 알 수 있다. 이와 같은 청년층 발음을 근거로 우리는 노년층 발음에서 나타나는 '社'자의 '-ə', '-iɛ' 두 개의 운모 발음은 假攝開口三等字의 文白異讀이라고 판단해 볼 수 있다. 또 다른 예로, 陝西省 西安방언 중 '挖掘'의 의미를 나타내는 단어의 발음은 tɕie¹이고, '橫 혹은 橫蠻'의 의미를 나타내는 단어의 발음은 ɕye²라고 한다. 그런데 이 지역 사람들조차도 이들 발음에 해당되는 글자가 무엇인지 알지 못한다고 한다. 그런데 西安 인근의 山西省방언과 비교를 해 보면, 西安방언의 tɕie¹, ɕye²는 본래 각각 '耕kəŋ¹'과 '橫xuoŋ²'의 白讀音이었음을 알 수 있게 된다. 이는 같은 조건을 가지고 있던 다른 글자들의 白讀音이 이미 모두 사라져 버렸기 때문에 잔존형식으로 남아있는 이와 같은 발음을 지역 주민들조차도 제대로 인식하지 못했던 것이다. 이처럼 한두 글자에서만 나타나기 시작한 文讀音이나 다른 글자들의 白讀音이 모두 사라진 후 한 두 글자에만 잔존형식으로 남아있는 白讀音과 같은 경우는 자체의 발음만으로는 발음의 본질을 파악하기 어렵기 때문에 서로 다른 연령층의 발음을 비교한다든가 인근 방언과의 비교 분석을 통해 文白異讀를 판별해 볼 수 있다.

④ 방언 중에 文讀과 白讀이 공존하는 경우 보통 白讀은 점차 사라져 가고, 文讀이 그 자리를 대체하게 된다. 그런데 한어방언 중에는 文讀이 사라지고 白讀이 文讀을 대체하는(즉 본래의 발음을 회복하는) 예외적인 경우도 나타난다고 한다. 예를 들어 浙江省 寧波방언에서 '鞋'자는 문헌 기록에 따르면 100여 년 전에는 jiæ²文/ɦa²白 두 개의 발음이 공존했었지만 현재는 文讀이 사라지고 白讀만이 남아있다. 浙江省 紹興방언에서도 '瞎'자에는 본래 ɕiæʔ⁷文/hæʔ⁷白 두 개의 발음이 있었지만 현재 文讀은 사라졌다. 北京방언 '白' po²文/pai²白도 현재 文讀은 거의 사용되지 않고, 白讀만이 보편적으로 사용된다. 이처럼 한어방언 중의 文白異讀에서는 白讀이 文讀을 대체하는 어음의 역전 현상도 간혹 나타난다.

이상의 논의에서 살펴볼 수 있듯이 한어방언에서 보편적으로 나타나는 文讀과 白讀의 교체현상은 분명한 어음 변화 현상이며, 한어방언 어음 변화 방식의 중요한 한 축을 형성하고 있다. 따라서 우리는 한어방언을 분석할 때 방언 특성 중 일부는 방언간의 접촉 혹은 영향으로 인한 文白異讀 현상 때문에 형성되었을 가능성을 늘 염두에 두어야만 한다.

4. 음과 의미를 결합한 연구

한어방언 어음의 변화는 순수 어음 조건의 제약 때문에 발생하는 변화 이외에도 의미 조건의 제약을 받는 어음 변화도 있다. 여기서 의미란 어휘적 의미 일 수도 있고 어법적 의미일 수도 있다. 소위 '變音' 현상 중에 보통 이와 같은 의미 제약이 동반되는 경우가 많은데, 한어방언 중에서 흔히 볼 수 있는 兒化, 連讀變調 그리고 각종 變韻 현상 등이 그것이다. 예를 들어 우리가 익히 알고 있는 북경어의 兒化는 본래 작은 느낌, 사랑스럽거나 좋아하는 느낌 등을 표현하는 수단이다. 즉 花xua⁵⁵ 보다는 花兒 xuar⁵⁵이 보다 작거나 사랑스러운 느낌을 줄 수 있다는 것이다.[22] 또한 북

---

22) 하지만 현대 북경어에서는 '兒化'의 의미작용이 이미 상당부분 퇴색되어 별다른 감

경어의 兒化는 단어의 의미를 변화시킨다거나, 예를 들어 白面(밀가루)/白面兒(헤로인), 方(네모, 쪽 등)/方兒(약 처방) 등, 의존형태소를 하나의 독립적인 낱말로 만든다거나, 예를 들어 味/味兒(맛, 냄새, 의미, 정취), 餡/餡兒((만두) 소) 등, 낱말의 품사를 바꾸는 등, 예를 들어 火(불;명사)/火兒(화내다;동사), 活(살다;동사)/活兒(일;명사) 등, 어법적 의미를 바꾸는 기능도 한다.

일찍이 1980년대부터 山西省, 河南省 등지의 變韻현상에 대한 연구가 학계의 주목을 받았었는데 대부분 어법적(혹은 어휘적) 의미를 동반하는 어음의 변화에 대한 연구였다. 대표적으로 賀巍(1982, 1989) 「獲嘉方言韻母的分類」, 『獲嘉方言研究』에서는 河南省 북부 獲嘉방언의 兒化운모, Z變운모, D變운모, 合音운모, 輕聲운모 등 獲嘉방언 중에 나타나는 운모의 變韻 현상에 대해 상세한 분류와 묘사를 진행하였다. Z變운모란 주로 명사형 낱말에서 나타나는 현상인데 기타 방언에서 흔히 볼 수 있는 접미사 '～子'의 의미를 獲嘉방언에서는 운모의 발음을 변화시켜 나타내기 때문에 붙여진 명칭이다. 예를 들어 북경어의 '瞎子ɕia⁵⁵ʦʅ'를 獲嘉방언에서는 '瞎 ɕiɔ³³(瞎의 獲嘉방언 본래의 단독 발음은 ɕiɐʔ³³이다)'와 같이 표현한다. D變운모는 주로 동사, 형용사, 부사, 의성사, 일부 지명 등의 발음에서 나타나는 현상인데 일부 동사의 예를 들어보면 다음과 같다. 獲嘉방언에서 '我買茱' 중의 '買'를 mai⁵³로 발음하면 '我要去買茱'의 의미가 되지만, mai⁵³를 mɛ⁵³로 발음하면 '我已經買了茱'의 의미가 된다. 이 때 mɛ⁵³를 D變운모라 하였고 이 경우 D變운모는 동작의 완료나 실현을 나타내는 어법적 표지로 사용된 것이다. D變운모는 또 동작의 방식을 나타내는 경우도 있다. 예를 들어 '他牽馬來了'에서 '牽'을 獲嘉방언 본래의 단독 발음인 tɕʻian³³

정색채 없이 사용되기도 한다. 東邊兒, 納悶兒 등. 심지어는 兒化가 싫어하고 미워하는 감정을 표현하기도 한다. 小偷兒, 病包兒 등.

으로 발음하면 '他來牽馬'의 의미가 되지만, '牽'을 D變운모인 tɕia³³로 발음하면 '他牽着馬來了'의 의미가 되어 동작의 방식을 나타내는 의미로 바뀌게 된다. 賀巍(1982) 이후에도 沈慧云(1983) 「晉城方言的'子尾'變韻」, 侯精一(1985) 「晉東南地區的子變韻母」, 辛永芬(2006) 「河南浚縣方言的動詞變韻」 등의 논문들이 발표되었는데 시간이 지날수록 變韻의 어법적(어휘적) 의미에 대해 점점 더 세밀하고 광범위한 분석이 시도되고 있다고 볼 수 있다.

이 이외에 變韻현상이 나타나게 되는 원인과 발전 방식에 대한 연구도 있었다. 王洪君(1994) 「漢語常用的兩種語音構詞法」에서는 한어방언 變韻현상 중 1음절 낱말이 2음절로 분화되는 변화 방식(一生二式, 太原방언 嵌 l 詞, 福州방언 切腳詞 등)[23]과 2음절 낱말이 1음절로 결합되는 변화방식(二合一式, 平定방언 兒化[24], Z變韻 등)에 대해 생성음운론적 관점에서 원인을 분석하였다. 결론적으로 이와 같은 현상이 나타나는 이유는 '하나의 음절-하나의 의미(하나의 형태소)'라는 한어 음절구조의 특성에 기인

---

23) 嵌 l 詞는 山西省, 河南省 등지에서 광범위하게 나타나는 2음절 單純詞이다. 嵌 l 詞는 일반적으로 뒤 음절의 성모가 l이고, 앞 음절의 운모는 ə? 혹은 uə?이다. 또한 앞 음절의 성모와 뒤 음절의 운모를 결합한 음절의 의미는 2음절인 嵌 l 詞의 의미와 기본적으로 같다. 太原방언 嵌 l 詞의 예를 들어 보면 다음과 같다. 撥 pa?⁷→pə?⁸ la?⁷, 攪 tɕiau³→kə?⁸ lau³, 環 xuæ¹→xuə?⁸ luæ¹, 卷 tɕyɛ³→kuə?⁸ lyɛ¹. 福州방언 切腳詞도 太原방언 嵌 l 詞와 매우 유사하다. 예를 들어 보면 다음과 같다. 擺 pɛ³¹→pɛ³¹ lɛ³¹, 伶 liŋ⁵²→li³¹ liŋ⁵², 滾 kuŋ³¹→ku³¹ luŋ³¹, 朒 ny?⁵→ny³¹ ly?⁵. 王洪君, 「漢語常用的兩種語音構詞法」, 『語言研究』 1994年 第1期.
24) 山西省 平定방언 '兒'음은 권설음의 특성을 띤 성절 유음 [l]이다. 平定방언에서는 兒化가 될 때 '兒'음이 聲母 뒤 介音 위치로 이동하여 성모와 함께 복자음 형태로 발음된다. 예를 들어 보면 다음과 같다. 棗 tsɒɔ → 棗兒 tsl̩ɒɔ, 蛾 ŋɣ → 蛾兒 ŋl̩ɣ, 黃 xuɑŋ → (鷄蛋)黃兒 xl̩uɑ̃ŋ, 鎖 suɣ → 鎖兒 sl̩uɣ, 球 tɕ'iɣu → 球兒 ts'l̩ɣu, 窩 uɣ → 窩兒 l̩uɣ, 魚 y → 魚兒 zl̩ʋ. 이 때 운모에도 변화가 있는데 齊齒呼, 撮口呼 운모는 開口呼 혹은 合口呼 운모로 변화하며, 兒化 이후 운모 끝에서는 늘 권설모음 성분이 동반된다. 즉 棗 tsɒɔ는 兒化 후 棗兒 tsl̩ɒɔ과 같이 발음된다. 徐通鏘, 「山西平定方言的"兒化"和晉中的所谓"嵌 l 词"」, 『中国语文』1981年 第6期.

한다고 하였다. 즉 一生二式과 二合一式 두 종류의 조어법은 서로 구조는 다르지만 두 가지 모두 '하나의 음절-하나의 의미'라는 기본형식에서 파생된 형태로 볼 수 있다는 것이다.25) 그 외에도 王洪君(2004) 「從山西聞喜的小方言差異看Z變音的衰變」에서는 山西省 聞喜방언 Z變韻의 쇠퇴 방식과 과정을 분석해 내었고, 趙日新(2007) 「中原地區官話方言弱化變韻現像探析」에서는 中原지역 官話방언 중에 나타나는 다양한 變韻현상을 비교 분석한 다음, 變韻의 발생과 약화의 구체적 변화 과정을 제시하였다. 王洪君(1994, 2004), 趙日新(2007) 등의 연구는 한어방언 變韻 현상에 대한 전면적이고 체계적인 해석을 가능하게 해 주었을 뿐만 아니라, 이론상으로도 큰 진전을 이룬 성과라고 할 수 있을 것이다.

낱말의 의미와 관련된 連讀變調 현상도 일찍이 학계의 주목을 받았다. 連讀變調란 보통 서로 연이어 있는 두 음절(혹은 그 이상의 음절)을 발음할 때 음절 간 상호 영향 때문에 그중 일부(혹은 전체) 성조의 고저굴곡 유형이 변화하는 현상을 가리킨다. 그런데 한어방언 連讀變調 중에는 순수 어음 조건을 넘어 낱말의 의미와 관련성을 가지고 변화하는 連讀變調 현상이 존재한다. 특히 한어의 남방 방언 중에는 낱말의 의미와 관련된

---

25) 王福堂(2005:173)에 의하면 한어에서 하나의 음절에 두 개 이상의 의미(형태소)가 포함되는 경우는 없다고 하였다. 하지만 자연스러운 발화 상황에서 앞 뒤 음절 발음의 영향으로 두 음절(두 개의 형태소)이 결합되어 하나의 음절로 발음되는 경우가 있을 수 있는데, 이는 한어의 음절-의미 구조에 부합되지 않는 형태이기 때문에 이 역시 오랫동안 지속될 수는 없다고 하였다. 예를 들어 북경어에서 '甭'pəŋ²는 '不用'의 合音이다. 그런데 최근 口語에서 '甭用'이라고 말하기도 한다고 한다. 그렇다면 '甭用' 중의 '甭'은 사실 이미 '不'과 같은 의미로 쓰인 것이라고 볼 수 있다. 즉 하나의 음절에 두 개의 의미(형태소)를 가진 '甭'과 같은 단어는 한어의 음절-의미 구조에 부합되지 않는 형태로서 화자들은 자연스럽게 본래의 의미를 망각하고 하나의 의미(형태소)로 인식하게 된다는 것이다. 또 다른 예로 '这'tʂei⁵, '那'nai⁵/nei5, '哪'nai³/nei³는 본래 '这'tʂə⁵, '那'na⁵, '哪'na³와 '一'i¹의 合音이다. 그런데 현재의 合音 형식에서는 '一'의 의미가 사라진 경우가 많다. 그래서 '这一个'tʂei⁵ ·i ·kə, '那一个'nai⁵ ·i ·kə, '哪一个'nai³ ·i ·kə와 같이 발음하는 경우가 많다.

連讀變調 현상이 보편적으로 나타나며 이와 관련된 연구 성과도 상당히 풍부하다고 할 수 있다. 李小凡(2004) 「漢語方言連讀變調的層級和類型」에서는 한어방언의 連讀變調 현상에 대한 그간의 연구 성과를 종합하고, 連讀變調를 순수 어음 조건 때문에 발생하는 '語音變調'와 어음이 의미와 관련성을 가지고 변화하는 音義變調 두 가지 유형으로 나누어 전면적인 분석을 시도하였다. 논문에 따르면 두 개 이상의 음절(글자)이 연이어 발음될 때 만약 성조의 고저굴곡 유형(調型)이나 성조값(調值)만 변화하고 어법이나 어의와 관련된 변화가 발생하지 않는다면 그것은 순수한 어음 조건 때문에 발생한 語音變調이지만, 만약 어음이 변함과 동시에 어법이나 어의의 변화가 함께 동반된다면 그것은 이미 어음의 범위를 넘어선 音義變調라고 하였다. 예를 들어 북경어에서 '炒米(쌀을 볶다)' $tṣ'au^{214/35}$ mi^{214}를 발음할 때 앞 글자의 성조값은 214에서 35로 변화한다. 하지만 성조가 변했다고 해서 '炒米' 두 글자 간의 어의나 어법 관계가 변한 것은 아니다. 그런데 江蘇省 蘇州방언의 경우는 '炒米' $ts'æ^{52}$ mi^{231}를 연이어 발음할 때 어의(어법)의 변화를 동반하는 變調 현상이 나타난다. 만약 앞 글자의 성조는 변하지 않고 뒤 글자의 성조만 231에서 23으로 변한다면, '炒米'의 '炒'와 '米'는 동목관계(述賓關係)가 아닌 수식관계(定中關係)가 되며 의미도 '팝콘(爆米花)'이라는 의미로 바뀌게 된다. 하지만 앞뒤 글자의 성조가 모두 변하지 않고 글자 본래의 성조대로 발음하면, '炒'와 '米'는 동목관계가 되어 '쌀을 볶다(将米放在容器里不断翻动)'는 의미가 된다. 그렇다면 예시한 북경어 중의 變調는 발음을 조절하기 위한(발음의 편의를 위한), 순수한 어음조건 때문에 발생한 語音變調라고 할 수 있을 것이다. 하지만 蘇州방언 '炒米'의 變調는 발음을 조절하기 위한 變調현상이라고 볼 수 없고 음절 간의 의미나 어법 관계를 표현하기 위한 音義變調라고 할 수 있을 것이다. 李小凡(1994)에 의하면 蘇州방언 두 글자 連讀變調에서 앞 글자가 舒聲調26)인 경우 語音變調는 35 가지 유형이 나타나

고, 音義變調는 5 가지 유형이 나타난다고 하였다. 이처럼 語音變調의 경우는 성조 결합에 따른 變調의 발음 규칙을 찾아내는 것이 관건이지만, 音義變調는 성조변화 규칙과 함께 관련된 어의나 어법 규칙까지 찾아내야만 한다.

한어방언 중에는 소위 '小稱變調'라는 현상도 있는데 이 역시 전형적인 音義變調라고 할 수 있다. 小稱變調는 보통 성조의 변화를 통해 명사의 본래 의미에 '작은 느낌, 존중하는 느낌, 사랑하거나 좋아하는 느낌, 애칭의 느낌, 해학적 느낌, 업신여기는 느낌' 등의 의미를 부가해 주는 기능을 한다. 예를 들어 福建省 漳平방언[27])에서는 앞 글자의 성조가 陽平(24)이고 뒤 글자의 성조가 上聲(52)인 경우 連讀變調(語音變調) 규칙은 앞 글자의 성조값만 24에서 21로 변화시키는 것이다. 즉, 24+52→21+52. 하지만 '작은 느낌'을 표현하기 위한 小稱變調에서는 앞뒤 글자의 성조값이 모두 변화한다. 예를 들어, '盆仔' $p'un^{24/53}$ $na^{52/21}$: 24+52→53+21 등과 같이 변화한다. 漳平방언에서 명사 뒤의 접미사 '～仔'는 小稱變調와 함께 공동으로 '작은 느낌'을 표현하는 수단이다. 그런데 漳平방언에서 접미사 '～仔'는 앞 음절의 韻腹과 合音되어 한 음절로 발음되기도 한다. 예를 들어, '心肝(仔) $siam^{44}$ kua^{44} a^{55} → $siam^{44}$ kua^{55} 등과 같다. 그런데 이렇게 合音된 變調 형식은 한 음절(글자) 낱말처럼 사용되기도 한다. 예를 들어 '蓋'kua^{21}가 본래 성조값인 21로 발음될 때의 의미는 '비교적 큰 뚜껑'이 되어 '鍋蓋', '缸蓋' 등에서 쓰이지만, 合音된 小稱變調 55로 발음될 때는 '작은 뚜껑'의 의미가 되어 '瓶蓋' 등에 쓰인다. '鴨'a^{21}도 본래 성조값이 21이고 '오리'의 통칭이다. 그러나 合音된 小稱變調 55로 발음될 때는 '작

---

26) 蘇州방언 성조체계는 다음과 같다. 陰平44, 陽平24, 上聲52, 陰去412, 陽去31. 陰入 4, 陽入23.

27) 陳寶賢, 「閩南漳平方言小稱研究」, 『語言學論叢(第28輯)』, 商務印書館, 2003年.

은 오리'의 뜻이다. 이와 같이 合音된 小稱變調 역시 일종의 音義變調라고 할 수 있을 것이다.

현재 음과 의미를 결합한 한어방언의 어음 연구는 다른 분야에 비해 상대적으로 연구가 취약한 분야 중 하나라고 할 수 있다. 대부분의 관련된 연구는 단일 방언에서 나타나는 현상의 단순 묘사에 그치고 있어 방언 간의 비교 연구나 이론적 토대 연구는 아직 미약하다고 볼 수 있다. 한어방언에서 나타나는 다양한 變調, 變聲, 變韻, 合音, 重疊型 중에는 단어의 (어법적) 의미와 관련된 어음 현상들이 풍부하게 내재되어 있다고 알려져 있다. 이와 같은 언어 현상에 대한 비교 분석 및 이론적인 토대 연구는 앞으로 많은 언어학자들의 관심 대상이 될 것이며, 연구의 범위나 깊이도 점차 확대되고 깊어질 것이라고 판단된다.

5. 방언지리학

방언지리학이란 방언학의 한 분과로서 현지 방언 조사를 통해 얻은 자료를 바탕으로 방언 특성의 지역적 분포상황을 지도에 일목요연하게 나타내고, 또 그것을 근거로 언어의 역사적 변천, 접촉의 방식과 방향, 사회문화적 요인과의 관련성 등을 탐구하는 분야이다. 방언지리학적인 분석을 위해 일차적으로 수행해야 할 일은 서로 다른 방언 특성의 지리적 분포를 확인하는 작업이고, 또 이러한 작업을 잘 이루어내기 위해서는 등어선 (isogloss)[28]의 분석 방법을 잘 이해하고 있어야 한다. 등어선을 이용하여 서로 같거나 다른 방언사용 지역을 구분할 수 있는데 이렇게 나누어진 결

---

28) 언어 현상의 지리적 분포를 나타내기 위하여 지도상에 동일한 언어적 특성을 가진 지역과 갖지 않은 지역의 경계에 그은 선. 주로 방언 조사의 결과를 바탕으로 만들어진다.

과가 방언의 구획(분화)이다. 일반적으로 수많은 등어선이 집중적으로 밀집되어 있는 지역은 서로 다른 두 방언의 경계지역 혹은 전이지역(transition areas)이고, 이 지역을 지나 등어선이 상대적으로 드물게 나타나는 지역은 방언의 중심지역(focal areas)이다. 하지만 각각의 구체적 특징을 가진 등어선을 모두 종합하여 하나의 지도상에 옮겨 놓고 보면 등어선 중 일부는 서로 교차하고 뒤엉켜 실제로는 특정 방언의 경계선을 구분해 내기 힘든 경우가 대부분이다. 이는 인접 방언 간 상호 영향의 복잡성 때문인데 이런 경우는 등어선 가운데 대표적인 것으로 등어선을 등급화 하여 방언 간 경계를 규정할 필요가 있다. 丁邦新(1982), 王福堂(1999)에서는 한어방언 분류의 기준을 歷史性 기준과 非歷史性 기준으로 나누고, 歷史性 기준은 다시 早期와 晚期 특성으로 구분하였는데29), 이러한 기준은 순수 방언지리학적 관점에서 제시된 것은 아니었지만 현재 중국의 방언지리학에서 등어선을 등급화 하는데 가장 광범위하게 활용되고 있는 기준이다. 모두 어음과 관련된 기준인데30), 王福堂(1999:60)에 의하면 早期 歷史性 어음 기준은 방언이 中古 시기에 이미 분화되어 있었으며, 그 후 다시 변화의 과정을 거쳐 현재의 서로 다른 방언이 되었음을 반영한다고 하였다. 따라서 早期 歷史性 기준을 근거로 (大)방언을 나누어 볼 수 있다고 하였다. 하지

---

29) 早期 歷史性 기준: 中古 古全濁聲母의 음가, 中古 輕脣音의 음가, 中古 舌上音의 음가 등 / 晚期 歷史性 기준: 照二組照三組 聲母의 음가, 見組曉組 聲母의 음가, 陰聲韻 韻尾의 변화, 陽聲韻 韻尾의 변화, 入聲韻 韻尾의 변화, 調類의 분합(分合), 入聲의 변화 등 / 非歷史性 기준: 非敷奉母字와 曉匣母字(일반적으로 合口字) 聲母의 동음여부, 泥來母字 聲母의 동음여부. 早期란 中古시기 이전 대체로 唐宋 혹은 그 이전 시기를 가리키며, 晚期란 대체로 宋元 이후를 지칭한다. 王福堂, 『漢語方言語音의 演變和層次』, 語文出版社, 1999:6—61.

30) 방언 어휘나 어법 특성도 방언 분류의 기준이 될 수 있지만, 한어방언의 경우는 방언 간 어법의 차이가 그리 크지 않고(미세한 어감의 차이가 주를 이루고 있다), 어휘는 너무나 쉽게 변화하여 체계적인 비교가 힘들다는 측면이 있다. 따라서 한어방언 전체를 놓고 분류를 진행할 때는 언제나 어음 특성을 주요 기준으로 삼는다. 어법이나 어휘 특성은 보통 어음 특성을 보완해 줄 수 있는 2차 자료로 활용되는 경우가 일반적이다.

만 晚期 歷史性 기준은 近古 이후의 변화로서 보통 방언이 분리된 이후의 내부 변화만을 반영할 수 있기 때문에, 晚期 歷史性 기준으로 (大)방언을 나눌 수는 없고 (大)방언의 하위 단위인 次方言이나 土話를 분류하는 데 활용될 수 있다고 하였다. 非歷史性 기준은 방언간의 상호 영향 때문에 형성된 특성이거나 방언 내에서도 형성된 시간이 그리 오래되지 않은 특성들이기 때문에 더욱이 (大)방언을 분류하는 기준으로는 사용될 수는 없다고 하였다. 예를 들어 '中古 古全濁聲母의 음가'라는 早期 歷史性 어음 기준은 현대한어의 주요 (大)방언들을 구분해 낼 수 있는 가장 효율적인 기준으로 인정받고 있다. 실제로 '中古 古全濁聲母의 현 음가'라는 하나의 기준만으로도 한어의 전체 방언 중 吳방언과 湘방언 중의 일부 老湘語의 구분, 그리고 贛방언과 客家방언의 구분을 제외한 대부분의 방언들을 효율적으로 구별해 낼 수 있다. 반면 '泥來母字 聲母의 동음여부(n-성모와 l-성모를 구분하는 가의 문제)'와 같은 非歷史性 기준은 방언간의 상호영향이 원인이 되어 현재는 한어방언 중 방언간의 경계를 넘어 매우 광범위한 분포를 보이고 있는 어음 특성이다.[31] 따라서 이러한 기준을 가지고 방언(특히 대 방언)을 구분할 수는 없다는 것이다. 이에 丁邦新(1982)에서는 한어방언 전체를 분류할 때는 우선 방언 전체에 보편적으로 적용될 수 있는 早期 歷史性 기준을 적용하여 대 방언을 분류하되 하나의 기준으로 모든 방언을 분류할 수 없을 때는 점차 다른 기준(早期 歷史性 기준 혹은 晚期 歷史性 기준)들을 첨가 보완하여 분류하고, 대방언의 분류가 끝나면

---

31) 漢語方言에서는 泥母와 來母의 [n-], [l-] 성모가 구분 없이 혼용되는 경우가 많다. 北方官話만 하더라도 江蘇省 북부, 安徽省 중남부, 湖北省 동부를 중심으로 분포되어 있는 江淮官話, 湖北省, 四川省, 雲南省, 貴州省, 廣西省과 湖南省 서북부 등지에 분포되어 있는 西南官話 그리고 甘肅省의 蘭州 등 방언에서는 [n], [l]의 혼용 현상이 나타난다. 袁家驊 等, 『漢語方言槪要(第二版)』, 語文出版社, 2001年:29-30. 南方方言 중에서도 湘방언과 贛방언에서는 [n-], [l-] 성모의 혼용 현상이 보편적으로 나타난다. 지역마다 변화 양상도 다양하여 [n-]와 [l-]가 조건 없이 자유변이음으로 발음되기도 하고, [n-]와 [l-]가 [n-] 혹은 [l-] 한 가지로 합류되어 발음되기도 하며, 제한적으로 일부 글자들에서만 혼용현상이 나타나기도 한다.

다시 晚期 歷史性 기준 혹은 非歷史性 기준을 사용하여 하위방언을 분류해야 한다고 하였다. 丁邦新(1982)에서는 이와 같은 원리로 한어의 7대 방언을 분류하기 위해 ①中古 全濁聲母의 음가, ②中古 파열음 운미 -p, -t, -k의 변화, ③中古 知徹澄母字 성모를 t, tʰ로 발음하는 현상, ④中古 次濁聲母 上聲을 陰平으로 발음하는 현상 등 4개의 기준을 제시하였고, 전이지대의 분류문제를 해결하기 위해 ①中古 舌根音 성모 k-, kʰ-, x-의 전설모음 앞에서의 변화, ②中古 聲調의 변화 등의 보충 기준을 제시하였다. 사실 이와 같은 등어선의 선별적(등급화) 사용이라는 방언지리학의 관점은 방언지리학의 이론적 토대라고 할 수 있는 소위 파동설(wave theory)[32]에 역사비교법의 이론 모델인 계통수설(family-tree theory)[33]의 관점을 수용

---

32) 1872년 J. Schmidt가 주장한 說로서, 언어의 改新(linguistic innovation)은 말의 환경에서 나타나는데 이는 Schleicher가 주장했듯이 가지형태(branch form)로 퍼지는 것이 아니라 마치 파도와 같이 나타난다고 하는 說이다. 이정민 등, 『언어학사전』, 박영사, 2000년:949. 파동설의 기본적인 관점은 祖語(혹은 原始語)에도 내부적으로 방언의 分岐가 존재하며 음의 변화는 늘 지리 공간의 어느 중심 지역에서 발생하고 (물결처럼) 끊임없이 외부로 확산되어 간다는 것이다. 또한 음의 변화는 중심지역의 역량이 가장 강하고, 확산되어가는 과정에서 역량이 점차 감소되는데, 두 중심 역량이 교차되는 지역에서는 두 가지 특성이 동시에 나타날 수 있다고 하였다.

33) August Schleicher의 언어분화에 대한 가설로서 family-tree hypothesis라고도 한다. 그는 당시 Darwin의 진화론에서 영향을 받아, 여러 언어들은 원래 하나의 언어(祖語, protolanguage)에서 서로 다른 언어변화를 겪음으로써 分化되었다고 가설을 세웠다. 이 가설에 따라 언어의 계보를 나뭇가지와 같이 보여 주고 있기 때문에 系統樹說이라 부른다. 이 때 갈라져 나온 언어들을 祖語에 견주어 daughter language 라고 한다. 이정민 등, 『언어학사전』, 박영사, 2000년:313. 계통수설은 공간적 요소 즉, 인접 지역 언어(방언) 간에 상호 영향을 줄 수 있다는 가능성을 완전히 배제하고, 시간상의 연속적 변화만을 가정하였다. 하지만 일반적으로 언어는 分化된 이후에도 지리적으로 인접한 지역끼리는 상호 영향을 줄 수밖에 없다. 파동설은 이와 같은 계통수설의 단점을 보완해 주고 있는 것이라고 볼 수 있다. 즉 계통수설은 시간상의 연속적 분화에 초점을 맞추고 있는 것이라면, 파동설은 공간적인 접촉과 상호 영향에 주안점을 두고 있는 것이라고 할 수 있다. 계통수설은 서구의 언어처럼 언어가 어떤 계기(인구 이동, 전쟁 등)로 갑자기 分化한 이후 각각 독립적으로 발전 변화하는 경우에 적합한 이론이라고 할 수 있다. 중국도 역사상 빈번한 대규모의 인구 이동이 있었지만, 중국은 인구의 이동 이후에도 여전히 광범위한 상호 영향(지역 간 혹은 전국적인 권위 방언의 영향)이 있었기 때문에 계통수설로만은 설명하기 힘든 현상들이 다수 존재한다.

하여 보완한 방법론이라고 할 수 있는데 현대 방언지리학의 방언 구획에서는 광범위하게 활용되고 있는 방식이다. 項夢氷(2012)에서는 이와 같은 방식에 동의하면서도 때론 다음과 같은 互通性(mutual intelligibility)의 불균형이 생길 수 있다고 지적하고 있다. 湖南省의 長沙방언(湘방언 중의 新湘語에 속함)과 인접한 西南官話(北方방언(북방官話)에 속함)는 상호 의사소통에 큰 문제가 없지만 두 개의 서로 다른 방언 지역(湘방언 지역과 官話 지역)으로 구분해야 하는 반면, 福建省 내의 福州방언과 廈門방언은 실제 상호 의사소통에 큰 어려움이 있는데도 불구하고 두 지역을 모두 동일한 閩방언 지역으로 묶어서 구분해야 한다. 이유는 주요 어음 특성 기준(早期 歷史性 기준) 때문인데, 예를 들어, '中古 全濁聲母의 현 음가'라는 기준으로 보았을 때 長沙방언은 무성음화 이후 변화의 방향이 官話방언과 다르지만, 福州방언과 廈門방언은 동일하기 때문이다.

방언지리학은 방언학의 주요 분야 중 하나이지만 중국에서는 1980년대에 들어서야 본격적인 연구 성과가 나오기 시작하였다.[34] 대표적으로 1987년 中國社會科學院과 호주 人文科學院이 함께 합작하여 출판한 『中國語言地圖集』(李榮, 熊正輝, 張振興 主編)이 있다. 『中國語言地圖集』은 中國社會科學院과 전국의 수많은 방언 학자들이 공동으로 참여하여 약 5년간의 노력 끝에 완성한 지도집으로 35장의 방언 구획 지도와 더불어 한어 각 방언 지역의 주요 특징들을 설명하고 있다. 『中國語言地圖集』은 1980년대까지 누적되어온 방대한 방언 조사 자료와 방언 연구 성과를 종합적으로 반영하였으며, 600여 개의 縣, 市를 추가로 조사 검증한 후 각 방언을 '大區 - 區 - 片 - 小片 - 點'의 다섯 단계로 구분하여 분류하고 있다.

---

34) 1980년대 이전에도 1930년대 山西省 大同 동남부 방언의 조사 결과를 집대성한 賀登崧(2003)의 『漢語方言地理學』(石汝傑, 岩田禮 역), 王輔世(1994) 『宣化方言地圖』 등의 연구 성과가 있었다.

『中國語言地圖集』는 한어방언의 실제 면모를 보다 객관적이고 정밀하게 표현하고 있다는 평을 받고 있다.『中國語言地圖集』이후에도 방언지리학의 방법론을 활용한 연구 성과는 종종 있었는데 몇 가지 대표 저작의 예를 들어 보면 다음과 같다.

- 石田禮(1995)의『漢語方言"祖父", "外祖父"稱謂的地理分布-方言地理學在歷史語言學上的作用』에서는 방언지리학적 연구 방법을 활용하여 한어방언 친족명칭의 분포특징을 분석함으로써 언어의 역사적인 발전, 변화 과정을 탐구하였다.
- 項夢冰, 曹暉(2005)의『汉语方言地理学:入门与实践』에서는 방언지도, 언어 특징의 지리적 분포 유형, 등어선 이론 등 방언지리학의 이론적 배경에 대해 상세한 설명을 한 후, 한어방언의 구획과 관련하여 그간 이슈가 되었던 여러 문제점들에 대해 방언지리학적 접근법으로 분석을 시도하고 있다.
- 石汝傑, 顧黔(2006)의『江淮官話與吳語邊界的方言地理學硏究』에서는 江蘇省 長江 남북 연안의 수십 개 縣과 市의 방언을 조사한 후 방언지리학적 방법을 동원하여 吳방언과 江淮官話의 경계 문제를 연구한 저서이다.
- 曹志耘(2008)의『漢語方言地圖集』은 중국의 34개 대학과 연구소의 연구 인원 57명이 동원되어 7년 동안의 현장조사 결과 자료를 토대로 편찬된 전국적인 한어방언 특징 지도집이다.『漢語方言地圖集』에서는 930개의 방언 지점(홍콩, 마카오, 대만 포함)을 지정하여 510장의 방언 특징 분포도를 수록하고 있다.『漢語方言地圖集』은 음운, 어휘, 어법 3권으로 이루어져 있으며 한어의 주요 언어 현상에 대한 공시적 차이와 지리 분포 상황을 체계적으로 나타내 주고 있다.『漢語方言地圖集』은 현대 방언지리학 연구의 기념비적 저작이라고 할 수 있다.

이상 소개한 한어방언의 어음 연구와 관련된 각종 이론과 방법론들은 서로 대립되거나 교체되는 관계에 있는 것이 아니라 새로운 현상에 대한 분석의 필요성 때문에 새로운 방법론이 출현하게 되었고 또 그것은 과거의 이론을 보완해 주면서 함께 연구의 깊이를 심화시켜 왔다고 할 수 있다. 방언 어음의 단순 묘사로부터 시작하여, 방언 어음과『切韻』의 비교, 歷史比較法을 활용한 방언간의 비교, 신어법학파의 音變 이론과 어휘 확산식 音變 이론의 대립 그리고 文白異讀 교체식의 疊置式音變, 더 나아가

음과 의미를 결합한 연구, 방언지리학 등에 이르기까지 한어방언의 어음 연구는 이론과 방법론 모든 면에 있어서 큰 변화와 발전을 거듭해 왔다. 새로운 이론과 방법론의 출현은 늘 방언 분석 방법에 대한 또 다른 수단을 제공해 주었을 뿐만 아니라 방언 어음의 변화 규칙과 규칙간의 상호 관계, 변화의 원인 등에 대한 인식을 심화시켜 왔다. 한어방언은 언어 현상의 보고라고 할 만큼 인간 언어에서 나타날 수 있는 다양한 현상들이 풍부하게 내재되어 있다. 우리는 한어방언의 어음 현상을 분석할 때 우선은 그것이 방언 자체의 내부 역사적 변화의 결과인지 아니면 외부방언과의 접촉 혹은 영향으로 인하여 형성된 변화인지 면밀히 관찰하여 판단해야 하며, 분석 방법도 그것에 맞추어 적절히 적용시켜 나가야 한다. 때로는 한 가지가 아닌 여러 가지 복합적인 요인으로 인해 형성된 현상도 나타날 수 있는데, 그러한 경우에는 단선적 분석이 아닌 다양한 이론과 방법론을 결합한 종합적인 분석이 필요하다고 할 수 있다.

참고문헌

白靜茹, 「漢語方言語音硏究方法述評」, 『語文硏究』 제4기, 2009.

曹志耘, 『南部吳語語音硏究』, 商務印書館, 2002.

_____ 『漢語方言地圖集』前言, 語言敎學與硏究 제2기, 2008.

陳寶賢, 「閩南漳平方言小稱硏究」, 『語言學論叢(第28輯)』, 商務印書館. 2003.

丁邦新, 「漢語方言區分的條件」, 『丁邦新語言學論文集』, 1998.

_____ 「論官話方言硏究中的幾個問題」, 『丁邦新語言學論文集』, 1998.

賀巍, 『獲嘉方言硏究』, 商務印書館, 1989.

侯精一, 「現代晉語的硏究」, 商務印書館, 1999.

黃雪貞, 「西南官話的分區(稿)」, 『方言』 제4기, 1986.

_____ 「客家方言聲調的特點」, 『方言』 제4기, 1988.

李連進, 『平話音韻硏究』, 廣西人民出版社, 2000.

李榮, 「官話方言的分區」, 『方言』 제1기, 1985.

_____ 「漢語方言的分區」, 『方言』 제4기, 1989.

李如龍, 『漢語方言學』, 高等教育出版社, 2001.

_____ 『漢語方言的比較研究』, 商務印書館, 2001.

李如龍, 張双慶, 『客贛方言調査報告』, 廈門大學出版社, 1992.

李小凡, 「漢語方言連讀變調的層級和類型」, 『方言』제1기, 2004.

李新魁, 「近代漢語全濁音聲母的演變」, 『李新魁自選集』, 大象出版社, 1993.

李永明, 「臨武方言-土話與官話的比較研究」, 湖南人民出版社, 1988.

劉綸 主編, 『客贛方言比較研究』, 中國社會科學出版社, 1999.

羅常培, 「從客家遷徙的蹤迹論客贛方言的關係」, 『語言與文化』, 語文出版社, 1989.

羅美珍, 鄧曉華, 『客家方言』, 福建教育出版社, 1995.

錢曾怡, 『漢語方言研究的方法與實踐』, 商務印書館, 2002.

沈慧云, 「晉城方言的'子尾'變韻」, 『語文研究』 제4기, 1983.

石汝傑, 顧黔, 『江淮官話與吳語邊界的方言地理學研究』, 上海教育出版社, 2006.

王臨惠, 『汾河流域方言的語音特點及其流變』, 中國社會科學出版社, 2003.

王福堂, 「關於客家話和贛方言的分合問題」, 『方言』 제1기, 1998.

_____ 『漢語方言語音的演變和層次』, 修訂本, 語文出版社, 2005.

_____ 「漢語方言的歷史層次及其類型」, 語言學論叢 27집, 2003.

_____ 「文白異讀和層次區分」, 『語言研究』 제29권 제1기, 2009.

王洪君, 「層次與演變階段-蘇州話文白異讀析層擬則三例」, 『語言暨語言學』 제1기, 2006.

_____ 『漢語非線性音系學』, 北京大學出版社, 1999.

_____ 「文白異讀與疊置式音變」, 語言學論叢 제17집, 商務印書館, 1992.

_____ 「陽聲韻在山西方言中的演變(上)」, 『語文研究』 제4기, 1991.

_____ 「陽聲韻在山西方言中的演變(하)」, 『語文研究』 제1기, 1992.

_____ 「漢語常用的兩種語音構詞法」, 『語言研究』 第1期, 1994.

_____ 「從山西聞喜的小方言差異看Z變音的衰變」, 『語文研究』 第1期, 2004.

王士元, 『王士元語言學論文集』, 商務印書館, 2002.

溫端政, 「試論山西晉語的入聲」, 『山西方言研究』, 語文研究增刊, 1989.

_____ 「試論晉語的特點與歸屬」, 『語文研究』 제2기, 1997.

伍魏, 「論桂南平話的粵語系屬」, 『方言』 제2기, 2001.

項夢冰, 曹暉, 『汉语方言地理学:入门与实践』, 中國書籍出版社, 2005.

謝留文, 『客家方言語音研究』, 中國社會科學出版社, 2003.

_____「歷史層次分析法與漢語方言研究」, 『語言學前沿與漢語研究』, 2005.

辛永芬, 「河南浚縣方言的動詞變韻」, 『中國語文』 제1기, 2006.

徐通鏘, 『歷史語言學』, 商務印書館, 1991.

_____「音節的音義關聯和漢語的變音」, 『語言研究』 제3기, 2003.

顏森, 「江西方言的分區(稿)」, 『方言』 제1기, 1986.

袁家驊等, 『漢語方言概要』, 語文出版社, 1983.

張光宇, 『閩客方言史稿』, (臺灣)南天書局, 1996.

張光宇, 「漢語方言見系二等文白讀的機種類型」, 『語文研究』 제2기, 1993.

_____「漢語方言合口介音消失的階段性」, 『中國語文』 제4기, 2006.

張双慶, 萬波, 「贛語南城方言古全濁上聲字今讀的考察」, 『中國語文』 제5기, 1996.

趙日新, 「中原地區官話方言弱化變韻現像探析」, 語言學論叢 36집, 2007.

中國社會科學院, 澳大利亞人文科學院, 『中國語言地圖集』, 香港朗文出版有限公司, 1987, 1988.

朱曉農, 「三四等字的顎化與非顎化問題」, 『漢字文化』 創刊號, 1989.

莊初升, 林立芳, 「粤北土話中古全濁聲母字今讀的類型」, 語文研究 제2기, 2000.

제4장

漢語方言의 분류 방법론

방언이란 한 언어에서 파생된 지역적 변이체이다. 따라서 한 언어의 방언들 간에는 공통점도 있고 차이점도 있게 된다. 이러한 공통점과 차이점은 방언 간에 획일적으로 일별 되는 것이 아니라 중복 교차되며 나타난다. 예를 들어 A, B, C라는 세 방언이 있을 때 A, B 방언의 차이점이 B, C 방언의 공통점이 될 수도 있고, B, C 방언의 차이점이 A, B 방언의 공통점이 될 수도 있다. 또한 지역에 따라서는 두 지역 방언의 중간지대에 위치해 있어 방언의 특성도 두 지역 방언의 중간자적인 과도기적 특성을 보이는 방언도 있을 수 있다. 따라서 한 언어의 방언을 분류하거나 개별 지역 방언을 구획하는 일은 상당히 복잡한 과정이 될 수밖에 없다.

1987년 『中國語言地圖集』이 출판된 이래 漢語方言의 분류 문제는 학계의 큰 관심사가 되었다. 漢語方言은 그 역사가 길고 분포면적이 광범위하며 방언간의 차이 또한 크고 복잡하기 때문에 漢語方言을 분류한다는 것은 대단히 힘든 작업이 아닐 수 없다. 20세기 이래로 중국의 언어학자들은 漢語方言의 분류 문제에 관심을 갖기 시작했고 지금까지 각 지역의 방언 조사를 통한 수많은 연구 성과를 축적해 왔다. 그러나 아직도 세부적으로 해결해야 할 문제들이 많이 남아있는 것이 사실이다. 漢語方言의 분류 문제에 있어서 쟁점이 되고 있는 문제들은 결국 漢語方言의 분류 방법론과 관련이 있다고 해도 과언이 아닐 것이다. 개별 방언의 구체적인 구획 문제에서부터 대 방언 혹은 하위방언의 분류 기준을 정하는 문제에 이르기까지 대부분이 분류 방법론의 범주 내에서 해결할 수 있는 문제들이라고 볼 수 있다. 분류의 원칙이 바로 선다면 세부적인 여러 문제들도 자연스럽게 해결될 수 있겠지만, 합리적인 분류 원칙이 결여되어 있을 때는 사람마다 관점이 다를 수 있기 때문에 통일된 결론을 도출해 내기 어려울 것이다. 하나의 뿌리에서 갈라져 나온 방언은 상호간 차이점도 존재하지만 공통점도 함께 갖고 있는 것이기 때문에 관점에 따라 다양한 해석이 가능할 것이기 때문이다. 필자도 한어방언학을 공부하고 연구하는 학자로서 그간 漢語方言의 분류와 관련된 많은 문제점들에 대해 고민을 해 왔었고, 현재의 분류 방법론이 다시 한 번 재고해 보아야 할 여지가 많이 있음을 늘 인식해 왔었다. 본 장에서는 漢語方言의 분류 방법론과 관련하여 기존의 연구를 살펴봄과 동시에 중요한 몇 가지 문제점에 대하여 필자의 생각을 정리하여 제시해 보고자 한다.

1. 漢語方言 분류에 대한 기존의 연구

한어방언에 대한 현대적 의미의 분류는 1930년대에 시작되었다고 볼 수 있다. 당시 歷史語言硏究所의 趙元任, 董同龢, 丁聲樹, 羅常培, 楊時逢, 吳宗濟, 白滌洲 등의 학자들은 10여 년에 걸쳐 전국적인 대규모 방언 조사를 진행하였다. 그 결과로 1934년부터 歷史語言硏究所는 3차례에 걸쳐『中華民國新地圖』와『中國分省新地圖』의『語言區劃圖』에서 한어방언을 다음과 같이 분류하였다.

1934년: 華北官話, 華南官話, 吳, 客家, 粤, 閩 海南
1939년: 北方官話, 上江官話, 下江官話, 吳, 客家, 粤, 閩, 皖, 潮汕

1948년: 北方官話, 西南官話, 下江官話, 湘, 贛, 吳, 客家, 粵, 閩南, 閩北, 徽

같은 시기 몇몇 학자들의 개별적인 연구 성과도 있었는데 그 중 李方桂와 趙元任의 연구가 대표적이다. 李方桂는 『中國的語言和方言』(『中國年鑑』, 1937년)에서 8대 방언설을 주장했고, 趙元任은 『國語入門』(1948년)에서 9대 방언설을 주장했다.

1937년 李方桂의 분류: 北方官話, 西南官話, 下江官話, 湘, 贛客, 吳, 粵, 閩
1948년 趙元任의 분류: 北方官話, 西南官話, 下江官話, 湘, 贛客, 吳, 粵, 閩南, 閩北

이와 같은 30, 40년대 한어방언 분류의 특징은 시간이 지날수록 점차 세분화되어 가고 있다는 점에 있다. 예를 들어 歷史語言硏究所의 분류에서 官話방언은 1934년 華北과 華南 두 지역으로 나누어져 있지만, 1948년의 분류에서는 그 중 華南官話를 다시 西南官話(1939년에는 上江官話라 칭함)와 下江官話로 세분화시키고, 西南官話로부터 다시 湘방언을 분리시키고, 下江官話로부터 贛방언과 徽방언을 분리시켜 모두 독립적인 방언 지역으로 분류하고 있다. 閩방언을 閩南방언과 閩北방언으로 나눈 점도 같은 맥락에서 이해될 수 있다. 이러한 30, 40년대의 분류는 漢語 각 방언의 면모를 대체로 잘 반영해 내고 있지만 여전히 많은 문제점을 안고 있었다. 예를 들면 현재는 하나의 방언 지역으로 분류되고 있는 官話방언의 처리 문제라든가, 贛방언과 客家방언의 분리문제, 徽방언의 독립문제, 閩南방언과 閩北방언의 분리문제 등이 그것이다. 이러한 미비점들은 1950년대 이후 한어방언에 대한 이해의 폭이 넓어지면서 점차 수정 보완되게 된다.

1955년 丁聲樹, 李榮은 『漢語方言調査』에서 한어방언을 8가지로 분류하게 되는데 이는 1948년 歷史語言硏究所의 분류를 수정 보완한 것이다.

1955년: 官話, 吳, 湘, 贛, 客家, 閩北, 閩南, 粵

즉 1948년 歷史語言研究所의 분류 중 北方官話, 西南官話, 下江官話를 하나의 官話지역으로 통합하고, 徽방언을 대 방언 분류에서 제외시킨 것이다. 이보다 더욱 진전된 분류법은 1980년 袁家驊 等『漢語方言槪要』(第2版:22)에서 그동안의 연구 성과를 종합하여 한어방언을 7개 지역으로 나눈 것이다.

1980년: 北方話, 吳, 湘, 贛, 客家, 粵, 閩

袁家驊 等의 분류는 1956년부터 2년여의 기간 동한 진행된 '漢語方言普查'의 결과에 근거하고 있다. '漢語方言普査'는 전국의 언어학자들이 총동원되어 진행된 사상 최대의 방언 조사였는데 전국의 2200개 시 혹은 현 중 1849개 방언지역에 대한 조사가 이루어졌다. 이와 같은 대대적인 방언 조사의 결과로 한어방언에 대한 보다 구체적이고 전면적인 이해가 가능해 졌고, 방언의 분류 문제에 있어서도 이전의 중요한 착오들을 바로잡을 수 있는 계기가 되었다. 예를 들어 福建省에 대한 조사 결과로 閩방언은 閩北과 閩南뿐만이 아니라 莆仙, 閩東, 閩中 등의 여러 하위 방언지역으로 나누어질 수 있는데 이러한 하위 방언들은 서로 독립된 방언이라기보다는 閩방언 이라는 하나의 큰 범주 안에 포함될 수 있는 하위 방언일 뿐이라는 데 의견의 일치를 보았다. 따라서 1980년 袁家驊 等의 분류에서는 閩방언을 하나의 통일된 방언지역으로 분류하였다.

1980년대 후반에는 중국 사회과학원과 호주 인문과학원의 공동 연구로 『中國語言地圖集』이 제작되게 된다. 『中國語言地圖集』은 일종의 중국 언어분포지도인데 한어방언과 소수민족언어의 두 부분으로 나누어져있다.

이 지도를 제작하는 과정 중에도 사회과학원을 중심으로 전국의 방언학자들이 총 동원되어 이전의 연구 성과들을 실제 조사를 통해 검증하고 보충하였다. 李榮은 이러한 성과들을 토대로『官話方言的分區』(1985:2-5),『漢語方言的分區』(1989:241-259) 그리고『中國語言地圖集』(1987년, 1988년:A2)에서 한어방언을 다음과 같은 10개 지역으로 분류하였다.

1987년: 官話, 晉, 吳, 徽, 湘, 贛, 客家, 粵, 閩, 平

李榮의 분류는 1980년 袁家驊 等의 분류에 비해 晉語와 徽語, 平話 세 가지 방언이 더 첨가되어 있다. 徽語는 歷史語言硏究所의 분류에서 제시된 바 있지만 晉語와 平話는 새롭게 설정된 것이다. 하지만 이러한 세 지역 방언을 독립적인 방언으로 분류해야 할 것인지 아니면 주변 방언의 하위방언으로 분류해야 할 것인지에 대해서는 아직도 많은 논의가 필요한 부분으로 현재에도 학자들 간 의견의 일치를 보지 못하고 있다.

2. 漢語方言의 분류 방법론과 원칙

(1) 방언 분류의 원칙

하나의 방언은 이웃하는 방언에 비해 상대적으로 등질적인 언어체계를 보인다. 그러나 어떠한 방언도 해당 지역 안에서 모든 언어요소가 동일하게 나타나서 완전히 등질적인 체계를 이룰 수는 없으므로 자체적으로도 일정한 지역적 변이를 포함하기 마련이다. 이러한 변이 때문에 하나의 방언은 또 다시 하위의 작은 방언으로 나뉠 수 있다. 漢語처럼 오랜 역사와 광범위하고 복잡한 방언 분포 환경을 가진 언어의 경우는 전체 방언의 분류 혹은 동일 방언 내 하위방언의 분류 문제가 쉽지 않은 작업이 될 것임은 미루어 짐작할 수 있다. 1960년 초판이 발행된『漢語方言槪要』에서는 한어방언을 두 개의 층(層)으로 나누어 '方言'과 '次方言'으로 분류하였고35), 1987년 출판된『中國語言地圖集』에서는 이를 더욱 세분화시켜 한어방언을 '大區 - 區 - 片 - 小片 - 點'의 다섯 단계로 구분하였다36).

그런데 방언을 구분하는 방법에는 두 가지 접근법이 있을 수 있다. 하나는 우선 전체 방언에 모두 적용될 수 있는 합리적인 기준을 마련하여 몇 가지 대 방언을 분류해 낸 다음, 다시 해당 방언의 지역적 차이에 의거해 하위방언을 구분해 가는 연역적 방법이 있을 수 있고, 다른 하나는 서로 다른 개별 지역 방언들의 특성을 비교하여 특성이 서로 같은(혹은 유사한) 방언들을 하나의 방언지역으로 묶어 점차 지역을 확대하면서 대방언의 경계를 규정해 나가는 귀납적 방법이 있을 수 있다. 물론 두 가지의 방법이 모두 실행 가능하겠지만 한어방언의 면모를 볼 때 전자가 더욱 합리적인 분류 방법이 될 수 있을 것이라 생각된다.

한어방언은 분포면적이 방대하고, 방언의 분포가 세계에서 가장 복잡한 언어 중의 하나이다. 한어(방언)를 모어(母語)로 사용하는 인구도 세계에서 가장 많아 작은 지역 단위로 방언 특성을 귀납하여 점진적으로 대 방

---

35) 예를 들어『漢語方言槪要』에서는 北方方言을 北方, 西北, 西南, 江淮 4개의 次方言으로 나누었다.

36) 그 중 '區', '片', '點'은 가장 기본이 되는 방언 층이며 대략 '方言', '次方言', '土語'에 해당된다. '大區'와 '小片'은 방언에 따라 필요한 경우 사용할 수 있도록 융통성 있게 처리해 놓은 것이다.『中國語言地圖集』(1987)에서는 漢語方言을 크게 10개의 '區'로 분류하고 있는데, 그 중 '官話방언'과 '閩방언' 두 개의 방언 지역은 '區'가 아닌 '大區'로 설정하고 있다. '官話방언'과 '閩방언' 두 개의 지역을 '區'가 아닌 '大區'로 분류하는 것은 官話방언과 閩방언의 특수성을 고려한 예외적 설정이다. 하지만 이와 같은 예외적 설정은 방언 분류의 큰 원칙에 위배된다는 비판에 직면하게 되었고, 현재는 官話방언과 閩방언 역시 기타 吳, 贛, 客家, 湘, 粤방언 등과 마찬가지로 하나의 方言 '區'로 명명하는 것이 보편화되었다.

언을 분류해 가는 방법은 시간과 여건을 갖추기 힘들 뿐만 아니라 많은 시행착오를 가져올 가능성을 갖게 된다고 볼 수 있다. 왜냐하면 방언은 오랜 역사적 현상을 면면히 간직하고 있는 언어의 연속체이기 때문에 개별 지역 방언으로부터 방언을 분류해 나간다는 것은 해당 지역 방언이 대방언으로부터 분화하게 된 본질적인 원인을 간과하고 개별 방언의 표면적인 현상에만 집착하게 되는 우를 범할 수 있기 때문이다. 또한 방언은 아무리 분포면적이 넓다 하더라도 하나의 언어에서 분화된 지역적 변이체이기 때문에 개별 방언 간에도 공통점과 차이점이 교차 공존하게 마련이다. 따라서 뚜렷한 원칙이 없는 방언 비교는 방언의 경계선만 모호하게 만들수 있을 것이다.

그렇다면 한어방언의 분류는 한어방언 전체의 면모를 가장 크게 나누어 보는 것에서 출발하여 점차 하위 층의 방언지역을 구분해 가는 방법이 가장 합리적일 수 있다고 생각된다. 다만 분류의 원칙상 같은 층의 방언 분류에는 동일한 기준이 적용되어야 할 것이다. 왜냐하면 동일한 기준으로 분류된 방언만이 같은 층의 방언이라고 할 수 있기 때문이다. 이는 사물의 일반적 분류 원리와도 부합된다. 예를 들어 기하학에서 도형을 분류할 때 변 혹은 각의 수량에 따라 삼각형, 사각형, 오각형 등으로 분류하고, 이를 다시 변의 길이 혹은 각도에 따라 삼각형은 다시 정삼각형, 직각삼각형, 예각삼학형, 둔각삼각형 등으로, 사각형은 정사각형, 직사각형, 평행사변형 등으로 분류하는 것과 같은 이치라고 할 수 있다. 즉 같은 층의 사물은 동일한 기준으로 분류해야한다. 마찬가지로 같은 층의 방언 분류는 동일한 기준이 적용되어야 할 것이다. 만일 이미 분류된 같은 층의 방언들에 또 다른 기준을 적용하여 그 중 하나를 따로 분리해 낸다면 이는 논리적으로 부적절한 처리가 될 것이다.

그러나 이제까지의 한어방언 분류에서는 이와 같은 점을 간과하고 있음을 간혹 볼 수 있다. 예를 들어 소위 '晉語'의 처리 문제가 그러하다. 李榮은「漢語方言的分區」(1985:245) 및『中國語言地圖集』(1987, 1988:B7)에서 晉語37)를 "山西省 및 그 인접지역에 入聲이 있는 방언(山西省以及毗連地區有入聲的方言)"이라 정의하고 이를 근거로 본래 官話에 속해 있던 이 지역 방언을 분리시켜 독립적인 방언으로 규정하고 있다. 山西省의 인접지역이란 陝西省 북부, 內蒙古 서남부, 河北省 서북부 및 河南省 북부 등의 광대한 지역을 포함하고 있는 개념이다. 그러나 官話의 하위방언 중 江淮官話 역시 入聲이 있다는 특성에 의거해 분류된 官話의 하위방언이고, 四川省의 많은 방언지역에도 入聲이 존재하지만 역시 西南官話의 일부로 볼 수밖에 없는 방언들이다. 그런데 유독 晉語만 入聲이 있다고 해서 官話로부터 독립시킨다면 방언분류의 원칙에 있어 기준은 같은데 처리를 달리하게 되는 모순이 발생하게 된다. 따라서 동일한 기준을 가지고 江淮官話 및 四川省 방언들은 官話의 하위방언으로 분류하고, 晉語는 官話로부터 분리시켜 독립적인 방언으로 규정하게 되는 내부적 모순이 생기게 된다. 이러한 문제는 여러 학자들에 의해 제기되어 왔고 지금까지도 논의가 진행되고 있는 문제 중의 하나이다. 侯精一, 溫端政 등 학자들은 晉語에 대한 보다 깊이 있는 연구를 통해 입성 이외에 여러 가지 晉語를 특징지을 수 있는 언어 특성을 제시하며 晉語를 官話로부터 분리시켜 독립적인 방언으로 설정해야 한다고 주장하고 있다.38) 晉語는 물론 북방 방언 중 독

---

37) '晉'이란 본래 山西省의 별칭이다.

38) 侯精一,『晉語的分區(稿)』(1986:253-261), 劉育林,『陝北方言略說』(1988:257-269) 등에서는 '入聲'과 관련된 특성을 포함하여 晉語를 다른 官話방언과 구분 지을 수 있는 여러 가지 언어적 특성들을 제시하고 있는데, 종합해 보면 다음 몇 가지로 요약될 수 있다. ① 入聲이 있다. 太原: 壁pie$?^7$, 拔pa$?^8$. ② 북경어에서 비음 운미로 대립되는 ən/əŋ, in/iŋ, uən/uəŋ, yn/yŋ 네 종류의 운모 쌍은 晉語 중 대부분 -ŋ尾韻으로 통합되었다. 太原: 根=庚kəŋ^1, 新=星ɕiŋ^1, 魂=紅xuəŋ^1, 群=窮tɕʰyŋ^1. ③ 접두사 '圪'이 있다. 吳堡: 圪洞kɤ$?^8$ tuŋ^5. ④ 접미사 '子'를 入聲韻으로 읽는다. 太原: tsə$?^7$. 일부 지역에서는 운모를 변화시킴으로써 접미사 '子'의 뜻을 표현하기도 한다. 獲嘉:

특한 특징을 가지고 있는 방언인 것은 사실이지만, 필자의 개인적인 생각으로는 晉語을 북방 방언에서 분리시켜 남방 방언 중의 吳, 閩, 客家, 贛, 湘, 粤 방언 등과 동일한 위치에 놓기 보다는 江淮官話, 西南官話 등과 같이 북방 방언의 한 특색 있는 하위방언으로 설정하여 북방 방언에 포함시키는 것이 보다 합리적인 방법이 될 수 있을 것이라고 생각한다. 이와 같이 처리하는 것이 상술한 바와 같이 같은 층의 방언은 동일한 분류 기준이 적용되어야 한다는 원칙에도 부합되는 설정이 될 것이다.

李榮(1985)은「官話方言的分區」라는 문장에서 '中古 入聲의 현 성조'라는 동일 기준으로 아래의 표와 같이 官話방언을 北京, 東北, 冀魯, 膠遼, 江淮, 中原, 蘭銀, 西南 등 8개의 하위방언으로 분류하고 있다.

	西南官話	中原官話	冀魯官話	蘭銀官話	北京官話	膠遼官話	江淮官話
古清音	陽平	陰平		去聲	陰陽上去	上聲	入聲
古次濁		陰平	去聲				
古全濁	陽平						

표에서 볼 수 있듯이 官話의 여러 하위방언들은 '中古 入聲의 현 성조'라는 하나의 기준만으로도 명확히 구분되고 있음을 볼 수 있다. 예를 들어, 江淮官話의 특성은 中古 入聲을 현재에도 入聲으로 발음한다는 점이며, 西南官話의 특성은 中古 入聲을 현재 모두 陽平으로 발음한다는 것이고, 中原官話의 특성은 中古 淸音(무성음)聲母 入聲字와 次濁聲母 入聲字는 陰平으로 全濁聲母 入聲字는 陽平으로 발음한다는 것이다. 이러한 분류법은 하나의 동일한 기준을 적용하여 광범위한 官話의 하위방언들을 모두 성공적으로 구분하고 있다는 점에서 우리에게 시사해 주는 바가 크다

茄tɕʰiɛ² → 茄子tɕʰio². ⑤ 分音詞가 있다. 不逢: 擺pæ³ → pʌʔ⁷ læ³.

고 생각된다. 하지만 '官話'의 하위방언 분류에 사용된 '中古 入聲의 현 성조'라는 기준을 앞의 '晉語'의 예에서처럼 한어의 대 방언 분류에 중복 적용하는 것은 논리적으로 부적절한 처리가 아닌가 생각된다.

(2) 전이지대의 처리

한어방언의 분류는 1930년대 이래로 수많은 학자들의 연구조사를 통해 많은 연구 성과가 축적되어 왔지만 아직까지도 해결되지 못한 문제들이 산적해 있는 것이 사실이다. 이는 한어방언 자체의 복잡성에 기인한다고 볼 수 있는데, 문제점이 집중되어 있는 부분은 주로 두 방언(혹은 그 이상의 방언)이 만나는 방언의 접촉지역에 위치한 방언의 분류 문제이다. 두 지역 방언이 만나는 방언의 접촉지역에서는 방언 상호간 영향으로 인해 방언 본래의 특성에 많은 변화가 있을 수 있고, 두 지역 방언의 요소가 병존하는 현상도 나타날 수 있다. 이러한 방언 지역을 학술적으로는 흔히 전이지역(transition area)이라 부른다. 예를 들어, '中古 全濁聲母의 현 음가'는 현대한어 방언을 분류해 볼 수 있는 가장 중요한 기준 중 하나로 알려져 있다. 한어방언 중 浙江省을 중심으로 분포해 있는 吳방언은 中古 全濁聲母의 유성음 음가를 현재까지 보유하고 있는데, 이는 기타 다른 방언들과 구분될 수 있는 가장 중요한 특성이다. 그런데 福建省을 중심으로 분포해 있는 閩방언과의 접경지대인 浙江省 남부 혹은 福建省 북부 吳방언에서는 中古 全濁聲母의 유성음 음가가 이미 무성음으로 변하였다. 福建省 서부 閩방언과 客家방언의 접경지대에 위치한 閩방언(連城방언 등)에서는 中古 全濁聲母가 모두 무성 유기음으로 발음되는데, 이는 客家방언의 주요 특성을 보이는 것이다(일반적인 閩방언에서는 中古 全濁聲母 대부분이 무성 무기음으로 발음되고, 소수의 글자들만 무성 유기음으로 발음된다). 이처럼 전이지역의 방언은 방언 고유의 특성을 이미 상실한 경우가 있을 수 있기 때문에 같은 층의 방언이라 하더라도 동일한 기준으로 분류할 수 없는 경우가 나타날 수 있다. 따라서 많은 학자들은 방언을 분류할 때 이러한 전이지역의 분류 문제가 있을 수 있기 때문에 다양한 방언의 특성(어음, 어휘, 어법, 인문, 역사 등의 특성)을 종합적으로 고려해야 한다고 주장하고 있다.

하지만 방언의 다양한 특성을 모두 모아 종합적으로 고려한다고 하더라도 만일 해당 방언 분화의 원인이 되는 주요 특성을 빠뜨리게 된다면 결국 잘못된 결과를 도출해 낼 수도 있을 것이다. 또한 동일한 층의 방언인데도 불구하고 A방언은 이 기준을 적용하고, B방언은 저 기준을 적용하는 논리적 모순에 빠지게 될 수도 있다. 그래서 필자는 한어방언의 분류와 관련하여 다음과 같은 방법을 제안해 보고 싶다. 즉, '최초의 (대)방언 분류는 전체 방언에 보편적으로 적용될 수 있는 주요기준으로 분류하되, 지역 방언 간 접촉으로 인해 방언의 특성이 모호해 진 전이지역 방언의 경우는 방언 내 다양한 특성을 종합적으로 고려하여 판단한다.' 이는 방언의 분류와 방언 지역의 구획(區劃)은 서로 다른 개념이라는 판단 하에 제안해 본 것이다. 詹伯慧(2002)[39]에서도 "방언의 지리적 구획은 단지 서로 다른 방언을 사용하는 사람들이 처한 지리적 경계를 설명해 줄 뿐 방언의 분류와는 다른 개념이다"라고 제안하고 있다. 따라서 전이지역 방언의 분류는 전체 방언 분류와는 다른 개념으로 이미 구분되어 정해진 방언을 대상으로 놓고 전이지역 방언을 어느 방언에 귀속시키는 것이 가장 적절한 지를 판단하는 작업이라고 할 수 있다. 따라서 전이지역 때문에 방언 분류의 원칙을 바꿀 필요는 없을 것이다. 또한 전이지역 방언에는 이미 방언 분화의 주요 원인이 되는 특성이 모호해 지거나 변화가 있을 수 있으므로 (혹은 인접한 두 방언(혹은 그 이상의 방언)의 특성을 모두

---

39) 詹伯慧, 「方言分区问题再认识」, 『方言』 2002년 제4기:344-352.

가지고 있을 수 있으므로) 최초 방언 분류의 기준을 똑같이 적용하기 보다는 방언의 고유 특성을 보다 잘 나타낼 수 있는 다양한 특성을 함께 고려하는 것이 더욱 합리적일 것이다. 어음, 어휘, 어법적 측면에서 주변 방언과의 공통점과 차이점을 비교하고, 그것으로 부족하다면 인문, 역사, 지리, 문화적 요소도 고려해 볼 수 있을 것이다.40)

(3) 단일기준과 복합기준

한어방언의 분류는 일차적으로 한어방언 전체에 보편적으로 적용될 수 있는 주요 기준으로 분류해야 할 것이다. 그리고 그 기준은 방언의 본질을 가장 잘 반영할 수 있는 단일한 하나의 기준일 때 가장 이상적일 것이다. 왜냐하면 다양한 여러 기준이 적용된다면 기준 마다 방언의 경계선이 다를 수 있기 때문에 분류상의 혼란을 야기할 수 있을 뿐만 아니라 기준의 한계가 모호해져 새로운 기준이 수없이 첨가될 수 있는 모순에 빠질 수도 있다. 하지만 단일 기준만으로 한어방언 전체를 분류한다는 것도 매우 어려운 일이다. 하나의 뿌리에서 갈라져 나온 한어방언은 오랜 역사적 변화를 거치면서 서로 상이한 방언으로 발전하였지만 공통점도 여전히 함께 혼재해 있기 때문에 하나의 기준만을 가지고 한어의 모든 방언을 확연히 구분해 낸다는 것은 거의 불가능한 일일 것이다. 그래서 이제까지 한어방언의 분류는 언제나 단일기준이 아닌 다양한 복합적 기준으로 분류해 왔다. 한어방언 분류에 복합적 기준을 적용한 대표적인 학자는 아마도 미국 학자 Jerry Norman(1995)이라고 할 수 있다. 그는 한어방언의 역사적 발전과 현재의 방언 간 관계를 나타내 줄 수 있는 언어 특성으로 다음의

---

40) 예를 들어 江西省 남부 贛방언과 客家방언이 혼재한 지역에서 주민 스스로 나는 '客家사람이다'라고 하는 지역의 방언은 거의 예외 없이 客家방언이며, 廣東省과 廣西省의 주민들 중 자신의 하는 말이 소위 '白話'라고 하는 경우 그 말은 대부분 예외 없이 粤방언에 속한다고 한다. 하지만 이러한 인문, 사회적인 요소만으로 방언을 규정하기는 힘들다.(李如龍, 『漢語方言學』, 高等教育出版社, 2001年:31-32)

10가지 기준을 제시하고 있다.

① 제 3인칭 대명사가 '他'이거나 혹은 그것과 同源관계에 있다.
② 종속 어조사가 '的'이거나 혹은 그것과 同源관계에 있다.
③ 상용 부정사가 '不'이거나 혹은 그것과 同源관계에 있다.
④ '母鷄'처럼 동물의 성별 표지를 나타내는 접사가 앞에 쓰인다.
⑤ 오로지 平聲 성조만 陰平과 陽平으로 나누어진다.
⑥ 설근 자음이 [i-] 모음 앞에서 설면음화(palatalization)된다.
⑦ '站' 혹은 이것과 同源관계에 있는 어휘가 '서다'의 의미로 쓰인다.
⑧ '走' 혹은 이것과 同源관계에 있는 어휘가 '걷다'의 의미로 쓰인다.
⑨ '兒子' 혹은 이것과 同源관계에 있는 어휘가 '아들'의 의미로 쓰인다.
⑩ '房子' 혹은 이것과 同源관계에 있는 어휘가 '집'의 의미로 쓰인다.

그는 이와 같은 10가지의 기준을 적용하여 한어방언을 남부, 중부, 북부 3개의 대방언 지역으로 분류하고, 그 중 남부와 중부를 각각 다시 3개의 방언 지역으로 나누어 한어 전체를 7개 방언지역으로 구분하였다. 하지만 Jerry Norman의 이와 같은 분류 기준은 적지 않은 문제점을 안고 있다고 생각된다. 그의 기준은 어음, 어법, 어휘 등 광범위한 영역에 걸쳐 선정되어 있는데, 필자의 소견으로는 왜 이러한 특성들이 한어방언 분류의 기준이 되어야 하는지 의문이 생긴다. 이 외에도 더욱 보편적이고 방언의 본질을 보다 잘 나타낼 수 있는 중요한 특성들은 얼마든지 있을 수 있다. 만약 대부분의 학자들이 인정하는 한어방언의 몇 가지 중요한 특성들을 논문에 첨가한다면 방언 분류의 결과는 또 다른 양상을 나타낼 수도 있을 것이다. 특히 Jerry Norman의 기준은 ⑤, ⑥을 제외하면 대부분 어휘와 관련된 특성인데(②, ③은 어법 특성으로 볼 수 있다) 개별 어휘를 전체 방언 분류의 기준으로 삼을 경우 똑같은 중요성을 가진 수많은 다른 어휘들도 분류의 기준으로 참여할 수 있는 것이기 때문에 효율적인 방언 분류는 사실상 불가능해진다고 볼 수 있다.

최근 일부 학자들에 의해 계량적 방법을 사용한 한어방언 분류 방법이 시도된 바가 있다. 이는 프랑스의 방언학자 Jean Seguy(1973)에 의해 고안된 방법인데 보통 언어적 거리(linguistic distance)에 의한 방언 측정법이라고 한다. 이 방법은 지점 a와 지점 b, c, d 사이의 언어적 차이를 백분율로 표시한다. 기준이 되는 언어적 특성은 음성, 음운, 형태, 통사, 어휘 등 수집된 모든 방언자료를 포함하게 되는데, 두 지점 즉 ab, ac, ad 사이에서 차이를 보이는 항목의 수가 전체 항목 수에서 차지하는 백분율을 계산한다. 만약 전체 100개 항목 가운데 ab가 10, ac가 15, ad가 20개의 차이를 보였다면 각각 10%, 15%, 20%의 차이를 보이는 셈이며, 따라서 언어적 거리 즉 방언차는 ad>ac>ab의 순이 되는 것이다. 鄭錦全(1988)[41]에서는 이와 같은 방법론을 근거로 한어방언의 어음(성모, 운모, 성조) 특성과 선별된 어휘 특성을 방언마다 계량화 하고 이를 방언 간의 친소(親疎) 관계를 나타내는 척도로 삼아 방언 분류를 시도하였다. 鄭錦全의 이러한 연구는 복합적 기준을 적용한 한어방언 분류의 또 다른 방법론이 될 수 있을 것이다. 하지만 이와 같은 분류 방법도 많은 문제점을 내포하게 된다고 생각된다. 예를 들어 두 방언 지역 사이의 수량화된 방언차가 같다고 할지라도 방언차의 내용은 다를 수가 있다. 즉 a방언과 b방언, a방언과 c방언 간의 방언차 똑같이 20%라 할지라도 ab의 차이는 어음적 차이이고, ac의 차이는 어휘적 차이일 수 있기 때문이다. 또한 어느 정도의 숫자를 대방언의 경계선으로 보고, 어느 정도의 숫자를 하위방언의 경계선으로 볼 것인지에 대해서도 관점에 따라 많은 논란을 야기할 가능성이 있다고 생각된다.

---

41) 鄭錦全, 「汉语方言亲疏关系的计量研究」, 『中国语文』 1988年 第2期.

(4) 역사성 기준과 비역사성 기준

그렇다면 방언의 어떠한 특성을 분류의 기준으로 삼는 것이 가장 적절한 것인가? 방언의 특성은 크게 어음, 어휘, 어법 세 부분으로 나누어 볼 수 있다. 그 중 한어방언 분류에 가장 적합한 기준이 되는 특성은 어음 특성으로 알려져 있다. 어법특성이나 어휘특성도 방언을 특징지을 수 있는 기준이 될 수 있다. 그러나 한어방언 어법의 경우 방언 간 차이가 그다지 크지 않을 뿐 아니라, 이제까지의 연구 성과로는 효과적인 방언 분류의 기준을 제시하기가 어렵다. 어법의 심층구조 역시 서로 다른 언어를 구분하는 데는 유용할 수 있지만 한 언어의 방언을 분류하는 데는 활용하기가 힘들다. 한어방언의 어휘 역시 방언 간 상호 영향을 너무나 쉽게 받아 체계적인 대칭관계를 통한 비교가 용이하지 않기 때문에 어음 특성만큼 효과적으로 방언을 분류하기 힘들다고 볼 수 있다. 따라서 한어방언을 분류할 때는 어법이나 어휘특성보다는 어음 특성을 가장 주요한 기준으로 삼는 것이 일반적이다. 어법이나 어휘특성은 보통 어음 특성을 보완하거나 검증할 수 있는 자료로 사용되거나, 대 방언 아래 하위방언의 분류 혹은 상술한 전이지대 방언 분류의 자료로 사용된다.

그렇다면 한어방언 분류의 관건이 되는 어음 특성은 어떻게 선별될 수 있을까? 방언은 공시(共時)적으로 분포되어 있지만 방언마다 서로 다른 역사적 변화와 발전을 간직한 역시(歷時)적 언어체계이다. 따라서 방언 분류의 기준은 방언의 공시적인 차이와 역사적 변화 발전을 동시에 반영할 수 있는 언어특성이 가장 이상적일 것이다. 丁邦新(1982)「漢語方言分區的條件」에서는 한어방언을 분류할 수 있는 기준이 되는 특성을 早期와 晩期 특성으로 구분하였고, 王福堂(1999)『漢語方言語音的演變和層次』에서는 이를 보다 구체화시켜 다음과 같이 예를 들어 구분하고 있다.

早期 歷史性 기준:　　中古 古全濁聲母의 음가
　　　　　　　　　　　輕脣音의 음가
　　　　　　　　　　　舌上音의 음가

晚期 歷史性 기준:　　照二組照三組 聲母의 음가
　　　　　　　　　　　見組曉組 聲母의 음가
　　　　　　　　　　　陰聲韻 韻尾의 변화
　　　　　　　　　　　陽聲韻 韻尾의 변화
　　　　　　　　　　　入聲韻 韻尾의 변화
　　　　　　　　　　　調類의 분합(分合)
　　　　　　　　　　　入聲의 변화

非歷史性 기준:　　　非敷奉母字와 曉匣母字(일반적으로 合口字)
　　　　　　　　　　　聲母의 동음여부
　　　　　　　　　　　泥來母字 聲母의 동음여부

　이러한 기준들은 한어사(漢語史)의 연구 성과와 풍부한 실제 경험을 토대로 설정된 것이다. 早期란 中古시기 이전 대체로 隋唐 혹은 그 이전 시기를 가리키며, 晚期란 대체로 宋元 이후를 지칭한다[42]. 방언의 특성 중에는 방언의 분화 초기에 이미 형성된 특성이 있을 수 있고, 후대에 방언 내부의 자체적 변화로 인해 형성된 특성이 있을 수 있다. 방언의 분화 초기에 형성된 특성은 모어(母語)의 특성을 기준으로 변화하였기 때문에 모어와 밀접한 관련성을 가지고 있을 것이다. 하지만 모어가 변화한 이후 후대에 형성된 특성은 상대적으로 모어의 요소를 찾아보기 힘들 것이다. 한 언어의 방언을 나뭇가지처럼 모어로부터 점차 분리 확대되는 것이라고

---

42) 현대의 한어방언 분포 구도는 대체로 東晉 이후 사회적 동란과 함께 형성되기 시작했다고 보고 있다. 따라서 隋唐시기에 출현하여 현존하는 가장 오래된 운서인 『切韻』을 현대한어의 기원으로 보는 시각이 보편적이다. 上古시기(秦漢이전) 한어에 대해서는 학자 사이에서도 통일된 의견이 결여되어 있고 그 구체적인 모습도 추측하기 힘들기 때문에 몇 가지 중요한 특성을 제외하고는 일반적으로 비교의 대상으로 삼지 않는다.

가정한다면, 방언의 특성은 형성 시기가 이르면 이를수록 대 방언의 특성이 될 가능성이 높아지는 것이라고 할 수 있다. 따라서 방언의 분화 초기에 형성된 특성은 일반적으로 그 방언을 특징지을 수 있는 가장 큰 단서가 될 수 있다. 왜냐하면 방언이 최초에 분화하게 된 가장 큰 원인이 될 수 있기 때문이다. 이러한 특성을 위의 예에서는 부期 歷史性 기준이라 명명하였다고 생각된다. 그러나 후대에 형성된 특성은 최초의 방언 분화 이후 방언 내부의 독립적 발전의 결과로 형성된 특성으로 볼 수 있기 때문에 최초 방언분화의 원인이 되기는 힘들지만 방언 내부 하위방언의 특성은 될 수 있다. 이를 예에서는 晚期 歷史性 기준이라고 하였다. 그리고 그 외의 기준들은 한어방언 전체의 면모로 볼 때 근래의 변화 혹은 후대에 주변 방언의 영향으로 형성된 특성일 가능성이 높다고 보고 非歷史性 기준이라고 하였다. 그래서 이와 같은 기준들을 방언 분류에 적용할 때는 점층적으로 적용시켜 나가야 한다고 하였다. 한어방언 전체를 분류할 때는 우선 방언 전체에 보편적으로 적용될 수 있는 부期 歷史性 기준(예를 들어 中古 全濁聲母의 음가)을 적용하여 대방언을 분류하되 하나의 기준으로 모든 방언을 분류할 수 없을 때는 점차 다른 기준(부期 歷史性 기준 혹은 晚期 歷史性 기준)들을 첨가 보완하여 분류하고, 대방언의 분류가 끝나면 다시 晚期 歷史性 기준 혹은 非歷史性 기준을 사용하여 하위방언을 분류해야 한다고 하였다. 丁邦新(1982)에서는 이와 같은 원리로 한어의 7대 방언을 분류하기 위해 ①中古 全濁聲母의 음가, ②中古 파열음 운미 -p, -t, -k의 변화, ③中古 知徹澄母字 성모를 t, tʰ로 발음하는 현상, ④中古 次濁聲母 上聲을 陰平으로 발음하는 현상 등 4개의 기준을 제시하였고, 전이지대의 분류문제를 해결하기 위해 ①中古 舌根音 성모 k-, kʰ-, x-의 전설모음 앞에서의 변화, ②中古 聲調의 변화 등의 보충 기준을 제시하였다. 丁邦新의 이러한 분류 기준과 적용 원리는 앞 절에서 언급한 복합(혹은 다항) 기준 원리에 속한다고 할 수 있는데, 한어방언의 실제와 본질을 가장 잘 반영하고 있는 방법론이 될 수 있다고 판단된다.

하지만 제3절에서 논의한 바와 같이 (일차적) 방언의 분류는 복합기준으로 분류하기 보다는 방언의 본질을 가장 잘 반영할 수 있는 단일한 하나의 기준으로 분류할 때 가장 이상적인 방법이 된다고 볼 수 있다. 만일 한어방언의 특성 중 한어방언 전체의 분포 상황을 가장 잘 나타내 줄 수 있는 단일 기준을 정해 보라고 한다면 현재까지의 방언 조사 결과로 미루어 볼 때 아마도 '中古 全濁聲母의 현 음가'가 될 것이다. 이 기준 역시 완전무결한 기준은 아니지만 현재까지의 연구 성과를 종합해 보면 한어방언의 분포 구도를 가장 잘 반영해 주고 있다고 판단된다. 中古 全濁聲母 음가의 변화는 한어사(漢語史)적으로 중요한 사실일 뿐만 아니라 현재의 한어방언 전체에 보편적으로 그 변화의 흔적을 남기고 있기 때문에 한어방언의 분류 문제에 있어서도 가장 중요한 분류 기준 중 하나로 인식되어 왔다. 현재까지 한어방언 조사에 보편적으로 사용되어지고 있는 『方言調査字表』(『廣韻』의 수록자들을 中古 시기의 음운에 맞추어 재차 배열한 방언 조사표)를 보더라도 전체 3000여字 중 全濁聲母字가 거의 1000字 정도를 차지하고 있으며, 그 분포도 각각의 韻攝과 平上去入 각 성조에 고루 분포해 있어 한어방언 중에 나타나는 全濁聲母 음가의 다양한 현상에 대해 음운적으로 비교 분석할 수 있는 좋은 여건을 갖추고 있다. 만일 '中古 全濁聲母의 현 음가'라는 하나의 통일된 기준만으로 한어의 대 방언들을 모두 분류해 낼 수 있다면 이는 무엇보다 가장 이상적인 분류방법이 될 수 있을 것이다. 하지만 하나의 기준으로 한어방언 전체를 모두 온전히 분류해 낸다는 것은 사실상 거의 불가능한 일에 가까울 것이다. 그렇지만 필자의 생각으로는 기존의 조사 연구를 종합해 볼 때 '中古 全濁聲母의 현 음가'라는 기준은 사실상 한어의 대 방언들을 거의 모두 구분해 내고 있는 것이라고 생각된다. 물론 한어방언의 표면적인 특성만으로는 완전한 분류가 불가능하겠지만, 우리가 문제를 보다 심층적으로 바라볼 수 있다면 표면적인 현상과는 다른 인식을 가질 수 있을 것이라고 생각된다. 다음 절에서는 한어의 대 방언 분류와 관련하여 '中古 全濁聲母의 현 음가'라는 단일 기준이 구분해 낼 수 있는 방언들과 그렇지 않은 방언들을 분류해 보고, 구분해 낼 수 없는 방언들에 대해서는 보다 심층적인 접근을 통해 필자 나름의 원인 분석을 시도해 보려 한다. 이와 같은 분석은 단일기준에 의한 한어방언 분류라는 이상을 실현한다기 보다는 그 가능성만이라도 타진해 봄으로써 앞으로의 한어방언 분류 작업에 조금이라도 참고 자료가 될 수 있기를 바랄 뿐이다.

(5) '中古 全濁聲母의 현 음가'가 반영하는 현대한어 방언의 구분

현재까지의 방언 조사 결과를 종합하여 '中古 全濁聲母의 현 음가'가 현대 한어방언 중에 나타난 양상을 나타내 보면 다음과 같다.

中古 全濁聲母의 음가

官話方言	무성음: 平聲字 유기음, 仄聲字 무기음
吳方言	유성음
湘方言	① 유성음, 혹은 舒聲字 유성음 入聲字 무성 유기음(老湘語), ② 무성음: 舒聲字 무기음, 入聲字 유기음(新湘語)
贛方言	무성음: 유기음
客家方言	무성음: 유기음
閩方言	무성음: 다수의 글자들은 무기음, 소수의 글자들은 유기음
粤方言	무성음: 平上聲字 유기음, 去入聲字 무기음

구체적인 예를 들어 보면 다음과 같다.

	排平	坐上	柜去	獨入
北京(官话)	p'ai²	tsuo⁵	kuei⁵	tu²
苏州(吴)	bɒ²	zəu⁶	guɛ⁶文/dʑy⁶白	doʔ⁸
长沙(新湘语)	pai²	tso⁵文/tso⁶白	kuei⁵文/kuei⁶白	təu⁷
雙峰(老湘语)	ba²	dzu⁶	gui⁶文/dy⁶白	t'əu⁷
南昌(贛)	p'ai²	ts'ɔ⁶	k'ui⁶	t'uk⁸
梅县(客家)	p'ai²	ts'ɔ⁵文/ts'ɔ¹白	k'ui⁵	t'uk⁸
廣州(粤)	p'ai²	tʃɔ⁶文/tʃ'ɔ⁴白	kuei⁶	tʊk⁸
厦门(閩)	pai²	tso⁶文/tse⁶白	kui⁶	tɔk⁸文/tak⁸白

위의 표에서 볼 수 있듯이 吳방언과 湘방언 중의 老湘語[43]는 中古 全濁
聲母 (舒聲字)가 현재에도 여전히 유성음으로 발음되고 있으며, 新湘語는
이미 모두 무성음화 되어 舒聲字는 무기음으로, 入聲字는 유기음으로 발
음되고 있다. 贛방언과 客家방언은 똑같이 무성음화 된 후 모두 유기음으
로 발음되고 있다. 官話[44]와 粤방언, 閩방언의 경우 中古 全濁聲母는 모두
무성음화 되었지만 官話와 粤방언은 全濁聲母의 유/무기음 여부가 中古
성조의 平仄과 밀접한 관련성을 가지고 있다. 官話방언의 경우 현재 中古
平聲字는 유기음으로 仄聲字(즉 上去入聲字)는 무기음으로 발음되며, 粤방
언은 平上聲字는 유기음으로 去入聲字는 무기음으로 발음된다. 閩방언의
경우는 유/무기음 여부의 규칙성을 찾아보기 힘들지만 대체로 다수의 글자
들이 무기음으로 발음되고, 소수의 글자들만 유기음으로 발음된다는 특성

---

43) 湘방언은 일반적으로 中古 全濁聲母 (舒聲字)의 유/무성음 여부에 따라 老湘語와 新
湘語로 나눈다. 中古 全濁聲母 (舒聲字)의 유성음 음가를 보유하고 있는 방언들을 老
湘語라 부르며, 中古 全濁聲母 (舒聲字)가 이미 무성음화 된 방언들을 新湘語라 부른
다. 老湘語는 대체로 湖南省 중남부에 분포해 있으며, 新湘語는 대체로 湖南省 북부
에 분포해 있다.

44) '官話'라는 명칭은 본래 古代에 북방지역에서 상용되던 통용어를 지칭하는 개념으로
쓰였지만, 현대 방언학계에서는 중국의 동남부에 분포한 남방 방언(즉 吳방언, 閩방
언, 粤방언, 贛방언, 客家방언, 徽방언, 平話, 粤北土話, 湘南土話 등)과 晉방언(山西
省과 그 인근지역에 분포)을 제외한 대륙의 대부분의 지역(북경 인근지역 및 동북,
서북, 서남부 지역)에 분포해 있는 '북방 방언'을 통칭하는 개념으로 사용되고 있다.

을 가지고 있다(유기음으로 발음되는 소수의 글자들은 閩방언 지역에서 상
당한 일치성을 보이고 있다).

　　그렇다면 '中古 全濁聲母의 현 음가'라는 기준은 吳방언과 湘방언 중의
일부 老湘語의 구분, 그리고 贛방언과 客家방언의 구분을 제외하면 한어
의 대 방언들을 대부분 효율적으로 구별해 내고 있다고 볼 수 있다. 그러
면 吳방언과 일부 老湘語의 구분, 贛방언과 客家방언의 구분 이 두 가지의
문제는 어떻게 해결하는 것이 합리적인 것인가? 물론 여기에 몇 가지 음
운특성을 첨가한다면, 예를 들어 中古 入聲韻(혹은 陽聲韻) 韻尾의 변화,
中古 聲調의 변화, 泥來母字 성모의 동음여부 등, 이들 방언 간의 구분 문
제는 쉽게 해결될 수 있다. 하지만 주로 하위방언 분류에 사용되는 이러한
기준들을 다시 대 방언 분류에 중복 적용하는 것은 전체적인 방언 분류 원
칙에 부합되지 않는 방법이라고 생각된다(대 방언 분류의 기준을 다시 하
위방언 분류에 중복 적용하는 것도 마찬가지일 것이다). 따라서 우리는 이
러한 문제들을 좀 더 심층적인 시각으로 바라볼 필요가 있다고 생각된다.

　　湘방언 중 일부 남부지역 방언(老湘語)에는 吳방언과 유사하게 中古 全
濁聲母를 유성음으로 발음하는 현상이 존재한다. 하지만 湘방언 전체의
全濁聲母 음가 유형은 吳방언과 다르고, 변화 발전의 방향도 다르다. 湘방
언 중의 中古 全濁聲母 음가는 지역에 따라 다음과 같이 세분화 해 볼 수
있다.45)

　① 長益片, 衡州片: 舒聲字(平上去聲字) 무성 무기음, 入聲字 무성 유기음
　② 樓邵片: 舒聲字 유성음, 入聲字 무성 유기음

---

45) 鮑厚星 陳暉, 「湘語的分區」, 『方言』 2005年 第3期. 陈晖, 「古全浊声母在湘方言中的今
　　读音情况」, 『方言』, 2008年第2期. 陈立中, 『湘语与吴语音韵比较研究』, 中国社会科学
　　出版社, 2004年:23-55.

③ 永州片: 유성음
④ 辰漵片: 平聲字 유성음, 上, 去聲字는 무성 무기음, 入聲字 무성 유기음

이 중 長益片과 衡州片은 대체로 湖南省 북부에 분포한 방언지역이며, 樓邵片은 주로 湖南省 중부에 분포한 방언지역이고, 永州片은 湖南省 남부 일부 지역에 분포한 방언지역이다. 辰漵片은 湖南省 서부 외곽지역에 위치하고 있다. 이와 같은 분포상황으로 볼 때 湘방언 중의 全濁聲母는 무성음화 되어가는 과정 중에 있다고 볼 수 있는데, 무성음화는 우선 仄聲字 특히 入聲字부터 시작되었다고 볼 수 있다. 이를 지역별 특성에 근거하여 湘방언 중 中古 全濁聲母의 무성음화 과정을 순서대로 나열해 보면 다음과 같다.

유성음[46] → 舒聲字 유성음, 入聲字 무성 유기음 → 平聲字 유성음, 上去聲字 무성 무기음, 入聲字 무성 유기음 → 舒聲字 무성 무기음, 入聲字 무성 유기음

그렇다면 湘방언 중의 中古 全濁聲母는 궁극적으로 '舒聲字 무성 무기음, 入聲字 무성 유기음'이라는 특성을 갖게 되는 것이라고 판단할 수 있다. 그 외의 지역적 차이들은 이러한 특성을 나타내기 위한 과정 중의 일부로 간주할 수 있다. 그런데 浙江省을 중심으로 분포해 있는 吳방언의 경우는 中古 全濁聲母 전체가 대부분의 지역에서 여전히 유성음 음가를 보유하고 있다. 하지만 일부 吳방언 지역에서는 中古 全濁聲母의 일부 혹은 전체가 이미 무성음화 되어 무성 무기음으로 발음된다고 한다(예를 들어 慶元, 橫渡, 陵陽 등 방언의 경우가 그러하다).[47] 慶元방언의 예를 들어 보면 다

---

46) 유성음의 유/무기음 여부는 일반적으로 조건에 따라 혹은 서로 자유롭게 교체될 수 있는 (자유)변이음의 관계인 경우가 일반적이다. 우리말에서도 유성음의 유기음과 무기음이 서로 다른 음소가 되는 경우는 없으며, 서구 언어의 경우에도 유성음의 유기음과 무기음이 개별 음소로 기능하는 경우는 없다고 알려져 있다

47) 陳立中, 『湘语与吴语音韵比较研究』, 中国社会科学出版社, 2004年:53.

음과 같다. 棚本pɛ², 近上tɕieŋ⁴文/kɛ⁴白, 钝去tɛ⁶. 独人touʔ⁸. 그리고 江蘇省 남부 일대의 吳방언에서는 全濁聲母의 유성음 음가가 무성음화 되어가는 과정에 있다고 한다. 그래서 이 지역의 中古 全濁聲母는 완전한 무성음은 아니지만 무성음에 가깝게 발음된다고 한다. 발음의 시작은 무성음에 가깝지만, 시작과 함께 바로 강한 유성음 성분([ɦ])이 발음된다(이러한 발음을 중국 학계에서는 '淸音濁流'라 부른다).48) 예를 들어 上海방언에서 '棚'자는 [bɦiaŋ]과 같이 발음된다. 지역에 따라서는 이와 같은 무성음화가 과도기적 단계에 있어 유성음과 무성음 성질을 띤 유성음 두 가지 발음이 병존한다. 예를 들어 浙江省 중부의 寧波방언에서는 '棚'자의 경우 [baŋ]과 [b̥aŋ] 두 가지 발음이 차이 없이 똑 같이 사용된다고 한다.49) 이와 같은 사실로 미루어 볼 때 吳방언 중의 全濁聲母도 유성음에서 무성음으로 점진적인 변화 과정을 거치고 있다고 볼 수 있는데 湘방언과 다른 점은 대부분의 지역에서 여전히 유성음 음가를 보유하고 있으며 무성음화가 진행된 일부 지역에서는 (中古 성조의 구분 없이) 모두 무성 무기음으로 발음된다는 것이다. 이와 같이 볼 때 일부 湘방언(老湘語)과 吳방언 중에 나타난 中古 全濁聲母의 유성음 음가는 사실 서로 다른 변화의 과정 중에 있다고 볼 수 있고, 방언 전체에 나타난 全濁聲母의 모습도 서로 상이하기 때문에 '中古 全濁聲母의 현 음가'라는 기준은 사실상 두 방언을 구분해 내고 있는 것이라고 볼 수 있다.

客家방언과 贛방언은 中古 全濁聲母의 현 음가에 있어 차이를 보이지 않는다. 두 방언 모두 현재 예외 없이 무성 유기음으로 발음되고 있다. 따라서 '中古 全濁聲母의 현 음가'라는 기준으로는 이 두 방언을 구분해 낼

---

48) 北京大学中国语言文学系语言学教研室, 『汉语方音字汇』, 文字改革出版社, 1989年:19.

49) 王福堂, 「古全浊声母清化后塞音擦音送气不送气问题」, 『汉语方言论集』, 商务印书馆, 2010年:184.(原载 『语言学论从』 第36集, 商務印書館, 2008年)

수 없다. 사실 客家방언과 贛방언의 분리 혹은 통합의 문제는 현대한어방
언의 분류에 있어 오랫동안 논의되어왔던 문제 중의 하나이다. 1934년 歷
史語言研究所의 분류에서는 客家방언만 있고 贛방언은 없는데 贛방언은
下江官話에 포함되어 아직 분리되지 않은 상태였다. 그러나 1937년 李方
桂와 1948년 趙元任의 분류에서는 모두 이전의 客家방언을 贛방언과 통합
시켜 贛客방언이라 칭하고 있다. 즉 官話의 하위방언으로 분류되었던 贛
방언을 官話에서 분리시켜 客家방언과 통합시킨 것이다. 그러나 1955년
歷史語言研究所의 분류부터 지금까지 客家방언과 贛방언은 분리되어 두
개의 독립적인 방언으로 여겨지고 있다. 그런데 최근 여러 학자들의 연구
결과로 이 두 방언의 분리가 부적절하다는 의견이 제기되어 왔고 客家방
언과 贛방언의 분리 문제는 또 다시 중요한 논의의 대상이 되었다.

논의의 초점은 이 두 방언의 어음 특성에 있다. 그런데 일반적인 어음
특성만으로는 두 방언의 차이를 구분해 내기 힘들다. 다음은 中古 全濁聲
母의 음가 특성을 포함해 일반적으로 인정되고 있는 客家방언과 贛방언
간의 중요한 공통점과 차이점을 열거한 것이다.[50]

* 공통점
① 中古 全濁聲母가 무성음화 된 이후 파열음과 파찰음은 모두 유기음
  으로 발음된다. 예를 들어 보면 다음과 같다.

	同	動	洞	獨
梅縣(客)	$t^hu\eta^2$	$t^hu\eta^5 \times t^hu\eta^1$白	$t^hu\eta^5$	t^huk^8
南昌(贛)	$t^hu\eta^2$	$t^hu\eta^6$	$t^hu\eta^6$	t^huk^8

---

50) 客家방언과 贛방언의 공통점과 차이점은 王福堂,「關於客家話和贛方言的分合問題」(『方
言』1998年 第1期:14-15)중의 예를 인용하였다.

② 非敷奉母字 성모와 曉匣母合口韻字 성모의 음가가 같다. 예를 들어
   보면 다음과 같다.

	匪	肺	服	花	畫
梅縣(客)	fi³	fi⁵	fuk⁸	fa¹	fa⁵
南昌(贛)	fə³	fə⁵	fuk⁸	fa¹	fa⁵

* 차이점

- 客家방언의 어음 특성 중 贛방언과 다른 특성

① 上古한어의 특성인 '古無輕脣音'의 현상이 존재한다. 梅縣: 扶奉 fu^2文 p^hu^2白 등.
② 上古한어의 특성인 '古無舌上音'의 현상이 존재한다. 梅縣: 知知 $ts\text{ɿ}^1$文 ti^1白 등.
③ 泥來母字 성모의 구분이 있다. 梅縣: 男泥 nam^2 ≠ 籃來 lam^2 등.
④ 影疑母字 성모의 구분이 있다. 梅縣: 愛影 $ɔi^5$ ≠ 碍疑 $\eta ɔi^5$ 등.
⑤ 溪母合口韻 소수 글자의 성모가 f-이다. 梅縣: 褲溪 k^hu^5文 fu^5白 등.
⑥ 撮口韻이 없다. 梅縣: 雨 i^3등
⑦ 一等覃談韻字 운모의 구분이 없다. 梅縣: 蠶覃 = 慚談 ts^ham^2 등.
⑧ 일부 江攝字의 운모가 通攝字와 같다. 梅縣: 双江 = 鬆東 $su\eta^1$, 濁覺 = 逐屋 ts^huk^8 등.

- 贛방언의 어음 특성 중 客家방언과 다른 특성

① 泥來母字 성모의 구분이 없다. 南昌: 男泥 = 籃來 lan^5 등.
② 影疑母 開口 一二等字 聲母의 구분이 없다. 南昌: 愛影 $\eta ɔi^5$ / 碍疑 $\eta ɔi^6$등
③ 일부 방언 중 來母字가 細音(齊齒呼 혹은 撮口呼) 앞에서 설첨(舌尖) 파열
   음으로 발음된다. 都昌: 料 $tiɛu^5$ 등.
④ 일부 방언 중 知照三等字 성모가 설첨 파열음이다. 臨川: 轉知 $tɔn^3$ / 超徹 $t^hɛu^1$ / 蟲澄 $t^hu\eta^2$ / 眞照 tin^1 / 春昌 t^hun^1등.
⑤ 一等覃談韻字 운모의 구분이 있다. 蠶覃 $ts^hɔn^2$ ≠ 慚談 ts^ham^2 등.

이 중 두 방언의 차이를 나타내는 특성들은 상대적으로 그 중요성이 떨

어진다. 일반적으로 이러한 기준들을 가지고 대 방언을 분류하지는 않는다. 그 중 客家방언의 '古無輕脣音', '古無舌上音' 특성은 비록 중요하지만 이러한 특성을 가진 글자들이 너무 적다는 문제가 있다. 이처럼 어음 특성으로 본다면 客家방언과 贛방언은 두 개의 독립적인 방언이라기보다는 한 방언에 속한 두 개의 하위방언으로 처리하는 것이 더 합리적인 것처럼 보인다. 이에 일부 학자들은 客家방언과 贛방언의 차이는 어음 특성보다는 어휘특성에 있다고 보고 다음과 같은 차이점을 제시하고 있다.

普通話	客家방언	贛방언
我	𠊎	我
吃飯	食飯	喫飯
是	係	是
破	爛	破/爛
活	生	活
沒有	冒得, 冒有	毛
不必	唔使	不要

두 방언은 몇몇 중요한 어휘들에 있어 명백한 차이를 보이고 있지만 이 정도의 차이는 일반적인 한어방언간의 어휘 차이와 비교해 볼 때 결코 두드러진 차이로 보기 힘들다. 또한 상술한 것처럼 한어방언을 이와 같은 어휘특성에 근거해 분류할 수는 없는 일이다. 따라서 어휘차이를 客家방언과 贛방언 분류의 주요한 요소로 보는 것은 부적절하다고 볼 수 있다.[51]

1973년 일본학자 橋本萬太郎은 『The Hakka dialect』(『客家方言』)이란 저서에서 客家방언에는 中古 次濁聲母 上聲字를 陰平으로 발음하는 특성

---

51) 王福堂(1998:15) 『關於客家話和贛方言的分合問題』.

이 있다고 지적하고 이를 근거로 贛방언과 客家방언을 구분할 수 있다고 하였다. 이러한 견해는 중국의 많은 학자들에 의해 수용되었고 黃雪貞 (1988:241-246) 등은 이를 더욱 발전시켜 客家방언에는 次濁上聲字뿐만 아니라 全濁上聲字 역시 陰平으로 발음하는 글자가 있다고 지적하였다. 즉 일부 次濁上聲字와 全濁上聲字를 현재 陰平으로 발음하는 점을 客家방언 과 贛방언을 구분 지을 수 있는 가장 주요한 근거로 삼고 있다. 그러나 최 근 몇몇 학자들의 연구 결과는 이러한 관점에 중대한 이의를 제기하고 있 다. 張双慶, 萬波(1996:345-354), 王福堂(1998:14-19), 劉綸(1999:292-304) 등에서는 광범위한 방언자료를 근거로 次濁上聲字와 全濁上聲字를 陰平 으로 발음하는 현상은 贛방언에도 보편적으로 존재하며 이는 客家방언의 영향 때문이 아닌 贛방언 고유의 특성이라고 지적하고 있다. 다만 글자 수에 있어서 陰平으로 발음하는 全濁上聲字는 贛방언이 상대적으로 많고, 陰平으로 발음하는 次濁上聲字는 客家방언이 상대적으로 많을 뿐이라고 하였다. 이렇게 볼 때 次濁(全濁) 성모 上聲字가 陰平으로 발음되는 특성 도 客家방언과 贛방언을 구분 지을 수 있는 특성이 되지 못한다. 이처럼 客家방언과 贛방언은 中古 全濁聲母의 현 음가에서 차이를 보이지 않을 뿐만 아니라 기타 다른 음운적 특성으로도 구분해 내기가 힘들다. 하지만 客家방언과 贛방언 지역 사람들의 의식 속에는 언제나 상호간 서로 다른 방언을 사용하고 있다고 인식하고 있다고 한다. 그렇다면 客家방언과 贛 방언 중 中古 全濁聲母의 현 음가가 역사적 발전 변화의 결과가 아닌 상 호간 접촉과 영향으로 형성된 특성이라고 가정한다면 어떨까? 만약 역사 적으로 이러한 사실을 증명해 낼 수 있다면 이러한 가정도 설득력을 가질 수 있을 것이다.

客家방언은 역사적으로 전란을 피해 中原지역으로부터 지속적으로 남 하한 한족 주민의 언어이다. 客家란 명칭도 그 지역의 토착민과 상대되는 개념으로 붙여진 이름이다. 학자들의 연구에 의하면 客家人의 이동은 크게 ① 西晉末年(306년)이후 中原으로부터 이동하여 약 300년 간 현재의 長江하류, 安徽省 남부, 江蘇省, 江西省 북부 및 중부 등지에 정착한 시기, ② 唐末(874년) 전란(황소의 난)을 피해 현재의 江西省 동남부 및 福建省 서부 지역으로 이동한 시기, ③ 南宋末年(1271년) 몽고족의 남하로 다시 廣東省 북부 및 동부로 이동한 시기의 세 차례 시기로 구분하고 있다. 客家人의 세 차례 이동은 모두 이동 후 3, 4백년에 걸친 정착시기를 갖는다. 그 중 첫 번째 이동 후 정착한 江西省 북부 및 중부 지역은 바로 현재의 贛방언 분포지역이다. 그렇다면 客家방언과 贛방언의 중요한 공통특성들은 대부분 이 시기에 상호간 밀접한 영향 때문에 형성되었을 것이라고 추측해 볼 수 있다. 마찬가지로 차이점들은 客家人의 제 2차 이동 이후 客家방언과 贛방언이 지역적으로 분리되면서 독립적으로 형성되었을 것이라고 생각해 볼 수 있다. 따라서 客家방언과 贛방언의 공통특성은 방언의 자체적 발전의 결과가 아닌 일정한 시기에 밀접한 상호 교류와 상호 영향으로 형성된 특성이라는 가정이 가능해진다. 즉 우리가 논의의 중심으로 삼고 있는 中古 全濁聲母의 특성도 과거 어느 시기 客家방언과 贛방언 상호간 밀접한 접촉과 영향으로 형성된 특성으로 볼 수 있을 것이다.

이상 논의를 종합해 보면 吳방언과 일부 湘방언 全濁聲母 음가의 일치성은 방언 내 全濁聲母 음가의 전체적인 모습과 변화 발전의 추이 그리고 지역적 분포를 고려해 볼 때 '中古 全濁聲母의 현 음가'라는 기준은 사실상 두 방언권을 구분하고 있는 것이라고 볼 수 있으며, 贛방언과 客家방언의 경우는 全濁聲母의 특성뿐만 아니라 다른 언어적 특성으로도 방언 상호간 구분을 할 수 없는 것이기 때문에 全濁聲母의 현 음가가 반영하는 바와 같이(1948년 歷史語言研究所 이전의 분류와 같이) 贛방언과 客家방언을 하나의 방언으로 설정한다 해도 큰 문제는 없을 것이라고 생각된다. 인문, 사회적 특성으로는 두 방언을 분리해야 함이 옳지만 언어적 특성으로 보았을 때는 통합 분류하는 것도 가능한 일이 될 것이다.

(6) 혼합형 방언의 처리

두 지역 방언(혹은 그 이상의 방언)이 만나는 방언의 접촉지역에서는 방언 상호간 영향으로 인해 다양한 변이현상이 나타나고 방언 본래의 특성에 많은 변화가 있을 수 있는데 이러한 지역을 흔히 전이지역이라 한다고 제2절에서 언급하였다. 이러한 전이지역에서 주변 방언 요소의 접촉현상은 실로 복잡, 다양한데, 어떤 경우는 두 방언이 서로 영향을 주지 못하고 대치하고 있는 경우도 있고, 어떤 경우는 두 방언 요소가 함께 사용되는 병존방언(竝存方言)의 유형을 보이기도 한다. 또 어떤 경우는 주변 방언의 요소(보통은 지역적 강세(强勢) 방언)가 장기간 깊고 광범위하게 침투하여 현재의 모습으로는 방언의 성격을 규명하기 힘든 혼합형(混合型) 방언의 모습을 보이기도 한다.

혼합형 방언의 언어특성은 방언 자체의 역사적 발전으로 형성된 특성과 주변 방언의 영향으로 인해 형성된 특성이 방언 내에 융화되어 혼재해 있다는 것일 것이다. 따라서 이러한 혼합형 방언을 한어방언 내에서 분류해 그 성격을 규명하기 위해서는 주변 방언과의 비교를 통해 주변 방언의 영향으로 형성된 특성을 찾아내는 노력이 필요할 것이라고 생각된다. 주변 방언의 영향으로 형성된 특성을 구분해 내야만이 방언 고유의 본질적 특성을 찾아낼 수 있기 때문이다. 현대한어 방언 중 혼합형 방언의 전형은 아마도 湖南省 남부에 분포한 湘南土話와 廣東省 북부에 분포한 粤北土話, 그리고 廣西省 중북부에 분포한 平話일 것이다. 이들 방언들은 대내적(對內的)으로는(집 안 혹은 마을 단위) 지역 방언을 사용하고, 대외적(對外的)으로는 지역 강세방언을 사용하는 이중 방언 지역이기도 하다.

이 중 湘南土話[52) 중의 全濁聲母 음가를 예로 간단히 설명을 해 보도록 하겠다. 湘南土話 중의 中古 전탁성모 음가는 기타 일반적인 한어방언과 같이 방언 내 일치된 특성으로 나타나지 않고, 여러 가지 특성이 혼합된 형태로 나타난다. 각 지역의 특성을 귀납해 보면 다음과 같이 4가지 유형으로 나누어 볼 수 있다.[53)

(1) 中古 전탁성모가 무성음화 이후 현재 모두(현 음가가 파열음 혹은 파찰음인 경우) 무기음으로 발음된다. 江永, 蓝山 등지의 방언이 이에 속한다. 江永방언의 예를 들어 보면 다음과 같다. 婆並pu^2, 甜定tən^2, 拳群tɕyou^2, 饭奉paŋ^6, 贱從tsən^6, 寺邪tsɯə^6, 丈澄tɕiaŋ^4, 锄崇tsu^2, 植禪tɕi^6.

(2) 中古 전탁성모가 무성음화 되지 않고 현재까지 유성음 음가를 보유하고 있다. 东安방언이 이 유형에 속한다. 예를 들어 보면 다음과 같다. 爬並ba^{2}文/bo^{2}白, 断定duan^{6}文/due^{3}白, 肥奉vei^{2}文/bi^{2}白, 直澄dzi^{2}文/die^{7}白, 求群dziəu^2, 钱從zien^{2}文/zie^{2}白, 斜邪dzia^{2}文/zio^{2}白, 锄崇dzəu^2, 剩船zin^6, 仇禪dziəu^2.

(3) 中古 전탁성모가 무성음화 이후 並定母(음가가 파열음인 奉澄母)는 무기음으로 발음되고, 기타 전탁성모(현 음가가 파열음 혹은 파찰음인 경우)는 유기음으로 발음된다. 临武, 宜章, 桂阳(敖泉), 道县 등지의 방언이 이에 속한다. 临武방언의 예를 들어 보면 다음과 같다. 爬並po^2, 田定ti^2, 匠從tɕhian^5, 袖邪tɕhiou^5, 苎澄tɕhy^3, 床崇tshuan^2, 柜群khy^5, 乘船tsheŋ^5, 酬禪tɕhiou^2.

(4) 中古 전탁성모가 무성음화 이후 모두 유기음으로 발음된다. 桂东, 宁远(东路) 방언이 이 유형에 속한다. 宁远(东路) 방언의 예를 들어보면 다음과 같다. 婆phəu^2, 败phæ^5, 图thəu^2, 大thæ^5, 葵khuei^2, 柜khuei^5, 厨tɕhy^2, 住tɕhy^5, 柴tshæ^2, 寨tshæ^5.

---

52) 湘南土話는 湖南省 남부 지역의 오랜 토속어인데, 주로 东安, 双牌, 新田, 宁远, 道县, 蓝山, 江永, 江华, 资兴, 永兴, 桂东, 嘉禾, 桂阳, 临武, 宜章, 汝城, 信道, 冷水滩 등지에 분포되어 있다. 湘南土話는 방언 자체의 성격이 일반적인 한어방언과는 다른 아주 복잡한 면모를 보이고 있고, 방언 내부의 지역적 편차도 커서 방언 전체의 성격을 규명하는데 상당한 어려움을 겪고 있는 한어방언이다. 湘南土話는 학술적인 임시 명칭으로 학계에서는 湘南土話의 성격을 규명하기 위해 아직도 많은 노력을 기울이고 있다.

53) 牟廷烈, 「湖南省 남부 湘南土話에 반영된 소수민족 언어 성분」, 『중국문학연구』, 2010년.

湘南土话에 이처럼 여러 가지 유형이 함께 나타나는 이유는 이 지역의 특수한 언어 환경과 밀접한 관련이 있다. 이 지역은 지리적으로 여러 방언지역의 접경지대에 위치해 있는데, 주민들은 일반적으로 상대적으로 약세인 土話는 집안에서만 사용하고 대외적으로는 주변의 湘방언 혹은 西南官話(혹은 客家방언)를 사용하는 이중 방언 구조를 가지고 있다. 따라서 土話는 주변 여러 방언의 영향을 받지 않을 수 없는 상황에 있다고 볼 수 있다. 中古 전탁성모의 음가가 이처럼 다양하게 나타나는 이유도 이러한 언어 환경으로 인해 주변 여러 방언의 영향을 받은 결과라고 볼 수 있다. 또한 湘南土話 분포 지역은 고대로부터 소수민족의 분포지역으로 이 지역으로 이주해온 한족들은 지역 원주민인 소수민족들과 밀접한 교류관계를 유지하며 생활해 왔다. 이들 소수민족의 언어에는 현재에도 다량의 한어(漢語) 차용어가 존재하는 것은 이를 간접적으로 증명해 주고 있는데[54], 이는 역으로 이 지역 한어에도 소수민족 언어의 성분이 남아있을 수 있다는 가능성을 시사해 주고 있다.

첫 번째 유형, 즉 中古 전탁성모가 현재 모두 무성 무기음으로 발음되는 현상은 湘南土話 전체에서 가장 보편적으로 나타나는 특성이라고 한다. 두 번째 유형, 즉 中古 전탁성모가 현재에도 여전히 유성음으로 발음되는 현상은 아마도 이 지역의 주요 방언인 湘방언의 영향과 밀접한 관련이 있어 보인다. 湘방언 중에 나타난 전탁성모의 현 음가는 그 유형이 비교적 복잡한데 湘南土話 분포지역과 인접한 湖南省 남부 湘방언의 경우는 中古 전탁성모의 유성음 음가를 현재에도 대부분 보유하고 있다. 특히 예의 東安방언이 위치한 지역 주변 湘방언(湘방언 永州片)의 전탁성모는 모두 유성음으로 발음된다. 심지어 이 지역에서 통용되고 있는 통용어인 西南官話에서도 전탁성모는 유성음으로 발음된다고 한다.[55]

---

54) 張均如,「廣西中南部地區壯語中的老借詞原於漢語"古平話"考」, 1982年,『語言硏究』第1期.

세 번째 유형 즉, "中古 전탁성모는 무성음화 이후 並定母는 무기음으로 발음되고, 기타 전탁성모는 유기음으로 발음된다."라고 했는데 中古 전탁성모의 이러한 변화는 분명 일반적인 한어방언에서는 거의 볼 수 없는 특수한 현상이다. 왜냐하면 한어 성모의 역사적 변천은 일반적으로 성조 혹은 운모 혹은 성모의 변별적 자질(distinctive feature, 예를 들어 성모의 유성음과 무성음 등) 등의 조건에 따라 변화하는 것이지, 상술한 세 번째 유형처럼 성모의 조음위치(혹은 조음방법)에 따라 발음(유기음과 무기음)이 변화하는 경우는 없기 때문이다. 이러한 예외적인 특성에 대해 王福堂(2001)[56]에서는 현재 중국 남방의 광대한 지역에 분포해 있는 壯侗族 언어의 특성에 주목하였다. 壯侗族 언어에는 일반적으로 발음의 시작 부분에 성문파열음(glottal stop[ʔ])을 동반한 유성 파열음 [ʔb, ʔd]를 가지고 있는데, 이 두 종류의 파열음 이외의 성모는 모두 무성음이라고 한다. 그런데 현재 남방 한어방언 중에도 並定母 혹은 幇端母 성모를 [b, d] 혹은 [ʔb, ʔd] 혹은 [b, d]로 발음하고 그 외 성모는 무성음 혹은 이와 다르게 발음하는 방언이 존재한다. 閩방언에 속하는 海南 文昌방언, 粵방언에 속하는 廣東省 化州방언, 廣西省의 玉林, 容縣, 岑溪, 藤縣, 蒼梧夏郢 등지의 방언, 吳방언에 속하는 上海 金山방언, 浙江省 永嘉篷溪방언 등이 이에 속하는데 이러한 방언들의 성모 특성의 변화는 분명 壯侗族 언어의 특성과 무관하지 않고, 상술한 湘南土話의 성모 특성과도 관련이 있다고 보았다. 즉 이러한 한어방언들의 성모 특성은 壯侗族 언어와의 밀접한 접촉을 통해 이루어진 결과라고 하였다. 상술한 壯侗族 언어 혹은 소수 한어방언 중의 [b, d], [ʔb, ʔd] 등 성모는 발음의 도입 부분에 살짝 숨을 들여 마시는 동작이 수반되는데 이러한 발음 특성이 당시 湘南土話에 반영되었다면 이러한 발음은 무성음화 과정에서 숨을 들여 마시는 동작 때문

---

55) 陳暉, 「古全濁声母在湘方言中的今读音情况」, 『方言』 2008年 第2期: 127.

56) 王福堂, 「平話, 湘南土話和粵北土話的歸屬」, 『方言』 2001年 第2期: 107-118.

에 유기음이 아닌 무기음으로 변할 수밖에 없다고 하였다. 그리고 並定母 이외의 성모가 유기음으로 발음되는 것은 주변의 客家방언(혹은 贛방언)의 영향과 관련이 있다고 보았다.[57] 이와 같이 일반적인 한어방언 전탁성모의 변화 원리에 위배되는 일부 湘南土話 並定母의 특수한 음가는 역사적으로 이 지역에 거주하였던 소수민족(주로 壯侗族) 언어의 특성과 관련시켜 설명하는 것이 보다 합리적인 분석방법이 될 것이다.

네 번째 유형 즉, 중고 전탁성모가 무성음화 이후 모두 유기음으로 발음되는 현상 역시 주변 방언(客家방언 혹은 贛방언)의 영향과 관련이 있다고 할 수 있다. 이와 같은 유형에 속한 방언의 경우 상당수의 並定母字가 무기음으로 발음되고 있는데, 이와 같은 사실로부터 추론해 볼 때 네 번째 유형은 세 번째 유형이 더욱 발전된 유형(즉, 외부 방언의 영향으로 유기음화가 並定母字까지 진행된 유형)으로 볼 수 있을 것이다. 宁远방언 並定母字의 예를 들어보면 다음과 같다. 倍pə⁵, 簿pu⁵, 避pæ⁶, 代tia⁵, 夺 ta², 定tio⁵(이상 무기음으로 발음되는 並定母字), 腐pʰu¹, 白pʰo⁶, 淡tʰo⁵, 毒 tʰɔ⁶, 被~子pʰa⁵, 段tʰaŋ⁵等(이상 유기음으로 발음되는 並定母字).

---

57) 鄭張尙芳(「汉语方言声韵调异常语音现象的历史解释」, 『语言』 第2卷, 2001年)의 연구에서도 유사한 견해를 볼 수 있다. 논문에 따르면 浙江省 麗水의 縉雲, 靑田, 雲和, 慶元, 溫州의 永嘉, 文成, 台州의 仙居, 金華의 永康 등 吳방언 지역의 幇端母字 성모는 발음의 시작 부분에 성문폐쇄음을 동반하는 [ʔb], [ʔd] 혹은 [ɓ], [ɗ]와 같은 유성파열음이라고 한다. 이에 대해 鄭張尙芳도 현재의 한어방언이 형성되기 이전부터 이 지역에 살아왔던 壯侗族의 언어와 관련시켜 이 문제를 설명하였다. 즉 壯侗族 언어의 성모 파열음 중 쌍순음(雙脣音)과 설첨음(舌尖音)은 상술한 일부 吳방언의 幇端母字 성모 발음처럼 발음의 시작 부분에 성문폐쇄음을 동반하는 유성파열음이라고 한다(이 두 종류의 파열음 이외의 모든 성모는 무성음이다). 이는 壯侗族 언어에서 나타나는 보편적 현상인데, 浙江省 일부 지역에서 나타나는 幇端母字 성모의 특수한 음가는 이러한 장동족 언어의 특징을 반영하고 있는 것이라고 분석하였다. 즉 이와 같은 성모의 음가는 오래 전 壯侗族 언어와 吳方言이 밀접한 접촉 과정을 거친 후 남겨진 특색으로 볼 수밖에 없다는 것이다.

이와 같이 볼 때 湘南土話 중의 전탁성모는 첫 번째 유형 즉 中古 全濁 聲母가 무성음화된 이후 현재 모두 무기음으로 발음되는 현상이 湘南土話 고유의 특성일 가능성이 가장 높다고 볼 수 있다.

3. 한어방언의 분류 방법론에 대한 제안

1987년 『中國語言地圖集』이 출간된 이래 한어방언의 분류 문제는 방언 학계의 주요 쟁점이 되어 현재까지도 많은 논의가 이루어지고 있다. 논의의 초점은 크게 개별 방언의 구체적인 구획 문제와 방언 분류의 기준을 정하는 문제로 나누어 볼 수 있는데, 이 두 가지 문제가 모두 한어방언 분류의 방법론과 관련이 있다고 볼 수 있다. 본 장에서는 한어방언의 분류 방법론과 관련하여 기존의 연구를 토대로 중요한 몇 가지 문제점에 대하여 필자의 생각을 정리하여 제시해 보았다. 제시된 논의들을 정리해 보면 다음과 같다.

(1) 한어방언의 분류는 먼저 전체 방언에 모두 적용될 수 있는 합리적인 기준을 마련하여 대 방언을 분류해 낸 다음 점차 하위 층(層)의 방언지역을 구분해 가는 방법이 가장 합리적일 것이다. 다만 분류의 원칙상 같은 층의 방언 분류에는 동일한 기준이 적용되어야 할 것이다. 왜냐하면 동일한 기준으로 분류된 방언만이 같은 층의 방언이라고 할 수 있기 때문이다. 만일 이미 분류된 같은 층의 방언들에 또 다른 기준을 적용하여 그 중 하나를 따로 분리해 낸다면 이는 논리적으로 부적절한 처리가 될 것이다.

(2) 최초의 (대)방언 분류는 전체 방언에 보편적으로 적용될 수 있는 주요기준으로 분류하되, 지역 방언 간 접촉으로 인해 방언의 특성이 모호해

진 전이지역 방언의 경우는 방언 내 다양한 특성을 종합적으로 고려하여 판단한다는 것이 바람직할 것이다. 이는 방언의 분류와 방언 지역의 구획은 서로 다른 개념이라는 판단 하에 제안해 본 것이다. 전이지역 방언의 분류는 전체 방언 분류와는 다른 개념으로 이미 구분되어 정해진 방언을 대상으로 놓고 전이지역 방언을 어느 방언에 귀속시키는 것이 가장 적절한 지를 판단하는 작업이라고 할 수 있다. 따라서 전이지역 방언을 분류할 때는 최초 방언 분류의 기준을 똑같이 적용하기 보다는 방언의 고유특성을 보다 잘 나타낼 수 있는 다양한 특성을 함께 고려하는 것이 더욱 합리적일 것이다. 어음, 어휘, 어법적 측면에서 주변 방언과의 공통점과 차이점을 비교하고, 그것으로 부족하다면 인문, 역사, 지리, 문화적 요소도 고려해 볼 수 있을 것이다.

(3) 한어방언 분류의 기준은 방언의 본질을 가장 잘 반영할 수 있는 단일한 하나의 기준일 때 가장 이상적일 것이다. 왜냐하면 다양한 여러 기준이 적용된다면 기준 마다 방언의 경계선이 다를 수 있기 때문에 분류상의 혼란을 야기할 수 있을 뿐만 아니라 기준의 한계가 모호해져 새로운 기준이 수없이 첨가될 수 있는 모순에 빠질 수도 있다. 하지만 단일 기준만으로 한어방언을 분류한다는 것도 매우 어려운 일이다. 하나의 뿌리에서 갈라져 나온 한어방언은 오랜 역사적 변화를 거치면서 서로 상이한 방언으로 발전하였지만 공통점도 여전히 함께 혼재해 있기 때문에 하나의 기준만을 가지고 한어의 방언을 확연히 구분해 낸다는 것은 거의 불가능한 일일 것이다. 그래서 이제까지 한어방언의 분류는 언제나 단일기준이 아닌 다양한 복합적 기준으로 분류해 왔다. 그러나 단일 기준에 의한 한어방언의 분류는 官話의 하위방언 분류법에서 볼 수 있었듯이 전혀 불가능한 일은 아닐 것이다.

(4) 방언의 특성 중에는 방언의 분화 초기에 이미 형성된 특성이 있을 수 있고, 후대에 방언 내부의 자체적 변화로 인해 형성된 특성이 있을 수 있다. 방언의 분화 초기에 형성된 특성은 모어(母語)의 특성을 기준으로 변화하였기 때문에 모어와 밀접한 관련성을 가지고 있을 것이다. 하지만 모어가 변화한 이후 후대에 형성된 특성은 상대적으로 모어의 요소를 찾아보기 힘들 것이다. 한 언어의 방언을 나뭇가지처럼 모어로부터 점차 분리 확대되는 것이라고 가정한다면, 방언의 특성은 형성 시기가 이르면 이를수록 대 방언의 특성이 될 가능성이 높아지는 것이라고 할 수 있다. 왜냐하면 방언이 최초에 분화하게 된 가장 큰 원인이 될 수 있기 때문이다. 丁邦新(1982), 王福堂(1999)에서는 한어방언 분류의 기준을 歷史性 기준과 非歷史性 기준으로 나누었고, 歷史性 기준은 다시 무期와 晚期 특성으로 구분하였다. 그리고 이와 같은 기준들을 방언 분류에 적용할 때는 점층적으로 적용시켜 나가야 한다고 하였다. 한어방언 전체를 분류할 때는 우선 방언 전체에 보편적으로 적용될 수 있는 무期 歷史性 기준을 적용하여 대 방언을 분류하되 하나의 기준으로 모든 방언을 분류할 수 없을 때는 점차 다른 기준(무期 歷史性 기준 혹은 晚期 歷史性 기준)들을 첨가 보완하여 분류하고, 대방언의 분류가 끝나면 다시 晚期 歷史性 기준 혹은 非歷史性 기준을 사용하여 하위방언을 분류해야 한다고 하였다. 이러한 분류 기준과 적용 원리는 한어방언의 실제와 본질을 가장 잘 반영하고 있는 방법론이 될 수 있다고 판단된다. 하지만 이와 같은 분류 방법도 하위 방언 분류에 사용되는 기준들을 다시 대 방언 분류에 중복 적용해야 하는 모순이 발생할 수 있다고 생각된다.

(5) '中古 全濁聲母의 현 음가'라는 (무期 歷史性) 기준은 현대 한어방언의 분포 구도를 가장 잘 반영해 주고 있다고 생각된다. 그러나 吳방언과 일부 湘방언(老湘語) 그리고 贛방언과 客家방언의 全濁聲母 음가에 있

어서는 그 차이를 반영해 내지 못한다. 하지만 이 두 부류 방언의 분류 문제를 좀 더 심층적으로 고려해 볼 때 표면적인 현상과는 다른 결과를 이끌어 낼 수 있다. 즉, 吳방언과 일부 湘방언 全濁聲母 음가의 일치성은 방언 내 全濁聲母 음가의 전체적인 모습과 변화 발전의 추이 그리고 지역적 분포를 고려해 볼 때 사실은 두 방언권이 구분되고 있는 것이라고 볼 수 있으며, 贛방언과 客家방언의 경우는 全濁聲母의 특성뿐만 아니라 다른 언어적 특성으로도 방언 상호간 구분을 할 수 없는 것이기 때문에 全濁聲母의 현 음가가 반영하는 바와 같이 贛방언과 客家방언을 하나의 방언으로 설정한다 해도 큰 문제는 없을 것이라고 생각된다(인문, 사회적 특성으로는 두 방언을 분리해야 함이 옳지만 언어적 특성으로 보았을 때는 통합 분류하는 것도 가능한 일이 될 것이다).

(6) 혼합형 방언의 언어특성은 방언 자체의 역사적 발전으로 형성된 특성과 주변 방언의 영향으로 인해 형성된 특성이 방언 내에 융화되어 혼재해 있다는 것일 것이다. 따라서 이러한 혼합형 방언을 한어방언 내에서 분류해 그 성격을 규명하기 위해서는 주변 방언과의 비교를 통해 주변 방언의 영향으로 형성된 특성을 찾아내는 노력이 필요할 것이라고 생각된다. 주변 방언의 영향으로 형성된 특성을 구분해 내야만이 방언 고유의 본질적 특성을 찾아낼 수 있기 때문이다.

참고문헌

丁邦新(1998),『漢語方言區分的條件』,『丁邦新語言學論文集』.
_____(1998),『論官話方言研究中的幾個問題』,『丁邦新語言學論文集』.
侯精一(1986),「晉語的分區(稿)」,『方言』第4期.
_____(1999),『現代晉語的研究』, 商務印書館.

黃雪貞(1986),「西南官話的分區(稿)」,『方言』第4期.

_____(1988),「客家方言聲調的特點」,『方言』第4期.

李連進(2000),『平話音韻研究』,廣西人民出版社.

李榮 (1985),「官話方言的分區」,『方言』第1期.

_____(1989),「漢語方言的分區」,『方言』第4期.

李如龍(2001),『漢語方言學』,高等教育出版社.

李如龍, 張双慶(1992),『客贛方言調查報告』,廈門大學出版社.

李新魁(1993),「近代漢語全濁音聲母的演變」,『李新魁自選集』,大象出版社.

劉村漢(1995),「桂南平話-粤方言的一個分支」,第5屆國際粤方言研討會論文.

劉綸 主編(1999),『客贛方言比較研究』,中國社會科學出版社.

劉育林(1988),「陝北方言略說」,『方言』第4期.

羅常培(1989),「從客家遷徙的蹤迹論客贛方言的關係」,『語言與文化』,語文出版社.

羅美珍, 鄧曉華(1995),『客家方言』,福建教育出版社.

梁金榮(1998),「桂北平話語音特徵的一致性與差異性」,『語言研究』第2期.

梁敏, 張均如(1999),「廣西平話概論」,『方言』第1期.

牟廷烈(2002),『粤北土話和湘南土話音韻比較研究』,北京大學博士學位論文.

王福堂(1998),「關於客家話和贛方言的分合問題」,『方言』第1期.

_____(1999),『漢語方言語音的演變和層次』,語文出版社.

_____(2001),「平話, 湘南土話和粤北土話的歸屬」,『方言』第2期.

韋樹關(1996),「試論平話在漢語方言中的地位」,『語言研究』第2期.

溫端政(1989),「試論山西晉語的入聲」,『山西方言研究』,語文研究增刊.

_____(1997),「試論晉語的特點與歸屬」,『語文研究』第2期.

伍魏(2001),「論桂南平話的粤語系屬」,『方言』第2期.

徐通鏘(1991),『歷史語言學』,商務印書館.

顏森(1986),「江西方言的分區(稿)」,『方言』第1期.

袁家驊等(1983),『漢語方言概要』,語文出版社.

張光宇(1996),『閩客方言史稿』,(臺灣)南天書局.

張双慶, 萬波(1996),「贛語南城方言古全濁上聲字今讀的考察」,『中國語文』第5期.

鄭張尚芳(2000),「韶州土話跟湘南桂北平話的關係」,粤北土話與周邊方言國際研討會
    議論文.

中國社會科學院, 澳大利亞人文科學院(1987, 1988),『中國語言地圖集』,香港朗文出
版有限公司.

庄初升, 林立芳(2000),「粤北土話中古全濁聲母字今讀的類型」,『語文研究』第2期.

제5장

漢語方言 중의 어음 층 분석 방법

    한어방언 중의 어음 층(stratum)은 일반적으로 한 글자 혹은 (古音의 분류에서) 동일한 음운 위치[58]를 가진 일련의 글자들이 해당 방언의 어음 체계 내에서 서로 다른 음(혹은 한 글자에 두 개 이상의 음)을 가지고 있을 때 나타난다. 광대한 지역에 분포되어 있는 한어방언은 오랜 역사적 변화와 발전으로 인해 실로 다양한 유형의 어음 층을 가지고 있다고 할 수 있다. 크게 보아 한어방언에는 방언 자체의 내부적 요인으로 인한 어음 층이 있을 수 있고, 외래 방언의 영향으로 형성된 어음 층이 있을 수 있다. 방언 자체의 내부적 요인으로 인해 형성된 어음 층은 대부분이 일반적인 어음의 역사적 변화 원리로 설명해 낼 수 있기 때문에 비교적 쉽게 판별해 낼 수 있지만, 외래 방언의 영향으로 형성된 어음 층은 그 복잡성으로 인해 판별이 쉽지 않다. 왜냐하면 외래 방언의 영향으로 형성된 어음 층은 그 형성 시기가 일정하지 않고, 각기 다른 어음 층이 방언의 어음 체계 내에 융화되어 혼재되어 있을 수 있기 때문이다. 또한 외래 방언의 성분이라 하더라도 같은 한어 범주 내의 성분이기 때문에 분별이 쉽지 않은 측면도 있다. 필자도 방언학을 전공한 사람으로서 어음 층에 대해서는 늘 관심을 가지고 있었고, 실제 적용하는 과정에서 많은 어려움을 느

---

58) 동일한 음운 위치를 가진 글자란 中古音를 대표하는 『切韻』의 음운 체계에서 볼 때 동일한 음운 위치를 가지고 있는 글자를 가리킨다.

껴 왔었다. 본 장에서는 이와 같은 漢語방언 중에 나타날 수 있는 여러 가지 어음 층의 판별과 분석 방법에 대하여 기존의 연구 방법을 예시하고, 필자의 연구 경험을 토대로 몇 가지 제안을 해 보고자 한다.

1. 漢語方言 중 어음 층의 판별 및 분석 방법

한어방언(특히 남방 방언) 어음 체계 내에는 해당 방언 자체의 어음 층과 외래 방언의 영향으로 형성된 어음 층이 일정 부분 혼재되어 있는 경우가 대부분이다. 이러한 방언 중의 어음 층을 구분하여 판별해 내는 작업은 현지인이라 할지라도 쉽지 않은 일임에 틀림이 없다. 필자는 기존의 연구와 필자의 경험을 토대로 한어방언 중 어음 층의 판별과 분석 방법에 대하여 다음과 같이 생각해 보았다.

(1) 방언 내부 요인으로 인해 형성된 어음 층은 보통 일반적인 어음의 역사적 변화 원리로 설명할 수 있는 경우가 대부분이지만, 외래 방언의 영향으로 형성된 어음 층은 일반적인 어음의 변화 원리로 설명할 수 없는 경우가 있을 수 있다.

예를 들어 북경어 중의 '嫩'은 [nuən]과 [nən] 두 가지로 발음된다. 즉 한 글자가 두 개의 어음 층을 가지고 있다고 볼 수 있는데, 이 중 [nən]은 [nuən]이 변화한 결과라고 보는 관점이 일반적이다. 즉 [nuən] 중 후설모음인 개음(介音) [u]는 발음 위치가 앞 쪽인 성모와 운미의 영향으로 발음이 점차 약해져 결국 [nən]으로 변화한 것이라고 볼 수 있다. 그러나 현재 북경어에서는 두 가지의 발음이 모두 공존하고 있다. 또 다른 경우의 예를 들어보면 현재 북경어의 '危, 微' 등 陽平字는 점차 陰平으로 변화하고 있는데, 동일한 조건의 다른 글자들과 함께 몇 개의 어음 층을 형성하고 있다. 즉 영성모(零聲母), uei 운모, 陽平이라는 동일한 조건을 가진 다른 글자들의 변화를 분석해 보면, '圍, 爲, 桅' 등의 글자들은 여전히 陽平으로 발음되고 있지만, '唯, 惟, 維, 違' 등의 글자들은 陽平 혹은 陰平 두 가지로 발음되고 있고, '危, 微, 薇, 巍' 등의 글자들은 陰平으로만 발음된다.59) 이와 같은 어음 층의 형성과 변화는 王士元(1975)이 제시한 소위 '어휘 확산(어휘 확산)'60)식의 변화라고 볼 수 있는데, 일반적인 어음 변화와는 다른 방식을 취한다. 즉 일반적인 어음의 역사적 변화는 음가의 경우 과도음을 거치면서 점진적으로 변화하고, 해당 어휘는 음가의 변화와 함께 모두 일률적으로 변화하는 방식을 취한다. 즉 음가는 i → iŋ → ŋi → ŋ / ki → kɨi → ci → tɕi 등과 같이 점진적인 변화 과정을 거치고, 해당 어휘는 각 단계별 음가의 변화마다 (예외 없이) 모두 함께 변화하는 방식을 취하는 것이 일반적인 변화이다. 그러나 상술한 북경어의 陽平字 같은 경우 음가는 과도음 없이 직접 陽平에서 陰平으로 변화하지만, 해당 어휘는 일부가 먼저 변화하고 나머지는 과도기를 거치고 있거나 아직 변화하지 않고 있는 점진적인 변화 과정을 나타내고 있다. 이와 같은 '어휘 확산' 식의 어음 변화는 보편적이지는 않지만 어음 층을 형성하게 된다는 점에서 우리가 주의하여 분석해야 할 부분이라고 생각한다. 이처럼 방언 내부 요인으로 생긴 어음 층의 생성 및 변화는 일반적인 어음의 역사적 변화 원리로 설명할 수 있는 경우가 대부분이다.

---

59) 王福堂, 『漢語方言語音的演變和層次』, 語文出版社, 1999年:5.

60) Chen,M and W.S.-Y. Wang(1975). 소리의 음성적 변화는 갑작스러운 것이지만, 어휘 면에서는 점진적으로 이루어진다는 이론. 즉 소리의 변화가 모든 형태소에 한꺼번에 영향을 미치지 않고, 일정한 범주에 속하는 형태소에서 시작하여 그 영향이 서서히 확산되어 간다는 것이다. 이런 설명방식에는 시간개념이 중요시되며, 한 음 변화가 진행되는 시기에 또 다른 음 변화가 개입되는 수도 있다. 예컨대, 한 언어에서 t⟩ d/V-V와 같은 음 변화가 진행되는 시기에 d⟩ ð/V-V라는 음 변화가 개입되면, 두 변화를 모두 겪은 ð와 하나만을 거친 d가 동일 시기에 공존할 수 있다. 이정민, 배영남, 김용석, 『언어학사전』, 박영사, 2000년:478. 제3장 2절 참조

그러나 외래 방언의 영향으로 형성된 어음 층은 방언 내부의 역사적 어음 변화와 직접적인 연관성이 없기 때문에 일반적인 어음 변화 원리로 설명이 되지 않는 경우가 생길 수 있다. 예를 들어 上海방언[61] 중 奉母字 '肥'는 bi^2白/vi^2文 두 가지로 발음되는데, 방언 자체의 성분인 白讀[62] 성모는 쌍순음(雙脣音) [b]이고, 외래 방언의 영향으로 형성된 文讀 성모는 순치음(脣齒音) [v]이다. 漢語방언 어음의 역사적 변화 과정으로 볼 때 순치음은 쌍순음으로부터 변화된 것이기 때문에 표면적으로 上海방언 '肥'의 白讀과 文讀은 白讀音이 변화하여 文讀音이 된 것처럼 보일 수 있다. 하지만 文讀은 외래 방언의 성분을 자체 방언의 음운특성에 맞추어 차용한 것일 뿐 방언 내부의 자연적 음운변화와는 직접적인 관련성이 없다. 다음의 浙江省 雙峰방언의 경우를 보면 이러한 관계는 보다 명확해 진다. 雙峰방언의 溪母字 '口'는 $tɕ'ie^3$白/$k'e^3$文 두 가지로 발음되는데, 방언 자체의 성분인 白讀 성모는 舌面音 [tɕ']이고, 외래 방언의 영향으로 형성된 文讀 성모는 舌根音 [k']이다. '口'字가 속한 流攝開口一等 見組字들은 官話방언을 비롯한 대부분의 방언에서 舌根音으로 발음된다. 그러나 雙峰방언에서는 운모의 전설모음 자질 때문에 일찍이 舌根音으로부터 舌面音으로 구개음화 된 것으로 보인다. 그렇지만 표면적으로 '口'字의 발음은 (上海방언의 '肥'字와는 반대로) 文讀音이 변화하여 白讀音이 된 것처럼 보일 수 있다. 그러나 文讀音 성모 [k']는 방언 자체의 음운 변화로 인해 생긴 성분이 아니라 외래 방언의 성분을 차용한 성분일 뿐이다.

---

61) 上海방언 및 아래의 雙峰방언의 예는 王福堂, 「漢語方言語音中的層次」(『語言學論叢』 제27집, 商務印書館, 2003년:1-10)의 예를 인용하였다.

62) 일반적으로 白讀은 그 지역 방언 고유의 성분이고, 文讀은 외래 방언의 요소를 차용한 성분이다.

(2) 불규칙적이거나 이례적인 성모, 운모, 성조 간의 조합관계는 외래 방언의 영향으로 형성된 어음 층일 가능성이 크다.

　예를 들어, 浙江省 杭州방언 운모 중에는 같은 吳방언 중에는 나타나지 않는 [əl]운모가 존재하는데, [əl]과 같이 운미가 [-l]인 운모는 전체 한어 방언을 놓고 보더라도 江西省 都昌방언, 湖北省 通城방언 등 몇몇 소수 방언에만 나타나는 특수한 운모이다.[63] 하지만 杭州방언 중의 [əl]은 老頭 兒[lə deɪ əl], 蝴蝶兒[ɦu diə? le] 등에서처럼 '兒化'된 단어에서만 나타나는 성분이다. 이에 대해 方松熹(1993)[64]에서는 "杭州방언의 [əl]은 北宋이 남하하여 杭州에 도읍을 정했을 당시 中原 官話의 영향을 받은 결과로 생긴 성분이다."라고 결론내리고 있다. 아마도 당시 북방 官話 중의 兒化 성분이 杭州방언에서 [əl]로 반영된 것으로 보여진다. 이처럼 방언 자체의 음운체계나 주변방언의 일반적 음운 조합관계를 벗어나는 음운성분은 외래 방언의 영향으로 형성된 성분일 가능성이 크다고 볼 수 있다.

　또 하나의 예를 들어보자. 湘방언에 속하는 四川省 永興방언의 성모에는 무성무기음, 무성유기음, 유성무기음, 유성유기음의 4가지 특성이 모두 나타난다.[65] 湘방언 중 老湘語에 속하는 방언들은 일반적으로 中古 全濁 聲母의 유성음 음가를 현재에도 보유하고 있는데, 永興방언에서처럼 유성음 성모가 유기음과 무기음으로 나누어지는 경우는 극히 이례적인 현상이다. 또한 성조 변천의 역사적 관점에서 볼 때 성모와 성조의 배합관계에서도 일반적인 한어방언의 경우와는 차이가 있다. 다음은 永興방언 全濁 聲母의 현 성조와 성모의 배합관계를 표로 정리해 본 것이다.

---

63) 許寶華, 「論入聲」, 『漢語方言論集』, 北京語言文化大學出版社, 1997年: 217.

64) 方松熹, 「浙江吳方言里的兒尾」, 『中國語文』 1993年 第2期:134-142.

65) 崔榮昌, 李錫梅, 「四川境內的"老湖廣話"」, 『方言』1986年 第2期.

	陰平	陽平	上聲	去聲
무성 무기음	+	-	+	+
무성 유기음	+	-	+	+
유성 무기음	-	+	-	+
유성 유기음	-	+	-	-

이 중 무성음 성모 글자가 陽平으로 발음되지 않는다는 점과 유성음 성
모 글자가 陰平과 上聲(中古 全濁上聲이 去聲으로 합류된 경우66))으로 발
음되지 않는다는 점은 일반적인 한어방언의 경우와 동일하다.67) 하지만
유성 유기음 글자의 경우 去聲으로는 발음되지 않고 陽平으로만 발음된다
는 점은 한어방언 성조의 역사적 변천 과정에서 나타나기 힘든 현상이다.
永興방언 중의 이러한 불규칙적 현상은 방언 자체의 자연스런 역사적 변
화가 아니라 외래 방언의 영향으로 형성된 예외적 현상이라고 보는 관점
이 일반적이다. 왜냐하면 永興방언 全濁聲母 平聲字의 유성 유기음 음가
는 본래 (일반적인 湘방언의 경우처럼) 유성 무기음이었지만, 후대에 지
역 통용어인 西南官話의 영향으로 유성 유기음으로 변했다고 볼 수 있기
때문이다. 西南官話는 일반적인 官話방언과 마찬가지로 中古 全濁聲母 平
聲字가 현재 모두 무성 유기음으로 발음되고 있기 때문에, 西南官話 全濁
聲母 平聲字의 유기음 자질(feature)이 永興방언의 유성음 성모에 영향을

66) 全濁上聲이 去聲으로 통합되고, 次濁上聲과 淸上聲은 上聲(엄밀히 말하면 陰上)으로
발음되는 현상은 북경어를 비롯한 북방 방언의 특성이다. 그런데 이와 같은 북방 방
언 성조의 역사적 변화는 현재 남방 방언에도 보편적으로 반영되어있다. 남방 방언에
서 나타나는 이러한 현상은 일반적으로 북방 방언(즉 官話方言)의 영향으로 생긴 변
화라고 보는 것이 일반적이다. 남방 방언 중 이러한 영향을 받지 않고 上聲이 陰上과
陽上으로 나누어져 있는 경우는 일반적으로 全濁 및 次濁聲母(즉 유성음 성모) 글자
는 모두 陽上으로 발음된다.
67) 中古 平上去入 4성이 陰平, 陽平, 陰上, 陽上, 陰去, 陽去, 陰入, 陽入의 8성조로 변화
한 것은 中古 유성음 성모 글자가 각각 陽平, 陽上, 陽去, 陽入으로 분화되어 나왔기
때문이다. 현재 永興방언에서 유성음 성모로 읽는 글자들은 모두 中古 유성음 성모
글자들이다.

주었다고 볼 수 있다. 이와 같이 방언의 어음 체계 내에서 성모, 운모, 성조 등 음운 성분 간 조합관계의 불규칙성은 외래 방언 성분을 판별해 낼 수 있는 하나의 방법이 될 수 있다.

(3) 서로 다른 두 개 이상의 음이 『切韻』의 음운체계와 중복 대응된다면 이는 서로 다른 어음 층이 형성된 것으로 볼 수 있다.

『廣韻』 음계(즉 中古音)로 대표되는 『切韻』은 隋唐시기 남북 방언의 차이를 모두 반영하고 있는 종합적인 음운체계로 볼 수 있다. 또한 지난 수십 년 간의 조사 연구가 증명해 주고 있듯이 현재 대부분의 한어방언은 이러한 『切韻』의 음운체계로부터 분리 혹은 파생되어 발전하였다고 해도 과언이 아니다. 왜냐하면 현대 한어방언의 음운체계는 대부분 『切韻』의 음운체계와 정확히 대응관계를 유지하고 있기 때문이다. 즉 『切韻』에 분류되어 있는 서로 다른 성모 혹은 운모 혹은 성조는 현대 한어방언 내에서도 똑같이 서로 다르게 나타난다. 설령 후대에 『切韻』 중 서로 다른 성모 혹은 운모 혹은 성조가 합류되었거나, 『切韻』에서는 같았던 성모 혹은 운모 혹은 성조가 현재는 분리되어 있다고 하더라도 모두 어음의 보편적 변화 원리로 설명할 수 있기 때문에, 『切韻』을 현대한어 방언 최초의 분기점으로 삼고 비교 분석하는 것은 현대한어 방언학의 보편적인 연구 방법이 되었다.[68)69)]

---

68) 이러한 연구 방법은 버나드 칼그렌(klas Bernhard Tohnnes Karlgren)의 『中國音韻學硏究』(1915)에서부터 시작되었다고 볼 수 있다. 칼그렌은 『切韻』을 현대한어 방언의 원시모어(原始母語)로 삼고, 모든 현대방언을 『切韻』과 연결시켜 그 차이를 『切韻』으로부터 변화 발전된 것으로 설명하였다.

69) 閩방언 등 극소수의 방언에는 소위 '古無淸脣音', '古無舌上音' 등과 같은 上古漢語의 특성을 일부 가지고 있는 경우도 있다. 이러한 경우는 현대한어 방언이 『切韻』이전의 上古漢語 특성을 포함하고 있는 것이 된다. 하지만 이러한 예외적 현상들은 현대 한어방언의 음운 특성 중 극히 일부에 불과하고 그 외의 특성들은 모두 『切韻』과 관련하여 설명할 수 있는 경우가 대부분이다.

그런데 방언 조사를 하다 보면 『切韻』의 분류에서 동일한 음운 위치를 가진 글자들의 발음이 몇 가지 서로 다른 발음으로 나누어지는 경우가 있다. 예를 들어 다음 福建省 廈門방언 齊韻 精組字의 운모는 두 가지로 발음된다[70].

ai   臍 tsai²   西 sai¹   犀 sai¹
ue   妻 ts'ue¹   齊 tsue²   洗 sue³   粞 ts'ue⁵   細 sue⁵

古音의 분류(즉 『切韻』의 분류)상 같은 韻에 속하고, 성모도 모두 精組에 속하는 글자들(그 중 臍와 齊는 같은 從母字이다)의 발음이 'ai'류와 'ue'류 두 가지로 나누어져 있다. 현재의 음운 조건으로 보더라도 모두 설첨 파(마)찰음 ts-, ts'-, s- 뒤에서 나타난다. 古音의 분류상 동일한 음운 위치에 있고, 현재의 음운 조건도 모두 같은 상황에서 운모가 두 종류로 나누어진다는 것은 분명 두 개의 서로 다른 어음 층이 형성된 것으로 볼 수 있다. 그러나 다음과 같은 경우는 어음 층이 형성된 것이라고 볼 수 없다. 다음은 같은 廈門방언 魚韻字의 예이다.

u   絮 su⁵   除 tu²   儲 t'u³   书 su¹   煮 tsu³   鼠 su³   如 lu²
ɔ   初 ts'ɔ¹   楚 ts'ɔ³   础 ts'ɔ³   疏 sɔ¹   梳 sɔ¹   蔬 sɔ¹

위의 예들은 모두 古音의 분류상 같은 魚韻에 속한 글자들이지만, 운모는 두 가지로 나누어져 있다. 현재의 음운 조건도 모두 동일하게 설첨 파(마)찰음 ts-, ts'-, s- 뒤에서 나타나고 있다. 하지만 앞서 설명한 齊韻字의 경우와 다른 점은 'u'류와 'ɔ'류의 古音 성모 조건이 다르다는 데 있다.

---

70) 廈門방언의 예는 陳忠敏, 「語音層次的定義及其鑒定的方法」(『歷史層次與方言研究』, 上海敎育出版社, 2007년:157)의 예를 인용하였다.

즉 齊韻字 예의 경우는 모두 동일하게 中古 精組 성모에 속한 글자들이었지만, 위의 魚韻字 예는 中古 성모 전체를 놓고 그 뒤에 나타나는 운모를 두 부류로 나누어 놓은 것이다. 다시 말해 古音의 성모 분류의 다름에 따라 나타나는 운모의 차이라고 볼 수 있는데, 廈門방언 魚韻字의 운모는 다음과 같이 古音의 성모 조건에 따라 다르게 나타난다.

泥来组　女 lu³　　呂 lu⁶
精组　　蛆 ts'u¹　絮 su⁵
知组　　除 tu²　　储 t'u³
莊组　　初 ts'ɔ¹　楚 ts'ɔ³　础 ts'ɔ³　疏 sɔ¹　梳 sɔ¹　蔬 sɔ¹
章组　　书 su¹　　煮 tsu³
日母　　如 lu²
见组　　居 ku¹　　鱼 gu²
晓组　　虚 hu¹　　许 hu³
影组　　游 u¹　　　余 u²

　이상의 예에서 볼 수 있듯이 운모 'u'는 莊組를 제외한 모든 성모 뒤에서 나타나고, 운모 'ɔ'는 莊組 성모 뒤에서만 나타난다. 즉 운모 'u'와 'ɔ'는 魚韻에서 中古 성모 조건에 따라 서로 '상보적 분포'를 이루고 있는 셈이 된다. 따라서 莊組 성모 뒤의 운모 'ɔ'는 그 외 다른 성모 뒤의 운모와 다른 층의 성분이 아니라, 莊組 성모의 역사적 변천 과정에서 성모의 변화와 함께 운모가 'ɔ'로 변화된 것이라 볼 수 있다. 따라서 廈門방언 魚韻字의 발음에 나타나는 두 가지 운모는 서로 다른 어음 층이 아닌 동일한 어음 층 내의 변이음이라고 볼 수 있다.

(4) 漢語의 남방 방언 중에는 古代 소수민족과의 접촉으로 인해 남겨진 기층(基層)이 존재한다.

기층(基層)은 영어의 'substratum'을 번역한 것으로 중국에서는 '底層'이란 용어를 쓴다. 기층이란 본래 지리학 용어로서 가장 낮은 곳에 있는 지질층을 가리킨다. 언어학에서는 이 용어를 차용해 역사상 이미 다른 언어(혹은 방언)에 의해 교체되어 없어진 언어(혹은 방언)의 흔적(주로 음가상의 특징이라든가 개별적 어휘 특징으로 나타난다)을 가리키는 뜻으로 사용된다. 예를 들어 鄭張尙芳(1995)의 연구[71]에 의하면 浙江省 麗水의 縉雲, 靑田, 雲和, 慶元, 溫州의 永嘉, 文成, 台州의 仙居, 金華의 永康 등 吳방언 지역의 幫端母字 성모는 발음의 시작 부분에 성문파열음(glottal stop)을 동반하는 [ʔb], [ʔd] 혹은 [ɓ], [ɗ]와 같은 유성파열음이라고 한다. 幫端母의 이와 같은 특수한 발음은 한어방언 어음의 일반적 역사 변화 유형으로는 해석하기 힘든 현상이다. 이에 鄭張尙芳(1995)에서는 현재의 한어방언이 형성되기 이전부터 이 지역에 살아왔던 壯侗族의 언어와 관련시켜 이 문제를 설명하였다. 즉 壯侗族 언어의 성모 파열음 중 쌍순음(雙脣音)과 설첨음(舌尖音)은 상술한 일부 吳방언의 幫端母字 성모 발음처럼 발음의 시작 부분에 성문파열음을 동반하는 유성파열음이라고 한다(이 두 종류의 파열음 이외의 성모는 모두 무성음이다). 이는 壯侗族 언어에서 나타나는 보편적 현상으로 浙江省 일부 지역에서 나타나는 幫端母字 성모의 특수한 음가는 이러한 壯侗族 언어의 특징을 반영하고 있는 것이라고 분석하였다. 즉 이와 같은 성모의 음가는 오래 전 壯侗族 언어와 吳方言이 밀접한 접촉 과정을 거친 후 남겨진 특색으로 볼 수밖에 없다는 것이다. 그렇다면 현재 吳방언 일부 지역에서 나타나는 이러한 성모 특징은 壯侗族 언어의 영향으로 생긴 기층이라고 할 수 있다.

---

71) 鄭張尙方, 『吳語和閩語的比較硏究』, 上海敎育出版社, 1995年:13-17.

한어방언 중 기층은 일반적으로 자신들의 고유 언어를 가지고 있던 소수민족이 자신들의 고유 언어를 버리고 漢語를 의사소통 수단으로 사용하게 되면서 나타나게 된 현상이라고 볼 수 있다. 즉 사용하는 언어는 달라졌지만 본래의 모어(母語) 성분이 사용 언어 중에 자연스럽게 반영되어 나타나고 있는 것이다. 그러나 반대로 가정을 해 본다면 현재 기층 성분이라고 여겨지는 현상들은 소수민족의 한어 사용 때문에 생긴 것이 아니라 소수민족의 언어가 한어에 직접 영향을 준 결과라고 생각해 볼 수도 있을 것이다. 하지만 중국 古代의 정치 사회 문화적인 상황을 고려해 볼 때 이러한 가정은 성립되기 힘든 측면이 있다.

沈鐘偉(2007)[72)]에서는 漢語 남방 방언 중 다음과 같은 현상들이 기층 성분과 관련이 있다고 제시하고 있다. 논란의 여지는 있지만 우리가 한어방언 중의 기층을 이해하고 분석하는데 시사해 주는 바가 크다고 생각한다. ① 粤방언의 모음체계에는 일반적인 한어방언에서는 보기 힘든 장단음(長短音)의 구분이 있다. 그런데 粤방언 지역의 주요 소수민족 언어인 壯語에도 똑같은 현상이 존재한다. 예를 들어 廣州방언 중의 [a]와 [a:], 武鳴壯語 중의 [a]와 [a:]는 모두 대립되는 음소(phoneme)[73)]이다. 예를 들어보면 다음과 같다. 鷄 [kai¹], 街 [ka:i¹], 鈎[kau¹], 交[ka:u¹](이상 廣州방언), 長 [ɣai²], 露水[ɣa:i²], 要[au¹], 叔叔[a:u¹](이상 武鳴壯語) ② 廣州방언의 음운 체계를 분석할 때는 일반적으로 [i], [u] 介音을 설정하지 않는다. 왜냐하면 廣州방언의 운모 앞에 나타나는 [i], [u]는 일반적인 한어방언의 [i], [u] 介音처럼 짧고 약하게 발음되는 것이 아니라 주요 모음처럼 길고 강하게 발음되기 때문이다. 또한 성모와의 결합관계를 보더라도 일반적인 한어방

---

72) 沈鐘偉, 「語言轉換和方言底層」, 『歷史層次與方言硏究』, 上海敎育出版社, 2007년: 106-134

73) '음소(音素)'는 한 언어의 어음 체계 중 의미를 구분할 수 있는 최소단위이다. 중국 어로는 '音位'라고 하기 때문에 우리말과 혼란을 가져오는 경우가 있다. 여기에서는 우리말의 보편적 표현에 근거해 '음소(音素)'라는 명칭으로 사용하였다.

언의 개음과는 성질이 다르다. [i], [u]는 음절 처음에 올 수 있지만 자음 성모와는 결합될 수 없는데, [u]는 예외적으로 설근음(舌根音) 성모와 결합될 수 있다. 하지만 廣州방언의 음운체계에서 설근음 성모 뒤에 오는 [u]는 운모의 성분으로 보지 않고, 설근음 성모의 원순(圓脣) 성분으로 취급하여 보통 [kw], [k'w]와 같이 표기하는 것이 일반적이다.74) 이와 같은 [i], [u] 介音의 예외적 결합 구조와 설근음의 특수한 음가는 일반적인 한어방언에서 보기 힘든 현상이다. 그런데 壯語의 음절구조를 보면 이와 유사한 현상이 존재한다. 즉 壯語에는 일반적으로 [i], [u] 介音이 존재하지 않으며, 설근음 성모 역시 순음화 된 성모로서 보통 [kʊ], [ŋʊ]와 같이 표기한다. ③ 閩南방언의 자음 운미 체계는 文讀과 白讀에서의 발음 차이가 크다. 閩南방언 鼻音 운미는 文讀에서 [-m], [-n], [-ŋ] 3가지로 나타나지만, 白讀에서는 운미가 사라지고 앞 모음에 대한 鼻化 성분으로만 남아있다. 파열음 운미의 경우도 文讀에서는 [-p], [-t], [-k] 3가지로 나타나지만, 白讀에서는 모두 성문파열음 [-ʔ]로 통합되어 있다. 예를 들어보면 다음과 같다. 膽 tam$_文$/tã$_白$, 單 tan$_文$/tuã$_白$, 明 biŋ$_文$/mẽ$_白$, 答 tap$_文$/taʔ$_白$, 辣 lat$_文$/luaʔ$_白$, 學 hak$_文$/oʔ$_白$ 학자들의 연구에 의하면 閩방언에서 文讀과 白讀의 병존이 형성된 시기는 대략 唐末 혹은 宋初 이후라고 한다. 즉 文讀이 閩방언에 진입한 이후 현재까지 약 천 년의 세월이 지났다고 볼 수 있다. 반면 白讀은 文讀이 閩방언에 진입하기 전 약 3, 4백년(東晉 이후부터 唐까지) 혹은 길게 잡아 6, 7백년(漢末 이후부터 唐까지) 전부터 閩방언 내에 형성되어 있었다고 보고 있다. 그렇다면 白讀은 文讀이 진입하기 전 몇 백 년의 시간동안 자음 운미가 모두 소실된 반면, 文讀은 대략 천 년의 시간동안 자음 운미를 완전하게 보존하고 있는 셈이 된다. 이에 沈鐘偉(2007)에서는 이와 같은 현상은 논리적으로 설명하기 힘들다고 보고 閩방언의 白讀 체계는 본래 있던 자음 운미가 사라진 것이 아니라 본래 자음 운미가 없는

---

74) 李新魁, 黃家敎, 施其生, 麥耘, 陳定方,『廣州方言研究』, 廣東人民出版社, 1995년:41-43.

언어를 사용하고 있던 소수민족이 漢語를 사용하게 되면서 나타난 현상이라고 분석하고 있다. 그리고 古代 중국 남방지역에 광범위하게 분포되어 있던 苗語에는 자음 운미가 존재하지 않는데, 현재 閩방언의 白讀에서 타나나는 운미 체계는 이러한 苗語 특성의 반영이라고 보았다. ④ 현재 漢語 남방 방언 및 일부 중부방언의 음운체계에는 일반적으로 [ŋ], [m], [n]등 鼻音 자음이 모음과의 결합 없이 스스로 하나의 음절을 형성하는 소위 성절자음(成節子音)이 존재한다. 예를 들어 上海방언의 '魚'는 舌根 비음인 [ŋ¹¹³]으로 발음되는데, 모음은 없지만 성조도 있는 완전한 음절이다. 이와 같은 성절자음은 한어의 일반적인 음절구조와는 상당히 다른 특수한 형식임에 틀림이 없다. 또한 이처럼 성절자음 형식으로 발음되는 글자들은 中古音과 비교해 보았을 때도 대응관계가 체계적이지 않고, 불규칙적으로 몇몇 글자들에만 한정되어 있다. 이에 沈鐘偉(2007)에서는 이러한 성절자음 형식 역시 소수민족 언어의 영향과 관련이 있을 수 있다고 보았다. 실제로 중국 남방에 분포되어 있는 苗語에는 보편적으로 비음 자음이 독립적으로 음절을 이루는 현상이 존재한다고 한다. 예를 들어 보면 다음과 같다. 臘乙坪苗語: 你 [m³⁵], 小章 [n³⁵], 坐 [ŋ⁵⁵].

(5) 文白異讀은 漢語方言 중 가장 대표적인 어음 층이다.

文白異讀이란 한 방언이 외래 방언의 어휘를 차용하여 쓰는 과정에서 한 글자(字)[75]에 외래 방언의 음과 본 방언 고유의 음이 동시에 병존하게 되는 현상을 가리킨다. 외래 방언이란 그 지역의 대표 방언(예를 들어 廣東省의 廣州방언, 浙江省의 上海방언 등) 혹은 전국적인 대표 방언인 경우가 일반적이다. 즉 한어방언 중에 존재하는 文白異讀 현상은 한 방언이

---

75) 한 글자(字)란 「切韻」의 음운 체계에서 볼 때 동일한 음운적 위치를 가지고 있는 글자를 가리킨다.

주변의 혹은 전국성의 대표 방언을 모방하고 닮아가는 경향이라고 할 수 있다. 이러한 文白異讀에 대한 이해는 한어방언 중에 존재하는 여러 현상들에 대한 분석에 큰 도움을 줄 수 있다.

일반적으로 白讀은 그 지역 방언 고유의 성분이고, 文讀은 외래 방언의 요소를 차용한 성분이다. 예를 들어보면 다음과 같다.[76]

山西省 太原	屛 p'iŋ^1$_文$ piŋ^1$_白$	病 piŋ^5$_文$ pi^5$_白$
廣東省 廣州	坐 tʃɔ^6$_文$ tʃ'ɔ^4$_白$	近 kɐn^6$_文$ k'ɐn^4$_白$
福建省 廈門	行 hɪŋ^2$_文$ kïã^2$_白$	知 ti^1 tsai^1

太原방언의 '屛'piŋ^1$_白$과 '病'pi^5$_白$는 太原방언 고유의 발음이고, '屛' p'iŋ^1$_文$과 '病'piŋ^5$_文$은 외래 방언(官話방언 혹은 普通話)의 영향으로 형성된 발음이다. '屛'은 성모에서 '病'은 운모에서 文讀과 白讀의 차이가 나타남을 볼 수 있다. 廣州방언에서는 坐tʃ'ɔ^4$_白$와 近k'ɐn^4$_白$이 廣州방언 고유의 발음이고, 坐 tʃɔ^6$_文$와 近 kɐn^6$_文$은 외래 방언의 영향으로 형성된 발음이다. 두 글자 모두 성모와 성조에서 文讀과 白讀의 차이가 난다. 즉 무기음 성모이면서 성조가 陽去인 발음은 文讀이며, 유기음 성모이면서 성조가 陽上인 발음은 白讀이다.[77] 廈門방언에서는 좀 더 복잡한 양상을 보이고 있다. '行'의 독음 중 hɪŋ은 성모와 운모 모두 文讀이고, kïã는 성모와 운

---

76) 太原방언의 예는 王洪君(1992)「文白異讀與疊置式音變」(語言學論叢 第17輯) 중의 예를 인용하였고, 廈門방언의 예는 王福堂(1999)「漢語方言語音的演變和層次」(語文出版社) 31쪽의 예를 인용하였으며, 廣州방언의 예는 李新魁, 黃家敎, 施其生, 麥耘, 陳定方(1995)『廣州方言硏究』(廣東人民出版社) 66쪽의 예를 인용하였다.

77) 廣州방언의 예는 모두 中古 全濁聲母 上聲字로 廣州방언의 白讀 층에서는 무성유기음 성모이면서 성조는 陽上이지만, 북방 官話의 영향으로 文讀 층에서는 성모가 무성무기음으로 변하고, 성조도 陽去로 변화하였다고 볼 수 있다. 이는 북방 방언 중에 보편적으로 존재하는 中古 全濁上聲의 去聲으로의 변화와 中古 유성음의 무성음화 과정에서 북방 방언의 全濁聲母 仄聲字는 무기음으로의 변한 사실을 반영하고 있다고 볼 수 있다.

모 모두 白讀이다. 그러나 '知'의 독음에서는 성모와 운모가 각기 서로 다른 층의 음으로 구성되어 있다. ti의 성모 t는 白讀이고 운모 i는 文讀이며, tsai의 성모 ts는 文讀이고 운모 ai는 白讀이다.[78] 이처럼 한어방언 중에는 文讀音이 수용된 이후 이와 상대되는 원래의 白讀音 역시 동시에 존재하고 있다. 즉 하나의 글자에 두 개의(혹은 두 개 이상의) 어음 층이 병존하고 있는 것이다.

이와 같이 한 글자에 병존하고 있는 서로 다른 층의 음들은 각기 서로 다른 어휘에서 출현한다. 예를 들면 廣東省 남동부 潮陽방언에서 '鬪'자는 두 가지 음으로 발음되는데 '鬪爭' 중의 '鬪'는 tou⁵(文讀)로, '鬪墟' 중의 '鬪'는 tau⁵(白讀)로 발음된다[79]. 호남성 臨武(麥市)방언에서 '錫'자는 '錫鑛'에서는 sie³(文讀)로, '錫壺'에서는 ʃiɔ³(白讀)로 발음된다[80]. 일반적으로 文讀은 공식적인 자리에서의 사교언어, 문화용어 혹은 신흥 어휘 등

---

78) 어떤 음이 文讀이고 어떤 음이 白讀인지의 구분은 일차적으로 해당 방언과 해당 지역의 권위 방언(일반적으로 官話방언) 혹은 普通話와의 비교를 통해 판단해 볼 수 있다. 예를 들어 上海방언의 '人'은 ɲiŋ²_白/zən²_文 두 가지로 발음되는데, 성모 [ɲ]은 上海방언이 속한 吳방언 日母字의 보편적 성모 형식이지만, 성모 [z]는 吳방언에서는 나타나기 힘들고 官話에서 주로 볼 수 있는 성모형식이다(官話 중 日母字의 성모는 대부분 [z] 혹은 [z]이다). 따라서 우리는 上海방언 '人'자의 두 가지 발음 중 [ɲ] 성모가 속한 발음은 白讀이고, [z]성모가 속한 발음은 文讀일 것이라고 판단해 볼 수 있다. 본문의 예에서 廈門방언 '知'[ti¹]의 성모 [t]가 白讀인 이유는 閩방언의 특성 중 하나인 소위 '古無舌上音(知組 성모를 端組 성모처럼 발음하는 현상)'의 특징을 廈門방언의 일부 知組字가 가지고 있는 것이라면, '知'자의 성모 [t]는 廈門방언의 고유음이라고 볼 수 있기 때문이며, 운모 [i]가 文讀인 이유는 [i]가 [ai]보다는 官話방언으로부터 차용되었을 가능성이 높기 때문이다(官話방언의 止攝開口三等 知系字 운모는 일반적으로 [i], [ɿ], [ʅ] 등으로 발음된다). 또한 '行'의 文讀 [hɪŋ]은 官話방언의 [ɕiŋ]을 차용하는 과정에서 廈門방언에는 없는 [ɕ] 성모 발음을 廈門방언 내의 발음 습관에 맞추어 유사한 음으로 대체한 결과로 보여진다. 물론 이와 같은 분석은 한어방언의 다양성을 고려해 볼 때 일차적인 판단일 수밖에 없다. 그러나 특별한 예외적 현상이 없는 한 위와 같은 일차적 분석도 사실과 일치하는 경우가 대부분이다. 이 이외에도 文讀과 白讀을 구분하는 방법으로 주변 방언과의 비교를 통해 판단하는 방법, 문헌자료를 이용하는 방법 등이 있을 수 있다.

79) 張盛裕, 「潮陽方言的文白異讀」, 『方言』,1979年 第4期.

80) 李永明, 「臨武方言-土話與官話的比較研究」, 湖南人民出版社, 1988年.

에 주로 쓰이고, 白讀은 일상생활과 밀접히 관련된 구어(口語) 혹은 그 지역 특유의 어휘, 지명 등에 주로 쓰인다. 그래서 文讀을 독서음(讀書音), 白讀을 구어음(口語音)이라 칭하기도 한다.

한어방언 중의 文白異讀은 서로 다른 두 방언의 관계 속에서 형성된다. 다시 말해 본래는 하나의 언어에서 출발하여 서로 다른 변화와 발전을 거친 두 방언 중 한 방언이 다른 한 방언의 음운적 요소를 수용하는 과정에서 생기는 현상이라고 할 수 있다. 한 글자의 文讀과 白讀은 초기에는 서로 병존한다. 즉 (해당 글자가 포함된) 어떤 어휘에서는 文讀 만을 사용하고 어떤 어휘에서는 白讀 만을 사용하는 상태가 지속된다. 그러나 일반적으로 文讀은 그 사용 범위가 점차 확대되어 가고, 白讀은 상대적으로 사용 범위가 축소되어 결국에는 대부분의 어휘에서 文讀이 白讀을 교체하게 된다. 이처럼 文讀과 白讀은 서로 교체되는 관계에 있다. 徐通鏘(1991)[81]에서는 산서성 聞喜방언 麻韻章組字 운모 발음을 예로 文讀과 白讀의 교체과정을 ①文弱白强, ②文白相持, ③文强白弱의 세 단계로 나누어 다음과 같이 설명하고 있다. 첫 번째 단계에서 文讀은 지극히 제한적으로 사용되어 '遮者蔗車扯蛇射麝奢賒捨舍赦余社' 등 15개의 글자는 어떤 어휘에서든 모두 白讀인 [iɛ]로 발음되는데 '社'자 만이 '社會主義'에서 文讀인 [ə]로 발음된다. 두 번째 단계에서 文讀과 白讀은 대체로 비슷한 비율로 사용된다. '遮蛇社射麝扯舍捨' 등 글자의 운모는 [ə]이고, '蔗車余'의 운모는 [ə]와 [iɛ] 두 가지 모두 사용되며, '奢賒' 두 글자의 운모는 [iɛ]이다. 세 번째 단계에서는 대체로 文讀 만을 사용하고 白讀은 그 사용 범위가 크게 축소되어 지극히 제한된 어휘에서만 사용된다. 예를 들면 지명이라든가 친족의 호칭과 같은 일상생활과 밀접한 관계가 있는 몇몇 어휘에서만 제한적으로 사용된다.

---

81) 徐通鏘, 『歷史言語學』, 商務印書館, 1996년:353-355.

이와 같은 文白異讀의 교체현상은 일부 어휘에만 국한된 개별적인 현상이 아니라 항상 두 방언의 음운체계 전체를 통해 대응관계의 규칙성을 가지고 나타나는 음운현상이다. 외래 방언의 성분(성모 혹은 운모 혹은 성조)을 가지고 있는 어휘가 많으면 많을수록 그 대응관계는 명확해지며, 외래 방언의 성분으로 읽히는 글자들을 종합해 보면 한어의 中古 음운체계를 교체 단위로 文白異讀 현상이 나타나고 있음을 관찰할 수 있다. 예를 들어 山西省 聞喜방언에서 中古 全濁聲母字는 현재 白讀 층에서 모두 무성 유기음으로 발음한다.[82] 그런데 北京音을 표준음으로 하는 普通話의 영향으로 全濁聲母字 중 上聲字와 去聲字는 현재 文讀 층에서 이미 대부분(특히 청년층의 어휘 사용 중) 무성 무기음으로 발음되고 있다(예를 들면, 舅 $tɕiəu^2$文/$tɕ'iəu^2$白, 蛋 $tæ^2$文/$t'æ^2$白 등과 같다).[83] 즉 中古 全濁聲母 上聲字와 去聲字를 포함하는 대부분의 어휘에서 이와 같은 文白異讀 현상이 나타난다. 같은 聞喜방언의 文白異讀 예를 더 들어 보면, 聞喜방언의 宕攝字에서는 규칙적으로 $iʌŋ$文~$iə$白의 文白 교체 현상이 나타나고(예를 들면, 揚 $iʌŋ^2$文/$iə^2$白, 陽 $iʌŋ^2$文/$iə^2$白 등과 같다), 梗攝字에서는 $iʌŋ$文~$iɛ$白의 文白 교체현상이 나타난다(예를 들면, 井 $tɕiʌŋ^3$文/$tɕiɛ^3$白, 星 $ɕiʌŋ^1$文/$ɕiɛ^1$白 등과 같다). 일반적으로 한어방언 중의 文白異讀은 이처럼 古音의 범위를 단위로 체계적인 대응의 규칙성을 갖는다.

일반적으로 언어는 점진적으로 변화한다. 그리고 그 변화 원리도 동화(同化), 이화(異化), 약화(弱化), 무성음화, 단모음화 등등 경험적으로 증명된 여러 유형들을 토대로 설명해 낼 수 있다. 그러나 한어방언 중의 文白異讀에서와 같은 文讀과 白讀의 교체 현상은 이와는 성격을 달리한다. 왜냐하면 文白異讀은 방언 내부의 문제가 아니라 서로 다른 두 방언간의 관

---

82) 山西 聞喜 방언의 예는 王洪君, 「文白異讀與疊置式音變」(『語言學論叢』 1992年 第17 集:122-154)에서의 예를 참조하였다.

83) 북경어에서 中古 全濁聲母는 현재 무성 유기음과 무성 무기음 두 가지로 발음되는데, 平聲字는 유기음으로 仄聲字(上去入聲字)는 무기음으로 발음된다.

계 속에서 형성되는 문제이기 때문이다. 상대 방언의 상황에 따라 다른 결과를 가져올 수 있다.

2. 漢語方言 중 어음 층 분석 방법에 대한 제안

이번 절에서는 한어방언 중 어음 층 분석 방법과 관련하여 필자의 경험을 토대로 몇 가지 제안을 해 보고자 한다. 이번 절에서 제시되는 내용들은 대부분 필자가 약 3개월간 현지 방언 조사를 진행했던 粵北土話와 湘南土話 자료를 근거로 하고 있다. 粵北土話와 湘南土話는 한어방언 분류에 있어 아직 그 성격이 명확히 규명되지 못한 한어방언이다. 각각 廣東省 북부와 湖南省 남부 지역에 분포되어 있는데[84], 이 두 지역의 土話는 지리적으로 인접해 있고 몇 가지 중요한 언어적 특성을 공유하고 있기 때문에 학계에서는 대체로 본래는 하나의 방언이었을 것이라 추측하고 있다. 특히 이들 방언 지역은 대부분 이중 방언 생활 지역으로 대외적으로는 각 지역의 강세방언(혹은 통용어)인 客家방언 혹은 粵방언 혹은 湘방언 혹은 官話방언 등을 사용하고, 대내적(집 안 혹은 마을 단위)으로는 지역 고유의 土話를 사용하는 이중 언어 구조를 가지고 있다. 따라서 지역 약세방언인 土話는 외래 방언의 영향을 받을 수밖에 없는 상황에 처해 있다고 할 수 있고, 실제로 土話의 음운체계 내에는 외래 방언의 어음 층이 다양하게 반영되어 있다. 일반적인 한어방언의 경우와는 상황이 다소 다를 수 있지만, 土話의 특수한 상황 때문에 한어방언 중에 나타날 수 있는 보다 다양한 어음 층의 유형을 찾아 낼 수 있다는 점에서 어쩌면 가장 이상적인 자

---

84) 粵北土話는 주로 廣東省 북부 韶關市 관할 하의 韶關, 南雄, 樂昌, 曲江, 仁化, 乳源, 武江, 北江, 湞江 등 市(縣) 및 廣東省 서북부 淸遠市 관할 하의 連州, 連南 등 市(縣)에 분포되어 있고, 湘南土話는 湖南省 (서)남부 永州 및 郴州 지역 즉 冷水灘, 東安, 双牌, 新田, 寧遠, 道縣, 藍山, 江永, 江華, 資興, 永興, 桂東, 嘉禾, 桂陽, 臨武, 宜章, 汝城 등 市(縣)에 분포되어 있다.

료가 될 수도 있다고 생각한다. 다음에 제시된 어음 층의 분석 방법 중 제
(1)항과 제(2)항은 사실 논문을 통해 구체적으로 제시된 바는 없지만, 방
언학자라면 일반적으로 충분히 인식하고 있는 내용일 것이라고 생각한다.
본 장에서는 다시 한 번 확인하는 차원에서 재차 정리를 해 보았다.

(1) 일반적으로 文白異讀이란 한 글자가 몇 개의 독음을 가지고 있는
것이지만 한 글자가 하나의 독음만을 가지고 있다 하더라도 文讀이나 白
讀이 될 수 있다. 다음은 湖南省 남부 宜章방언 梗攝開口三等字의 예이다.

明 min⁵ₓ mɛi²_白　　皿 min³　　命 min¹ₓ mɛi⁵_白　　名 mɛi²

宜章방언 梗攝開口三等舒聲字 운모의 文讀은 [in]이고 白讀은 [ɛi]이다.
'皿'과 '名'은 비록 하나의 독음만을 가지고 있지만, '明'과 '命'의 文白讀
과의 비교를 통해 '皿'과 '名'의 文白讀 여부도 분석해 낼 수 있다. 즉
'皿'min³의 운모 [in]은 文讀이고, '名'mɛi²의 운모 [ɛi]는 白讀이다. '皿'의
운모는 이미 文讀音으로 교체된 것이고, '名'의 운모는 아직 文讀의 영향
을 받지 않은 상태라고 할 수 있다. 같은 유형으로 다음은 江西省 南昌방
언 魚韻字의 예이다.[85]

居 tɕy¹　　鋸 tɕy⁵ₓ kiɛ⁵_白　　去 tɕʻiɛ³

南昌방언 魚韻字 운모의 文讀은 [y]이고, 白讀은 [iɛ]이다.[86] 위의 예에
서 보여주듯 '鋸'는 文讀과 白讀이 병존하고 있지만 '居'와 '去'는 하나의

---

85) 南昌방언의 예는 『漢語方言字彙(第二版)』(北京大學中文系語言學敎硏室, 文字改革出版
社, 1989年) 중의 예를 인용하였다.
86) 물론 성모에도 文白異讀이 존재한다. 즉 南昌방언 三四等見系字 성모의 文讀은 tɕ, tɕʰ,
ɕ이고, 白讀은 k, kʰ, h이다.

독음만이 있을 뿐이다. 그러나 우리는 南昌방언 魚韻字의 文白異讀에 비추어(즉 魚韻字 중 '鋸'와 같이 文讀과 白讀이 병존하는 글자들과의 비교를 통해) '居'와 '去'의 文白讀 여부도 판단해 낼 수 있다. 즉 '居'의 운모 [y]는 文讀이고, '去'의 운모 [iɛ]는 白讀이다.

(2) 文白異讀은 때로 文讀과 白讀 두 가지 독음에 국한되지 않고 여러 개의 文讀 혹은 여러 개의 白讀이 공존하는 형태로 나타날 수 있다. 예를 들어 湖南省 남부 江永방언의 非敷奉母字 성모는 적어도 다음 3가지 층의 독음을 가지고 있다:① [f], ② [p] 혹은 [pʻ], ③ [h(ɕ)]. 예를 들어보면, 夫 pu¹/fu¹, 飛pø¹/fa¹, 放paŋ⁵/faŋ⁵, 分pai¹/fai¹, 蜂pʻai¹/faŋ¹, 浮pau²/fou², 婦 puɯ⁴/fu⁴, 範huoɯ⁶, 犯ɕioŋ⁴, 法ɕiou⁷, 翻pʻuoɯ¹/huoɯ¹, 番huoɯ¹, 反 huoɯ³/paŋ³, 販huoɯ⁵, 馮hai² 등과 같다. [f]성모는 [p] 혹은 [pʻ]성모와 비교해 볼 때 文讀이라고 할 수 있다(江永방언 非敷奉母字 성모의 발음 [p] 혹은 [pʻ]가 脣齒音이 없던 上古漢語의 성모 발음을 반영하고 있는 것이라면 성모 [f]는 분명 [p(pʻ)]와 상대되는 文讀이다). 그런데 [h(ɕ)]성모 역시 '翻, 反' 등의 독음에 비추어 볼 때 文讀이다([ɕ]성모는 [h]성모가 전설모음 앞에서 구개음화 된 형태라고 볼 수 있다). 따라서 江永방언 非敷奉母字의 성모에는 하나의 白讀과 두 개의 文讀이 존재한다고 볼 수 있다. 그 중 두 개의 文讀은 각기 다른 시기 혹은 각기 다른 지역으로부터 유입된 성분일 것이다. '夫, 飛, 放, 分, 蜂, 浮, 婦' 등 글자의 독음 중 성모 [f] 는 江永을 포함한 湖南省 지역의 통용어인 西南官話의 영향으로 형성된 발음이라고 볼 수 있고, [h(ɕ)]는 湖南省에서 가장 오래된 방언인 湘방언의 영향으로 형성된 발음일 가능성이 가장 높다.[87] 이러한 文白異讀의 다

---

87) 湖南省의 雙峰, 婁底 등 소위 老湘語에 속한 방언들은 일반적으로 [f]성모가 없고, 非敷奉母字의 성모도 [x] 혹은 [ɣ]로 발음한다. 江永방언 非敷奉母字의 [h]성모는 이러한 老湘語의 [x]([ɣ])성모를 차용하면서 자신의 음운체계 내의 유사음으로 대체시켜 발음한 결과라고 볼 수 있다.

중적(多重的) 현상은 중국 동남부 福建省을 중심으로 한 閩방언 지역에서 자주 볼 수 있다. 다음은 廈門방언의 예이다[88]

$$\text{糊} \quad \text{ho}^2{}_\text{文} \quad \text{k'ɔ}^2{}_\text{白} \quad \text{kɔ}^2{}_\text{白}$$
$$\text{前} \quad \text{tsiɛn}^2{}_\text{文} \quad \text{tsɪŋ}^2{}_\text{白} \quad \text{tsun}^2{}_\text{白} \quad \text{tsãĩ}^2{}_\text{白}$$
$$\text{平} \quad \text{pɪŋ}^2{}_\text{文} \quad \text{p'ĩã}^2{}_\text{白} \quad \text{pĩã}^2{}_\text{白} \quad \text{p'ĩ}^2{}_\text{白} \quad \text{pĩ}^2{}_\text{白}$$

위의 예들은 모두 하나의 文讀과 여러 개의 白讀으로 이루어져 있다. 廈門방언의 이러한 현상도 江永방언의 경우처럼 각기 다른 시기 혹은 각기 다른 지역으로부터 유입된 文讀의 영향 때문이라고 볼 수 있다. 다른 점은 하나의 글자에 여러 층의 음이 중첩되어 있다는 것인데, 이는 최초에 형성된 文讀과 白讀의 구도에 또다시 새로운 文讀이 유입되면서 본래의 文讀은 白讀 층으로 밀려나고 새로운 文讀이 文讀 층을 차지하게 되는 과정이 반복되었기 때문이라고 볼 수 있다.

(3) 같은 음가의 음운 성분도 서로 다른 층의 음으로 분류될 수 있다. 다음은 粵北土話와 湘南土話의 경우를 예로 설명해 보겠다. 粵北土話와 湘南土話 蟹攝開口四等字의 운모 독음 중에는 두 지역 모두 [ai]로 읽는 글자들이 존재한다. 그러나 粵北土話 중의 [ai]와 湘南土話 중의 [ai]는 그 성격이 서로 다르다. 粵北土話 중의 [ai]는 대부분의 지역에서 蟹攝開口三等字 및 止攝開口三等字의 운모와 발음이 같다. 韶關西河, 乳源桂頭, 樂昌長來 방언을 예로 들어 보면 다음과 같다.

韶關西河: 迷mai², 麗lai⁶, 濟tsai⁵ (이상 蟹開四), 幣pʰai⁶, 例lai⁶, 制taai⁵ (이상 蟹開三), 皮 pʰai², 利lai⁶, 死sai³ (이상 止開三)

---

88) 廈門방언의 예는 王福堂(1999) 「漢語方言語音的演變和層次」(語文出版社) 33쪽의 예를 인용하였다.

乳源桂頭: 迷bai², 麗lai⁶, 濟tsai⁵ (이상 蟹開四), 幣pai⁵, 例lai⁶ (이상 蟹開三),
皮pai², 利 lai⁶, 死sai³ (이상 止開三)

樂昌長來: 迷mai⁵, 麗lai⁵, 濟tsai⁵ (이상 蟹開四), 際tsai⁵ (이상 蟹開三), 皮pai²,
利lai⁵, 死 sai³ (이상 止開三)

이와 같은 蟹開四, 蟹開三, 止開三의 동음 관계와 그 음가는 주변의 粵
방언의 경우와 유사하다. 廣東省 북부의 佛岡방언을 예로 들어보면 다음
과 같다.[89] 麗lɐi⁶(蟹開四), 例lɐi⁶(蟹開三), 利lɐi⁶(止開三). 뿐만 아니라 粵
北土話 蟹攝開口四等字의 文白異讀 중 [ai]는 항상 文讀 층에 속한다. '弟'
자를 예로 들어 보면 다음과 같다. 曲江犂市: tai⁶文 / t'a↗白[90]), 仁化石塘:
t'ɐi¹兄~文 / t'a↘老~白, 乳源桂頭: tai⁶兄~文 / t'ia↘三~白, 連南三江: tai⁶文 /
ta⁴白. 반면 湘南土話 중의 [ai]는 蟹攝開口三等字 및 止攝開口三等字의 운
모와 동음 관계에 있지 않다. 또한 항상 白讀 층에 속한다. 예를 들어보면
다음과 같다. '弟': 東安 di²文 / dai²白, 宜章 ti⁵兄~文 / t'ai³老~白. 粵北土話 중
의 [ai]와 湘南土話 중의 [ai]는 관할(管轄)하는 글자들 역시 다르다. 예를
들어보면 다음과 같다.

粵北 西河 ai : 蓖迷帝第妻臍濟劑
　　桂頭 ai : 閉迷弟兄~帝第體禮麗臍擠濟啓
　　長來 ai : 迷麗濟啓繼系
湘南 東安 ai : 米閉低梯底抵弟替剃第泥犁齊西犀洗砌細
　　宜章 ai : 低梯底抵弟替剃泥犁洗細

이상의 상황으로부터 추론해 보면, 粵北土話 중의 [ai]는 인근의 粵방언
의 영향으로 뒤늦게 형성된 文讀音이고, 湘南土話 중의 [ai]는 湘南土話

---

89) 佛岡방언의 예는 詹伯慧, 張日昇, 『粵北十縣示粵方言調査報告』(暨南大學出版社, 1994년) 字
音對照表 중의 예를 인용하였다.
90) ↗혹은↘는 성조의 變音 현상을 표시한다. ↗는 상승조의 變音이고 ↘는 하강조의
變音이다.

중에 이미 오랫동안 존재해 왔던 白讀音으로서 粵北土話 중의 [ai]와는 다른 층의 음이라고 할 수 있다.

(4) 주변 방언과의 비교를 통해서도 어음 층을 판별해 낼 수 있다. 예를 들어 북경어에서 '我'uo^{3}의 운모는 '我'가 속한 歌韻 見系字들의 운모와 발음이 다르다. 즉 '我'의 운모는 동일한 음운 조건을 가지고 있는 哥kɤ^1, 餓ɤ^5, 河xɤ^2 등 글자들의 운모 발음과는 서로 다른 어음 층을 형성하고 있다. 그러나 북경음만을 놓고 볼 때는 이와 같은 서로 다른 어음 층의 성질을 파악하기가 힘들다. 하지만 다음과 같이 북방 官話방언의 발음과 비교를 해 본다면 이와 같은 어음 층의 성질도 이해해 볼 수 있다.[91]

	北京	濟南	煙臺	靑島	西安	太原
我	uo^3	ŋə^{3}老/uə^{3}新	uo^3	uə^3	ŋɤ^3	ɣɤ^3
鵝	ɤ^2	ŋə^2	uo^2	uə^{2}老/ɤ^{2}新	ŋɤ^2	ɣɤ^2
餓	ɤ^5	ŋə^5	uo^5	uə^{5}老/ɤ^{5}新	ŋɤ^5	ɣɤ^5

위의 官話방언 예 중 濟南방언의 운모는 [ə](노인 혹은 장년층의 발음)와 [uə](청년층의 발음)두 개의 어음 층으로 구성되어 있다. 그 중 [uə]는 북경어의 영향으로 형성된 발음일 가능성이 높고, [ə]는 濟南방언 고유의 발음일 가능성이 높다. 靑島방언의 경우도 [uə]와 [ɤ] 두 개의 어음 층이 존재하는데, 그 중 [ɤ]가 북경어의 영향과 관련이 있다면, [uə]는 靑島방언 고유의 발음으로 볼 수 있다. 煙臺, 西安, 太原방언에서는 각각 [uo], [ɤ], [ɤ] 한 개의 어음 층만 존재한다. 이처럼 북방 官話방언 歌韻 見系字 운모의 어음 층은 [ə], [uo], [uə], [ɤ] 등의 발음으로 표현되고 있다. 이와 같은 官話방언 중

---

91) 官話방언의 예는 陳章太, 李行健 主編『普通話基礎方言基本詞彙集』(語文出版社, 1996年) 중의 예를 인용하였다.

의 운모 발음을 漢語 어음의 일반적 변화 원리에 근거해 연결시켜 보면, [uo]([uə]) → [ɤ] → [ə]와 같이 가정해 볼 수 있다. 즉 中古 見系의 舌根音 성모 뒤의 후설모음 [u]는 설근음 성모와 후설모음의 이화(異化)작용으로 인해 [ɤ]로 변화하고, [ɤ]는 다시 약화(弱化)되어 [ə]로 변화했다고 가정할 수 있다. 그렇다면 북경어 중 '我'uo³의 운모 발음은 비록 동일한 음운 위치의 다른 글자들과 발음은 다르지만, 歌韻 見系字 운모의 역사적 변화 과정 중 비교적 오래된 한 단계의 발음을 반영하고 있는 어음 층으로 볼 수 있다. 이처럼 방언 내의 어음 층을 주변방언과의 비교를 통해 판별해 낼 수도 있다.

또한 다음과 같은 경우도 있을 수 있다. 다음은 粵北土話 臻攝開口三等 陽聲韻의 예이다.

樂昌長來	樂昌皈塘	仁化石塘
ãi, iŋ, ɛŋ	ai	ɛŋ

예의 세 지역은 지리적으로 인접해 있고, 방언의 특성도 대부분 서로 일치해 粵北土話 지역 내에서도 같은 土話群으로 분류되는 방언들이다. 그런데 臻攝開口三等 陽聲韻의 발음을 보면, 皈塘방언과 石塘방언에서는 한 가지의 발음밖에 없지만, 長來방언에는 세 가지의 발음이 존재한다. 張雙慶(2000)[92]에 의하면 長來방언 臻攝開口三等 陽聲韻의 세 가지 발음 중 [ãi]는 白讀 층에 속하며, [iŋ]과 [ɛŋ]은 文讀 층에 속한다고 한다. 그렇다면 우리는 長來방언의 文讀과 白讀 두 어음 층 발음에 근거해 皈塘방언과 石塘방언 발음의 文白讀 여부도 추측해 볼 수 있다. 즉 皈塘방언의 [ai]는 長來방언의 [ãi]와 대응되는 白讀 층의 발음일 가능성이 높고, 石塘방언의 [ɛŋ]은 長來방언의 [ɛŋ]과 대응되는 文讀 층의 발음일 가능성이 높다고 판단해 볼 수 있다.

---

92) 張双慶 主編, 『樂昌土話研究』, 廈門大學出版社, 1998年:53-127, 字音對照表.

(5) 음가의 유사성 역시 방언 중의 어음 층을 판별하는 참고사항이 될 수 있다. 예를 들어, 廣東省 북부의 粵北土話 중 韶關西河, 曲江犁市, 乳源 桂頭, 連州附城 등 방언 眞(臻), 殷, 侵, 蒸韻字의 운모는 [aŋ] 혹은 [an]으로 발음되고, 仙, 元, 先, 鹽, 嚴, 添韻字의 운모는 [εn] 혹은 [en]으로 발음된다. 이 때 [i] 介音은 단지 零聲母 음절에서만 나타나고, 기타 자음 성모 뒤에서는 이미 모두 소실되었다(한어방언 중 이와 같은 開口三四等韻字의 발음에는 中古音에서처럼 일반적으로 [i] 介音이 나타난다). 예를 들어 보면 다음과 같다.

	冰	深	斤	引	天	尖	嫌	延
曲江犁市	paŋ¹	ts'aŋ¹	kaŋ¹	iaŋ³	t'εn¹	tsεn¹	hεn²	iεn⁴
連州附城	pan¹	san¹	kan¹	ian⁴	t'en¹	tsen¹	hen²	ien²

이와 같은 眞(臻), 殷, 侵, 蒸 仙, 元, 先, 鹽, 嚴, 添韻字 운모의 음가 그리고 자음 성모 뒤에서 [i] 介音이 소실되는 현상은 주변의 客家방언, 湘방언, 官話방언 등 방언과 비교를 해 보아도 유사점을 찾기 힘들다. 그러나 粵방언의 상황과는 매우 흡사하다. 粵방언 중 眞(臻), 殷, 侵, 蒸韻字의 운모는 일반적으로 [ɐn], [ɐm], [ɐŋ] 등으로 발음된다. 음가가 상술한 粵北土話의 眞(臻), 殷, 侵, 蒸韻字 음가와 매우 흡사함을 알 수 있다. 또한 [i] 介音이 소실된 상황도 상술한 粵北土話의 경우와 똑 같다. 즉 粵방언에서도 일반적으로 [i] 개음은 단지 零聲母 음절에서만 나타나고, 기타 자음 성모 뒤에서는 모두 소실되어 나타나지 않는다. 다음은 粵방언의 대표 방언인 廣州방언의 예이다.93)

---

93) 廣州방언의 예는 北京大學中文系『漢語方音字匯(第二版重排本)』(語文出版社, 2003年) 중의 예를 인용하였다.

	民	眞	斤	引	深	飮	珍
廣州	men²	tʃen¹	ken¹	jen⁴	ʃem¹	jem³	tʃen¹

粵방언 중 仙, 元, 先, 鹽, 嚴, 添韻字의 운모는 일반적으로 [in], [im] 등으로 발음된다. 이와 같은 발음은 상술한 粵北土話의 仙, 元, 先, 鹽, 嚴, 添韻字 운모의 발음과는 분명 차이가 있는 것처럼 보인다. 그렇지만 상술한 粵北土話 지역 주변에 분포되어 있는 陽山(布田), 連縣(淸水) 등 廣東省 북부 粵방언의 경우는 仙, 元, 先, 鹽, 嚴, 添韻 중 상당수의 글자들이 [ɛn] 혹은 [en]으로 발음된다. 예를 들어보면 다음과 같다.[94]

	驗	扁	甜	念	嫌	天	見	年
陽山(布田)	ŋen⁶	pen³	ten²	nen⁴	hen²	t'en¹	ken⁵	nen²
連縣(淸水)	nɛn⁶	pɛn³	tɛn²	nɛn⁶	hɛn²	t'ɛn¹	kɛn⁵	nɛn²

또한 李新魁(1994)[95]에 의하면 佛山, 南海 등 粵방언 및 廣西省 일부 소수민족 언어 중의 粵방언 차용어 중에도 仙, 元, 先, 鹽, 嚴, 添韻字를 [ɛn(ɛm)] 혹은 [en(em)]으로 발음하는 현상이 존재하며, 廣州市의 白雲區 人和鎭에서도 이러한 글자들을 [ɛn(ɛm)]으로 발음한다고 한다. 이상의 상황으로부터 추론해 보면 廣東省 북부의 韶關西河, 曲江犁市, 乳源桂頭, 連州附城 등 방언 眞(臻), 殷, 侵, 蒸韻字의 운모 [aŋ], [an]과 仙, 元, 先, 鹽, 嚴, 添韻字의 운모 [ɛn], [en]은 粵방언의 영향과 관련된 어음 층일 수 있다고 판단해 볼 수 있다. 특히 韶關西河, 曲江犁市, 乳源桂頭, 連州附城방언 지역의 대외 통용어가 粵방언이라는 점을 감안하면 이러한 추론은 더

---

94) 廣東省 북부 粵방언의 예는 詹伯慧, 張日昇 『粵北十縣示粵方言調査報告』(暨南大學出版社, 1994年) 중의 예를 인용하였다.

95) 李新魁, 『廣東的方言』, 廣東人民出版社, 1994年:150-172.

욱 설득력을 가질 수 있다.

(6) 古音의 분류에서 서로 다른 부류의 음이 통합되거나, 같은 부류의 음이 분리되는 관계를 통해서도 어음 층을 판별 해 낼 수 있다. 다음은 粵北土話 蟹攝開口一等韻의 독음을 정리해 놓은 것인데, 蟹攝開口二等韻과의 통합여부에 근거해 두 개의 어음 층으로 분류하였다.

	雄州	百順	西河	石塘	長來	畈塘	附城	豊陽	犁市	桂頭
어음 층 1	ɒc	ae	ɒc	a	u	a	ou	ai		
어음 층 2	ɵ	ʉ	oi	ua	ʌu	ua	u/ɔi	oi	oə	u

어음 층1은 蟹攝開口一等韻의 독음 중 蟹攝開口二等韻과 똑같이 발음되는 독음(즉 二等韻의 발음과 통합된 一等韻 글자들의 독음)을 정리한 것이고, 어음 층2는 蟹攝開口二等韻과 구분되는 蟹攝開口一等韻의 독음을 정리한 것이다. 어음 층1을 형성하는 글자들은 지역에 따라 차이는 있지만 대부분 상당수의 글자들이 어음 층1을 형성하고 있다. 다음은 雄州방언을 예로 蟹攝開口一等韻의 두 어음 층에 속한 글자들을 예시해 본 것이다.

어음 층1 [ɒc]: 待怠殆戴态贷代带太泰大~夫耐奈赖癞猜宰载在再赛蔡凯概慨
어음 층2 [ɵ] : 胎台苔抬袋来灾才材财裁菜该开改盖碍海亥害埃爱

그러나 犁市방언과 桂頭방언에서는 一等韻과 二等韻의 발음이 통합된 부분 없이 확연히 구분된다(犁市방언의 一等韻은 [oə]로 발음되고, 二等韻은 [a]로 발음되며, 桂頭방언의 一等韻은 [u]로 발음되고, 二等韻은 [ia]로 발음된다). 주변의 客家방언이나 粵방언에서도 蟹攝開口一等韻과 二等韻은 일반적으로 구분하여 발음된다.[96) 북방 방언에서는 一等韻과 二等韻이 구분되는 경우가 드물지만, 남방 방언에서는 구분되는 경우가 많은데,

이는 一, 二等韻의 구분에 있어서 남방 방언이 북방 방언보다는 古音에 가까운 발음을 유지하고 있는 것으로 볼 수 있다. 그렇다면 粤北土話 蟹攝開口一等韻의 독음 중 일부가 二等韻과 똑같이 발음되는 현상은 무엇을 의미하는가? 이는 아마도 蟹攝開口一, 二等의 구분이 없는 북방 방언을 모방하는 유추(類推) 작용의 결과로 보여진다. 즉 외래 방언의 성분이 직접 글자의 독음에 영향을 준 것이 아니라, 글자 음과는 상관없이 古音을 단위로 하여 통합 혹은 분리되는 유형별 특징을 모방하는 유추작용으로 어음 층이 형성된 것으로 판단해 볼 수 있다.

(7) 古音의 지나친 합류관계는 기층(基層) 성분일 가능성이 있다. 粤北土話와 湘南土話 중에는 咸山攝開口三四等과 深臻曾梗攝開口三四等의 발음이 통합되는 어음 층이 존재한다. 대부분이 [ai]류([ãi], [ai], [ɛi], [ei] 등) 혹은 [ie]류([iẽ], [ie], [iɛ] 등)의 발음이다. 예를 들어보면 다음과 같다.

樂昌長來(粤北): 廉咸lãi² 連山lãi² 林深lãi² 隣臻lãi² 陵曾lãi² 領梗lãi²
宜章赤石(湘南): 陝咸sɛi³ 戰山tsɛi¹ 針深tsɛi¹ 陣臻ts'ɛi⁵ 勝曾sɛi⁵ 聲梗sɛi¹

湖南省 江永방언과 道縣방언에는 이러한 부류의 발음이 通攝一三等, 曾攝開口一等, 梗攝開口二等, 臻攝開口一等 및 合口一三等에서도 나타난다.

江永: 憐先lai² 心侵sai¹ 民眞mai² 陵蒸lai² 萍青pai² 送東一sai⁵ 風東三pai¹
　　　 贈曾tsai⁶ 粳庚二kai³ 恨痕hai⁶ 本魂pai³ 迅諄sai⁵
道縣: 邊先piɛ¹ 林侵liɛ² 眞眞tɕiɛ¹ 蒸蒸tɕiɛ¹ 經青tɕiɛ¹ 送東一ɕiɛ⁵ 終東三tɕiɛ¹
　　　 層曾tɕ'iɛ² 埂庚二kiɛ⁵ 根痕kiɛ¹ 門魂miɛ² 裙文kiɛ²

---

96) 客家방언과 粤방언에서는 일반적으로 一等韻은 [ɔi] 혹은 [oi]로 발음되고, 二等韻은 [ai]로 발음된다.

이와 같은 비정상적인 합류관계는 주변의 客家방언, 粤방언, 湘방언은 물론 일반적인 한어방언에서도 나타나기 힘든 현상이다. 그렇다면 이러한 현상이 나타나는 원인은 漢語 외적인 요인 때문일 가능성이 크다고 할 수 있다. 粤北土話와 湘南土話의 분포 지역은 고대로부터 壯侗族의 거주 지역이었다. 粤北土話와 湘南土話 중에 나타나는 이러한 비정상적인 통합관계는 아마도 고대로부터 이어온 이 지역의 기층 언어와 관련이 있다고 보여진다. 아마도 당시의 기층 언어는 모음이나 운모 체계에 있어서 漢語에 비해 상당히 단순화된 특성을 가지고 있었을 것이다. 따라서 漢語를 사용하는 과정 중 모어의 간섭으로 인하여 상술한 현상과 같은 단순화된 특성을 나타내게 되었다고 볼 수 있다.

참고문헌

北京大學中文系語言學敎硏室, 『漢語方言字彙(第二版)』, 文字改革出版社, 1989年.
陳章太, 李行健 主編, 『普通話基礎方言基本詞彙集』, 語文出版社, 1996年.
陳忠敏, 「語音層次的定義及其鑒定的方法」, 『歷史層次與方言硏究』, 上海敎育出版社, 2007年:135-165.
沈鐘偉, 「語言轉換和方言底層」, 『歷史層次與方言硏究』, 上海敎育出版社, 2007年:106-134.
崔榮昌, 李錫梅, 「四川境內的"老湖廣話"」, 『方言』1986年 第2期.
方松熹, 「浙江吳方言里的兒尾」, 『中國語文』1993年 第2期.
何大安, 「語言史硏究中的層次問題」, 『歷史層次與方言硏究』, 上海敎育出版社, 2007年:11-21.
李新魁, 『廣東的方言』, 廣東人民出版社, 1994年:150-172.
李新魁, 黃家敎, 施其生, 麥耘, 陳定方, 『廣州方言硏究』, 廣東人民出版社, 1995年:41-43, 66.
李永明, 「臨武方言-土話與官話的比較硏究」, 1988年, 湖南人民出版社.
王福堂, 『漢語方言語音的演變和層次』, 語文出版社, 1999年:5, 66.

王福堂, 「漢語方言語音中的層次」, 『語言學論叢』 第27輯, 商務印書館, 2003年:1-10, 31.

王洪君, 「文白異讀與疊置式音變」, 『語言學論叢』 第17輯, 1992年:122-154.

許寶華 「論入聲」, 『漢語方言論集』, 北京語言文化大學出版社, 1997年: 217.

徐通鏘, 『歷史言語學』, 商務印書館, 1996年:353-355.

楊秀芳, 「論文白異讀」, 『歷史層次與方言研究』, 上海教育出版社, 2007年:81-105.

詹伯慧, 張日昇, 『粵北十縣示粵方言調查報告』, 暨南大學出版社, 1994年, 字音對照表.

張盛裕, 「潮陽方言的文白異讀」, 『方言』, 1979年 第4期.

張双慶 主編, 『樂昌土話研究』, 廈門大學出版社, 1998年, 字音對照表.

鄭張尙方, 『吳語和閩語的比較研究』, 上海教育出版社, 1995年:13-17.

제2부

개별 현상에 대한 분석

제6장

漢語方言 兒化(兒尾) 중 '兒'음의
발전 과정에 대한 小考

　　普通話 중에는 2개의 '兒'字가 있다. 하나는 '아이(아들, 젊은이)'라는 구체적 의미를 가진 '兒'로서, '嬰兒 in^{55} $ər^{35}$', '幼兒 iou^{51} $ər^{35}$' 등의 단어에서 사용되는 '兒'이다. 이 때 '兒'은 하나의 독립적인 음절로 발음된다. 다른 하나는 구체적인 의미가 없는 일종의 접미사 '兒'이다. 예를 들어 花兒[$xuar^{55}$], 歌兒[$kɣr^{55}$] 등의 단어에서 나타나는 '兒'이다. 이 때 '兒'은 독립적인 음절로 발음되지 못하고, 앞 음절과 결합되어 앞 음절 발음의 구성성분이 된다. 우리는 후자의 경우를 '兒化' 현상이라 칭한다. 그런데 漢語方言의 兒化 현상 중에는 '兒'음이 앞 음절과 결합되지 않고 독립적으로 발음되는 경우도 볼 수 있는데, 이러한 경우는 '兒'음이 앞 음절과 결합(융화)되어 한 음절로 발음되는 兒化 현상과 구분하기 위해 보통 '兒尾'라는 명칭을 사용한다. 예를 들어 湖南省 安鄕방언 兒化에서 '兒'은 앞 음절과 결합되지 않고 독립적인 (경성)음절로 발음되는 '兒尾'이다.

鳥兒 $liau^{21}$ · ᠀, 缸兒 kan^{55} · ŋ᠀.[97]

---

97) 應雨田, 「湖南安鄕方言的兒化」, 『方言』1990年 第1期:52-59.

兒化(兒尾)의 어법적 기능은 본래 '작다(小稱)', '사랑스럽다, 좋아한다 (愛稱)' 등의 감정색채를 표현하는 것인데(兒化(兒尾)의 이러한 어법적 기능을 이하 내용에서는 '小稱'의 의미라 통칭한다), 漢語方言에서 나타나는 兒化(兒尾)의 발음 유형은 실로 복잡하고 다양하다. 이러한 복잡성과 다양성은 무엇보다 '兒'의 발음이 지역에 따라 다양한 차이를 보이기 때문이라고 판단되는데, 몇몇 방언의 예를 들어 보면 다음과 같다. 浙江省 遂昌방언에서는 '兒'音이 [ȵie]로 발음되며, 溫州방언에서는 성절비음 [ŋ]으로 발음된다. 安徽省 休寧방언에서는 '兒'音이 앞 음절과 결합되어 앞 음절 韻尾 위치에서 [-n]의 형태로 발음되고, 浙江省 金華방언에서는 '兒'音이 앞 음절 운모 주요 모음의 鼻化 성분으로 나타난다. 浙江省 杭州방언, 山西省 武鄕방언에서 '兒'音은 성절유음 [l] 혹은 [-l]운미 형태의 음절인 [əl]로 발음되고, 貴州省 遵義 방언과 河南省 泌陽방언에서는 권설화된 유음 [ɭ]로 발음된다. 山西省 平定방언의 '兒'音도 권설음의 특성을 띤 유음 [ɭ]이지만, 兒化가 될 때는 [ɭ]가 성모와 운모 사이 介音 위치로 이동하여 성모와 함께 복자음 형태로 발음된다. 北京을 비롯한 대부분의 북방 방언 지역에서 '兒'音은 보통 권설모음 [ər](혹은 [ɚ])이지만 甘肅省 蘭州방언, 河南省 洛陽방언 등에서의 '兒'音은 [ɯ]이며, 雲南省 保山방언의 '兒'音은 [æ]이고, 昆明방언의 '兒'音은 [ə], 江蘇省 揚州방언의 '兒'音은 [a]이다.

그렇다면 漢語方言 중에 이와 같이 다양한 형태의 '兒'音이 나타나는 이유는 무엇일까? 止攝支韻開口三等 日母字인 '兒'의 中古音은 [ȵʑie] (Berenhard Kalgren, 高本漢), [ȵie](李榮) 등으로 재구되지만, 中古 이후 漢語方言 중의 '兒'音은 지역마다 서로 다른 변화의 과정을 거쳐 왔고 또 지역마다 서로 다른 변화의 단계에 머물러 있는 것이기 때문에 현재와 같은 다양한 양상을 나타내고 있는 것이라고 볼 수 있다. 본 장에서는 우선 이와 같이 다양한 형태로 나타나는 한어방언 중의 '兒'音을 발음 유형별로

묶어 재차 정리해 본 다음, 그것에 대한 분석을 토대로 한어방언 '兒'音의
발전 과정과 변화 원리에 대해 필자의 의견을 제시해 보고자 한다.

1. 漢語方言 兒化(兒尾) 중 '兒'의 발음 유형[98]

① 비음형(鼻音型)

남부 吳방언의 일부 지역에서는 '小稱'의 의미를 가지고 있는 '兒尾'가
鼻音 성모와 모음 운모 그리고 독립적인 성조를 가진 하나의 완전한 음절
로 발음된다. 예를 들어 遂昌방언, 衢州방언, 蘭溪방언에서 '兒'은 각각
[nie], [ni], [nə]로 발음되는데 일부 명사 뒤에서 '小稱'의 의미 기능을 갖
는다. 예를 들어 보면 다음과 같다[99](성조는 '五度標調法'에 의거 숫자로
성조값을 직접 표기하였는데[100], 원저에 성조값이 표기되어 있지 않은 경
우는 본 장의 예시에서도 성조값을 표기하지 못하였다).

遂昌: 小鸡儿 ɕieɯ$^{52/53}$ ie$^{55/52}$ nie$^{221/212}$ 猫儿 mieɯ^{221} nie$^{221/212}$
蟀蟀儿(蟋蟀) ɕyɪʔ^5 ɕyɪʔ^5 nie^{221} 讨饭客儿(乞丐) tʼuɤ^{52} vaŋ^{212} kʼeʔ^5
nie^{221}

---

98) 漢語方言 중의 兒化(兒尾) 현상은 주로 (1) 북방 官話方言 지역, (2) 지리적으로 인
   접해 있는 (浙江省을 중심으로 분포한) 吳방언 지역, (安徽省을 중심으로 분포한) 徽
   州방언 지역, 贛방언의 일부 지역, (3) (廣東省을 중심으로 분포한) 粤방언 지역에서
   나타난다. 그 외는 극히 일부 지역에서만 산발적으로 나타날 뿐이다. 王福堂, 『汉语
   方言语音的演变和层次』, 语文出版社, 2005年:150.

99) 曹志耘, 『南部吳语语音研究』, 商务印书馆, 2002年:137。方松熹「浙江吳方言裏的兒尾」,
   『中國語文』1993年 第2期:135, 137.

100) 성조의 상대적인 높이를 '低, 半低, 中, 半高, 高'의 다섯 등급으로 나눈 다음 각각
   에 해당되는 높이를 숫자 1, 2, 3, 4, 5로 표기하는 방법. 예를 들어 普通話의 4개
   성조는 각각 제1성(陰平) 55, 제2성(陽平) 35, 제3성(上聲) 214, 제4성(去聲) 51
   과 같이 표기할 수 있다.

衢州: 小伢兒(小孩子) ɕia ŋa n̠i　囡兒(女孩兒) na n̠i　刀兒 tɔ n̠i　瓶兒 biŋ n̠i

蘭溪: 猫兒 mɔ nə　桃兒 dɔ nə　刀兒 tɔ nə　杯兒 pe nə

浙江省 余杭, 溫州, 永嘉 등 지역에서는 兒尾가 성절비음 [n̩], [ŋ̍]으로 발음된다.[101]
余杭: 烏兒(幼蠶) u⁴⁴ ŋ̍⁴⁴　襪兒 mə ʔ² ŋ̍³¹
　　小娘兒(小姑娘) ɕia⁵³ nia¹¹ ŋ̍³³　翼關毛兒(翅膀) iɔʔ⁵ kuɛ⁴⁴ mɔ⁴⁴ ŋ̍⁴⁴

溫州: 孫兒 sø³¹/¹¹ ŋ̍³¹/¹³　刷 sø³¹³/³⁵ ŋ̍³¹/⁵　羊兒 ji³¹/¹¹ ŋ̍³¹/¹³　碟 di³¹³/³⁵ ŋ̍³¹/⁵

浙江省 義烏, 武義, 平陽 등 지역과 安徽省 休寧, 績溪 등 지역에서는
'兒'音 [n] 혹은 [ŋ]이 독립된 음절로 발음되지 않고, 앞 음절의 韻尾 위치
에서 앞 음절과 함께 하나의 음절로 발음된다. 義烏방언과 平陽방언의 예
를 들어 보면 다음과 같다.[102]

義烏: 鞋 ɦa + 兒 n̠ → 鞋兒 ɦaːn̠　　鉤 kɯ + 兒 n̠ → 鉤兒 kəːn̠
　　　塞 sai + 兒 n̠ → 塞兒 seːn̠　　桌 tsau + 兒 n̠ → 桌兒 tsoːn̠

平陽: 刀 tœ⁴⁴ + 兒 ŋ̍²¹ → 刀兒 tœ⁴⁴ ŋ̍²¹/¹³ 혹은 tœːŋ²⁴
　　　兎 t'y³² + 兒 ŋ̍²¹ → 兎兒 t'y³² ŋ̍²¹/¹³ 혹은 t'yːŋ²⁴
　　　被 bi³⁵ + 兒 ŋ̍²¹ → 被兒 bi³⁵ ŋ̍²¹/¹³ 혹은 biːŋ¹³
　　　鞋 ɦa²¹ + 兒 ŋ̍²¹ → 鞋兒 ɦa²¹ ŋ̍²¹/¹³ 혹은 ɦaːŋ¹³

義烏방언의 경우는 兒尾音 [n̠]이 앞 음절 운미에서 발음될 때 앞 음절
의 주요 모음(핵모음, 韻腹)이 장모음으로 변화하는데, 이 때 일부 운모는

---

101) 徐越, 『杭嘉湖方言语音研究』, 北京语言大学博士学位论文, 2005年:86-87. 鄭張尚芳,
　　「溫州方言兒尾詞的어음 변화(一)」, 『方言』1980年 第4期:249-250.

102) 傅建国, 「浙江义乌话的[n]尾韵及其音变」, 『方言』2002年 第2期:169-176. 袁家驊 等, 『漢
　　語方言槪要(第二版)』, 語文出版社, 2001年:96. 陳承融, 「平陽方言記略」, 『方言』1979年
　　第1期:47-74.

주요 모음(혹은 주요 모음과 모음운미)의 음가도 함께 변화한다. 浙江省 平陽방언의 경우 '兒'의 발음은 성절비음 [ŋ]인데 兒尾로 기능할 때 '兒' 은 앞 음절과 독립적으로 발음되기도 하고, 앞 음절과 결합되어 앞 음절 韻尾 위치에서 발음되기도 한다('兒'이 앞 음절과 독립적으로 발음될 때 '兒'음은 경성으로 발음된다). 武義방언과 休寧방언의 경우는 '兒'음이 앞 음절 운미 위치에서 발음될 때 주요 모음이 장모음화 되는 현상이 나타나 지 않는다.[103]

武義: 桃 dɤ + 兒 ŋ → 桃兒 dən   生 sa + 兒 ŋ → saŋ
      西 ɕie + 兒 ŋ → 西兒 ɕiən   鞋 ɦia + 兒 ŋ → 鞋兒 ɦiaŋ
      哥 kuo + 兒 ŋ → 哥兒 kuən   娃兒(嬰兒) ɦua + 兒 ŋ → ɦuaŋ

休寧: 核 və + 兒 ŋ → 核兒 vən   蠶 ts'a + 兒 ŋ → 蠶兒 ts'an

浙江省 金華, 湯溪방언 등에서 兒化는 앞 음절의 운모를 鼻化시키는 형 태로 나타난다. 예를 들어보면 다음과 같다.[104]

金華: 梨 li³¹³ + 兒 ŋ → 梨兒 ĩ³¹³
      兎 t'u⁵⁵ + 兒 ŋ → 兎兒 tũ⁵⁵
      四方座 si⁵⁵ᐟ³³ faŋ³³⁴ᐟ³³ zuɤ¹⁴ + 兒 ŋ → 四方座兒 si⁵⁵ᐟ³³ faŋ³³⁴ᐟ³³ zuẽ¹⁴
      刷 ɕɤ⁵⁵ + ŋ → 刷兒 ɕẽ⁵⁵

湯溪: 刀(兒) tɔ + 兒 ŋ → tɔ̃   袋(兒) de + 兒 ŋ → dẽ
      桃(兒) dɔ + 兒 ŋ → dɔ̃   (小)鷄(兒) tɕie + 兒 ŋ → tɕiẽ

103) 方松熹, 「浙江吳方言裏的兒尾」, 『中國語文』1993年 第2期:137. 王福堂, 『汉语方言语 音的演变和层次』, 语文出版社, 2005年:154.
104) 曹志耘, 『南部吳语语音研究』, 商务印书馆, 2002年:139-140。 方松熹, 「浙江吳方言裏 的兒尾」, 『中國語文』1993年 第2期:137.

② 유음형(流音型)

'兒'이 [l]로 발음되는 경우는 浙江省 杭州방언, 山西省 武鄕방언, 貴州省 遵義방언, 河南省 泌陽방언, 山東省 卽墨방언 등에서 나타난다. 浙江省 杭州방언과 山西省 武鄕방언에서 '兒'은 앞 음절 뒤에서 독립적인 성절자음 [l]로 발음된다(杭州방언의 경우는 성절자음이 아닌 [-l]운미 형태의 [əl]로 발음되기도 한다105)). 하지만 貴州省 遵義방언과 河南省 泌陽방언에서 '兒'音은 대부분의 경우 앞 음절과 융화되어 앞 음절의 끝에서 韻尾의 형태 [-l] 혹은 [-əl]로 발음된다(遵義방언 과 泌陽방언 兒化韻에서 나타나는 [l]는 舌尖後音 [l]의 특성을 나타낸다고 한다). 이 때 앞 음절 운모의 음가에도 상응하는 변화가 발생한다. 山東省 卽墨방언의 '兒'音은 권설화(舌尖後音化)된 [l]와 약화된 모음 [ə]가 합쳐진 형태인 [lə]이지만 兒化 후에는 북경어에서와 유사하게 앞 음절의 끝에서 [-er], [-ər], [-r] 등으로 발음되며 앞 음절 운모 및 성모의 음가에도 상응하는 변화를 발생시킨다.106)

杭州: 凳兒 təŋ⁵⁵ ₁l²¹³ 筷兒 kʼuɛ ₁l²¹³ 茄兒 dʑi ₁l²¹³
     瓢窶兒(窶匙) biɔ ₁kən ₁l²¹³ 索兒(绳兒) soʔ ₁l²¹³ 帕兒(手绢兒) pʼa ₁l²¹³

武鄕: 袄兒 ŋɔ²¹³・₁l 信兒 ɕiaŋ⁵³・₁l 頭兒 tʼəu³³・₁l 兎兒 tʼu⁵⁵・₁l

遵義: 指 tsๅ⁵³ 戒指兒 kai¹³ tsๅl⁵³ 鷄 tɕi⁵⁵ 灶鷄兒 tsau¹³ tɕil⁵⁵
     骨 kue³¹ 排骨兒 pʼai³¹ kul³¹ 雀 tɕʼio³¹ 麻雀 ma³¹ tɕʼyl³¹
     號 xau¹³ 外號 uai¹³ xæl¹³ 花 xua⁵⁵ 花兒 xuæl⁵⁵

105) 徐越, 「杭州方言兒綴詞硏究」, 『杭州師範學院學報』, 2002年 第2期:94.
106) 胡光斌, 「遵义方言的儿化韵」, 『方言』1994年 第3期:208-211。李宇明, 「泌阳方言的 儿化及儿化闪音」, 『方言』1996年 第4期:302-305。李荣, 『汉语方言调查手册』, 科学 出版社, 1957年:139, 141。侯精一 温端政, 『山西方言调查报告』, 山西高校联合出版 社, 1993年:97。钱曾怡, 「论儿化」, 『中国语言学报』第5期, 1995年:131-133.

泌陽 嘴 tsɿ⁴⁵　嘴兒 tsəʅ⁴⁵　　穗 sei³¹　穗兒 səʅ³¹

皮 pʼi⁵³　皮兒 pʼiəʅ⁵³　　雪 syo¹³　雪兒 syɣʅ¹³

板 pan⁴⁵　板兒 pɜʅ⁴⁵　　莊 tʂuaŋ¹³　莊兒 tʂuɜʅ¹³

卽墨 尺 ʧʼɿ⁵⁵　尺兒 tʂʼer⁵⁵　　叔 ʃu⁵⁵　小叔兒 ɕiɔ⁵⁵⁄⁴² ʂur⁵⁵

絲 θɿ²¹³　肉絲兒 iou⁴² θʳer²¹³　　鷄 tɕi²¹³　小鷄兒 siɔ⁵⁵ tɕiʳer²¹³

山西省 平定방언 '兒'음은 권설음의 특성을 띤 성절 유음 [l]이다. 平定
방언에서는 兒化가 될 때 '兒'음이 聲母 뒤 介音 위치로 이동하여 성모와
함께 복자음 형태로 발음된다. 예를 들어 보면 다음과 같다.[107]

平定: 棗 tsɒɔ → 棗兒 tsʅɒ

蛾 ŋɣ → 蛾兒 ŋʅɣ

黃 xuɑŋ → (鷄蛋)黃兒 xʅuɑ̃ŋ

鎖 suɣ → 鎖兒 sʅuɣ

球 tɕʼiɣu → 球兒 tsʼʅɣu

窩 uɣ → 窩兒 ʅuɣ

魚 y → 魚兒 zʅʊ

이 때 운모에도 변화가 있는데 齊齒呼, 撮口呼 운모는 開口呼 혹은 合
口呼 운모로 변화하며, 兒化 이후 운모 끝에서는 늘 권설모음 성분이 동
반된다. 즉 棗 tsɒɔ는 兒化 후 棗兒 tsʅɒʵ과 같이 발음된다. 平定방언과
같은 兒化 유형은 漢語方言 중에서도 매우 드문 경우인데 지금까지 보고
된 바로는 山西省 平定방언과 山東省 金鄕, 陽谷, 利津, 卽墨 등 방언 지
역에서 나타난다고 알려져 있다.[108] 山東省 金鄕방언에서는 성모와 운모
사이에 [-ɾ-]을 첨가하는 방식으로 兒化韻을 구성한다(韻尾 위치에도 권설

---

107) 徐通鏘, 「山西平定方言的"兒化"和晋中的所谓"嵌 l 词"」, 『中国语文』1981年 第6期.
108) 王洪君, 『漢語非線性音系學』, 北京大學出版社, 1999年:208.

모음 성분이 나타난다). 이 때 성모는 捲舌音 색채를 띠게 되는데, 성모가 舌尖前音 ts-, ts', s-, z-인 경우는 兒化 後 舌尖後音 tʂ-, tʂ'-, ʂ-, ʐ-로 변화한다. 하지만 舌尖後音으로 변하는 글자들은 모두 中古 知系 글자들이다. 精組 글자들은 변화하지 않고 그대로 舌尖前音으로 발음된다. 예를 들어 보면 다음과 같다.[109]

金鄕: 兜 tou → 兜兒 trour   膿 nuə̃ → 膿兒 nruə̃
        邊 piə̃ → 邊兒 priə̃r   明 miə̃ → 明兒 mriə̃r
        鷄 tɕi → 鷄兒 tɕriər   餠 piə̃ → 餠兒 priə̃r
        層 tsʔə̃ → 層兒 tʂʔə̃r   蟲 tsʼuə̃ → (小)蟲兒 tʂʼuə̃r

③ 권설모음형(捲舌母音型)

권설모음형은 북경어를 비롯한 북방 방언에서 가장 보편적인 형식이라고 할 수 있다. 兒化의 변화 규칙은 지역에 따라 다양하게 나타나지만, 沈陽, 煙臺, 濟南, 西安, 烏魯木齊, 成都, 南京, 忻州 등 수많은 지역에서 '兒'이 권설모음인 [ər]([ɚ])로 발음된다. 권설모음형에 속한 대부분의 방언에서 '兒'音은 북경어에서와 같이 앞 음절과 융화되어 앞 음절과 함께 하나의 음절로 발음되는 경우가 대부분이지만, 일부 방언 지역에서는 앞 음절과 독립적인 음절로 발음되기도 한다.

陝西省 合陽방언 山西省 壽陽방언 등에서는 '兒'이 단어(주로 명사)의 뒤에서 자체 성조를 보유한 독립된 음절로 발음된다. 예를 들어 보면 다음과 같다.[110]

---

109) 馬風如, 「山東金鄕話兒化對聲母的影響」, 『中國語文』 1984年 第4期:278.

110) 邢向東, 『合陽方言調査硏究』, 中華書局, 2010年:74-76. 侯精一 溫端政, 『山西方言調查報告』, 山西高校聯合出版社, 1993年:97。

合陽: 鞋底兒 xɛ²⁴ ti⁵² ər²¹   金魚兒 tɕiẽ³¹ n̠y²⁴ ər²¹

墨水兒 mɿ²⁴ fɿ⁵² ər²¹   眼圈兒 n̠iã⁵² tɕʻyã³¹ ɿe²¹

嘴唇兒 tɕyɑ⁵² fẽ²⁴ ɿe²¹   繩兒 ʂən²⁴ ər²¹

壽陽: 祆兒 ɳɔ⁴²³ ɿe²¹   雀兒 tɕʻiɔ²¹ ɿe²¹   蛾兒 ŋəɯ²¹ ɿe²¹   棗兒 tsɔ⁴²³ ər²¹

山西省 交城방언에서는 兒尾가 독립적인 음절이지만 경성으로 발음된
다.[111]

交城: 冰棍兒 piẽ kuə̃ĩ ər

北京市 房山지역 노인층 발음에서도 樹枝兒 ʂu⁵¹ tʂɿ⁵⁵·ər, 燈兒 təŋ⁵⁵·
ər, 哥兒 kɤ⁵⁵·ər 등과 같이 '兒'이 독립적인 경성 음절로 발음된다고 한
다. 하지만 청년층 발음에서는 樹枝兒ʂu⁵¹ tʂər⁵⁵처럼 일반적인 北京 兒化
音으로 발음된다.[112]

山西省 太原, 太谷 등 방언에서는 '兒'音이 앞 음절과 독립된 음절로 발
음되기도 하고, 앞 음절과 융화되어 앞 음절과 함께 하나의 음절로 발음
되기도 한다.[113]

太原: 馬兒 ma⁵³ ər¹¹   蝎虎兒 ɕia?² xu⁵³ ər¹¹   梨兒 li¹¹ ər¹¹

官兒 kuar¹¹   院兒 yar⁴⁵   麻雀兒 ma¹¹ tɕʻiɔur⁵³

太谷: 燕兒 iẽ⁴⁵ er²²/³²³   葱兒 tsũ̈²² er²²   蝎虎兒 ɕia?¹¹/⁴⁵ xu³²³ er²²

指頭兒 tsə?¹¹ təɯ²²/⁴⁵ er²²   手巾兒 səɯ³²³ tɕiẽr²²   曲燈兒 tɕʻyə?¹¹ fə̃r²²

111) 潘家懿,「交城方言的语法特点」,『语文研究』, 1981年 第1期. 해당 논문 내용 중 例字
의 발음이 표기된 것은 '冰棍兒' 하나뿐이다.

112) 王福堂,『汉语方言语音的演变和层次』, 语文出版社, 2005年:159. 林燾,「北京兒化韻
個人讀音差異問題」,『語文研究』1982年 第2期.

113) 喬全生,『晉方言語法研究』, 商務印書館, 2000年:99. 侯精一 温端政,『山西方言调查
报告』, 山西高校联合出版社, 1993年:389-391, 394-396.

북경을 비롯한 다수의 북방 방언에서는 '兒'음이 앞 음절과 융화되어 다양한 兒化韻을 만들어낸다. 四川省 榮昌방언에서는 兒化될 때 四呼를 구분할 수 있는 介音만 남고 모든 운모가 [ɜr] 한 가지로 발음된다.114) 이는 北京語에서 39개의 운모가 兒化 후 몇몇 운모의 통합과정을 거쳐 26개의 兒化韻으로 발음되는 현상115)과 큰 차이를 보이는 것이라고 할 수 있다.

榮昌: 橘柑兒 tɕy kɜr   電影兒 tiɛn iɜr   蛋黃兒 tan xuɜr   金魚兒 tɕin yɜr

④ 평설모음형(平舌母音型)

淸海省 西寧방언과 江西省 黎川방언에서는 '兒'음이 각각 독립된 경성 음절 [ɛ], [i]로 발음된다. 黎川방언의 경우 앞 음절의 운미가 [-m], [-n], [-ŋ]이라면 각각 [mi], [ni], [ŋi]로 발음된다. 예를 들어 보면 다음과 같다.116)

西寧: 花兒 xua⁴⁴·ɜ   棗兒 tsɔ⁵³·ɜ   電影兒 tiã²¹³ ĩə⁵³·ɜ   鞋底兒 xɛ²⁴ tsʅ⁵³·ɜ
黎川: 疤兒 pa²²·i   鴨兒 ap³·i   本兒 pɛn⁴⁴·ni   磬兒 k'iaŋ⁵³·ŋi   钳兒 k'iam³⁵/⁵³·mi

甘肅省 蘭州방언에서는 '兒'음이 [ɯ]인데, 독립된 경성음절로 발음되기도 하고 앞 음절과 결합되어 앞 음절의 韻尾 위치에서 발음되기도 한다.117)

---

114) 林燾 王理嘉, 『語音學教程』, 北京大學出版社, 1992年:166.
115) 王福堂, 『汉语方言语音的演变和层次』, 语文出版社, 2005年:164.
116) 钱曾怡, 「论儿化」, 『中国语言学报』第5期, 1995年:128. 颜森, 「黎川方言的仔尾和儿尾」, 『方言』1989年 第一期:62.
117) 高葆泰, 『蘭州方言音系』, 甘肅人民出版社, 1985년.

蘭州: 鷄兒 tɕi³¹·ɯ 혹은 tɕiɯ   兎兒 t'u²⁴/¹¹·ɯ 혹은 t'uɯ²⁴
葉兒 ie²⁴/¹¹·ɯ 혹은 ieɯ²⁴   杯兒 pe³¹·ɯ 혹은 peɯ³¹

河南省 洛陽방언의 경우도 '兒'음이 [ɯ]이지만 '兒'음이 韻尾 위치에 오지 않고 앞 음절의 韻尾 혹은 韻腹과 韻尾 성분을 대체하는 형태로 나타난다.[118]

洛陽: 盆 p'ən³¹   洗脸盆兒 si⁵³/³¹ ian⁵³ p'əɯ³¹
腿 t'uei⁵³   板凳腿兒 pan⁵³ təŋ⁴²¹ t'uɯ⁵³
蟲 tʂ'uŋ³¹   小蟲兒 siɔ⁵³ tʂ'uɯ³¹
女 ny⁵³   小閨女兒 siɔ⁵³ kuei³³ nyɯ⁵³
蓋 kæ⁴¹²   茶壺蓋兒 ts'a³¹ xu³¹ keɯ⁴¹²

雲南省 保山방언의 경우도 洛陽방언과 兒化의 방식은 유사하지만(즉 '兒'음이 앞 음절의 韻腹, 韻尾 성분을 대체하는 형식) '兒'음 [æ]라는 데 차이가 있다. 예를 들어 보면 다음과 같다.[119]

保山: 盤兒 p'æ²⁴   嘴皮兒 tsuei⁵³ p'iæ²⁴
筷兒 k'uæ²¹³   山麻雀兒 ʂaŋ³¹ ma²⁴ ts'yæ²⁴

이 이외에도 雲南省 昆明방언에서는 '兒'이 [ə]로 발음되며, 江蘇省 揚州방언에서는 [a]로, 湖北省 鄂州방언에서는 [a], [æ], [ε] 등으로 발음된다. 鄂州방언의 경우는 본래 운모 주요 모음의 다름에 따라 兒化韻의 주요 모음도 변화하는데, 본래 운모의 주요 모음이 [ɑ] 혹은 [o]이면 兒化韻의 주요 모음은 [a]로 변하고, 주요 모음이 [a]이면 [æ]로, 주요 모음이 [e] 혹은 [ə]이면 [æ]로 변화한다. 예를 들어 보면 다음과 같다.[120]

---

118) 賀巍, 『洛陽方言硏究』, 社會科學文獻出版社, 1993年:10-11.
119) 钱曾怡, 「论儿化」, 『中国语言学报』第5期, 1995年:129.

昆明: 脚底板兒 tɕiɔ³¹ ti⁵³ pə⁵³/³¹　　豆米兒 təu²¹² miə⁵³/³¹

　　　点兒 tiə⁵³/³¹　　豆腐块兒 təu²¹² fu⁵³ kʻuə⁵³/³¹

　　　肉花鱼兒 ʐu³¹ xua⁴⁴ iə³¹/⁴⁴　　蛐蛐兒 tɕʻi³¹ tɕʻiə³¹/⁴⁴

鄂州: 耙 pʻɑ⁴⁴ → 耙兒 pʻɑ⁴⁴,　　桌 tso¹³ → 桌兒 tsa¹³

　　　脚 tɕio¹³ → 脚兒 tɕia¹³　　蛙 uɑ⁴⁴ → (靑)蛙兒 ua⁴⁴

　　　牌 pʻai²¹ → 牌兒 pʻæ²¹　　官 kuan⁴⁴ → 官兒 kuæ⁴⁴

　　　車 tsʻei⁴⁴ → 車兒 tsʻɛ⁴⁴　　裙 tɕʻyən²¹ → 裙兒 tɕʻyɛ²¹

⑤ 변조형(變調型)

　浙江省 永康방언, 安徽省 績溪(華陽鎭)방언 등에서는 '小稱'의 의미를 나타내는 兒化韻이 이미 모두 사라지고 매우 규칙적인 變調 형식이 그 기능을 대체하고 있다. 예를 들어 보면 다음과 같다.[121]

永康: 平声(阴平[44]/阳平[22])은 모두 [324]로 변함 : 书 ɕy⁴⁴ → (小)书(儿) ɕy³²⁴

　　　阴上[35]은 모두 陰去[52]로 변함 : 狗 kəu³⁵ → (小)狗(儿) kəu⁵²

　　　阳上[13]은 모두 陽去[241]로 변함 : 马 mua¹³ → (小)马(儿) mua²⁴¹

　　　阴去[52]는 모두 [33]으로 변함 : 凳 niŋ⁵² → (小)凳(儿) niŋ³³

　　　阳去[241]는 모두 [11]로 변함 : 树 ʐy²⁴¹ → (小)树(儿) ʐy¹¹

績溪: 陰平[55], 上聲[213]은 陽平[44]으로 변함: 猪 tɕy⁵⁵ → 細猪 sɿ³⁵ tɕy⁵⁵/⁴⁴

　　　陽平[44]은 陽去[31]로 변함: 牛 ŋi⁴⁴ → 細牛 sɿ³⁵ ŋi⁴⁴/³¹

　　　陰去[35], 陽去[31]는 陰平[55]으로 변함: 凳 tiɑ³⁵ → 細板凳 sɿ³⁵ pɔ²¹³ tiɑ³⁵/⁵⁵

　　　入聲[32]은 [53]으로 변함: 鸭 ŋaʔ³² → 細鸭 sɿ³⁵ ŋaʔ³²/⁵³

---

120) 丁崇明, 『昆明方言語法研究』, 山東大學博士學位論文, 2005년:150. 萬幼斌, 「鄂州方言的兒化」, 『方言』1990年 第2期:103-108. 鄂州방언의 경우 본래의 운모가 [ɯ], [ɿ], [i], [u], [y] 혹은 舌根鼻音 韻尾를 가진 운모 [-ŋ]인 경우는 '兒'이 독립적인 경성음절 [a]로 발음된다. 肉絲兒 ŋəu²⁴ sɿ・a, 手背兒 səu⁴² pi³⁵・ia, 壺兒 xu²¹・ua, 樹兒 ɕy²⁴・ya, 魚網兒 y²¹ uaŋ⁴²・ŋa.

121) 袁家驊 等, 『漢語方言概要(第二版)』, 語文出版社, 2001年:84. 趙日新, 「安徽績溪方言音系特點」, 『方言』1989年 第2期:125-127. 钱曾怡, 「论儿化」, 『中国语言学报』第5期, 1995年:135.

이와 같은 변조형식은 앞뒤 음절의 상호 영향으로 인한 連讀變調 현상이 아니고, 방언 내에서 '小稱'의 어법기능을 나타내는 하나의 수단으로써 나타난 현상이라고 할 수 있다. 중국 학계에서는 이와 같은 變調현상을 보통 '小稱變調'라고 부른다.

湖北省 陽新방언에서는 兒化 과정에서 韻母가 변화하는 變韻현상과 성조가 변화하는 變調현상이 동시에 나타난다. 또한 일부 운모에서는 變韻현상이 나타나지 않고 變調만으로 '小稱'의 의미를 나타낸다. 예를 들어 보면 다음과 같다.[122]

韻母와 聲調가 동시에 변화하는 경우:

妇 fu^{33} → 妇兒 fen^{45} 媤妇 包 pɔ^{33} → 包兒 pɛn^{45} 娘 n̠iɔŋ^{212} → 娘兒n̠in^{45}
橋 tɕ'iɛ^{212} → 橋兒 tɕ'in^{45} 畵 xuɑ^{33} → 畵兒 xuæ^{45} 星 sin^{33} → 星兒 siɔŋ^{45}

聲調만 변화하는 경우:

瓶 p'in^{212} → 瓶(兒) p'in^{45} 缸 kɔŋ^{33} → 缸(兒) kɔŋ^{45} 指 tsʅ^{21}→ 指(兒) tsʅ^{45} 手指头
帽 mɔ^{33} → 帽(兒) mɔ^{45} 餐 ts'æ^{33} → 餐(兒) ts'æ^{45} 裙 tɕ'yen^{212} → 裙(兒) tɕ'yen^{45}

粵방언 지역에서도 유사한 현상이 나타나는데 廣東省 信宜방언에서는 '兒'음이 앞 음절과 결합될 때 變韻현상이 나타나는 동시에[123] 變調현상[124]도 함께 나타난다. 예를 들어 보면 다음과 같다.[125]

---

122) 黃群建, 「湖北陽新方言的小稱音變」, 『方言』 1993年 第1期:59-64.

123) 信宜 방언 兒化韻의 생성 규칙은 다음과 같다. 단모음 운모는 [-n]韻尾 운모로 변화하고, [-p], [-t], [-k]韻尾 운모는 각각 같은 조음위치의 [-m], [-n], [-ŋ]韻尾 운모로 변화한다. 이미 비음 운미를 가지고 있는 운모나 복모음으로 구성된 운모는 兒化 후에도 변화하지 않는다.

124) 信宜방언의 兒化 變調 현상은 兒化된 음절의 성조가 높은 상승조의 성조로 변화하는 것인데 '五度標記法'을 기준으로 방언 내 성조값과 비교해 본다면 57 정도의 성조값으로 방언 성조체계 내의 성조 유형과는 확연히 구분되는 성조값이다. 여기에

信宜: 花 fa → fan↗   猪 ʧy → ʧyn↗   鴨 ap → am↗   佛 fet → fen↗

雀 ʧɛk → ʧɛŋ↗   鍾 ʧuŋ → ʧʊŋ↗   杯 pui → pui↗   狗 keu → keu↗

이처럼 漢語方言 중 '小稱'의 의미를 나타내는 變調 현상은 兒化韻이
사라진 후 兒化韻의 대체 수단으로 사용되기도 하지만, 兒化 과정에서 兒
化韻과 함께 나타나기도 한다. 변조형은 본 장에서 주제로 삼고 있는 '兒'
音의 발전 과정과는 관련성이 적기 때문에 이하 본문의 내용에서는 논외
로 하기로 한다.

2. 漢語方言 兒化(兒尾) 중 '兒'音의 발전 과정

앞 절에서 살펴본 漢語方言 兒化(兒尾)音의 양상을 종합해 보면 남방
방언(특히 浙江省과 安徽省에 분포한 吳방언 지역)의 '兒'音은 대부분 鼻
音型에 속하고, 북방 방언의 '兒'音은 성모가 없는 零聲母의 권설모음형
혹은 평설모음형에 속한다고 할 수 있다. 그런데 예외적으로 남방 방언
(吳방언)에 속하는 杭州방언 그리고 북방 방언 중 河南省 및 山西省, 山東
省 등에 분포한 일부 방언 지역에서는 '兒'音이 유음 [l](혹은 권설화된 유
음 [ɭ])로 나타난다. 그리고 山西省 平定방언 등에서는 '兒'音 [l]가 성모와
운모 사이 介音 위치에서 복자음의 형태로 발음된다. 그렇다면 이와 같이
서로 다른 유형의 '兒'音은 어떠한 변화 과정을 거쳐 현재의 모습이 된 것
일까? 또 그러한 변화의 원리는 무엇이었을까? 이번 절에서는 이와 같은
문제들에 대하여 생각해 보고 필자 나름의 분석을 시도해 보고자 한다.

서는 '↗'로 표기하였다.

125) 葉國泉 唐志東, 「信宜方言的變音」, 『方言』 1982年 第1期. 王福堂, 『汉语方言语音的
演变和层次』, 语文出版社, 2005年:177에서 재인용.

'兒'의 中古音 [ȵzie]을 기준으로 보았을 때 남방 방언 '兒'音의 발전 과정은 현재 나타난 방언 자료에서도 많은 단서를 찾아낼 수 있을 것 같다. 앞 절 鼻音型의 예들을 통해 보건대 남방 방언의 '兒'音은 대부분 鼻音聲母 음절로 발전하였는데 처음에는 성모와 운모 그리고 성조를 모두 구비한 독립적이고 온전한 하나의 음절로 발음되다가 후에 輕聲 음절로 약화되는 과정을 거쳐 운모가 탈락되었고, 결국에는 앞 음절의 운미 위치에서 발음되면서 앞 음절과 함께 하나의 음절로 결합되는 과정을 거쳤을 것이라고 예측해 볼 수 있다.126) 즉 다음과 같은 가정이 가능하다.

$$ȵzie \rightarrow ȵi \rightarrow nə \rightarrow ṇ(ŋ) \rightarrow -n(-ŋ)$$

이와 같은 '兒'音의 발전 과정 중 '兒'音의 운모가 탈락되면서 성절비음 [ṇ], [ŋ]으로 발전하게 되는 과정은 매우 특수한 현상이라고 볼 수 있을 것이다. 이는 아마도 이 지역의 음운 특성과 관련이 있다고 생각된다. 漢語의 음절 구조에서 일반적으로 주요 모음(韻腹)은 없어서는 안 될 요소이다. 그러나 漢語 남방 방언 중에는 자음 하나만으로 하나의 음절이 되는 소위 성절자음이 존재한다. 예를 들어 上海방언의 '魚'는 [ŋ¹¹³]으로 발음되는데 성조는 있지만 모음은 없다. 이러한 성절자음은 통상 [n], [m], [ŋ] 등 비음 형식으로 나타나는데 漢語의 일반적 음절 구조와 비교해 볼 때 상당히 특수한 형식임에 틀림이 없다. 하지만 비음으로 구성된 성절자음은 漢語 남방 방언에서 보편적으로 나타난다. 북방 방언에서는 일반적으로 나타나지 않는다. 다음은 漢語 남방 방언 중에 나타난 성절자음을 예시해 본 것이다.127)

---

126) 鄭張尙芳(1980)(「溫州方言兒尾詞的어음 변화(一)」, 『方言』 1980年 第4期:245)에서도 다음과 같은 가정을 한 바 있다. ȵjie → ȵi → ŋ → ŋ → ŋ

127) 袁家驊 等, 『漢語方言槪要(第二版)』, 語文出版社, 2001年. 鮑厚星, 『東安土話研究』, 湖南敎育出版社, 1998年. 沈若雲, 『宜章土話研究』, 湖南敎育出版社, 1999年. 黃雪

吳방언	蘇州	m (姆, 亩)	n (你)	ŋ (五, 鱼, 儿)
	溫州	m (姆)		ŋ (儿, 误, 鹅)
湘방언	長沙	m (姆)	n (你)	
	雙峰	m (姆)	n (你)	
徽방언	屯溪	m (母, 拇, 亩)	n (午, 五)	
贛방언	南昌	m (姆)	n (你)	ŋ (五)
客家방언	梅县	m (□글자미상:대략 표준어'不'에 해당)		ŋ (五, 鱼)
閩방언	厦门	m (梅, 茅)		ŋ (方, 长, 骏, 黃, 影)
粤방언	广州	m (唔)		ŋ (吴, 五)
湘南土話	東安(花桥)	m (鹅, 梧, 磨, 饿)		ŋ (他, 五, 伍)
	宜章(赤石)			ŋ (不)
	江永			ŋ (人, 五, 案, 安, 饿, 碗)

남방 방언에서 나타나는 이와 같은 성절자음은 사실 위에서 괄호 속에 예시한 몇몇 글자들의 발음에서만 나타나는 제한된 현상이다. 하지만 성절자음으로 발음되는 이러한 소수의 글자들이 모두 구어(口語)에서 사용 빈도가 아주 높은 상용 글자들이란 점에서 성절자음은 남방 방언의 중요한 음운 특성 중 하나라고 할 수 있을 것이다. 128) 浙江省을 중심으로 한

貞, 『江永方言研究』, 社會科學文獻出版社, 1993년. 錢惠英, 『屯溪話音檔』, 上海教育出版社, 1997年.

128) 필자는 남방 방언에서 나타나는 성절자음은 역사적으로 남방 지역에 광범위하게 분포되어 있던 소수민족 언어와 밀접한 관련이 있다고 생각한다. 漢語의 남방 방언 중에 나타나는 이러한 성절자음은 사실 방언의 음운체계 내의 역사적(혹은 자연적) 음운변화 원리로는 설명하기 힘들다고 생각한다. 왜냐하면 漢語의 일반적인 음운변화 원리에 부합되지 않기 때문이다. 예를 들어 '五, 吳, 鱼' 등은 中古시기 성모가 [ŋ-]인 疑母字이고, '梅, 茅, 亩' 등은 中古시기 성모가 [m-]인 明母字이며, '你' 등은 中古시기 성모가 [n-]인 泥母字이다. 따라서 성절자음 중 中古 疑母字는 [ŋ]으로, 明母字는 [m]으로, 泥母字는 [n]으로 변하는 규칙이 있다고 볼 수 있다. 하지만 이러한 설명은 많은 예외적 현상들을 포함하게 된다. 예를 들어 广州방언의 [m](唔), 徽방언의 [n](午, 五)(疑母字), 溫州방언의 [ŋ](儿)(日母字), 東安(花桥)방언의 [m](鹅, 梧, 饿)(疑母字)와 [ŋ](他)(透母字), 宜章(赤石)방언의 [ŋ](不), 江永방언의 [ŋ](人, 案, 安, 碗)(日母 및 影母字) 등은 모두 이러한 규칙에 위배되는 글자들이다. 또한 厦门방언의 '方, 黃, 影' 등의 글자들은 모두 [ŋ]으로 발음되는데, 中古音으로 볼 때는 성모가 비음이 아닌 운미가 비음인 글자들이다. 따라서 이러한 글자들은 운미의 비음이 성절자음으로 발전되었다고 설명해야 한다. 이처럼 漢語의 남

吳방언을 중심으로 나타나는 '兒'音의 성절(비)음화는 이와 같은 남방 방언의 특수한 음운특성 하에서 형성되었다고 생각된다. 즉 鼻音 성모 음절의 '兒'音이 성절비음으로 발전한 것은 자신의 음운체계 내에 성절비음이 있었기 때문일 것이다. 자신의 음운체계 내에 성절비음이 없었다면 '兒'音이 성절비음으로 변화하는 과정은 나타나기 힘들었을 것이다.

그런데 남방 방언 '兒'음의 발음 특성을 보면 성절자음으로 변화한 '兒'音은 보통 경성화의 과정을 거친 다음 앞 음절과 결합되어 앞 음절과 하나의 음절로 발음되는 과정(최초에는 주요 모음의 장모음화 형식으로 두 음절을 구분하다가 결국에는 하나의 음절로 결합되는 과정)을 거치게 된다고 볼 수 있다. 이는 일종의 '兒'音의 약화(弱化) 과정으로 볼 수 있는데, 이는 아마도 漢語 형태소(morpheme, 語素)와 음절의 보편적 결합 규칙과 관련이 있다고 생각된다. 漢語에서 하나의 형태소는 통상 하나의 음절로 나타낸다. 雙聲 혹은 疊韻의 聯綿詞 혹은 외래어에 어원을 둔 일부 단어들에서는 두 개 이상의 음절이 하나의 형태소를 나타내기도 하지만 (琉璃, 葡萄, 玻璃, 琵琶, 糌粑 등), 漢語에서 하나의 형태소는 보통 하나의

방 방언 중에 나타나는 성절자음은 많은 경우에 있어 漢語의 일반적 변화 원리로는 설명이 곤란하다고 볼 수 있다. 뿐만 아니라 이러한 글자들과 같은 음운 위치(『切韻』음운 체계 내에서 성모와 운모의 같은 음운 위치)에 있는 글자들의 발음은 대부분 이러한 성절자음이 아니다. 즉 몇 개 소수의 글자들만 성절자음으로 발음되고 있는 것이다. 그런데 중국 남방의 소수민족 언어 중 苗族 언어에서는 비음 자음이 독립적으로 음절을 형성하는 성절자음이 보편적으로 존재한다(马学良『漢藏语概论』, 北京大学出版社, 1991년). 예를 들어 腊乙坪苗語에는 m^{35}(你), 小章 n^{35}(坐), η^{55}(鴨子) 등 [n], [m], [ŋ] 세 개의 성절자음이 모두 존재한다. 그렇다면 漢語의 역사적 발전 원리에 위배되며, 북방 방언에는 나타나지 않고 남방 방언 중에만 나타나는 성절자음은 漢語의 내적인 발전의 결과라기보다는 漢語와 역사적으로 밀접한 관련성을 갖고 있는 소수민족 언어에서 그 해답의 실마리를 찾는 것이 보다 합리적인 방법이 될 것이라 생각한다. 또한 성절자음으로 읽히는 글자들 모두가 구어(口語)에서 사용빈도가 아주 높은 상용글자들이란 점은 성절자음이 단순히 주변 방언에서 차용된 발음이 아닌 소수민족의 한어사용과 관련성이 깊은 것이라고 추측해 볼 수 있다. 즉 차용은 보통 자신의 방언 내에 표현 형식이 없는 단어를 차용하는 것이 보통인데, 예의 단어들은 그와 같은 성질의 단어들이 아니기 때문이다.

음절로 나타내는 것이 일반적이라고 할 수 있다. 그런데 독립된 음절의 兒尾를 동반한 단어의 경우는 두 개의 음절로 하나의 형태소를 나타내는 구조가 된다고 할 수 있다. 이는 아마도 漢語 사용자의 어감에는 부합되지 않는 부자연스러운 형식으로 사람들은 무의식적으로 두 개의 음절로 표현되는 하나의 형태소를 하나의 음절로 통합시키는 경향을 갖게 되는 것이라고 생각해 볼 수 있다. 이는 북경어에서 甭 pəŋ³⁵('不'pu⁵¹과 '用'ioŋ⁵¹의 슴音)에 이미 '不'과 '用' 두 개의 형태소가 포함되어 있음에도 북경사람들의 구어에서는 '甭'을 '不'와 동일화시켜 '甭用'과 같은 표현을 쓰게 되는 것과 같은 이치라고 할 수 있을 것이다.129) 즉 漢語 사용자에게 하나의 의미를 나타내는 형태소는 하나의 음절(한 글자)로 표현되는 것이 가장 자연스럽다고 할 수 있다.

남방 방언에서 '兒'音은 [n̩] 혹은 [ŋ̍]의 성절자음 형태를 거쳐 앞 음절과 하나의 음절로 결합되는 과정에서 '兒'音은 보통 앞 음절의 韻尾 위치에서 발음되게 되는데 이 때 韻尾 위치의 '兒'音은 해당 방언 운모체계의 영향을 받게 된다. 왜냐하면 비음 운미는 漢語의 음절 구조에서 가장 보편적으로 나타나는 형식이기 때문에 兒化된 비음 운미 음절은 방언 본래의 비음 운미 음절과 매우 유사한 형태가 될 것이기 때문이다. 앞 절에서 예시하였던 浙江省 武義방언의 '兒'은 단독으로 음절이 될 때는 [n̩]으로 발음되지만, 兒化 후 앞 음절의 韻尾가 될 때는 [-n]과 [-ŋ] 두 가지로 나타난다. 본래 운모가 開口韻인 경우는 兒化 후 모두 [ən] 혹은 [aŋ]으로 발음되고, 본래 운모가 齊齒韻인 경우는 兒化 후 모두 [iən] 혹은 [iaŋ]으로 발음된다. 본래 운모가 合口韻인 경우는 兒化 후 모두 [uən] 혹은 [uaŋ]로 발음되고, 본래 운모가 撮口韻인 경우는 兒化 후 모두 [yən] 혹은 [yaŋ]으로 발음된다.130) 즉 兒化韻의 주요 모음이 [ə]일 때는 韻尾가 [-n]

129) 王福堂,『汉语方言语音的演变和层次』, 语文出版社, 2005年:173.

으로 발음되고, 주요 모음이 [a]일 때는 韻尾가 [-ŋ]으로 발음된다고 할 수 있다. 武義방언 본래의 운모체계 내에서도 陽聲韻 운모 중 주요 모음이 전설 중고모음인 경우는 비음 운미가 [-n]으로 발음되고, 주요 모음이 후설 저모음인 경우는 비음 운미가 [-ŋ]으로 발음된다.131) 따라서 武義방언 兒化韻의 비음 운미 [-ŋ]은 '兒'의 고유발음이 반영된 것이 아니라 '兒'音 [-n]이 앞 음절과 결합되는 兒化 과정에서 방언 내 운모 체계의 영향으로 변화된 형태의 兒化韻 韻尾 형식이라고 할 수 있을 것이다. 특히 浙江省 중남부의 吳방언 지역에서는 中古 [-m], [-n], [-ŋ] 3개의 비음 운미가 현재 [-ŋ] 하나로 통합되어 발음되는 경우가 대부분이다.132) 필자의 관찰에 의하면 성절비음도 중남부 吳방언 지역에서는 대부분 [m]과 [ŋ̍] 두 가지만 나타난다. 따라서 이들 방언 지역에서 兒化韻의 韻尾가 [-ŋ]으로 발음된다든가(平陽방언) '兒'이 성절비음 [ŋ̍]으로 발음되는 현상(溫州방언)은 해당 방언 음운체계가 반영된 자연스런 결과라고 볼 수 있을 것이다. 즉 방언 음운체계 내에 이미 비음 운미 [-n] 혹은 성절비음 [ŋ̍]이 존재하지 않기 때문에 '兒'音도 자연스럽게 방언 화자들에게 익숙한 [-ŋ] 또는 [ŋ̍]으로 변화하였을 것이다. 앞 절에서 예시하였던 浙江省 남부의 平陽방언과 溫州방언의 경우도 방언 운모체계 내에 비음 운미는 [-ŋ] 하나만이 남아있으며, 성절비음도 [m]과 [ŋ̍] 두 가지만 나타난다.

또한 방언에 따라서는 兒化韻의 비음 운미가 사라지고 주요 모음이 鼻化되는 형태의 兒化韻이 나타나는 경우도 있는데 이 또한 해당 방언 음운체계의 영향으로 인해 형성된 결과라고 보여진다. 즉 鼻音 자질을 가진

---

130) 方松熹, 「浙江吳方言裏的兒尾」, 『中國語文』1993年 第2期:137. 傅國通(2005:77) 「武義話的小稱變音」에서는 武義방언 兒化韻의 韻尾가 [-n], [-ŋ] 두 가지로 나타난다고 밝히면서 표기는 모두 [-ŋ]으로 통일시켜 기록하고 있다.

131) 傅國通, 「武義方言的連讀變調」, 『方言』 1984年 第2期:109-127.

132) 曹志耘, 『南部吳语语音研究』, 商务印书馆, 2002年:85-88.

'兒'音이 앞 음절의 韻尾 위치에서 발음되는 현상이 오랫동안 지속되다 보면 방언 운모체계 내 비음 운미 음절과의 구조적 유사성 때문에 兒化韻과 비음 운미 운모의 구분이 모호해 질 수 있다고 생각된다. 만일 이와 같은 상황 하에서 방언 내 운모의 비음 운미가 약화되면서 탈락되고 주요 모음이 鼻化되는 변화가 나타나게 되었다면 방언 화자들은 兒化韻의 비음 운미도 방언 운모체계 내의 비음 운미와 동일한 구조로 인식하면서 함께 鼻化시킬 수 있기 때문이다. 즉 兒化韻이 주요 모음의 鼻化 형식으로 나타나는 것은 해당 방언 음운체계 내의 비음 운미 운모 역시 주묘모음의 鼻化 형식으로 변화(약화)하였기 때문이라고 볼 수 있을 것이다. 앞 절에서 예를 들었던 浙江省 金華, 湯溪방언의 경우 兒化韻은 대부분 주요 모음의 鼻化 형태로 나타나는데, 金華, 湯溪방언 운모체계 내의 비음 운미 운모(즉 陽聲韻 운모) 역시 일부 文讀(혹은 의성어나 감탄사의 발음)의 발음이 [-ŋ] 운미를 가지고 있는 것을 제외하면 대부분 鼻化韻의 형태이다.[133]

이와 같은 사실들을 종합해 볼 때 남방 방언 兒尾(兒化)의 발전 과정은 다음과 같이 정리할 수 있을 것 같다. 단어(주로 명사)의 뒤에서 '小稱'의 의미를 나타내는 '兒'은 최초 형성시기에는 聲母와 韻母 聲調를 모두 구비한 독립된 음절로 발음되지만, 점차 '兒'음절 발음의 약화(弱化)가 진행되면서('兒'음절 발음의 약화 현상은 漢語의 형태소-음절 구성의 구조적 제약과 관련이 있다고 볼 수 있다) 韻母가 탈락되고 남방 방언 특유의 성절비음 형태가 된다. 성절비음 형태의 '兒'음절은 다시 성조를 잃어버리고 輕聲 음절이 되면서 점차 앞 음절과 하나의 음절로 결합되는 과정이 진행되게 된다('兒'음절의 輕聲化 과정이 없었다면 '兒'음절이 앞 음절과 결합되는 과정은 나타나기 힘들었을 것이다). 輕聲化 된 성절비음 형태의 '兒'音은 앞 음절과 결합되면서 앞 음절의 韻尾 위치에서 발음되게 되는

---

133) 曹志耘, 『南部吳語語音研究』, 商务印书馆, 2002年:138-140.

데, 처음에는 앞 음절의 주요 모음이 장모음화 되면서 본래의 음절과 '兒'
音을 구분하다가(앞 음절에 모음(자음) 韻尾가 있다면 모음(자음) 운미는
보통 탈락되고 그 자리에서 '兒'音이 발음된다) 결국에는 하나의 음절로
융합하게 된다(이 때 운모를 구성하는 주요 모음의 음가도 다양하게 변화
한다). '兒'音이 앞 음절의 韻尾 위치에서 발음되는 상황이 장기간 지속되
다 보면, 兒化韻과 방언 내 비음 운미 음절(中古 陽聲韻 음절) 과의 구분
이 모호해 지게 되는데, 이 때 만약 방언 내 비음 운미 음절의 비음 운미
가 약화되어 탈락하고 주요 모음이 鼻化되는 형태로 변화하였다면, 兒化
韻의 비음 운미도 함께 변화하는 현상이 나타날 수 있다.

그런데 남방 방언 중 杭州방언에서 나타나는 유음형(流音型) '兒'音 [l]
(혹은 [əl])는 기타 남방 방언에서 나타나는 비음형 '兒'音의 음가와 큰 차
이를 보인다. 이와 같은 차이는 어떻게 형성된 것일까? 杭州市 외곽 근교
의 余杭지역을 비롯한 대부분의 주변 방언 지역에서 '兒'音은 모두 비음
인 [n] 혹은 [ŋ]으로 발음된다. 그런데 주변 방언들과는 다르게 杭州 지역
에서만 유독 유음형인 [l]로 발음된다고 한다. 이와 같은 특이한 현상에
대해 鄭張尙芳(1980:245), 方松熹(1993;138)에서는 南宋이 杭州에 도읍을
정한 후 북방 방언(中原官話)의 영향 하에서 생긴 현상일 것이라고 추정
하였다. 徐越(2002:94-95) 등의 연구에서도 동일한 결론을 내리고 있다.
그렇다면 杭州방언의 '兒'音은 杭州방언 고유의 발음이 아닌 古代의 文讀
音일 가능성이 크다고 볼 수 있다. 즉 杭州방언 고유의 '兒'音은 본래 주
변방언과 마찬가지로 비음형인 [n] 혹은 [ŋ]이었지만, 南宋 이후 북방 中
原지역 주민들이 대거 유입되면서 유음형인 [l]혹은 [əl]로 교체되었다고
볼 수 있을 것이다. 실제로 주변 蘇州방언의 경우 '兒'의 白讀音은 [n] 혹
은 [ɲi]이고, 文讀音은 [l]이며[134], 義烏방언에서도 '兒'의 白讀音은 [n]이

134) 北京大學中國語文學系 語言學敎硏室 編, 『漢語方音字彙』(第二版重排本), 語文出版社,

고, 文讀音은 [əl]이다.[135] 그런데 漢語方言에서 文讀音은 일반적으로 자신의 방언 음운체계의 범위(음소의 구성, 성모와 운모의 배합관계, 성조값의 유형 등)를 벗어나지 않는 것이 일반적이다. 만일 유입된 외래 방언 성분의 발음이 자신의 음운체계를 벗어난 발음이라면 스스로의 조정과정을 거쳐 방언 음운체계 내에 있는 유사한 발음으로 대체하여 수용하는 것이 일반적이다. 예를 들어 江蘇省 蘇州방언에서 奉母字 '肥'의 발음은 文讀이 vi^{24}이고 白讀이 bi^{24} 인데[136] 이 중 文讀 발음은 官話방언의 [fei]가 蘇州방언 음운체계에 적응하면서 조정되어 변화된 발음이라고 할 수 있다. 蘇州방언 음운체계 내에는 순치마찰음 [f]와 [v]가 모두 존재하는데 (奉母) 陽平字(中古 平聲, 현 陽平)는 유성음으로 발음하는 습관 때문에 官話의 [f]를 [v]로 대체시킨 것이며(蘇州방언 中古 全濁聲母는 현재에도 여전히 유성음으로 발음된다), 또 蘇州방언 성모 운모의 배합 규칙에 따르면 순치마찰음 뒤에는 [ei]와 같은 운모가 올 수 없고 단모음 [i]만이 올 수 있기 때문에 운모도 [ei]가 아닌 [i]로 발음하게 된 것이라고 볼 수 있다. 이처럼 文讀의 발음은 통상 白讀音의 음운체계를 벗어나지 않는다. 그런데 杭州방언에서 나타나는 성절화된 유음 [l](혹은 [l̩]가 운미 위치에서 발음되는 [əl])은 杭州방언의 음운체계를 벗어난 발음이라고 볼 수 있다. 杭州방언에서 日母字 성모는 현재 대부분 [z-]로 발음되는데(日zəʔ^2, 忍zəŋ^{13}, 染zuõ^{13}, 讓zæ^{13} 등), 일부 극소수의 글자들만이 [ŋ̺-] 성모로 발음된다(絨ŋ̺ioŋ^{213}, 軟ŋ̺yõ^{53}, 靭ŋ̺in^{13} 등). 이는 白讀 성모 [ŋ̺-]가 대부분의 단어에서 文讀 성모 [z-]로 교체(치환)되었기 때문이다.[137] 그런데 杭州방언

---

135) 方松熹, 「浙江吳方言裏的兒尾」, 『中國語文』1993年 第2期:136.

136) 北京大學中國語文學系 語言學敎硏室 編, 『漢語方音字彙』(第二版重排本), 語文出版社, 2003年:160. 袁家驊 等, 『漢語方言槪要(第二版)』, 語文出版社, 2001年:58-78.

137) 王福堂, 『汉语方言语音的演变和层次』, 语文出版社, 2005年:43. 徐越, 「杭州方言語音的內部差異」, 『方言』, 2007年 第1期:11.

日母字 중 止攝開口三等字 '兒, 耳, 二' 등만이 성절유음 [l] 혹은 [-l]운미 음절인 [əl]로 발음된다. 이는 杭州방언 본래의 음운체계 내에는 존재하지 않는 예외적 발음이라고 할 수 있을 것이다. 하지만 漢語方言 중에는 文讀의 발음이 방언 본래의 음운체계 범위를 벗어나는 예외적인 경우도 존재한다. 山西省 臨猗방언에서는 '兒', '耳', '二' 등의 文讀 발음이 [ʌr]인데, 이러한 운모형식의 발음은 방언 白讀체계 내에서는 절대 나타날 수 없는 예외적 발음이라고 한다.138) 이는 아마도 이러한 운모의 발음이 방언 음운체계 내의 발음으로는 모방하여 대체하기가 힘들기 때문에 부자연스럽지만 그대로 수용하여 발음하게 된 결과라고 할 수 있을 것이다. 다만 이러한 예외적 文讀 발음을 구성하는 음소는 방언 내에 이미 존재하는 음소일 때 가능할 것이다. 즉 음소 간 조합이 상이할 뿐 운모를 구성하는 음소는 방언 내에서 수용할 수 있는 기존의 음소를 사용하게 될 것이다.

그렇다면 杭州방언의 '兒'音은 北方官話의 어떠한 성분을 수용한 것일까? 앞 절에서 예를 들었던 유음형 兒尾(兒化)音 중 山西省 武鄉방언, 貴州省 遵義방언, 河南省 泌陽방언, 山東省 卽墨방언은 모두 북방 방언의 예들이다. 그 중 武鄉방언과 泌陽방언은 古代 中原지역에 속했던 방언이라고 할 수 있다. 그렇다면 杭州방언에서 수용한 古代 北方官話의 '兒'音은 유음형이었을까? 아니면 현재 북방 방언에서 보편적으로 나타나는 바와 같은 권설모음형이었을까? 유음형이었든 권설모음형이었든 杭州방언의 '兒'音은 당시 북방사람들이 쓰던 官話音을 (자신들에게는 부자연스럽지만) 최대한 유사하게 모방하여 사용하였던 결과로 현재의 '兒'音이 형성된 것이라고 볼 수 있을 것이다. 이하 내용에서는 현재 북방 방언에서 나타나고 있는 권설모음형 '兒'音과 유음형 '兒'音에 대한 관찰을 토대로 북방 방언 '兒'音의 역사적 변화 과정을 가정해 보고 또 그것을 통해 古代

---

138) 楊秀芳, 「論文白異讀」, 『歷史層次與方言研究』, 上海敎育出版社, 2007年:87.

北方官話 '兒'音이 杭州방언과 어떠한 연관성을 가질 수 있는지 추정해 보고자 한다.

李思敬(1994)[139]에서는 普通話의 '兒'音은 북경지역 노인층 발음을 기준으로 볼 때 복합모음 형식으로 볼 수 있다고 하였다. 그는 周殿福・吳宗濟(1963) 『普通話發音圖譜』에서의 분석을 근거로 '兒'을 정밀 표기법 (narrow transcription, 嚴式標音)으로 표기하면 [ʌɻ]과 같이 나타낼 수 있고, 간략(총괄) 표기법(broad transcription, 寬式標音)으로 표기하면 [ɚ]과 같이 나타낼 수 있다고 하였다. 전통적으로는 '兒'音을 권설성분이 나타나는 단모음으로 간주하면서 권설 성분을 표기하기 위해 [-r]을 사용하여 [ər](혹은 [ɚ])과 같이 나타냈었는데, [-r]은 사실 권설성분의 대용부호일 뿐 실제발음이 [r]인 것은 아니며 실제 권설성분의 발음은 주요 모음 뒤에서 발음되는 舌尖後音 [-ɻ]에 가깝다고 하였다. 우리의 어감으로 보더라도 사실 普通話의 '兒' 혹은 兒化된 '花兒', '兔兒', '本兒', '歌兒' 등의 발음에서 권설성분은 혀끝을 말아 올려 혀끝이 뒤쪽을 향하게 하면서 발음하는 것이 아니라, 혀끝의 뒷부분 즉 舌尖後 부분이 경구개 쪽으로 다가가면서 발음되는 것이라고 할 수 있을 것이다. 보통화 성모 중 舌尖後音인 [tʂ], [tʂʻ], [ʂ], [ʐ]를 권설음이라고 명명하는 것도 같은 이치라고 생각된다. 따라서 '兒'音은 단모음이 아니고 주요 모음과 권설성분인 舌尖後音 [-ɻ]가 합쳐진 복합모음으로 보아야 한다는 것이다. 이는 같은 止攝 開口三 等 日母字인 '耳, 二, 貳, 而' 등의 발음에서도 마찬가지이며, [-ɻ]는 또 앞 모음에 비해 상대적으로 짧고 약하게 발음되기 때문에 모음운미의 성격을 띤다고 하였다. 李思敬(1994:106-113)에서는 또 이를 근거로 普通話 복합운모의 모음운미는 사실 [-i], [-u] 외에 [-ɻ]를 보태어 3가지가 있는 것으로 보아야 한다고 하였다.[140] 그러나 [-ɻ] 모음운미는 기타 漢語方言에서

---

139) 李思敬 著 安奇燮 譯, 『中國"兒"[ɚ]音史研究』, 상록수, 1999년:104-143.

그 예를 찾아보기가 힘들고, 이에 해당되는 글자가 너무 적으며, [-ㄴ]운미를 새로 설정하면 普通話 음운체계상의 불균형을 초래하게 되는 문제점이 있을 수 있지만[141] 普通話 '兒'의 실제 발음은(적어도 노년층의 발음은) 두 개의 모음이 합쳐진 복합모음 형태의 발음이라는 것은 긍정할 수 있을 것 같다(청년층의 발음에서는 주요 모음이 발음됨과 동시에 권설성분이 동반되는 단모음의 성격이 더 강할 수 있다). 그렇다면 漢語方言의 일반적인 음운체계 내에서도 상당히 예외적인 발음이라고 할 수 있고, 또 中古音과 발음상의 차이도 매우 큰 普通話 혹은 북방 방언 중의 권설음형 '兒'音은 어떠한 과정을 거쳐 현재의 발음으로 발전한 것일까? 필자의 판단으로 보건대 普通話의 '兒'音은 [-l]운미를 가진 [ə]과 같은 발음으로부터 유래했을 가능성이 크다고 생각한다. 왜냐하면 그래야만 북경지역 노인층 발음에서 나타나는 '兒'音의 권설성분(舌尖後音 성분)을 설명할 수 있고, 또 북방 방언 일부 지역에서 나타나는 유음형 '兒'音의 기원을 설명할 수 있으며, 더 나아가 中古音으로부터의 변화 과정도 자연스럽게 설명되어질 수 있기 때문이다. 필자는 普通話 혹은 북방 방언에서 나타나는 권설음형 '兒'音의 변화 과정은 다음과 같이 나타낼 수 있다고 생각한다.

ȵzie → ȵi → li → lə → əl (혹은 ʅ → əl) → ʅə → ʅə˞ → ɚ

中古音으로부터 [ȵi]로 발전한 '兒'音은 다시 [li]와 같은 형태로 변화하였고[142], [li]는 다시 모음 운모의 약화 과정을 거쳐 [əl](혹은 [l]→[əl])과

---

140) 林燾·王理嘉(1992:44) 『語音學教程』에서도 '兒, 耳, 二, 而' 등의 실제 발음은 [ɐ ɚ] 혹은 [ʌɚ] 등의 복합모음으로 볼 수 있다고 하였다.

141) 몇 개의 글자 발음을 위해 보통화 운모체계 내에 모음운미 [-ㄴ]를 새로 설정하기 보다는 [ər] 혹은 [ɚ]을 普通話 중에 나타나는 특수한 단모음 형식으로 처리하는 편이 훨씬 경제적일 것이다. 또 [-ㄴ]운미는 보통화 내 다른 복모음과는 다르게 [-i-] 혹은 [-u-] 介音과 결합되지 못하기 때문에 운모 간의 유기적 관계 즉 운모 간 체계적 대칭관계에도 불균형을 초래하게 된다.

제2부 개별 현상에 대한 분석 159

같은 발음으로 발전하였을 것으로 볼 수 있다.143) 북경어 '這兒, 那兒, 哪兒' 중의 '兒'은 본래 '里'였는데, 발음이 변화하여 '里'가 '兒'과 동음(同音)이 되면서 글자를 '兒'로 쓰게 되었다는 것이 정설이다.144) 그렇다면 역사상 '這里, 那里, 哪里' 중의 '里'[li]가 [ər]로 변화하는 과정이 있었다는 증거가 될 수 있으며 이는 원래 서로 다른 발음이었던 '兒'과 '這里, 那里, 哪里' 중의 '里'가 어느 시기 동음이 되면서 함께 변화하였다고 볼 수 있을 것이다. 또한 '兒'이 [əl]로 변화할 수 있었던 것은 자신의 방언 음운체계 내에 [-l]운미가 있었기 때문일 것이다. 왜냐하면 북방 방언 중의 兒化는 대부분의 운모에서 빈번하게 나타나는 변화형식이기 때문에 자신의 음운체계 내에 없는(혹은 음소 간 조합이 부자연스러운) 발음을 새롭게 만들어 내면서 兒化의 발음을 구성하지는 않았을 것이기 때문이다. 이는 杭州방언에서와 같이 자신의 음운체계 범위를 벗어난 文讀音을 예외적으

---

142) 江蘇省 북부, 安徽省 중남부를 중심으로 분포되어 있는 江淮官話, 湖北省, 四川省, 雲南省, 貴州省, 廣西省과 湖南省의 서북부 등지에 분포한 西南官話 그리고 甘肅省의 蘭州 등 방언에서는 n-와 l- 성모가 독립된 두 개의 음소로서 구분되지 않는다 (방언에 따라서는 자유변이음으로 나타난다). 예를 들어 보면 다음과 같다.

	腦	老	泥	犁
南京(江淮官話)	lau	lau	li	li
重慶(西南官話)	nau	nau	ni	ni
棗陽(西南官話)	lau	lau	ni	ni
蘭州	lɔ/nɔ	lɔ/nɔ	li/ni	li/ni

　　袁家驊 等, 『漢語方言槪要(第二版)』, 語文出版社, 2001年:29-30.

143) 북방 방언의 일반적인 음운체계 내에서 성절유음 [ʅ]는 다분히 예외적인 발음이라고 할 수 있다. 하지만 유음형 '兒'音이 방언 음운특성의 제약 때문에 앞 음절의 운미 위치에서 발음될 수 없는 경우에는 유음형 '兒'音을 성절자음 형태인 [ʅ]로 변화시켜 독립적으로 발음하게 함으로써 앞 음절의 운미에서 발음하는 것과 유사한 효과를 내게 하려는 경향 때문에 성절유음이 생겨났을 것이라고 생각해 볼 수 있다.

144) 王福堂, 『汉语方言语音的演变和层次』, 語文出版社, 2005年:151. 林燾・王理嘉, 『語音學敎程』, 北京大學出版社, 1992년:44. 북경어 '今兒, 昨兒, 明兒' 중의 '兒'도 본래는 '日'이었는데, 발음이 변화하여 '兒'과 '日'가 동음이 되면서 글자를 '兒'로 쓰게 되었다고 한다. 이 또한 '日'의 발음이 [ʐ]로 발음되기 전 [ni] 혹은 [li] 혹은 [ʑi] 등으로 발음되던 시기에 발음의 통합이 있었다고 가정해 볼 수 있다.

로 수용하여 사용하는 것과는 별개의 문제이다. 그렇다면 방언의 음운체
계 내에서 [-l]운미로 발음될 수 있는 가능성을 지닌 글자는 中古 入聲字
밖에 없다. 그중에서도 中古시기 [-l]와 같은 조음 위치의 [-t]운미를 보유
하고 있던 山臻攝의 글자들이 당시 [-l]운미로 발음되고 있었을 가능성이
크다고 볼 수 있다. 왜냐하면 入聲韻尾의 역사적 변천과정에서 [-l]운미는
[-t]운미의 발음이 약화된 형태로 볼 수 있기 때문이다. 漢語方言 중에도
현재 [-l]입성운미를 보유하고 있는 방언들이 존재한다. 현재까지의 방언
조사 결과를 종합해 보면 江淮官話[145] 동부와 서부의 桐城, 寶應, 灌南_{新安},
灌南_{長茂}, 響水_{南河}, 濱海_{陳水}, 阜寧_{陳集}, 樅陽, 靑陽, 盧江, 漣水 등 방언, 贛방
언에 속하는 南豊, 修水, 都昌, 高安 등 방언지역에서는 [-l]입성운미가 나
타난다. 그 중 필자가 字音을 확인할 수 있는 몇몇 방언의 예를 들어 보면
다음과 같다.[146] 현재 이들 방언 중의 [-l]입성운미는 深(山)臻曾梗攝字에
집중되어있다. 이는 中古이후 이들 방언 내 입성운미가 여러 차례의 통합
과 분화의 과정을 거쳐 왔기 때문일 것이다.

桐城: 立 niɤl, 七 tɕ'iɤl, 不 pɤl, 骨 kuɤl, 織 tʂɤl, 疫 iɤl, 毒 tɤl
寶應: 尺 ts'əl, 骨 kuəl, 勿 uəl, 筆 piəl, 息 ɕiəl, 出 tɕ'yəl, 述 ɕyəl
灌南_{新安}: 入 ʐuəl, 筆 piɪl, 實 ʂəl, 突 t'uəl, 律 liɪl, 黑 xəl, 壁 piɪl
灌南_{長茂}: 習 ɕiɪl, 括 kuel, 滑 xuel, 匹 p'iɪl, 卒 tʂuəl, 塞 ʂəl, 客 k'əl
響水_{南河}: 質 tsəl, 忽 xuəl, 物 uəl, 出 ts'uəl, 日 zəl, 直 tsəl, 敵 tiɪl
濱海_{陳水}: 割 kol, 殺 sel, 脫 t'ol, 發 fɛl, 失 sel, 述 suel, 格 kel

---

145) 江淮官話는 『中國語言地圖集』(1987)의 8개 北方官話 지역 중 유일하게 강 이름으
로 명명된 방언지역이다. 주로 江蘇省과 安徽省 내 淮河 및 長江 부근(江蘇省 북부,
安徽省 중남부)에 집중 분포되어 있다. 그 외에도 湖北省 동부의 黃岡, 孝感지역 및
江西省 북단의 九江지역, 浙江省 서부의 일부 지역에도 江淮官話가 분포해 있다. 이
는 총 115개 縣市에 걸쳐 분포되어 있는 것이며 사용 인구는 8,605만 명에 달한다.

146) 楊自翔, 「安徽桐城方言入聲的特點」, 『中國語文』, 1989年 第5期:361-368. 王世華, 「寶應
方言的邊音韻尾」, 『方言』1992년 제4기:272-274. 汪平, 「寶應方言語音初探」, 『語言研究』
2011年 第31卷 第2期:81-87. 冯青青, 『蘇北方言語音研究』, 2013年, 北京大學博士學位論
文:146-148. 刘纶鑫, 『客贛方言比较研究』<字音比較表>, 中國社会科学出版社, 1999年.

阜寧陳集: 汁 tsɛl, 骨 kuɛl, 窟 k'uɛl, 勿 uɛl, 則 tsɛl, 食 sɛl, 責 tsɛl

南豊: 拔 p'al, 滅 miɛl, 舌 sal, 鐵 hiɛl, 結 tɕiɛl, 月 ȵyɛl, 穴 ɕyɛl

修水: 揷 dzal, 八 pal, 殺 sal, 別 biel, 節 tɕiel, 橘 kuil, 佛 fəl

高安: 塔 t'al, 濕 søl, 辣 lal, 裂 liɛl, 切 ts'iɛl, 密 mil, 七 ts'il

　이 중 江淮官話는 역사상 杭州방언에 직접적인 영향을 주었을 것으로 판단되는데, 이유는 江淮官話가 杭州방언과 지리적으로 인접해 있을 뿐만 아니라 江淮官話 지역은 역사상 南宋시기를 포함하여 북방 中原지역 주민들이 대거 이동하여 정착한 지역이기 때문이다.147) 아무튼 북방 방언 중의 ‘兒’音은 [əl]로 발음되는 단계를 거쳐 遵義방언 과 泌陽방언에서처럼 [-l]운미가 [-l]로 권설음화(舌尖後音化) 되는 과정을 거쳤다고 볼 수 있는데, 이는 방언 음운체계 내에 [-l] 입성운미가 사라지면서 ‘兒’音의 [-l]운미도 이에 적응한 결과로 보여진다. 즉 兒化音을 [-l]운미로 발음하는 것이 더 이상 힘들어지면서 방언 내 [-l]운미와 가장 유사한 발음이라고 할 수 있는 권설음(舌尖後音) 성모 음절 [ʐ͡ʅ]를 모방한 권설 유음 [-ɭ]로 [-l] 운미를 대체했을 것이라고 예측해 볼 수 있다. 권설음화 된 [-ɭ]는 다시 발음이 약화되면서 舌尖後音 모음인 [-ʅ]로 변화하여 모음 운미와 유사한 형태의 발음이 된다, 하지만 북경어 등에서는 ‘兒’音이 앞 음절과 하나의 음절로 발음되는 兒化 현상이 보편화되면서 결국 ‘兒’音의 권설성분 [ʅ]는

---

147) 魯國堯(1994), 吳波(2007)에 의하면 역사상 북방 주민이 江淮官話 지역으로 대거 이동한 사실은 크게 세 차례로 나누어 볼 수 있다고 하였다. 첫 번째는 4세기 초 西晉 末年 ‘永嘉之亂(311)’이래 中原의 권문세가들을 비롯한 수많은 북방 주민들이 대거 남하하여 근 3백 년 간 建康(현재의 南京)에 도읍을 정하고 이 지역에 정착하였으며, 두 번째는 唐末 ‘安史의 亂’, ‘黃巢의 봉기’ 그리고 ‘五大十國의 혼란’ 등으로 수많은 북방의 주민들이 다시 대규모 남방으로 이동하게 되는데 그 중 상당수의 사람들이 江淮지역으로 유입되었다고 한다. 세 번째는 北宋 末年 金의 남침으로 북방의 주민들은 또 다시 전화를 피해 대량으로 남하하여 江淮 지역에 모여들게 되는데, 이 때 南宋 정부는 臨安(현재의 杭州) 지역에 도읍을 정하고 정착하게 된다(기록에 의하면 이 지역으로 남하한 대부분의 사람들은 中原지역의 汴洛(北宋의 수도, 현재의 河南省 開封) 사람들이었다고 한다).

앞의 주요 모음과 거의 동시에 발음되는 매우 특수한 모음 형태로 발전하였다고 볼 수 있다. 또한 방언에 따라서는 방언 음운체계 내에서 다분히 예외적인 발음이라고 할 수 있는 '兒'音 중의 권설성분(즉 舌尖後 모음 성분 [-ɭ])을 탈락시키는 변화가 일어날 수 있고, 그와 같은 변화과정의 결과로 昆明, 鄂州, 保山, 洛陽, 蘭州, 西寧 등 방언에서와 같은 평설모음형 '兒'音 [ə], [ɛ], [æ], [a], [ɯ] 등이 형성되었다고 볼 수 있을 것이다.

山西省 平定방언의 경우 '兒'音은 권설음의 특성을 띤 성절 유음 [l̩]인데, 兒化가 될 때 '兒'音이 성모와 운모 사이로 이동하여 성모와 함께 복자음 형태로 발음된다. 徐通鏘(1981:412)에서는 이에 대해 통상적인 兒化라면 [l̩]가 앞 음절의 운미 위치에서 발음되어야 하지만 [l] 특히 권설음화된 [l̩]가 운미위치에 오는 것은 漢語 음절의 전통적 구조에 부합되지 않는 것이라고 하였다. 이에 平定방언 兒化에서는 '兒'音인 [l̩]를 앞 음절의 운미 위치가 아닌 성모와 운모 사이로 이동시켜 발음하는 특수한 형태의 兒化 형식이 나타난 것이라고 보았다. 또한 徐通鏘(1981:409)에서는 平定방언 兒化에서 '兒'音 [l̩]의 실제발음은 (특히 [t, tʻ, ts, tsʻ, s] 등 舌尖前音 성모 뒤에서) 탄음(彈音, flap, 閃音) [ɾ]에 가까우며, 兒化된 음절의 운모가 자음운미가 없는 陰聲韻인 경우 성모 뒤에서 발음되는 [l̩]의 권설음 색채는 운모까지 이어져 음절 말미에도 권설모음이 있는 것과 같이 발음된다고 하였다. 그렇다면 平定방언 兒化의 실제발음은 우리가 앞 절 유음형 '兒'音에서 예를 들었던 山東省 金鄕방언 兒化韻의 발음 유형과 매우 흡사하다고 볼 수 있다. 金鄕방언에서는 성모와 운모 사이에 [-r-]을 첨가하는 방식으로 兒化韻이 발음되며, 운미 위치에도 (陰聲韻과 陽聲韻의 구분 없이 모든 兒化 음절의 운미 위치에서) 권설모음 성분이 나타난다. 이와 같은 사실로 미루어 볼 때 金鄕방언에서의 兒化는 平定방언에서와 같은 兒化 유형이 좀 더 진일보한(兒化韻이 오랜 동안 유지되면서 변화한) 형

태의 兒化 형식으로 판단해 볼 수 있을 것이다. 그렇다면 遵義방언과 泌陽방언 兒化에서는 [-l]운미를 권설음화 시켜서 운미 위치에서 유지될 수 있게 하였지만, 平定방언과 金鄕방언에서는 권설음화된 [-l]운미를 운미 위치에서 유지시키지 못하고 성모와 운모 사이로 이동시켜 발음하게 된 것이라고 볼 수 있다. 이와 같은 사실들은 역사상 '兒'音이 유음인 [l] 혹은 [ə]과 같이 발음되던 시기가 있었다는 또 다른 증거가 될 수 있을 것이다.

이상 내용을 종합해 보면 漢語方言에서 나타나는 '兒'音의 역사적 변천 과정은 다음과 같이 나타내 볼 수 있을 것이다.

ŋzie — ŋi ┌ nə — ŋ   — -n   — 주요 모음의 鼻化
                  (ŋ̩)   (-ŋ)   (南方方言)
          └ li — lə — əl   — əl — ɪɚ ┌ ɚ
                      (혹은 l̩ → əl)   └ ə, ɛ, æ, ɑ, ɯ
                                                      (北方方言)

'작다', '사랑스럽다', '좋아한다' 등의 의미를 나타내는 '兒'音은 처음에는 단어의 뒤에서 성모와 운모, 성조를 모두 구비한 독립된 음절로 발음되지만, 점차 발음이 약화되어 경성 음절이 되면서 앞 음절과의 결합이 진행된다. 앞 음절과 결합된 '兒'音은 보통 앞 음절의 운미 위치에서 발음되는 것이 일반적인데, 남방 방언의 경우는 '兒'音이 비음형이고 또 대부분의 지역에서 앞 음절과 결합되기 전 성절비음 [n̩], [ŋ̩] 등의 형태로 변화하였기 때문에 자연스럽게 앞 음절과 결합될 수 있었을 것으로 판단된다. 하지만 북방 방언의 경우는 '兒'音이 앞 음절과 결합되는 과정에서 부조화가 발생하게 되는데, 이유는 북방 방언에서 '兒'音은 中古이래 유음형으로 변화하였기 때문이라고 볼 수 있다. 中古이래 유음형으로 변화한 '兒'音은 한동안 독립적인 음절 [əl] 혹은 [l] 등으로 발음되다가, 후에 (혹은 앞 음절과 결합되는 과정에서) 권설(舌尖後音) 유음 [l]의 형태로 변화하게 되는데, 필자는 그 이유를 당시 북방 방언 음운체계 내의 입성운미 [-l]와 관련시켜 설명해 보았다. 즉 방언 음운체계 내에 [-t]에서 변화한 [-l] 입성운미가 있을 때는 [əl] 혹은 운미 위치에서 발음되는 [-l], [-əl] 등의 발음이 가능하지만, [-l] 입성운미가 소실된 이후에는 방언 내에서 [-l] 운미의 발음이 부자연스러워지게 되고 그에 따라 방언 화자들은 자연스럽게(무의식적으로) '兒'音 중의 [-l]운미를 변화시키게 된 것이라고 보았다. [-l]운미가 권설화 된 [-l]운미로 변화하는 이유는 방언 내에 존재하는 권설음 성모 음절 [ʐ]가 [-l]운미와 발음이 유사하여 방언 화자들은 [-l]를 [ʐ]와 유사한 형태인 [-l]운미로 변화시켰을 것이라고 판단해 보았다. 그리고 이렇게 권설화 된 [-l]운미는 다시 발음이 약화되어 舌尖後 모음 [-ɭ]로 발전하면서 현재 북경을 중심으로 한 북방 방언의 '兒'音을 형성하게 된 것이라고 보았다. 또한 이처럼 방언 음운체계 내에서 다분히 예외적인 '兒'音의 권설성분 [-ɭ]는 방언에 따라 탈락되는 변화가 나타날 수 있는데 그와 같은 변화로 인해 북방 방언 중에는 평설모음형 '兒'音도 나타나게 된 것이라고 판단하였다.

참고문헌

鮑厚星, 『東安土話研究』, 湖南敎育出版社, 1998年.
北京大學中國語文學系 語言學敎研室 編, 『漢語方音字彙』(第二版重排本), 語文出版社, 2003年.
曹耘, 「金華湯溪方言的詞法特點」, 『語言研究』1987年 第1期.
曹志耘, 『南部吳语语音研究』, 商务印书馆, 2002年.

陳承融,「平陽方言記略」,『方言』1979年 第1期.

丁崇明,『昆明方言語法研究』, 山東大學博士學位論文, 2005年.

董紹克,「陽谷方言的兒化」,『中國語文』1985年 第4期.

冯青青,『蘇北方言語音研究』, 2013年, 北京大學博士學位論文.

傅國通,「武義話的小稱變音」,『吳語研究』(第三届国际吴方言学术研讨会论文集), 上海教育出版社, 2005年.

_____「武義方言的連讀變調」,『方言』1984年 第2期.

侍建國,「浙江义乌话的[n]尾韵及其音变」,『方言』2002年 第2期.

方松熹,「浙江吳方言裏的兒尾」,『中國語文』1993年 第2期.

高葆泰,『蘭州方言音系』, 甘肅人民出版社, 1985년.

賀巍,『洛陽方言研究』, 社會科學文獻出版社, 1993年.

侯精一,『現代晉語的研究』, 商務印書館, 1999年.

侯精一 温端政,『山西方言调查报告』, 山西高校联合出版社, 1993年.

胡光斌,「遵义方言的儿化韵」,『方言』1994年 第3期。

黃群建,「湖北陽新方言的小稱音變」,『方言』1993年 第1期.

黃雪貞,『江永方言研究』, 社會科學文獻出版社, 1993년.

李荣,『汉语方言调查手册』, 科学出版社, 1957年.

李思敬 著 安奇燮 譯,『中國"兒"[ɚ]音史研究』, 상록수, 1999년.

李宇明,「泌阳方言的儿化及儿化闪音」,『方言』1996年 第4期。

林燾,「北京兒化韻個人讀音差異問題」,『語文研究』1982年 第2期.

林燾 王理嘉,『語音學教程』, 北京大學出版社, 1992年.

刘纶鑫,『客贛方言比较研究』<字音比較表>, 中国社会科学出版社, 1999年.

魯國堯,「明清官話及其基礎方言問題」,『魯國堯自選集』, 大象出版社, 1994年.

馬風如,「山東金鄉話兒化對聲母的影響」,『中國語文』1984年 第4期.

潘家懿,「交城方言的语法特点」,『语文研究』1981年 第1期.

錢惠英,『屯溪話音檔』, 上海教育出版社, 1997年.

钱曾怡,「论儿化」,『中国语言学报』1995年 第5期.

喬全生,『晉方言語法研究』, 商務印書館, 2000年.

沈若運,『宜章土話研究』, 湖南教育出版社, 1999年.

萬幼斌,「鄂州方言的兒化」,『方言』1990年 第2期.

王福堂,『汉语方言语音的演变和层次』, 语文出版社, 2005年:154.

王洪君,『漢語非線性音系學』, 北京大學出版社, 1999年.

王洪君, 「文白異讀與疊置式音變」, 『語言學論叢』第17輯 1992年.

汪平, 「寶應方言語音初探」, 『語言研究』 2011年 第31卷 第2期.

王世華, 「寶應方言的邊音韻尾」, 『方言』 1992년 제4기.

吳波, 『江淮官話語音研究』, 2007年, 復旦大學博士學位論文.

邢向東, 『合陽方言調查研究』, 中華書局, 2010年.

徐通鏘, 「山西平定方言的 'ʧ 兒化' 和晉中的所謂 '嵌 l 詞'」, 『中国语文』1981年 第6期.

徐越, 『杭嘉湖方言语音研究』, 北京语言大学博士学位论文, 2005年.

_____ 「杭州方言兒綴詞研究」, 『杭州師範學院學報』, 2002年 第2期.

_____ 「杭州方言語音的內部差異」, 『方言』, 2007年 第1期:11.

_____ 「從宋室南遷看杭州方言的文白異讀」, 『杭州師範學院學報』, 2005年 第5期.

颜森, 「黎川方言的仔尾和儿尾」, 『方言』1989年 第一期.

楊自翔, 「安徽桐城方言入聲的特點」, 『中國語文』, 1989年 第5期.

楊秀芳, 「論文白異讀」, 『歷史層次與方言研究』, 上海教育出版社, 2007年.

葉國泉, 唐志東, 「信宜方言的變音」, 『方言』 1982年 第1期.

應雨田, 「湖南安鄉方言的兒化」, 『方言』1990年 第1期.

袁家驊 等, 『漢語方言概要(第二版)』, 語文出版社, 2001年.

趙日新, 「安徽績溪方言音系特點」, 『方言』 1989年 第2期.

鄭張尚芳, 「溫州方言兒尾詞的어음 변화(一)」, 『方言』1980年 第4期.

_____ 「溫州方言兒尾詞의어음 변화(二)」, 『方言』1981年 第1期.

제7장
江淮官話 [-l] 入聲韻尾 고찰

江淮官話는『中國語言地圖集』(1987)의 8개 北方官話 지역[148] 중 유일하게 강 이름으로 명명된 방언지역이다. 주로 江蘇省과 安徽省 내 淮河 및 長江 부근(江蘇省 북부, 安徽省 중남부)에 집중 분포되어 있다. 그 외에도 湖北省 동부의 黃岡, 孝感지역 및 江西省 북단의 九江지역, 浙江省 서부의 일부 지역에도 江淮官話가 분포해 있다. 이는 총 115개 縣市에 걸쳐 분포되어 있는 것이며 사용 인구는 8,605만 명에 달한다.[149]『中國語言地圖集』(1987)에서는 江淮官話를 지역별 음운 특징의 차이[150]에 근거해 泰如片, 洪巢片, 黃孝片 3개의 하위 방언지역으로 나누고 있는데, 劉祥柏(2007:353-354)에 의하면 이들 3개의 하위 방언지역은 다음과 같은 市와 縣들을 포함하고 있다.

---

148) 李榮(1985)은「官話方言的分區」라는 문장에서 '中古 入聲의 현 성조'라는 동일 기준을 적용하여 北方方言(北方官話)을 北京, 東北, 冀魯, 膠遼, 江淮, 中原, 蘭銀, 西南 등 8개의 하위 官話方言으로 분류하였다. 그 중 江淮官話가 기타 다른 7개의 官話와 구분되는 점은 中古 入聲이 현재에도 入聲으로 발음되는 점이라고 했다.

149) 劉祥柏,「江淮官話的分區(稿)」,『方言』, 2007年 第4期 353-354.

150)『中國語言地圖集』(1987)에서 근거로 삼은 江淮官話 하위방언의 분류 기준은 ①入聲이 陰入과 陽入으로 나누어지는가의 여부, ②去聲이 陰去와 陽去로 나누어지는가의 여부, ③中古 仄聲 全濁聲母字의 현 유무기음 여부, ④ "書虛, 篆倦" 두 부류의 글자가 同音인가의 여부 등 4가지이다.

泰如片: 泰州市, 姜堰市, 泰興市, 如皋市, 如東縣, 南通市, 通州市, 興化市, 大豊市, 東臺市, 海安縣(이상 江蘇省 長江以北의 동남부) 武進市, 江陰市, 張家港市 등의 일부 지역(이상 江蘇省 長江以南).

洪巢片: 連雲港市, 灌雲縣, 灌南縣, 沭陽縣, 泗陽縣, 泗洪縣, 淮安市, 涟水縣, 洪澤縣, 旰胎縣, 金湖縣, 響水縣, 濱海縣, 阜寧縣, 射陽縣, 建湖縣, 鹽城市, 鹽都縣, 寶應縣, 高郵市, 江都市, 揚州市, 儀征市, 六合縣, 江浦縣, 靖江市, 南京市, 句容市, 溧水縣, 鎮江市, 丹徒縣, 揚中市, 丹陽市, 金壇市(이상 江蘇省) 合肥市, 肥東縣, 肥西縣, 霍山縣, 六安市, 懷遠縣, 淮南市, 長豊縣, 明光市, 定遠縣, 全椒縣, 巢湖市, 天長市, 來安縣, 滁州市, 和縣, 含山縣, 無爲縣, 舒城縣, 盧江縣, 馬鞍山市, 當涂縣, 蕪湖市, 南陵縣, 青陽縣, 池州市, 東至縣, 宣城市, 郎溪縣, 廣德顯, 寧國市, 銅陵市, 銅陵縣, 繁昌縣, 涇縣, 蕪湖縣, 旌德縣, 石臺縣(이상 安徽省)(江蘇省과 安徽省에 분포한 江淮官話의 대부분이 洪巢片에 속함). 浙江省 安吉縣의 章村, 姚村 일대 및 臨安市의 일부 마을에도 江淮官話가 분포되어 있다.

黃孝片: 廣水市, 安陸市, 雲夢縣, 應城市, 孝感市, 孝昌縣, 大悟縣, 武漢市(黃陂區, 新洲區), 鄂州市, 黃岡市, 團風縣, 紅安縣, 麻城市, 羅田縣, 英山縣, 浠水縣, 蘄春顯, 黃梅縣, 武穴市(이상 湖北省) 九江市, 九江縣, 瑞昌市(이상 江西省) 安慶市, 桐城市, 樅陽縣(이상 安徽省).

江淮官話에서는 漢語方言 중에서도 보기 드문 현상 중 하나인 [-l] 入聲韻尾가 나타난다. 비록 江淮官話 중의 入聲韻尾는 대다수의 지역에서 성문폐쇄음(glottal stop) [-ʔ]의 형태로 남아있지만, 江淮官話 지역 동부와 서부의 桐城, 寶應, 灌南新安, 灌南長茂, 響水南河, 濱海陳水, 阜寧陳集, 樅陽, 青陽, 盧江, 涟水 등 방언 지역에서는 [-l] 入聲韻尾가 나타난다. [-l] 入聲韻尾는 漢語 音韻의 역사적 발전 과정에서 특수하지만 매우 중요한 현상 중 하나임에도 불구하고 이제까지 그리 큰 관심을 받지는 못했던 것 같다. 江淮官話의 [-l] 入聲韻尾 문제에 있어서도 이제까지 전문적으로 다룬 보고서나 연구논문은 아주 소수라고 할 수 있는데, 그 중 비교적 공신력이 있고 학계에서 논의의 대상이 되었던 대표 논문으로는 楊自翔(1989)의「安徽桐城方言入聲的特點」과 王世華(1992)의「寶應方言的邊音韻尾」을 들 수 있다. 그 외에도 吳波(2007) 「江淮方言的邊音韻尾」, 石紹浪(2010) 「漢語方言邊音韻尾的兩個來源」, 郝紅艷(2003) 「江淮官話入聲韻的現況」 등 학술지에 발표된 논문들과 吳波(2007) 『江淮官話語音研究』(復旦大學博士學位論文), 冯青青(2013) 『蘇北方言語音研究』(北京大學博士學位論文) 등 몇몇 학위 논문에서도 부분적으로 江淮官話 [-l] 入聲韻尾에 대한 분석을 시도하고 있다. 본 장에서는 우선 楊自翔(1989)과 王世華(1992)에서 서술된 桐城방언과 寶應방언의 특성을 살펴보면서 桐城, 寶應방언 [-l] 入聲韻尾의 생성 배경과 변화 원리 그리고 역사적 변천 과정에 대해 보다 진일보한 분석을 시도해 보고자 한다. 그리고 현재에도 中古 入聲韻尾의 다양한 형태를 보유하고 있는 客贛방언(특히 현재 [-l] 入聲韻尾를 보유하고 있는 일부 贛방언) 入聲韻尾의 변화 원리와 변화 과정에 대해 세밀한 분석을 시도해 보고 그것을 통해 얻은 보편적 원리를 桐城, 寶應방언 및 [-l] 入聲韻尾를 보유한 기타 江淮官話의 분석에 적용해 봄으로써 江淮官話 入聲韻尾의 본질적 특성에 좀 더 다가가 보고자 한다.

1. 桐城, 寶應방언 중의 [-l] 入聲韻尾

楊自翔(1989:361-368)에 의하면 安徽省 桐城방언의 入聲韻尾는 ①舌根化(연구개음화)된 流音韻尾 [-ɬ][151]와 ②운미가 이미 소실되어 없어진 無韻尾(零韻尾) 두 가지 형태로 나누어진다. 예를 들어보면 다음과 같다.

---

151) 舌根化된 流音韻尾 [-ɬ]는 楊自翔(1989)에 의하면 다음과 같은 발음특성을 갖는다. "[-ɬ]는 吳방언 入聲韻尾 [-ʔ]처럼 짧고 촉급하게 (순간적으로 멈추듯) 발음되지도 않고, 일반적인 舒聲韻의 발음처럼 느슨하게 발음되지도 않는다. [-ɬ]를 발음할 때는 (혀의 끝 부분이 잇몸 부분에 닿는 동작 이외에) 혀의 뒷부분이 연구개 쪽으로 가까이 접근하게 되며, 발음의 주파수도 낮아져 성조값이 낮게 나타나는 특성을 나타낸다."

[-ɿ]운미의 예: 立 niɤɿ 七 tɕʼiɤɿ 織 tʂɤɿ 疫 Iɤɿ 毒 tɤɿ

無韻尾의 예: 拔 pʼa 碟 tie 雹 pʼɔ 托 tʼo 北 pe 格 ke

이 때 [-ɿ]운미가 있는 음절과 [-ɿ]운미가 없는 음절은 성조값에서도 차이가 나는데, 入聲韻尾가 소실된 (入聲字) 음절은 성조값이 [55](入聲)인 반면, [-ɿ]운미를 가진 (入聲字) 음절의 성조값은 [31]로 桐城방언 성조체계 내 陰平의 성조값과 동일하게 발음된다.

江蘇省 寶應방언의 경우는 桐城방언과 약간의 차이가 있는데 王世華(1992)와 『寶應縣志•方言』(1994)의 기록에 의하면 寶應방언의 入聲韻尾는 ①성문폐쇄음 운미 [-ʔ], ②流音韻尾 [-l] 두 가지 형태로 나누어진다 (일부 개별 소수의 글자음에서는 無韻尾의 형태도 나타난다). 예를 들어보면 다음과 같다.

[-l]운미의 예: 得 təl 尺 tsʼəl 骨 kuəl 勿 ləu ＇uəl 筆 piəl 息 ɕiəl 出 tɕʼyəl
　　　　　　述 ɕyəl

[-ʔ]운미의 예: 合 xoʔ 月 ɥɪʔ 作 tseʔ 學 ɕiaʔ 北 pɔʔ 客 kʼeʔ

寶應방언 入聲字의 성조는 入聲韻尾의 차이와 관계없이 모두 入聲[24]로 발음된다.

그런데 桐城방언과 寶應방언 두 방언의 入聲韻尾는 中古音과의 대응관계에 있어서 매우 유사한 특성을 공유하고 있다. 楊自翔(1989)과 ≪安徽省志・方言志≫(1997) 그리고 王世華(1992)와 ≪寶應縣志・方言≫(1994)를 종합해 볼 때 桐城방언과 寶應방언 入聲韻尾와 中古音(中古 韻攝)과의 대응관계는 다음 표와 같이 나타내 볼 수 있다.

	入聲韻尾	中古 韻攝
桐城방언	[-t]	深, 臻, 曾三, 梗二四, 通
	[-ø] (無韻尾)	咸, 山, 宕, 江, 曾一, 梗一
寶應방언	[-l]	深, 臻, 曾, 梗
	[-ʔ]	咸, 山, 宕, 江, 通, (曾一, 梗二의 일부)

　위의 표에서 볼 수 있듯이 桐城방언의 [-t]운미와 寶應방언의 [-l]운미는
모두 中古 深臻曾梗攝과 대응되고, 桐城방언의 無韻尾(零韻尾)와 寶應방
언의 [-ʔ]운미는 모두 咸山宕江攝과 대응된다. 그렇다면 이와 같은 대응관
계는 무엇을 의미하는가? 우선 桐城방언과 寶應방언의 각 入聲韻尾가 中
古 韻攝과 정확히 대응관계를 이루고 있다는 것은 이들 방언의 入聲韻尾
가 中古音과 직접적인 계승관계에 있다는 것을 나타내 주고 있는 것이라
고 할 수 있을 것이다. 또한 주지하다시피 中古 咸深攝의 入聲韻尾는 [-p]
이고, 山臻攝의 入聲韻尾는 [-t]이며, 宕江曾梗通攝의 入聲韻尾는 [-k]인데,
桐城, 寶應방언의 深臻曾梗(通)攝이 하나의 入聲韻尾로 발음된다는 것은
中古 이후 어느 시기에 [-p], [-t], [-k] 入聲韻尾가 이들 방언 지역에서 하
나의 入聲韻尾로 합류되어 발음되었다는 증거가 될 수 있을 것이다. 또한
桐城, 寶應방언의 현재 入聲韻尾 형태로 볼 때 당시 하나로 합류되었던
入聲韻尾는 후에 모종의 원인으로 인해 다시 두 개의 入聲韻尾([-t]와 [-ø]
혹은 [-l]와 [-ʔ])로 나누어지게 되었다고 볼 수 있다. 그렇다면 하나로 합
류되었던 入聲韻尾가 다시 두 개로 나누어지게 된 원인은 무엇이었을까?
원인은 아마도 위의 표에서 제시한 桐城, 寶應방언 入聲韻尾와 中古音의
대응관계에서 단서를 찾을 수 있을 것 같다. 왜냐하면 中古 이후 하나로
합류되었던 入聲韻尾가 현재 예시한 바와 같이 두 부류의 中古 韻攝을 경
계로 다시 두 개의 入聲韻尾로 나누어지게 되었다는 것은 예시한 두 부류
中古 韻攝의 차이가 현재의 入聲韻尾 분화(分化)의 변화조건이 된다는 의
미가 될 수 있기 때문이다. 두 부류의 中古 韻攝은 대체로 深臻曾梗攝과

咸山宕江攝인데 이 두 부류의 주요 차이는 주요 모음(핵모음) 조음점의 고저(高低)에 있다고 볼 수 있다(韻尾 혹은 介音의 차이로는 이 두 부류를 구분 지을 수 없다). 즉 中古音을 기준으로 보았을 때 深臻曾(梗)攝의 주요 모음은 상대적으로 고모음(high vowel)에 속하고, 咸山宕江攝의 주요 모음은 상대적으로 저모음(low vowel)에 속한다. 다시 말해 [-l](혹은 [-ɬ]) 入聲 韻尾와 대응된 韻攝(深臻曾梗攝)의 주요 모음이 [-ʔ](혹은 [-ø]) 入聲韻尾와 대응된 韻攝(咸山宕江攝)의 주요 모음보다 조음점이 높다. 그 중 梗攝의 경우는 中古音을 기준으로 보았을 때 저모음 부류에 속한다고 볼 수 있지만, 桐城방언의 경우 梗攝二等과 三四等이 구분되어 대응되고 있는 것으로 보아(寶應방언에도 일부 잔존 흔적이 남아있다) 梗攝三四等은 中古 이후 '[i]'개음의 영향으로 방언 내에서 주요 모음의 고모음화가 진행되었을 것이라고 예측해 볼 수 있다(桐城방언 曾攝 一等韻의 경우는 中古 이후 주요 모음이 상대적으로 저모음 특성을 나타내었을 가능성이 높다). 다음은 『切韻』 9개 攝의 주요 모음에 대한 주요 학자들의 재구음이다.[152]

	高本漢	董同龢	李榮	王力	陸志偉	周法高	鄭張尙芳
咸攝	ɑ a ɛ e e	ɑ A a e æ ɛ	ɑ a ɛ e e	ɑ ɒ a ɐ ɛ e	ɑ ɒ a ɐ ɛ	ɑ a ə æ ɛ	ɑ ʌ a ɛ ɐ e
深攝	ə	e	ə	e	e	ɪ	ɪ
山攝	ɑ a ɛ e e	ɑ a e æ ɛ	ɑ a ɛ e e	ɑ a e ɛ e	ɑ a e ɛ	ɑ a ə æ ɛ	ɑ a ɛ E e e
臻攝	ə e	ə e	ə e	ə e	ə e	i ə ɪ	ə ɪ ɨ
宕攝	ɑ a	ɑ	ɑ a	ɑ ɒ	ɒ ɑ	ɑ	ɑ ɐ
江攝	ɔ	ɔ	ɔ	ɔ	ɔ	o	ʌ
曾攝	ə	ə	ə	ə	ə	ə e ɪ	ə ɨ
梗攝	ə æ ɛ e	e æ ɛ	ɛ ɛ e	ə æ ɛ e	a ɛ æ ɛ	a æ ɛ	æ ɛ E e
通攝	u o	u o	u o	u o	u o	u o	u o

---

152) 潘悟云, 『汉语历史音韵学』, 上海教育出版社, 2000年.

위의 표에서 볼 수 있듯이 咸山宕江攝의 주요 모음은 주로 ε, ɔ, ɐ, æ, a, ɑ 등으로 저모음에 속한다고 할 수 있고, 深臻曾通攝의 주요 모음은 주로 ə, ɪ, u, e, o 등으로 (중)고모음에 속한다고 할 수 있다.

일반적인 발음원리로 볼 때 저모음 뒤의 입성운미가 고모음 뒤의 입성운미보다 더 쉽게 탈락되는 것이라고 볼 수 있다. 왜냐하면 저모음 뒤에서 입성운미를 발음하는 것은 고모음 뒤에서 입성운미를 발음하는 것보다 혀의 동작이 커서 힘이 더 들게 되므로 화자는 발음상의 편의를 위해 무의식적으로 저모음 뒤의 입성운미를 약화 혹은 탈락시키는 경향을 보이기 쉽기 때문이다. 이와 같은 경향을 보이는 예는 기타 漢語方言에서도 어렵지 않게 찾아볼 수 있다. 몇 개 지역의 예를 들어 보면 다음과 같다. 陝西省 북부에 위치한 綏德, 子洲, 淸澗 등 현(縣)의 방언(晉방언[153]) 지역에 속한다)에서는 咸山宕江攝과 梗攝二等 그리고 曾攝一等字의 입성운미가 사라지고 성조도 현재 대부분 舒聲調로 합류되어 발음된다. 반면 深臻通攝 및 梗攝三四等, 曾攝三等字는 대부분 입성운미[-ʔ]를 보유하고 있으면서 성조도 여전히 入聲으로 발음된다.[154] 海南島의 海口방언(閩南방언)에서는 白讀 층에서 深臻曾通攝 入聲字는 모두 입성운미를 보유하고 있지만 (深攝[-p], 臻攝[-t], 曾通攝[-k]), 咸山宕江梗攝 入聲字는 입성운미가 모두 탈락되어 無韻尾로 발음된다(文讀 층에서는 咸山宕江梗攝 入聲字도 입성운미를 보유하고 있다).[155] 粵방언은 현재까지도 대부분의 지역에서 中古 입성운미가 변화 없이 온전히 남아 있는 것으로 알려져 있는데, 최근의

---

153) 李榮은 『漢語方言的分區』(1985:245) 및 『中國語言地圖集』(1987, 1988:B7)에서 晉語를 "山西省 및 그 인접지역에 入聲이 있는 방언(山西省以及毗連地區有入聲的方言)"이라 정의하고 이를 근거로 본래 官話에 속해 있던 이 지역 방언을 분리시켜 독립적인 방언으로 규정하고 있다. 山西省의 인접지역이란 陝西省 북부, 內蒙古 서남부, 河北省 서북부 및 河南省 북부 등의 광대한 지역을 포함하고 있는 개념이다.

154) 邢向東 孟万春, 「陝北甘泉, 延长方言入声字读音研究」, 『中国语文』, 2006年第5期:445.

155) 辛世彪, 「海口方言入聲演變的特點」, 海南師範學院學報, 2001年 第3期:64-67.

조사에 의하면 東莞, 寶安 등 일부 지역 방언에서는 中古 淸聲母 入聲字 중 일부 글자들의 입성운미가 탈락되면서 성조도 기타 다른 舒聲調로 합류되는 변화가 나타난다고 한다. 그런데 이 때 가장 먼저 변화하는 글자들은 늘 咸山宕江攝字 및 梗攝二等字라고 알려져 있다.156)

그렇다면 이상의 논의를 근거로 桐城방언과 寶應방언 입성운미의 변화과정도 다음과 같은 가정이 가능하다. 즉 桐城, 寶應방언 입성운미는 中古 이후 어느 시기에 [-l]운미로 합류되었고, 그 중 주요 모음의 저모음 특성을 가지고 있던 咸山宕江(曾_梗_)攝의 入聲韻尾가 먼저 약화되면서 [-ʔ]로 변화하게 되었으며(寶應방언), 결국에는 [-ʔ]도 탈락되어 無韻尾의 형태가 되었다(桐城방언). 하지만 주요 모음의 고모음 특성을 가지고 있던 深臻曾梗攝의 입성운미는 현재까지도 [-l]의 발음 특성을 유지하고 있다.157) 그렇다면 桐城방언과 寶應방언 입성운미의 역사적 변천 과정은 우선 다음과 같이 나타내 볼 수 있다.

$$
[-p], [-t], [-k] \rightarrow \cdots\cdots \rightarrow [-l]
\begin{array}{l}
\nearrow [-l] \\
\searrow [-ʔ] \rightarrow [-\phi]
\end{array}
$$

156) 辛世彪, 『東南方言聲調比較研究』, 上海教育出版社, 2004년: 67-68.

157) 楊自翔(1989)에서도 주요 모음의 고저차이가 운미의 차이를 가져오게 되었을 것이라고 언급하고 있다. 즉 [-ɪ]운미는 조음점이 상대적으로 높은 주요 모음과 결합되고, [-ø]운미(無韻尾)는 조음점이 상대적으로 낮은 운미와 결합된다고 하였다. 이는 현재의 桐城방언 발음을 기준으로 설명한 것인데 실제와는 다소 차이가 있다. 楊自翔(1989)에 따르면 桐城방언 [-ɪ]운미 음절의 주요 모음은 [ɤ]이고, 無韻尾 음절의 주요 모음은 [a, e, o]이다. 그런데 [-ɪ]운미 음절의 [ɤ]와 無韻尾 음절의 [e, o]는 조음점의 높이에 있어서 차이가 없다. 따라서 현재의 桐城방언 발음으로는 주요 모음의 고저차이를 구분하기 힘들고, 中古音으로부터의 변화 과정을 가정했을 때에만 이러한 설명이 가능해진다. 寶應방언의 경우도 王世華(1992)에 의하면 현재 [-l]운미 음절의 주요 모음은 [ə]이고 [-ʔ]운미 음절의 주요 모음은 [ɔ, ɪ]인데, [-ʔ]운미 음절의 [ɪ]는 [-l]운미 음절의 [ə]보다 조음점이 오히려 높다. 따라서 桐城, 寶應방언 입성운미 음절의 주요 모음은 中古이래 조음점의 높낮이에 있어서 상당한 변화가 있었음을 예측해 볼 수 있다.

그 중 通攝은 桐城방언의 경우 주요 모음의 고모음 특성을 가진 深臻曾梗攝과 함께 [-ɹ]운미로 나타나고, 寶應방언의 경우는 주요 모음의 저모음 특성을 가진 咸山宕江攝과 함께 [-ʔ]운미로 나타난다(通攝의 中古 주요 모음은 [u, o]로 고모음 부류에 속한다). 이와 같은 상반된 특성이 나타나는 것은 아마도 桐城방언과 寶應방언에서 通攝 입성운미의 발전과정이 달랐기 때문이라고 생각되는데, 寶應방언의 경우 通攝 운미 [-k]는 [-ɹ]로 합류되지 않고 직접 [k]→[ʔ]와 같은 과정을 거쳤을 것이라고 생각된다(제 2절 분석 참조).

그런데 中古 [-p], [-t], [-k]운미는 桐城, 寶應방언에서 어떠한 과정을 거쳐 [-ɹ]([-ɹ])운미로 합류되게 되었을까? 桐城, 寶應방언을 비롯한 현재의 江淮官話 입성운미 현황만으로는 이러한 과정을 예측하기가 힘들다. 왜냐하면 현재의 江淮官話 입성운미는 대부분의 지역에서 [ʔ]운미 한 가지로 합류되어 있고([-p], [-t], [-k]운미는 나타나지 않는다), 일부 지역에서만 [-ɹ]운미가 나타나는 정도이기에 현재의 현황만으로는 江淮官話 입성운미의 역사적 발전 과정을 예측하기 힘들기 때문이다. 이에 본 장에서는 현재에도 다양한 형태의 입성운미를 보유하고 있는 客贛방언의 분석을 통해 江淮官話 입성운미의 역사적 발전 과정에 대한 단서를 찾아보고자 한다.

2. 客贛方言 중의 入聲韻尾를 통해 본 江淮官話의 入聲韻尾

李如龍, 張雙慶(1992, 1995:75-78), 劉綸鑫(1999:294-296), 辛世彪(2004: 75-84)에서 제시한 자료를 종합해 보면 客贛방언의 입성운미 유형은 다음 표와 같이 정리해 볼 수 있다. 客家방언과 贛방언의 입성운미 유형은 매우 유사하여 중복되는 부분이 많기 때문에 두 방언을 나누어 나열하지 않고 함께 통합하여 분류해 보았다. 그리고 贛방언 중 江淮官話와 유사한 [-l] 운미가 나타나는 유형의 경우는 표의 뒷부분에 나열하였다.158)

현 보유 入聲韻尾	방언지역	中古音과의 대응관계
① [-p], [-t], [-k]	寧都, 石城(龍崗), 高田, 琴江), 梅縣, 河源, 揭西, 惠州, 新豊(水源), 東莞(淸溪), 陽西(塘口), 陽春(三甲), 信宜(錢排), 電白(沙琅), 高州(新垌), 化州(新安), 廉江(石角), 蒙山(西河), 陸川, 賀縣(蓮塘) (이상 客家방언), 臨川, 資溪(鶴城), 東鄕, 廣昌, 建寧 (이상 贛방언)	咸深攝 [-p]운미, 山臻攝 [-t]운미, 宕江曾梗通攝 [-k]운미. 하지만 일부 지역에서는 曾梗攝(혹은 咸攝合口三等)의 일부 글자들이 [-t]운미로 발음되는 경우도 있다.
② [-p], [-t], [-k], [-ʔ]	信宜(思賀) (客家방언)	咸深攝 [-p]운미, 山臻攝 [-t]운미, 宕江曾梗通攝 [-k]운미, 通攝 [-ʔ]운미.
③ [-p], [-t], [-ʔ]	安義, 撫州, 奉新(馮川) (이상 贛방언)	咸深攝 [-p]운미, 山臻攝 [-t]운미. 宕江曾梗通攝 [-ʔ]운미.
④ [-p], [-t]	沼安(秀篆) (客家방언)	咸深攝 [-p]운미, 山臻攝 [-t]운미. 宕江曾梗通攝은 운미가 탈락되었다.
⑤ [-t], [-k]	連南, 翁源, 曲江(馬坝), 銅鼓(三都) (이상 客家방언), 都昌(土塘), 靖安 (이상 贛방언)	咸深山臻攝 및 일부 曾梗攝 [-t]운미, 그 외 宕江曾梗通攝 [-k]운미.
⑥ [-t], [-ʔ]	永定(下洋) (이상 客家방언), 新建(大塘坪), 宜豊, 宜黃(鳳凰), 上高(敖陽), 新幹, 吉水(螺田), 平江(南江) (이상 贛방언)	-客家방언: 咸深宕江梗通攝 [-ʔ]운미, 山臻曾攝 [-t]운미 -贛방언: 咸深山臻攝(일부 曾梗攝) [-t]운미, 宕江曾梗通攝 [-ʔ] 운미.
⑦ [-p], [-ʔ]	黎川 (贛방언)	咸深攝 [-p]운미, 山臻宕江曾梗通攝 [-ʔ]운미.
⑧ [-k], [-ʔ]	武平(巖前) (客家방언)	通攝 [-k]운미, 咸深山臻宕江曾梗攝 [-ʔ]운미.

---

158) ⑬⑮유형의 修水방언과 高安방언의 경우는 劉綸鑫(1999) 중의 <字音比較表>에 의거 필자가 기록하였다.

현 보유 入聲韻尾	방언지역	中古音과의 대응관계
⑨ [-ʔ]	龙南(龙南), 全南(城厢), 赣县(蟠龙, 韩坊), 信丰(虎山), 兴国(瀲江), 瑞金(象湖), 上犹(前营) (이상 客家방언) 修水(江益), 德安(蒲亭), 武宁, 宜春, 新余(渝水), 万载, 樟树(临江), 万安(芙蓉), 永丰(恩江), 崇仁, 南城, 乐安, 进贤, 戈阳, 横峰, 余江, 铅山, 贵溪, 景德镇, 鹰潭, 乐平, 平江(城关) (이상 赣방언)	咸深山臻宕江曾梗通攝 모두 [-ʔ]운미.
⑩ [-ø]	长汀, 安远, 大余, 崇义(横水) (이상 客家방언) 星子 波阳 浏阳 常宁 安仁(禾市) 阳新(国和) 宿松(河塔) 醴陵(白兔潭) (이상 赣방언)	咸深山臻宕江曾梗通攝 모두 陰聲韻으로 합류.
⑪ [-tⁿ], [kⁿ]	余干 (赣방언)	咸深山臻攝 [-tⁿ]운미, 宕江曾梗通攝 [-kⁿ]운미.
⑫ [-p], [-l], [-t], [-k]	南豊(琴城) (赣방언)	咸深攝 [-p]운미, 宕江曾梗通攝 [-k]운미, 山攝 및 臻攝一等 [-l]운미, 臻攝三等 [-t]운미.
⑬ [-t], [-l], [-ʔ]	修水(义宁) (赣방언)	咸深山臻攝 [-l]운미(그 중 開口三四等 [-t]운미), 宕江曾梗通攝 [-ʔ]운미(그 중 曾梗攝 三四等 [-t]운미).
⑭ [-l], [-k]	都昌(城關) (赣방언)	咸深山臻攝 [-l]운미, 宕江曾梗通攝 [-k]운미.
⑮ [-l], [-ʔ]	高安(城關) (赣방언)	咸深山臻曾攝 및 일부 梗攝 [-l]운미, 宕江梗通攝 [-ʔ]운미.

이상과 같이 客贛방언에는 실로 다양한 형태의 입성운미를 보유하고 있다. 언어의 공시(共時)적 차이가 언어의 역사적 변화 발전 과정을 반영할 수 있다는 역사비교언어학의 기본 전제에 의거한다면 客贛방언 입성운미의 이와 같은 지역적 차이는 분명 客贛방언 입성운미의 역사적 변천 과정에 대한 중요한 단서들을 반영하고 있을 것이다. 우선 中古 입성운미의 합류 관계로 볼 때 전체가 하나의 입성운미([-ʔ] 혹은 입성운미가 탈락된 형태인 無韻尾[-ø])로 합류된 방언을 제외하면 대다수의 客贛방언(⑤⑥⑪

⑬⑭⑮유형의 방언)에서 咸深攝의 [-p]운미는 山臻攝의 [-t]운미(혹은 [-l]운미)로 합류되어 있음을 알 수 있다(그 중 일부 방언에서는 曾梗攝의 일부 글자들도 [-t]운미로 합류되었다). 그리고 宕江曾梗通攝의 [-k]운미는 대부분의 방언에서 咸深山臻攝의 운미와는 독립성을 유지하면서 변화하는데, 입성운미의 유형을 보면 宕江曾梗通攝의 운미는 咸深山臻攝의 운미보다 먼저 약화 혹은 탈락되는 과정을 겪고 있다고 볼 수 있다. 즉 ③④⑥⑮유형에서 볼 수 있는 것처럼 咸深山臻攝은 [-p], [-t], [-l] 등의 운미를 유지하고 있는 상황에서도 宕江曾梗通攝의 운미는 [-ʔ]로 변화(혹은 약화)되거나 입성운미 자체가 소실되기도 한다. 咸深山臻攝의 운미도 합류된 이후에는 (宕江曾梗通攝의 운미와 시간적 차이는 있지만) 다시 약화 혹은 소실의 과정을 거친다고 할 수 있다(⑧⑨⑩유형). 李如龍, 張雙慶(1995:77)에서도 客贛방언 입성운미의 변화에 대하여 다음과 같이 서술하고 있다. "[-p], [-t], [-k] 3개의 입성운미는 먼저 [-p]가 [-t]로 합류된 후 다시 [-ʔ]로 변화한다. [-k]운미의 주요 변화방향은 [-ʔ]인데, 주요 모음이 전설, 고모음인 경우 일부는 [-t]운미로 합류되고 [-t]운미는 다시 [-ʔ]운미로 변화한다. 후에는 [-ʔ]운미도 탈락되면서 결국 陰聲韻이 된다." 운미 [-p]와 [-t]가 먼저 합류되는 이유는 咸深攝([-p]운미)과 山臻攝([-t]운미)의 주요 모음이 中古이래 (일반적으로) 전설모음이라는 공통점이 있고, 또 운미 자음 [-p]와 [-t] 자체도 [-k]와는 다르게 조음점이 모두 구강의 앞쪽에 위치해 있기 때문에 운미의 발음이 약화되어가는 과정에서 보다 쉽게 합류되는 경향을 보이는 것이라고 생각된다. 이는 북경어를 비롯한 대부분의 북방 방언에서 陽聲韻 [-m]운미(咸深攝의 운미)가 [-n]운미(山臻攝의 운미)로 합류되어 발음되고, [-ŋ]운미(宕江曾梗通攝의 운미)는 독립적으로 발음되는 경우와 같은 이치일 것이다. 그리고 客贛방언 입성운미의 변화 과정에서 한 가지 더 생각해 보아야 할 문제는 曾梗攝 입성운미의 변화 양상이다. 李如龍, 張雙慶(1995)에서는 [k]운미 음절의 주요 모음이 전설,

고모음인 경우 일부는 [-t]운미로 합류된다고 하였는데 이는 曾梗攝을 염두에 두고 서술한 것이라고 판단된다. 본 절에서는 이 문제에 대해 좀 더 구체적으로 생각해 보고자 한다. 위에서 제시한 客贛방언 입성운미 유형과 李如龍, 張雙慶(1992), 劉纶鑫(1999)에서 제시한 客贛방언 <字音對照表>를 대조해 보면 客家방언과 贛방언 曾梗攝 입성운미의 유형은 다음과 같이 나누어 볼 수 있다. 曾攝과 梗攝을 나누어 기술하였고, 각 항목의 해당지역 지명은 필자가 字音을 확인할 수 있는 지역으로만 나열하였다.

- 曾攝
  · 대부분 [-k]운미: 寧都 (이상 客家방언), 都昌, 南豊 (이상 贛방언)
  · 대부분 [-t]운미: 梅縣, 翁源, 連南, 河源, 淸溪, 揭西, 秀篆, 陸川 등 대부분의 客家방언
  · 一等 [-k]운미, 三等 [-t]운미: 銅鼓, 澡溪, 井冈山, 石城, 三都 (客家방언)
  · 一等 [-ʔ]운미, 三等 [-t]운미(혹은 [-ʔ]운미): 南昌, 修水, 吉水, 宜豊 (贛방언)
  · 대부분 [ʔ] 운미: 武平, 贛縣, 龙南, 全南 (이상 客家방언), 平江, 戈陽, 南城, 樂平, 黃峰, 萬載, 新余, 黎川 (이상 贛방언)
  · [-l]운미: 高安 (贛방언)
  · [-ø]운미: 长汀, 安远, 大余, 寧化 (이상 客家방언) 星子, 永新, 阳新, 醸陵, 湖口, 萍郷, 蓮花(이상 贛방언)

- 梗攝
  · [-k]운미 ([-t]운미)[159]: 梅縣, 翁源, 連南 등 대부분의 客家방언과 都昌, 南豊 등 贛방언
  · 二等 [-ʔ]운미, 三四等 [-t]운미: 吉水, 修水 (贛방언)

_____

159) 대부분의 客家방언과 贛방언에서는 梗攝에서 文白異讀이 보편적으로 나타나는데 보통 文讀 운모는 [-t]운미이고, 白讀 운모는 [-k]운미이다. 張光宇, 『閩客方言史稿』, 臺北南天書局, 1996년:252-254. 辛世彪, 『東南方言聲調比較研究』, 上海教育出版社, 2004年:77, 83.

· 대부분 [ʔ] 운미: 武平, 贛縣, 龙南, 全南 (이상 客家방언), 平江, 戈陽, 南城, 宜豊, 南昌(南昌 三四等 文讀 [-t]운미) (贛방언)

· [-ø]운미: 长汀, 安远, 大余, 寧化 (이상 客家방언), 湖口, 星子, 萍鄉, 蓮花, 阳新, 醴陵 (이상 贛방언)

예를 들어 보면 다음과 같다.

	得曾一	食曾三	白梗二	逆梗三
宁都(客)	tək⁸	sək⁸	p'ak⁸	nək⁸
都昌(贛)	tɛk⁷ᴬ	ʂək⁸ᴬ	bak⁸ᴮ	n̠ik⁷ᴬ
梅县(客)	tɛt⁷	sət⁸	p'ak⁸	n̠iak⁷
澡溪(客)	tɛk⁵	ʂət⁶	p'ak⁶	niak⁶
吉水(贛)	tɛʔ⁷	sət⁷	p'aʔ⁷	n̠it⁷
武平(客)	tɛʔ⁷	seiʔ⁸	p'ɒuʔ⁸	niɒuʔ⁸
平江(贛)	teʔ⁷	ʃɤʔ⁷	b'eʔ⁷	niʔ⁷
高安(贛)	tɛl⁶	søl⁷	p'aʔ⁷	iaʔ⁷
长汀(客)	te²	ʃi⁶	p'a⁶	nia⁶
星子(贛)	te⁷	ʂɛ⁶	bɛ⁶	n̠i⁷

이상의 사실로부터 추론해 보면, 客贛방언 曾梗攝 입성운미의 변화 과정은160) 방언마다 서로 조금씩 다를 수 있지만 변화의 방향은 유사하며 대부분 다음 일곱 단계의 과정 안에 포함시킬 수 있다고 생각된다. 즉, (1) 모두 [-k]운미로 발음되는 단계, (2) 모두 [-t]([-l])운미로 발음되는 단계,

---

160) 客贛방언 梗攝의 [-t]운미는 일반적으로 白讀音과 구별되는 文讀音이다. 文讀音은 일반적으로 외래 방언 성분이기 때문에 曾攝의 [-t]운미와는 성격이 다르다. 하지만 客贛방언 梗攝 입성운미의 변화([-k]→[-t]→[ʔ]→[-ø] 등의 변화)유형이 曾攝의 경우와 매우 유사하기 때문에 여기에서는 함께 논의하기로 한다. 梗攝 입성운미 [-k] 가 [-t]로 변화하는 과정은 방언 내의 자연스런 음운변화가 아닌 文白異讀의 교체식 음운변화라고 할 수 있다. 하지만 [-t]→[ʔ]→[-ø] 등의 변화는 방언 내의 자체적인 음운변화로 볼 수 있을 것이다.

(3) 一二等은 [-k]운미, 三四等은 [-t]운미로 발음되는 단계, (4) 一二等은 [-ʔ]운미, 三四等은 [-t]운미로 발음되는 단계, (5) 一二等은 [-ʔ]운미, 三四等은 [-t]운미 혹은 [-ʔ]운미로 발음되는 단계, (6) 모두 [-ʔ]운미로 발음되는 단계, (7) 입성운미가 모두 소실되는 단계.161) 그렇다면 客贛방언 입성운미의 역사적 변화과정 중 曾梗攝은 분명 (咸深攝과 함께) 山臻攝의 [-t]운미로 합류되는 경향을 가지고 있는 것이라고 볼 수 있고, 또 합류된 이후에는 약화와 소실의 과정을 거치게 된다고 판단해 볼 수 있다(물론 방언에 따라서는 山臻攝과의 합류 없이 [-k]→[-ʔ]→[-ø]와 같은 독립적인 변화의 과정을 거칠 수도 있다). 합류의 양상은 曾梗攝 전체가 합류되는 경우도 있을 수 있고, 一二等韻은 합류되지 않으면서 三四等韻만 합류되는 경우도 있을 수 있다. 혹은 曾梗攝 전체가 합류된 이후 그 중 一二等韻이 먼저 [-ʔ] 등으로 약화되는 변화를 거쳤을 수도 있다.162) 曾梗攝(三四等)이 山臻攝과 합류되는 이유는 운모 내 주요 모음의 특성 때문이라고 생각되는데, 李如龍, 張雙慶(1995)에서 제시한 바와 같이 '전설 고모음' 특히 전설모음 뒤의 [-k]운미가 [-t]운미로 합류되는 경향 때문이라고 생각된다. 왜냐하면 전설모음 뒤의 [-k]운미는 모음의 특성 때문에 조음점이 구강의 뒷쪽에서 앞쪽으로 이동할 수 있기 때문이다(中古시기 曾梗攝과 동일한 입성운미를 가지고 있던 宕江通攝의 주요 모음은 대체로 후설모음의 특성을 갖고 있다). 현재의 客贛방언 曾梗攝의 주요 모음을 보더라도 客家방언의 경우 曾攝 一等은 주요 모음이 대부분 [ɛ], [e]이고, 三等은 [i], [ə], [ɛ], [e] 등이며, 梗攝 文讀은 二等 [ɛ], 三四等 [i](白讀 [a])이다. 贛방언의

---

161) (2)단계와 (3)단계는 연속된 과정이 아닌 방언에 따라 다르게 나타나는 독립적인 과정이다.

162) 제1절에서 논의했듯 저모음 뒤의 입성운미가 고모음 뒤의 입성운미보다 먼저 약화 혹은 탈락의 과정을 거치기 쉽다고 볼 수 있는데, 三四等韻의 주요 모음은 일반적으로 中古이래 [-i-]介音의 영향으로 一二等韻의 주요 모음보다 조음점이 높아지는 경향을 갖고 있다고 볼 수 있을 것이다.

경우도 曾攝 一等은 주요 모음이 대부분 [ɛ], [e]이고, 三等은 [i], [ɛ], [ŋ̩, ʅ̩] 등이며, 梗攝 文讀 二等은 주요 모음이 [ɛ], [e] 등이고, 三四等은 주로 [i](白讀 [a])이다. 현재의 曾梗攝 주요 모음도 이와 같이 대부분 전설(고) 모음으로 구성되어 있음을 알 수 있다. 그렇다면 曾梗攝의 변화 과정을 포함하여 客贛방언 입성운미의 역사적 변천 과정을 우선 다음과 같이 나타내 볼 수 있을 것이다.

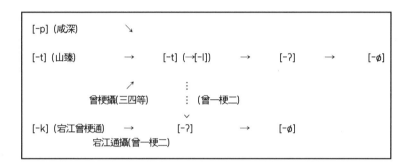

그 중 通攝은 일부 방언지역에서 예외적 현상을 보이기도 하는데 客贛 방언 입성운미 유형 중 ②유형인 信宜방언(客家방언)에서는 通攝만 입성 운미가 약화되어 [-ʔ]운미로 발음되고, 기타 咸深攝은 [-p]운미, 山臻攝은 [-t]운미, 宕江曾梗通攝은 [-k]운미로 발음된다. 반면 ⑧유형 武平방언(客家방언)에서는 기타 咸深山臻宕江曾梗攝의 운미가 모두 [-ʔ]운미로 약화된 상황에서 通攝만 [-k]운미로 발음된다.

다음으로 생각해 보아야 할 문제는 ⑪유형의 [-tⁿ], [-kⁿ]운미[163)와 ⑫⑬⑭⑮유형 중의 [-l]운미이다. 이와 같은 입성운미는 1절에서 논의하였던

---

163) 劉綸鑫(1999:57)에 의하면 余干방언[-tⁿ], [-kⁿ]운미는 폐쇄음 [t] 혹은 [k]를 발음한 후에 아주 짧은 시간의 휴지(멈춤)가 있고 바로 (앞의 폐쇄음과) 같은 조음 위치의 비음 운미를 발음하는 것이라 했다.

江淮官話 [-l]입성운미와 매우 유사한 특성을 가지고 있다. 이 세 가지 운미는 客家방언에서는 나타나지 않고 일부 贛방언에서만 나타나는데 필자의 판단으로 이는 입성운미의 약화 혹은 탈락의 변화 과정 중에 나타나는 과도기적 형태의 운미라고 생각된다. 李如龍, 張雙慶(1995:77)에서는 中古 입성운미 약화현상의 일종인 유성음화 현상을 언급하면서, [-p] → [-m](光澤(贛방언)) → [-n](邵武(贛방언))[164], [-t] → [-tⁿ](余干(贛방언)) → [-l](都昌(贛방언)), [-k] → [kⁿ](余干(贛방언)) 등과 같은 변화 과정도 존재할 수 있다고 예시하고 있다. 劉纶鑫(1999:294-296)에서도 贛방언 입성운미의 변화과정을 [-p], [-t], [-k] → [-p], [-t], [-l], [-k] → [-t], [-k] → [-t], [-ʔ] → [-ø] 와 같이 가정하였다. 그리고 曹志耘(2011)에 의하면 湖北省 通城방언(贛방언)에서는 中古 입성운미가 성문폐쇄음 [-ʔ]로 약회되는 과정에서 [-nʔ], [-lʔ]와 같은 과도기적 형태의 운미가 나타난다고 하였다.[165] 그렇다면 ⑪유형의 [-tⁿ], [-kⁿ]운미와 ⑫⑬⑭⑮유형의 [-l]운미 그리고 湖北省 通城방언의 운미 형태를 고려하여 贛방언(특히 현재 [-l]운미를 가지고 있는 贛방언) 입성운미의 역사적 변화 과정을 가정해 본다면, (山臻攝)[-t] → [-tⁿ] → [-nʔ] → [-lʔ] → [-ʔ] → [-ø], (宕江曾梗通攝)[-k] → [-kⁿ] → [-ŋʔ] → [-ʔ] → [-ø] 등과 같은 과정이 가능할 것이다(방언에 따라 曾梗攝(三四等)의 운미는 山臻攝과 합류되었을 수 있다. 즉 [-k] →

---

164) 邵武방언과 光澤방언은 福建省 서북부에 위치해 있는데 학자에 따라서는 贛방언으로 분류하기도 하고, 閩방언으로 분류하기도 한다. 이 지역 방언 입성운미의 특징은 咸深攝의 입성운미가 [-m], [-n]로 발음된다는 것이다. 기타 山臻攝과 宕江曾梗通攝의 입성운미는 모두 소실되었다. 栗華益, 「試析邵武, 光澤方言的入聲비음 운미」, 『語言科學』第11卷 第5期, 2012年:546-545.

165) 湖北省 通城방언에서는 [-nʔ], [-lʔ], [-ʔ] 3개의 입성운미가 함께 나타난다. 曹志耘 (2011:110)〈湖北通城方言的語音特點〉에 의하면 通城방언 咸山攝의 일부 入聲字들(주로 一二等字)은 [-lʔ]운미로 발음되고, 深臻曾梗攝의 일부 入聲字들(주로 三四等字)은 [-nʔ]운미로 발음되며, 宕江攝과 나머지 咸山深臻曾梗攝 入聲字들은 [-ʔ]운미로 발음된다고 하였다. [-nʔ], [-lʔ]운미에서 [-n], [-l] 뒤에 붙여진 [ʔ]는 독립적인 순수 성문폐쇄음 발음이 아니라 발음상의 긴장상태를 나타내 주는 정도의 표시라고 기술하고 있다.

[-kⁿ] → [-kⁿ] → [-tⁿ] → [-n²] → [-l²] → [-ʔ] → [-ø]). 물론 咸深攝의 [-p]운미도 山臻攝과 합류된다는 가정 하에 [-p] → [-pᵐ]→ [-pⁿ] → [-tⁿ] → [-n²] → [-l²] → [-ʔ] → [-ø] 등과 같은 변화의 과정을 생각해 볼 수 있다. 이와 같은 가정은 앞에서 제시한 客贛방언 입성운미의 역사적 변천 과정과 변화의 방향은 동일하지만 중간 과정에 [-l]운미가 나타난다는 점이 다르다고 할 수 있다. [-l], [-tⁿ], [-kⁿ]와 같은 입성운미는 사실 贛방언 지역에서도 보편적이라고는 할 수 없지만 贛방언 입성운미의 역사적 변화과정을 반영하고 있는 잔존형식(殘存形式)일 가능성이 높기 때문에 중요성을 가지고 있다고 할 수 있다.

그런데 ([-l]운미가 나타나는) 贛방언 입성운미의 역사적 변천 과정 중 한 가지 의문점이 생기는 부분은 咸深攝의 입성운미가 山臻攝의 입성운미로 합류되는 과정에서 咸深攝의 입성운미 [-p]는 山臻攝의 입성운미가 [-l]로 변화한 이후에 山臻攝으로 합류된 것인지, 아니면 山臻攝이 여전히 [-t]운미를 유지하고 있는 상황에서 합류되어 함께 [-l]로 변화한 것인지 구분이 쉽지 않다는 것이다. 이 문제는 앞에서 예시하였던 南豊방언과 修水방언의 유형을 통해 생각해 보도록 하겠다. 우선 南豊방언(客贛방언의 입성운미 유형의 ⑫유형)의 경우를 보면 咸深攝과 山臻攝의 입성운미는 아직 합류되지 않았지만 山臻攝은 이미 [-l]운미로 변화되어 있음을 확인할 수 있다. 즉, 咸深攝은 [-p]운미 宕江曾梗通攝은 [-k]운미를 유지하고 있는 상황에서, 山攝 및 臻攝一等韻만이 [-l]운미로 먼저 변화하였다. 따라서 이후의 변화 과정이 주변 대부분의 贛방언과 마찬가지로 咸深攝의 입성운미가 山臻攝으로 합류되는 것이라면, 咸深攝의 [-p]운미는 山臻攝의 [-l]운미로 합류되는 결과를 가져오게 될 것이다(주변의 都昌방언(⑭유형), 高安방언(⑮유형) 등도 이와 같은 과정을 거쳤을 가능성을 배재할 수 없다). 하지만 臻攝三等韻은 여전히 [-t]운미를 보유하고 있는데 이는 南豊방언에서

中古이래 주요 모음의 상대적 저모음 특성을 가지고 있던 山攝 및 臻攝一等이 주요 모음의 상대적 고모음 특성을 가지고 있던 臻攝三等보다 먼저 입성운미의 변화(약화 혹은 유음화)가 진행되었기 때문이라고 볼 수 있을 것이다.166) 반면 修水방언(⑬유형)의 경우는 咸深山臻攝의 입성운미가 이미 합류되어 있는 상황에서 開口三四等韻은 [-t]운미, 그 외는 [-l]운미로 나누어져 있다. 그렇다면 修水방언에서는 咸深攝의 입성운미 [-p]가 과거 어느 시기에 이미 山臻攝의 입성운미 [-t]로 합류된 것이고, 그 중 (咸深山臻攝) 開口三四等韻은 합류된 [-t]운미를 여전히 유지하고 있는 것이지만, 그 외 開口一二等 및 合口韻의 입성운미는 [-t]에서 [-l]로 변화(약화, 유음화)된 것이라고 볼 수 있을 것이다. 반대로 咸深攝의 [-p]운미가 山臻攝의 [-l]운미로 합류된 후 다시 그 중 일부가 [-t]운미로 변화했을 것이라고 가정할 수도 있겠지만 그러한 예는 한어방언에서 찾아보기도 힘들 뿐더러 일반적인 발음 원리에도 부합되지 않는다고 생각된다. 따라서 南豊방언과 修水방언의 경우를 통해 보건대 贛방언 입성운미의 변천과정 중 咸深攝의 입성운미는 방언에 따라 [-t]운미로 합류되는 경우도 있을 수 있고, [-l]운미로 합류되는 경우도 있을 수 있다고 볼 수 있다(曾梗攝(三四等)의 입성운미가 山臻攝으로 합류되는 경우도 마찬가지일 것이다).

그럼 이상 客贛방언 입성운미에 대한 논의를 바탕으로 江淮官話의 입성운미에 대한 문제를 다시 생각해 보도록 하겠다. 冯青青(2013:145-151)

---

166) 제1절에서는 저모음 뒤의 입성운미가 고모음 뒤의 입성운미보다 발음의 편의성 때문에 좀 더 쉽게 탈락되는 것이라고 가정했었다. 그런데 이를 漢語方言 입성운미의 발음특성과 입성운미 앞 주요 모음의 전후(前後)특성까지 고려하여 좀 더 구체화시킨다면 다음과 같은 가정도 가능할 것이다. 조음 위치가 구강의 앞쪽에 있는 [-p], [-t]운미는 전설, 고모음 뒤에서 본래의 발음을 유지할 가능성이 크고, 후설 저모음 뒤에서는 발음이 약화되거나 탈락될 가능성이 크다. 반면 조음 위치가 구강의 뒷쪽에 위치한 [-k]운미는 후설 고모음 뒤에서 본래의 발음을 유지할 가능성이 크고, 전설 저모음 뒤에서는 발음이 약화되거나 탈락될 가능성이 크다.

에서는 江蘇省 중북부 46개 官話 지역에 대한 현지 조사를 실시하여 이 지역 官話(中原官話와 江淮官話) 入聲韻에 대한 통계를 제시하고 있는데, 그 중 35개 지역에서 入聲韻를 보유하고 있었다(입성운미는 소실되었지만 독립적인 入聲韻과 入聲 성조를 보유하고 있는 방언 포함). 入聲韻을 보유하고 있는 35개 지역 방언은 대부분 江淮官話로 분류되고 있는 방언들인데 이들 지역에서 나타나는 입성운미의 유형을 보면 대략 다음 5가지로 나누어 볼 수 있다. ① [-ʔ] (25개 지역), ② [-ʔ], [-ø] (2개 지역), ③ [-ʔ], [-l] (3개 지역), ④ [-l], [-ø] (2개 지역), ⑤ [-ø] (3개 지역). 이와 같은 분포 상황으로 볼 때 江淮官話 입성운미는 제1절에서 가정했던 바와 같이 … → [-l] → [-ʔ] → [-ø]와 같은 변화의 과정을 거치고 있는 것이라고 판단해 볼 수 있다. 또한 冯青青(2013:146-148)의 분류에 의하면 江蘇省 江淮官話의 입성운미 [-l]는 灌南新安, 灌南長茂, 響水南河, 濱海陳水, 阜寧陳集 등 5개 지역에서 나타나는데 대부분 深臻曾梗攝에 집중되어있다. 이는 제1절에서 분석해 보았던 桐城방언과 寶應방언의 [-l] 입성운미 분포와 매우 유사하다. 하지만 贛방언에서 나타나는 [-l] 입성운미의 분포와는 일정한 차이가 있는데, 贛방언의 경우 [-l]입성운미는 보통 咸深山臻攝에서 나타나며, 宕江(曾梗)通攝의 입성운미와는 구분되는 경우가 일반적이다 (그 중 曾梗攝(三四等)은 山臻攝 입성운미로 합류되는 경향을 가지고 있다). 江淮官話와 贛방언의 [-l] 입성운미가 韻攝 간 분포에 있어 차이가 나는 이유는 필자의 판단으로 보건대 두 방언 입성운미의 역사적 발전 단계가 다르기 때문이라고 생각된다. 즉 贛방언의 입성운미 [-l]는 中古 입성운미 [-p], [-t], [-k]가 [-l]와 [-k](혹은 [-ʔ]) 2개의 운미로 통합 변화되어가는 과정 중에 나타난 것이라면. 江淮官話의 입성운미 [-l]는 中古 입성운미가 [-l]와 [-k](혹은 [-ʔ]) 2개 혹은 [-l] 하나로 통합되는 과정을 거친 이후 음절 내 주요 모음의 고저 차이를 원인으로 재차 두 종류의 입성운미로 나누어졌다가 또 다시 성문폐쇄음 [-ʔ]으로 통합되거나 혹은 이보다 더 발전하여 입성운미 자체가 소실되어가는 단계에 와 있는 것이라고 볼 수 있다. 다시 말해 贛方言에서의 [-l] 입성운미는 [-p], [-t]([-k])운미로부터 점차 [-l]운미로 변화되어가는 과정 중에 있는 것이라면, 江淮官話 중의 [-l] 입성운미는 이미 형성 시기가 지나 다시 [l]와 [-ʔ](혹은 [-ø])두 부류도 나누어지기도 하였고 혹은 이보다 더 발전하여 입성운미 자체가 소실되어가는 단계에 와 있는 것이라고 할 수 있다.

冯青青(2013:146-148)에서는 [-l] 입성운미가 나타나는 灌南新安, 灌南長茂, 響水南河, 濱海陳水, 阜寧陳集 5개 지역을 대상으로 [-l] 입성운미를 보유하고 있는 글자들의 예와 이들의 韻攝 내 분포상황을 제시하고 있는데 정리해 보면 다음과 같이 나타낼 수 있다. 괄호 안의 숫자는 저자가 제시한 [-l] 입성운미 보유 글자 수이다.

방언지역	中古音 분포
灌南新安	深開三(6), 臻開三(16), 臻合一(7), 臻合三(5), 曾開一(4), 曾開三(19), 梗開二(8), 梗開三(6), 梗開四(14)
灌南長茂	深開三(24), 山開一(1), 山開二(5), 山合一(1), 臻開三(26), 臻合一(10), 臻合三(9), 曾開一(11), 曾開三(25), 梗開二(19), 梗開三(26), 梗開四(21), 梗合三(2)
響水南河	深開三(2), 臻開三(8), 臻合一(3), 臻合三(6), 曾開一(3), 曾開三(15), 梗開二(6), 梗開三(10), 梗開四(2)
濱海陳水	咸開一(8), 咸開二(1), 深開三(4), 山開一(5), 山開二(1), 山合一(7), 山合二(5), 山合三(7), 臻開三(10), 臻合一(4), 臻合三(6), 曾開一(8), 梗開二(9), 梗開四(2)
阜寧陳集	咸開一(2), 咸開二(3), 深開三(3), 臻合一(3), 臻合三(6), 曾開一(7), 曾開三(15), 梗開二(10)

위의 표에서 볼 수 있는 바와 같이 江蘇省 내 江淮官話 중 [-l] 입성운미를 가진 글자들은 대부분 深臻曾梗攝에 집중되어있다. 이와 같은 사실은 우선 이들 방언 지역에서 深臻攝의 입성운미가 과거 咸山攝의 입성운미와 합류 과정을 거쳐 [-l](혹은 [-t]→[-l])로 발음되던 시기가 있었음을

시사해 주는 증거가 될 수 있다고 생각된다. 위의 표 중 灌南長茂, 濱海陳水, 阜寧陳集 등 방언에서는 일부 咸山攝 글자들이 [-l]운미로 발음되고 있는데 이는 바로 이들 방언 지역에서 과거 咸山攝의 글자들이 深臻攝와 함께 하나의 입성운미 [-l](혹은 [-t]→[-l])로 합류되어 발음되었던 잔존형식으로 볼 수 있을 것이다. 또한 曾梗攝의 글자들은 현재 一二等과 三四等의 구분 없이 다수가 [-l]운미로 발음되고 있는데 이는 中古 이후 山臻攝과 咸深攝의 입성운미가 합류되던 시기 曾梗攝의 입성운미도 山臻攝의 입성운미 [-t]혹은 [-l]로 합류되었다는 증거가 될 수 있을 것이다. 그렇지 않았다면 曾梗攝의 입성운미는 현재 [-l]로 발음될 수 없을 것이다. 만일 曾梗攝의 입성운미가 [-t]혹은 [-l]로 합류되지 않았다면, 현재 曾梗攝의 입성운미는 [-l]가 될 수 없고, 宕江(通)攝과 함께 [-ʔ] 혹은 [-ø]로 발음되고 있을 것이다. 이와 같은 사실로부터 유추해 보면 이 지역 江淮官話 咸深山臻攝과 曾梗攝(三四等)의 입성운미는 과거 [-l]운미로 통합되었던 시기를 거쳤다고 할 수 있을 것이다. 제1절에서 제시한 바와 같이 桐城방언과 寶應방언 모두 深臻曾梗攝은 [-l] 혹은 [-t]운미로 발음되고, 咸山宕江攝은 [-ʔ] 혹은 [-ø]운미로 발음되는데, 이는 위의 표에서 예시한 江淮官話와 상당히 유사한 구조를 가지고 있다고 할 수 있다. 桐城방언과 寶應방언의 이와 같은 구조는 中古 이래 咸深山臻曾梗攝의 입성운미가 하나의 입성운미 [-l](혹은 [-t]→[-l])로 합류된 이후 음절 내 주요 모음의 고저 차이로 인해 다시 두 부류의 입성운미로 분화된 형태라고 볼 수 있는데 문제는 通攝의 변화이다. 通攝이 桐城방언에서는 深臻曾梗攝과 같은 부류에 속해 있지만, 寶應방언에서는 咸山宕江攝과 같은 부류에 속해 있다. 이는 분명 桐城방언과 寶應방언이 서로 다른 변화의 과정을 내포하고 있다는 의미가 될 수 있을 것이다. 그런데 通攝이 桐城방언에서서처럼 [-l]운미로 발음되기 위해서는 中古 이래 咸深山臻曾梗攝의 입성운미가 [-l]운미로 합류되던 시기 通攝도 함께 [-l]운미로 합류되었다고 보아야 할 것이다. 그렇지 않다면 현재 通攝이 [-l]운미로 발음되고 있는 현상을 설명할 수 없기 때문이다. 通攝이 [-l]운미로 합류되었다면 같은 운미를 가지고 있던 宕江攝도 함께 [-l]운미로 합류되었을 가능성도 있다고 볼 수 있다. 즉 曾梗攝이 山臻攝의 [-t] 혹은 [-l]운미로 합류되는 과정에서 曾梗攝과 같은 [-k]운미를 가진 宕江通攝도 함께 합류되었다고 볼 수 있기 때문이다. 하지만 앞의 客贛방언 曾梗攝의 山臻攝 합류 과정에 대한 논의에서 [-k]운미가 [-t] 혹은 [-l]운미로 합류되기 위한 가장 큰 변화 조건은 주요 모음의 전설(고)모음 특성이라고 가정했었다. 그런데 通攝과 宕江攝의 주요 모음은 모두 일반적으로 후설모음의 특성을 가지고 있기 때문에 [-t] 혹은 [-l]운미로의 변화 조건을 충족시키지 못한다고 볼 수 있다. 하지만 桐城방언 그리고 같은 安徽省에 속한 江淮官話 자료[167]를 보면 다수의 지역에서 通攝의 주요 모음은 [ɤ], [ə], [u] 등으로 후설(저)모음의 특성을 가진 宕江攝의 주요 모음 [o], [ɔ] 등과는 구분되면서 曾梗攝의 주요 모음과는 유사한 특성을 나타내고 있음을 볼 수 있다. 예를 들어 보면 다음과 같다.

---

167) 孫宜志『安徽江淮官話語音研究』, 黃山書社, 2006年:90-104. 孫宜志(2006)의 조사 자료에는 [-l] 입성운미에 대한 기록은 없고, 安徽省 江淮官話에 속한 대부분의 방언에서 [-ʔ]운미만이 나타난다고 하였다.

	曾梗攝	宕江攝	通攝
桐城	e(一二等), ɤ(三四等)	o	ɤ
靑陽	ə	o	ə
天長	ə, o	ɔ	o
合肥	ə	æ	ə
全椒	ə	ɐ	ə
無爲	æ, ə, o	o	ə
盧江	I ,ə	ɤ, i	ə

이와 같은 사실로부터 미루어 볼 때 桐城방언 通攝의 입성운미는 曾梗攝과 유사한 주요 모음의 특성으로 인해 曾梗攝과 함께 山臻攝의 [-t]([-l])운미로 합류되었고, 또 주요 모음의 고모음 특성을 조건으로 현재에도 深臻曾梗攝과 함께 [-l]운미를 보유하고 있는 것이라고 판단해 볼 수 있다. 즉 宕江通攝 중 通攝만이 曾梗攝과 함께 [-t] 혹은 [-l]운미로 합류되었고, 宕江攝은 독립적으로 자체적인 변화 과정([-k] →[-ʔ] →[-ø])을 거친 것으로 볼 수 있다. 寶應방언의 경우는 桐城방언과는 다르게 通攝이 [-l]운미로 합류되는 변화는 없었다고 판단된다. 寶應방언에서 通攝의 입성운미는 [-l]로 발음되지 않고 咸山宕江攝과 같은 부류 즉 [-ʔ]운미로 발음되고 있는데, 이는 寶應방언의 通攝이 曾梗攝과 함께 山臻攝으로 합류되지 않고, 宕江攝과 마찬가지로 독립적인 변화의 과정 즉 [-k] → [-ʔ]와 같은 과정을 거쳤다는 증거가 될 수 있을 것이다. 왜냐하면 만일 通攝이 [-l]운미로 합류되었다면 현재에도 桐城방언과 마찬가지로 [-l]운미로 발음되고 있을 가능성이 크기 때문이다. 주변의 江蘇省 江淮官話에서도 通攝이 [-l]운미로 발음되었던 흔적은 찾아볼 수 없다. 이상과 같은 가정을 토대로 桐城방언과 寶應방언 입성운미의 역사적 변천 과정을 도식으로 나타내 보면 다음과 같다.[168]

---

168) 江淮官話 [-l] 입성운미의 변천과정에 대해 楊自翔(1989)에서는 中古 [-p], [-t],

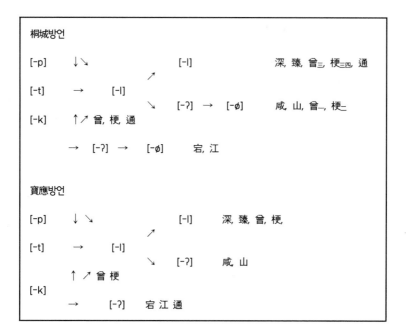

[-p]운미와 [-k]운미 뒤의 화살표를 [-t]와 [-l] 두 개의 방향으로 표시한 이유는 中古 [-p]운미와 (일부) [-k]운미가 먼저 [-t]운미로 합류된 후 다시 [-l]운미로 변화하였을 가능성과 [-p], [-k]운미가 변화하기 전 [-t]운미가 먼저 [-l]운미로 변화한 후 [-p]운미와 (일부) [-k]운미가 [-l]운미로 합류되

[-k]운미가 먼저 [-t], [-k]운미로 통합되었고, 이는 다시 같은 조음위치의 [-l]와 유성 마찰음 [-ɣ]로 변화한 다음, 최후에 다시 하나의 [-l]운미로 융화되었을 것이라고 설명하고 있으며, 石绍浪(2010)에서는 中古 [-p], [-t], [-k]운미가 먼저 성문폐쇄음 [-ʔ]운미로 통합 변화하였고, 그 후 [-ʔ]운미는 특정한 조건 하에서 발음이 약화되어 [-l]운미로 변화하였을 것이라고 예측하고 있다. 吴波(2007)에서는 좀 더 상세한 분석을 시도하고 있는데 먼저 中古 [-p], [-t]운미가 [-t]운미로 합류되었는데, 이 때 주요 모음의 고모음 특성을 가지고 있던 일부 [-k]운미도 함께 [-t]운미로 합류되었다고 하였다. 또한 합류 후 남은 [-t], [-k]운미는 다시 주요 모음이 고모음인 경우 [-l]운미로 변화하였고, 주요 모음이 저모음인 경우는 [-ʔ]운미로 변화하였다고 하였다. 하지만 기타 한어방언과의 비교라든지 구체적인 韻攝 간 변화 관계에 대해서는 언급을 하지 않고 있다.

었을 가능성 두 가지를 모두 나타내기 위해서이다. 그리고 桐城방언에서 나타나는 舌根化(연구개음화)된 입성운미 [-l]는 아마도 주변의 주요 지역 강세 방언(혹은 주변 대부분의 방언)에서 발음되는 성문폐쇄음 [-ʔ]운미의 영향으로 [-l]운미의 舌根化(연구개음화)가 진행된 것으로 예측된다.

3. 江淮官話의 형성 배경

江淮官話 지역은 先秦시기 楚나라 땅으로 漢나라 때 揚雄의 『方言』에서는 '江東'지역이란 개념으로 쓰였다. 中古시기만 하더라도 이 지역은 북방의 洛陽, 長安을 중심으로 한 소위 '通語'와 구분되는 남방 방언 계통의 언어였다고 여겨지고 있다.[169] 하지만 中古 이후 江淮官話 지역은 여러 차례의 큰 전란으로 인한 북방 주민들의 대거 이동으로 인구의 구성면에서 북방 지역 주민들이 차지하는 비율이 현격히 증가했을 뿐만 아니라 이는 또 지역 방언에도 큰 변화를 가져오게 되는 원인으로 작용하게 된다. 현재 南京, 揚州, 合肥, 桐城, 寶應, 灌南 등을 비롯한 이 지역 방언들은 언어의 특성상 북방 방언(즉 江淮官話)으로 분류되고 있다. 현재 북방 방언과 남방 방언(吳, 客家, 贛, 湘, 閩, 粵, 平話방언 등) 사이에는 서로 의사소통이 전혀 불가능할 정도로 그 차이가 크다는 점을 감안한다면 江淮官話는 中古 이래 1500년 이상의 세월동안 원래의 언어에서 전혀 다른 언어로 변모한 것이라고 할 수 있을 것이다. 魯國堯(1994), 吳波(2007)에 의하면 역사적으로 북방 주민이 江淮官話 지역으로 대거 이동한 사실은 크게 세 차례로 나누어 볼 수 있다고 하였다. 첫 번째는 4세기 초 西晉 末年 '永嘉之亂(311)'이래 中原의 권문세가들을 비롯한 수많은 북방 주민들이 대거 남하하여 동으로 江淮를 건너고 建康(지금의 南京)에 수도를 정하여,

---

169) 袁家驊 等 『漢語方言槪要』(第二版), 語文出版社, 2001年:57쪽.

漢族의 정통 정권이 최초로 남방으로 이전하게 되었는데, 그 후 東晉으로 부터 南朝의 宋, 齊, 梁, 陳(317-589)에 이르기까지 근 3백 년 간 建康은 계속 수도로서의 지위를 차지하게 된다. 당시 建康을 중심으로 한 이 지역에는 남하한 수많은 중원의 사대부들과 북방 주민들이 운집하였기 때문에 洛陽에서 내려간 북방 中原의 '通語(雅音)'가 점차 '官話'의 지위를 차지하게 된다. 하지만 이 지역 전통 방언의 영향은 피할 수 없었기 때문에 당시 이 지역 官話은 中原의 通語 음계와는 일정한 차이가 있는 남방 특유의 官話체계였을 것이라고 예측되고 있다. 두 번째는 唐末 '安史의 亂', '黃巢의 봉기' 그리고 '五大十國의 혼란' 등으로 수많은 북방의 주민들이 대규모 남방으로 이동하게 되는데 그 중 상당수의 사람들이 전란을 피할 수 있고 환경이 비교적 안정적인 江淮지역으로 유입되었다고 한다. 세 번째는 北宋 末年 金의 남침으로 북방의 주민들은 또 다시 전화를 피해 대량으로 남하하게 되는데, 남하 초기에는 대부분의 사람들이 建康을 중심으로 한 江淮지역에 몰려들었다고 한다(기록에 의하면 이 지역으로 남하한 대부분의 사람들은 中原지역의 汴洛(北宋의 수도, 현재의 河南省 開封) 사람들이었다고 한다). 이로 인해 이 지역 방언은 자연스럽게 北方話로 진일보한 전환을 이루게 되는 계기가 된다. 이처럼 江淮방언은 永嘉의 亂, 唐五代의 전란, 金의 남침(南宋의 천도) 등 크게 보아 세 차례의 전란으로 인한 인구의 대거 유입 그리고 그에 따른 언어의 北方化를 거치면서 서서히 官話의 기초방언으로 변화하게 되었다고 할 수 있을 것이다. 또한 50년간의 짧은 기간이긴 했지만 明初(1368-1421)에는 南京을 수도로 정하게 되면서 南京을 중심으로 한 이 지역 방언은 또다시 상당히 권위 있는 官話로서의 지위를 갖게 된다. 물론 당시에도 역대(遼, 金, 元) 수도인 北京을 중심으로 한 北方官話가 전국적인 통용어로서 주도적인 위치를 차지하고 있었다고 할 수 있지만, 여러 학자들의 관점을 종합해 보면 적어도 明나라 시기 까지만 해도 南京을 중심으로 한 南方官話는 北方官話에 필적할 만큼 권위를 인정받고 있던 위치에 있었다고 볼 수 있다. 더구나 북방지역은 이민족의 침입으로 인해 입성운미와 입성 성조가 소실되는 등 언어 특징에도 상당히 급격한 변화가 진행되었고, 이로 인해 상대적으로 보수성이 강한 南方官話는 지식인들에게 漢族 언어의 정통성을 유지하고 있는 진정한 통용어로 인식되었을 가능성이 크다고 볼 수 있을 것이다.

이처럼 江淮官話 지역은 역사적으로 여러 차례에 걸친 북방 주민들의 대거 이주와 천도 등으로 인해 이 지역에서 사용되던 언어에도 서서히 北方化 진행되었다고 할 수 있으며, 그러한 北方化는 전통적인 北方官話의 표준음이 江淮지역에 이식된 것이라고 볼 수 있을 것이다. 또한 江淮방언은 지리적으로 남방 방언 지역에 위치해 있었기 때문에 후대 북방 방언의 급격한 변화의 영향을 받지 않을 수 있었고, 그로 인해 古代 北方官話의 전통적 요소를 보다 많이 간직하고 있는 방언이 되었다고 할 수 있을 것이다. 따라서 입성운미의 문제에 있어서도 江淮官話에는 기타 북방 방언에서는 일반적으로 이미 소실된 입성운미가 [-l], [-ʔ] 등의 형태로 남아 있는 것이라고 예측해 볼 수 있다. 羅常培(1933)『唐五代西北方音』에서는 다섯 종류의 漢藏 對譯音 자료를 이용하여 唐五代 서북지방에서 유행하던 방언의 특성을 밝힌 바 있는데, 특히 그 중 漢藏 對譯音에서 사용되고 있는 운미 [-b], [-r], [-g]는 바로 漢語의 입성운미 [-p], [-t], [-k]가 각각 약화된 형태를 반영하고 있는 것이라고 했다. 魯國堯(1991)「論宋詞韻及其與金元詞韻的比較」에서는 宋詞 用韻의 실례를 근거로 당시의 入聲韻을 4개의 韻部로 나누었는데, 그 중 中古 深臻曾梗攝의 入聲字(德質部)가 하나의 韻部, 그리고 咸山攝의 入聲字(月帖部)가 하나의 韻部로 사용되고 있음을 밝히면서 이 두 韻部의 차이는 주요 모음의 고저(高低)에 있다고 하였다. 襲宰槇(2002)「宋代入聲字韻尾變遷研究」에서는 宋代 각기 다른 지역에서 지어진 '詞'에 나타난 入聲韻의 사용 현황에 대해 면밀한 분석

을 시도하고 있는데, 그 중 臨安(南宋의 수도, 현재의 杭州지역)과 江西
지역(대체로 현재의 江淮方言 지역과 일치한다) 詞에서는 다른 지역과 다
르게 深臻曾梗攝(德質部)과 咸山攝(月帖部)이 각기 독립적인 두 개의 韻
部로 사용되고 있음을 논증하고 있다. 劉靑松(1998)「宋元時期入聲韻尾的
消變」에서는『宋詞紀事』,『宋詩紀事』중에 나타난 入聲韻과『古今韻會擧
要』의 비교를 통해 宋代의 입성운미는 이미 변화하기 시작했는데, 첫 번
째 단계는 深臻攝 三四等과 曾梗攝 三四等이 합류되는 것이고, 두 번째
단계는 咸山攝이 합류되는 것이라고 했다. 이와 같은 여러 학자들의 연구
결과를 통해 볼 때 宋代 入聲韻의 특성은 우리가 논의했던 桐城방언과 寶
應방언 입성운미의 韻攝 간 분화 혹은 합류 모형과 상당히 유사한 특성을
갖고 있음을 알 수 있다. 또한 羅常培(1933)의 연구 결과를 근거로 좀 더
유추해 본다면 唐五代시기 혹은 그보다 더 이른 시기에 北方官話에서는
이미 山臻攝의 입성운미가 [-l]와 유사한 형태로 변화하였을 것이라고 예
측해 볼 수 있을 것이다.

참고문헌

裵宰奭,「宋代入聲字韻尾變遷硏究」,『古漢語硏究』2002年 第4期.

董爲光,「湘鄂贛三界方言的"l"韻尾」,『語言硏究』, 1987年 第1期.

冯靑靑,『蘇北方言語音硏究』, 2013年, 北京大學博士學位論文.

郝紅艷,「江淮官話入聲韻的現況」,『殷都學刊』2003年 第1期.

李榮,「官話方言的分區」,『方言』1985年 第1期.

_____「漢語方言的分區」,『方言』1989年 第4期.

栗華益,「試析邵武, 光澤方言的入聲비음 운미」,『語言科學』2012年 第11卷 第5期.

_____「江西余干方言的入聲韻尾」,『方言』2011년 第1期.

_____「試析湖北通城方言的入聲韻尾」,『語言硏究』2013年 第33卷 第3期.

李如龍, 張双慶『客贛方言調査報告』, 廈門大學出版社, 1992年.

李如龍, 張雙慶「客贛方言的入聲韻和入聲調」, 『吳語和閩語的比較研究』, 上海教育
  出版社, 1995년.

刘纶鑫, 『客贛方言比较研究』, 中国社会科学出版社, 1999年.

劉青松, 「宋元時期入聲韻尾的消變」, 『廣西師範大學學報(社科版)』, 1998年 第2期.

劉祥柏, 「江淮官話的分區(稿)」, 『方言』, 2007年 第4期.

柳在元, 「[-t]入聲韻尾의 [-l]音化考」, 『中國語文論譯叢刊』 1999年 第4輯.

魯國堯, 「明清官話及其基礎方言問題」, 『魯國堯自選集』, 大象出版社, 1994年.

魯國堯, 「論宋詞韻及其與金元詞韻的比較」, 『中國語言學報』, 商務印書館, 1991年
  第4期.

羅常培, 『唐五代西北方音』, 國立中央研究院歷史語言研究所, 1933년.

潘悟云, 『汉语历史音韵学』, 上海教育出版社, 2000年.

石紹浪, 「漢語方言邊音韻尾的兩個來源」, 『語言科學』 2010年 第6期.

孫宜志, 『安徽江淮官話語音研究』, 黃山書社, 2006년.

王福堂, 『漢語方言語音的演變和層次』, 語文出版社, 1999年.

王莉寧, 「江西南豐方言的聲調分化現象」, 『方言』2010年 第1期.

王世華, 「寶應方言的邊音韻尾」, 『方言』 1992년 제4기.

汪平, 「寶應方言語音初探」, 『語言研究』 2011年 第31卷 第2期.

吳波, 「江淮方言的邊音韻尾」, 『語言研究』 2007年 第1期.

_____ 『江淮官話語音研究』, 2007年, 復旦大學博士學位論文.

辛世彪, 「海口方言入聲演變的特點」, 海南師範學院學報, 2001年 第3期.

_____ 『東南方言聲調比較研究』, 上海教育出版社, 2004年.

邢向東 孟万春, 「陝北甘泉, 延长方言入声字读音研究」, 『中国语文』2006年 第5期.

楊自翔, 「安徽桐城方言入聲的特點」, 『中國語文』, 1989年 第5期.

袁家驊 等, 『漢語方言概要』(第二版), 語文出版社, 2001年.

曹志耘, 「湖北通城方言的語音特點」, 『語言研究』, 2011년 제31권 제1기.

張光宇, 『閩客方言史稿』, 臺北南天書局, 1996년.

中國社會科學院, 澳大利亞人文科學院, 『中國語言地圖集』, 香港朗文出版有限公司,
  1987年.

朱星一, 「明代 官話의 性質과 基礎方言 小考」, 『中國文學研究』 2001年 第22輯.

_____ 「韓國 漢字音 終聲/-ㄹ/에 관한 再考」, 『國際言語文學』 2001年 第3號.

제8장

이중 방언 지역에서 나타날 수 있는
두 가지 음운현상

　'이중 방언'이란 한 지역 내에서 동일 화자가 두 가지 방언을 동시에
사용하게 되는 경우를 가리킨다. 漢語의 경우는 일반적으로 일정한 지역
공동체 내에서 그 지역의 토속방언과 지역 통용어가 함께 병용되며 사용
되는 경우를 가리킨다고 볼 수 있다. 漢語의 이중 방언 지역은 서로 다른
방언을 가진 주민들이 함께 모여 살게 되면서 상호간 의사소통의 필요 때
문에 제3의 방언을 지역 통용어로 삼아 사용하게 되는 경우도 있을 수 있
고, 또 상황에 따라서는 일정 지역에 강세방언(다수의 사람들이 사용하는
방언 혹은 그 지역 본래의 방언)과 약세방언(소수의 사람들이 사용하는
방언 혹은 뒤늦게 후대에 이주해 와서 정착한 사람들의 방언)이 있는 경
우 강세방언이 바로 지역 통용어가 되는 경우도 있을 수 있다. 이때 약세
방언은 집 안 혹은 마을 단위의 좁은 지역사회에서만 사용되게 되고 대외
적으로는 강세방언만이 사용되게 되면서 약세방언 지역 사람들에게 이중
방언 현상이 나타나게 된다. 중국에는 실로 다양한 이중 방언 지역이 존
재하지만 현재 학계의 큰 관심을 받고 있는 유명한 이중 방언 지역은 廣
東省 북부에 분포한 粵北土話 지역(粵北土話와 客家방언 혹은 粵방언이
함께 사용되는 이중 방언 지역)과 湖南省 남부에 분포한 湘南土話와 지역
(湘南土話와 지역 官話(西南官話)가 동시에 사용되는 이중 방언 지역)이

라고 할 수 있다.[170] 이 이외에도 閩南방언과 客家방언이 동시에 사용되는 福建省 서북부(龍巖縣에서 诏安縣까지) 지역[171], 閩南방언과 粤방언이 함께 사용되는 廣東省 남부 汕尾市[172] 및 廣東省 雷州半島 동북부 지역[173], 平話[174]와 粤방언이 동시에 사용되는 廣西省 북부와 서남부, 동남부 일부 지역 등 수많은 이중 방언 지역이 존재하지만, 본 장에서는 필자의 현지 조사 경험이 있는 粤北土話와 湘南土話 이중 방언 지역을 대상으로 논의를 진행하고자 한다. 본 장에서는 이중 방언이라는 특수한 상황과 관련이 깊다고 판단되어지는 음운현상 중 '성조값의 자의적 모방' 그리고 '文讀의 유추(類推)' 두 가지 음운현상에 대해 그 생성 원인과 변화 원리를 필자의 관찰을 토대로 분석하고 설명해 보고자 한다. 본 장에서 다루고자 하는 주제는 필자가 오랜 기간 관심을 갖고 있던 문제였는데 아직은 부족한 면이 많지만 어느 정도의 수준까지는 필자의 생각을 정리했다고 판단이 되어서 이렇게 글로 쓰게 되었다.

본 장에서 언급하고 있는 粤北土話와 湘南土話는 廣東省과 湖南省 그리고 廣西省 3개 省의 접경지역에 분포한 방언으로 모두 이중 방언 생활 지

---

170) 粤北土話는 주로 廣東省 북부의 湖南省과 江西省 접경지역인 韶關, 南雄, 樂昌, 曲江, 仁化, 乳源, 武江, 北江, 滇江, 連州, 連南 등지에 분포되어 있으며, 湘南土話는 湖南省 남부 東安, 双牌, 新田, 宁远, 道县, 蓝山, 江永, 江华, 资兴, 永兴, 桂东, 嘉禾, 桂阳, 临武, 宜章, 汝城, 信道, 冷水滩 등지에 분포되어 있다.

171) 庄初升,「閩南四县闽」客双方言现象探析」, 陈思泉主编, 『双语双方言与现代中国』, 北京语言文化大学出版社, 1999年.

172) 潘家懿,「开放以来汕尾市语言的变化」, 『双语双方言』, 中山大学出版社, 1989年.

173) 叶国泉 罗康宁,「广东双方言区的分布及其成因」, 陈思泉主编, 『双语双方言与现代中国』, 北京语言文化大学出版社, 1999年.

174) 平話는 張均如(1982:197-219)에서 "廣西省 壯族 언어 중 존재하는 고래로부터의 漢語 차용어는 粤방언이 아닌 平話에서 차용한 것이고, 平話는 粤방언과는 다른 독립적인 漢語方言이다"라는 주장이 제기된 이후 몇몇 학자들의 연구 성과로 새롭게 그 중요성이 인정되어 지금은 독립적인 방언으로 분류되고 있는 한어방언이다. 주로 廣西省 壯族自治區 서남부와 동남부 그리고 북부에 분포되어 있다.

역이다.175) 이 지역은 역사적으로 많은 漢族의 인구 유입이 있었는데 漢唐
시기에는 전란으로 인해 湖南省 湘방언 지역 주민들과 長江 이북 북방지
역 주민들이 몇 차례에 걸쳐 이 지역으로 이주해 왔으며, 宋元 시기에는
江西省과 廣東省 동북부에 분포해 있던 客贛방언 지역 주민들이 대거 이
주해 왔다. 또한 이 지역은 고래로부터 중국의 소수민족인 苗瑤族의 거주
지역이기도 했다. 이와 같은 외부 지역 사람들의 대거 이주 그리고 그들과
의 오랜 교류로 인해 이 지역 방언은 여러 외래 방언 성분이 혼재되어 있
는 혼합형 방언의 성격을 띠고 있다.176) 특이한 점은 역대 이주민들의 수
가 토착 주민들의 수를 크게 초과했을 뿐만 아니라 현재 지역 사회의 주류
는 이주민들이고 토착 주민들은 비주류로 소수에 불과하다는 점이다. 또
한 粵北土話와 湘南土話에 속한 각 지역 土話방언은 같은 土話 간에도 언
어적 차이가 커서 상호 의사소통에 어려움이 있고, 土話 내부에 대표성을
지닌 방언도 존재하지 않아 土話는 자연스럽게 주변 방언을 의사소통의
수단으로 사용하는 이중 방언 생활을 하게 되었다고 볼 수 있다. 주민들은
대부분 土話는 집 안 혹은 마을 단위에서만 사용하고, 공적인 자리(직장이
나 시장 혹은 공적인 사교의 자리)에서는 지역 통용어를 사용한다. 湘南土
話 지역에서는 주로 지역 官話(西南官話)를 사용하고, 粵北土話 지역에서
는 주로 客家방언을 사용하는데 최근에는 廣東省 경제권의 활성화로 粵방
언의 세력이 커지면서 粵방언을 통용어로 사용하는 지역도 많아지고 있다
고 한다. 그럼 우선 湘南土話 이중 방언 지역을 예로 이 지역에서 나타나

175) 粵北土話와 湘南土話는 한어방언 분류에 있어 아직 그 성격이 규명되지 못한 한어
방언이다. 두 지역 모두 방언 자체의 성격이 일반적인 漢語방언과는 다른 매우 복
잡한 면모를 보이고 있고, 방언 내부의 지역적 편차도 커서 방언 전체의 성격을 규명
하는 데는 상당한 어려움을 겪고 있다. 王福堂(2001) 「平話, 湘南土話和粵北土話的歸
屬」에서는 古代로부터 이 지역에 광범위하게 분포하고 있던 漢語方言은 平話였고, 현
재 廣東省 북부와 湖南省 남부에 분포한 粵北土話와 湘南土話의 전신은 古代의 平話
로서 현재 廣西省에 분포한 平話와 같은 언어적 연원을 가지고 있다고 보았다.
176) 李如龙, 「论混合型方言-兼谈湘粤桂土语群的性质」, 『云南师范大学学报』第44卷第5期,
2012年9月.

는 土話와 지역 통용어(西南官話) 간 '성조값의 자의적 모방' 현상에 대해 논의해 보도록 하겠다.

1. 성조값의 자의적 모방

湖南省 남부에 분포한 湘南土話와 이 지역 통용어인 지역 官話는 성조 값에 있어서 상당한 유사성을 나타낸다. 湘南土話와 이 지역 官話에서 나타나는 성조값의 유사성은 이 지역이 土話와 官話의 이중 방언 지역이라는 특수성과 무관하지 않을 것으로 판단된다. 본 절에서는 이 지역에서 나타나는 土話와 官話 성조값의 유사성을 보다 심층적인 각도에서 그 원인과 변화 원리를 분석해 보고자 한다.

본 절에서 인용한 湘南土話의 음운 자료는 기존에 발표되어 있는 논문이나 저서를 참고한 것이다. 참고한 자료를 나열해 보면 沈若云(1999)『宜章土話研究』, 賀凱林(2003)「湖南道縣壽雁平话音系」, 李星輝(2003)「湖南永州嵐角山土话音系」, 谢奇勇(2004)「湘南新田南乡土话语音分析」, 罗昕如(2004)「湖南蓝山縣太平土话音系」, 李永明(1988)『临武方言』, 唐湘暉(2000)「湖南桂阳縣燕塘土话语音特点」, 李星輝(2004)「湖南桂阳流峰土话音系」, 邓永红(2004)「湖南桂阳洋市土话音系」, 罗昕如(2002)「湖南蓝山土话的内部差异」, 卢小群(2003)「湖南嘉禾土话的特点及内部差异」, 黄雪贞(1993)『江永方言研究』, 鲍厚星(1988)『东安土话研究』 등이다. 지역별 官話 자료는 曾獻飛(2004:16-28)『湘南官話語音研究』(湖南師範大學 博士學位論文)에서 제시한 자료와 그 외 湘南土話 관련 저서 혹은 논문에서 일부 제시하고 있는 지역 官話 자료를 활용하였다. 이 지역에서 통용되는 官話는『中國語言地圖集』(1987)에 의하면 모두 西南官話 湘南片에 속하지만 성조값

에 있어서는 지역마다 일정한 차이를 나타낸다. 湘南土話와 각 해당 지역 官話의 성조값을 일별하여 대조표를 제시해 보면 다음과 같다. 성조값 표기는 관례에 따라 '五度標調法'에 의거 숫자[177]로 표기하였다.

	阴平	阳平	上声	去声		入声
宜章 官话	33	21	53	13		
宜章(赤石) 土话	13	44	53	21		33
道縣 官话	33	41	55	35		
道县(寿雁) 平话	43	11	33	阴去 31	阳去 51	24
冷水滩 官话	13	33	55	24		
冷水滩(岚角山) 土话	33	11	35	13		53
新田 官话	44	31	55	35		
新田(南乡) 土话	35	13	55	阴去 33	阳去 21	
蓝山 官话	33	21	55	35		
蓝山(太平) 土话	13	21	35	阴去 33	阳去 53	
蓝山(蒋姓) 土话	24	21	55	阴去 35	阳去 53	
临武 官话	33	11	53	35		
临武(城关) 土话	33	13	55	11		53
桂阳 官话	35	21	42	24		
桂阳(燕塘) 土话	45	13	53	阴去 21	阳去 42	
桂阳(流峰) 土话	33	13	42	45		
桂阳(洋市) 土话	35	11	55	阴去 24	阳去 22	53
嘉禾 官话	33	21	55	24		
嘉禾(洋头) 土话	33	31	阴上 53 阳上 51	35		
江永 官话	33	31	55	24		22

177) 성조의 상대적인 높이를 '低, 半低, 中, 半高, 高'의 다섯 등급으로 나눈 다음 각각에 해당되는 높이를 숫자 1, 2, 3, 4, 5로 표기하는 방법. 예를 들어 普通話의 4개 성조는 각각 제1성(陰平) 55, 제2성(陽平) 35, 제3성(上聲) 214, 제4성(去聲) 51과 같이 표기할 수 있다. 제2절 <文讀의 유추>에서는 성조값을 구체적으로 나타낼 필요가 없기 때문에 관례에 따라 1은 陰平, 2는 阳平, 3은 上声(만약 上聲이 陰上과 陽上으로 나누어지면 3은 陰上, 4는 阳上), 5는 去声(만약 去聲이 陰去와 陽去로 나누어지면 5는 陰去, 6은 阳去), 7은 入声(만약 入聲이 陰入과 陽入으로 나누어지면 7은 陰入, 8은 阳入)과 같이 표기하였다.

	阴平	阳平	上声	去声		入声
江永(城关) 土话	44	42	阴上 35 阳上 13	阴去 21	阳去 33	5
东安 官话	33	24	55	35		42
东安(花桥) 土话	33	13	55	阴去 35	阳去 24	42

　官話와 지역 土話는 성조의 역사적 변화 양상이 서로 다르다. 즉 中古 聲類로부터의 통합과 분화 과정이 서로 상이하다. 官話의 경우 曾獻飛 (2004:70-72)의 조사에 의하면 극소수의 예외적 글자들을 제외하면 거의 대부분 다음과 같은 변화 과정을 거쳐 왔다. 中古 平聲字은 中古 聲母의 淸濁에 따라 陰平과 陽平으로 나누어지고, 淸聲母 上聲字와 次濁聲母 上 聲字는 현재 上聲으로 합류되어있으며, 全濁聲母 上聲字는 去聲과 합류되 어 모두 去聲으로 발음된다(去聲은 陰/陽으로 나누어지지 않는다). 入聲字 의 경우는 대부분의 지역에서 陽平으로 합류되었다. 예외적으로 東安, 江 永 官話의 入聲字는 현재에도 여전히 入聲으로 남아있고, 冷水灘 官話의 경우는 中古 淸聲母 入聲字는 陰平으로, 濁聲母 入聲字는 陽平으로 합류 되었다. 이와 같은 官話의 변화 양상에 비해 이 지역 土話는 官話와 상당 히 큰 차이를 보이는 경우가 많다. 몇 가지 예를 들어 보면 다음과 같다. 道縣(壽雁) 平话[178]의 경우 中古 平聲뿐아니라 去聲도 中古 聲母의 淸濁 에 따라 陰去와 陽去로 나누어지며, 中古 上聲字 중 대부분의 次濁聲母字 와 全濁聲母字는 현재 陰去로 합류되었다(예외적으로 泥母字와 소수 次濁 聲母字는 上聲으로 합류되었다). 入聲字의 경우도 淸聲母字는 현재에도 入聲으로 남아있지만 濁聲母字는 陽去로 합류되었다. 新田(南乡) 土话의 경우 中古 平聲字와 去聲字는 모두 中古 聲母의 淸濁에 따라 陰平과 陽 平, 陰去와 陽去로 나누어지며, 上聲字는 聲母의 淸濁과 상관없이 대부분

---

178) 湖南省 남부 寧遠, 道縣, 通道 등지에서는 지역 土話를 平話라 칭하기도 한다. 王福 堂, 「平話, 湘南土話和粤北土話的歸屬」, 『方言』 2001年 第2期.

上聲으로 남아있다. 入聲字는 극소수의 예외자를 제외하면 淸聲母字는 陰去로, 濁聲母字는 陽去로 합류되었다. 蓝山(太平) 土话도 平聲字와 去聲字는 中古 聲母의 淸濁에 따라 陰平과 陽平, 陰去와 陽去로 나누어진다. 하지만 上聲字의 경우 淸聲母字는 上聲으로 남아있지만, 次濁 및 全濁聲母字는 陰去로 합류되었다. 入聲字는 대부분 陰去로 합류되었고, 소수의 글자만이 陽去로 합류되었다(蓝山(蒋姓) 土话의 경우는 入聲字의 대부분이 上聲으로 합류되었다). 东安(花桥) 土话의 경우 平聲과 上聲의 변화는 官話와 유사한데(단 全濁聲母 上聲字는 白讀 층에서 上聲으로 발음 됨), 去聲은 中古 聲母의 淸濁에 따라 陰去와 陽去로 나누어지며(次濁聲母字는 다수가 陰去, 소수가 陽去로 발음 됨), 入聲자의 경우 白讀 층에서는 대부분 入聲으로 발음되지만, 文讀 층에서는 陰平 혹은 陽平으로 발음된다. 그외 土話들도 주로 中古 上聲과 入聲의 합류 방향에서 土話 간 일정한 차이를 보이는데, 지역 官話와는 모두 상이한 특성을 나타내고 있다고 할 수 있다.

이처럼 이 지역 官話와 土話는 中古 聲類로부터의 통합과 분화 과정이 서로 상이하다. 하지만 이 지역 官話와 土話에서 현재 나타나고 있는 성조값을 비교해 보면 매우 놀라운 유사성을 갖고 있음을 발견할 수 있다. 예를 들어 宜章 官話와 宜章(赤石) 土话의 경우 官話 陰平(33), 陽平(21), 上聲(53), 去聲(13)의 성조값은 각각 宜章(赤石) 土话의 入聲(33), 去聲(21), 上聲(53), 陰平(13)의 성조값과 일치한다. 土話의 陽平(44) 성조값만이 官話와 차이를 보인다. 藍山 官話와 藍山(太平) 土話의 경우 官話의 陰平(33), 陽平(21), 去聲(35)의 성조값이 각각 土話의 陰去(33), 陽平(21), 上聲(35)의 성조값과 일치한다. 官話의 上聲(55), 土話의 陰平(13), 陽去(53)만이 차이를 보인다. 臨武 官話와 臨武(城關) 土話의 경우도 官話의 陰平(33), 陽平(11), 上聲(53)의 성조값이 각각 土話의 陰平(33), 去聲(11), 入

聲(53)의 성조값과 일치하고, 官話의 去聲(35) 그리고 土話의 陽平(13) 만이 차이를 나타낸다. 新田, 桂陽, 嘉禾, 道縣, 冷水灘 등 지역 방언의 경우는 조금 다른 양상을 나타내는데 이들 지역의 성조값을 비교해 보면, 官話와 土話 간 일치하는 성조값과 성조의 굴곡 유형이 유사한 성조값이 혼재해 있음을 알 수 있다. 新田 官話와 新田(南鄉) 土話의 경우 官話의 上聲(55)과 去聲(35)의 성조값은 각각 土話의 上聲(55)과 陰平(35)의 성조값과 일치한다. 官話의 陰平(44)과 陽平(31) 그리고 土話의 陰去(33)과 陽去(21)에서는 서로 차이를 보이지만 자세히 보면 성조 굴곡의 유형 즉 調型이 官話와 土話가 서로 유사함을 알 수있다. 즉 官話의 陰平(44)과 土話의 陰去(33), 官話의 陽平(31)과 土話의 陽去(21)는 각각 平調와 下降調로서 성조 굴곡의 유형이 유사할 뿐아니라 높낮이도 차이가 크지 않음을 볼 수있다. 이는 아마도 필자가 참고한 자료에서 官話와 土話 두 지역의 조사연구자가 서로 다르기 때문에 저자의 개인적인 조사 습관과 주관적 견해에 따라 성조의 구체적 높낮이 수치를 조금씩 다르게 표현하였기 때문에나타난 현상이라고 보여진다. 桂陽, 嘉禾, 道縣, 冷水灘 등 방언지역에서도 이와 비슷한 양상을 나타낸다. 桂阳 官话와 桂阳(燕塘) 土话의 경우 官話의 陽平(21), 上聲(42)과 土話의 陰去(21), 陽去(42)는 성조값이 같고, 官話의 陰平(35), 去聲(24)은 각각 土話의 陰平(45), 陽平(13)과 성조의 굴곡 유형과 높낮이가 유사하다. 嘉禾 官話와 嘉禾(洋頭) 土話의 경우도 官話의 陰平(33)과 土話의 陰平(33)은 성조값이 일치하고, 官話의 陽平(21), 去聲(24)은 각각 土話의 陽平(31), 去聲(35)과 성조 굴곡의 유형과 높낮이가 유사하다. 道縣 官話와 道县(壽雁) 平话(土話)는 官話의 陰平(33)과 土話의 上聲(33) 성조값이 일치하고, 官話의 陽平(41), 去聲(35)은 각각 土話의 陰去(31), 入聲(24)과 성조의 굴곡 유형과 높낮이가 유사하다. 冷水灘 官话와 冷水灘(岚角山) 土话는 官話의 陰平(13), 陽平(33)의 성조값이 土話의 去聲(13), 陰平(33)과 일치하고, 官話의 去聲(24)은 土話의 上聲(35) 성조값과 유사하다. 江永의 경우는 官話와 土話 간 일치하는 성조값을 찾아 볼 수 없지만 官話의 陰平(33), 陽平(31), 去聲(24)의 성조값이 각각 土話 의 陰平(44), 陽平(42), 陰上(35)과 성조의 굴곡 유형 및 높낮이에서 유사 한 특징을 나타내고 있다. 東安 官話와 土話의 경우는 官話와 土話의 동일 聲類 성조값이 대부분 서로 일치하는 특성을 가지고 있는데, 이는 상술한 바와 같은 官話, 土話 성조값의 유사성보다도 더욱 진일보한 유사 특징을 나타내는 것이라고 볼 수 있다. 즉, 官話의 陰平(33), 上聲(55), 去聲(35), 入聲(42)의 성조값이 각각 土話의 陰平(33), 上聲(55), 陰去(35), 入聲(42) 의 성조값과 같고, 土話의 陽平(13) 성조값만 차이를 보인다(官話의 陽平 (24) 성조값은 土話의 陽去(24) 성조값과 일치한다). 陽平을 제외하면 東 安 官話와 土話는 동일 聲類의 성조값이 서로 일치하고 있다.

이처럼 湖南省 남부 이중 방언 지역의 통용어인 官話와 지역 土話 성조 값의 유사성은 지역별로 정도의 차이는 있지만, 이는 이 지역 방언 성조값 의 역사적 변화 추세를 반영하고 있는 것으로 이해해 볼 수 있다(물론 일 반적인 언어 혹은 방언에서 나타나는 자연스런 역사적 변화 과정은 아니 다). 즉 오랜 이중 언어생활 과정을 거치면서 사용하고 있는 두 언어의 성 조값이 점차 유사해졌고 결국에는 대응하는 동일 聲類의 성조값까지 같아 지는 수준까지 발전한 것으로 보여진다. 필자는 이와 같은 유사성의 과정 을 두 가지 측면으로 분석해 볼 수 있다고 생각한다. 첫째는 지역 土話의 官話에 대한 영향이고, 둘째는 官話의 지역 土話에 대한 영향이다. 먼저 지역 土話의 官話에 대한 영향이라는 측면에서 생각해 보면 다음과 같다.

위의 대조표에서 예시한 자료를 보면 이 지역 내 官話(이 지역 官話는 모두 西南官話 湘南片에 속한다) 간 혹은 동일 지역(예를 들어 하나의 縣) 내의 인근 土話 간에도 성조값에 있어서는 차이가 나타난다. 예를 들어 각 지역 官話 陰平의 성조값만 보더라도 33, 13, 44, 35 등 다양하다. 또한 土話의 경우 藍山과 桂陽 土話에서 예시하였듯이 동일 지역 인근 土話 (藍山의 太平, 蔣姓/桂陽의 燕塘, 流峰, 洋市) 간에도 일정한 차이가 나타 난다. 그런데 서로 다른 역사적 연원과 변화 과정을 거친 서로 다른 두 방 언(즉 官話와 土話)의 성조값이 이처럼 유사하게 나타나는 것은 동일 화 자가 두 언어(방언)를 동시에 사용하는 이중 언어생활을 하였기 때문이라 고 밖에 설명될 수 없을 것이다. 이는 지역 통용어이면서 지역 강세방언 인 官話가 지역 土話에 영향을 준 것이 아니라, 지역 土話의 사용 습관이 지역 官話의 성조값에 영향을 준 것이라고 볼 수 있을 것이다. 왜냐하면 土話는 지역 토속어로서 지역 주민들이 어린 시절부터 써 오던 그들의 모 어(母語)이고, 官話는 결국 외래 방언이기 때문이다. 위의 대조표에서 官 話의 聲類 수는 보통 4개(혹은 5개)로 해당 土話의 聲類 수보다 늘 적다. 또한 官話 聲類의 성조값은 대부분 土話의 여러 성조값 중에 포함된다. 예를 들어 宜章 官話의 聲類 陰平(33), 陽平(21), 上聲(53), 去聲(13)의 성 조값은 모두 宜章(赤石) 土话 聲類 성조값 중의 일부이다. 즉 官話의 4개 聲類의 성조값은 土話의 5개 聲類 중 入聲(33), 去聲(21), 上聲(53), 陰平 (13) 4개 聲類의 성조값과 일치한다. 이와 같은 사실은 土話 지역 사람들 이 官話를 발음할 때 土話에 있던 기존의 성조값을 官話에 대응시켜 발음 하여(土話와 비교적 유사한 성조값을 가진 官話 성조의 성조값을 土話 성 조값으로 발음하여) 그것이 지역 官話의 성조값으로 굳어졌기 때문일 것 이다. 학습을 통해 배워야 하는 지역 官話에 자신의 모어 요소를 대입시 키는 것은 아주 자연스러운 현상이라고 할 수 있다. 이는 마치 우리가 중 국어를 처음 배울 때 우리말 음운체계에 존재하지 않는 중국 음을 우리말 중의 비슷한 음으로 대체시켜 발음하는 현상과 비슷한 경우라고 볼 수 있 다. 예를 들어 중국어의 yu[y]를 [위]로, f[f]를 [ㅍ]로, zi[tʂ̩]를 [즈]로 발 음하는 경우처럼 모어의 음운 체계가 학습 대상언어의 발음에 영향을 주 게 되는 경우와 유사하다고 볼 수 있다(처음 따라하며 모방하는 학습자는 선생님이 수정해 주지 않는 한 자신의 오류를 스스로 인식하지 못한다).
마찬가지로 土話 지역 사람들은 지역 통용어인 官話를 배울 때 자신들에
게 익숙한 土話 성조값 중의 일부 발음을 官話의 성조값에 대응시켜 발음
하였고, 그것이 상술한 바와 같은 유사성을 말들어 내었다고 생각된다. 따
라서 각기 다른 지역 土話의 영향을 받은 지역 官話는 동일한 부류의 官
話(西南官話 湘南片) 임에도 불구하고 지역별로 성조값의 차이를 가져오
게 되는 결과를 가져오게 되었다고 볼 수 있을 것이다. 더욱이 중국어에
서의 성조는 자신의 모어에서는 단어의 의미를 구분 해 주는 중요한 수단
으로 기능하지만, 모어가 아닌 다른 방언 혹은 공용어(혹은 표준어)를 구
사할 때는 그 중요성이 성모나 운모의 발음에 비해 상대적으로 떨어지는
측면이 있다고 보여진다. 北京語와 河南방언의 차이는 주로 성조의 성조
값에 있다고 하는데(聲母와 韻母 체계는 두 방언이 거의 일치한다), 두 방
언은 성조의 성조값 차이가 매우 크지만 北京사람과 河南사람이 각각 자
신의 모어로만 이야기한다 할지라도 서로 상대방 말의 의미를 이해하는데
전혀 방해가 되지 않는다고 한다. 마찬가지로 土話지역 사람들이 官話를
발음할 때 官話 성조의 성조값은 의사소통에 그리 큰 지장을 주는 요소는
아니었을 것이라고 생각해 볼 수 있다. 그래서 土話지역 사람들은 그 지
역 官話의 성조값을 모어와 유사한 발음으로 편하게 발음하는 습관이 생
겼고 또 그것이 점차 고착화되었을 가능성이 크다고 볼 수 있을 것이다.

　이상의 분석은 湖南省 남부 이중 방언지역 官話 성조값에 대한 지역 土
話의 영향에 대하여 생각해 본 것이다. 그렇다면 官話에 대한 土話의 영
향이 아닌 지역 土話에 대한 官話의 영향도 생각해 볼 수 있을 것이다. 지
역 통용어인 官話의 사용이 오랜 기간 지속되다 보면 官話 또한 土話에
직간접적으로 영향을 미칠 수 있기 때문이다. 沈若云(1999:48-49)《宜章
土話研究》에서는 현 宜章 土話 성조값의 일부 변화 경향을 官話의 영향
이라고 설명하고 있다. 陰平의 성조값 [13]이 [33]으로 변화하고(650여개

陰平字 중 164字), 陽平의 성조값 [44]가 [21]로(640여개 陽平字 중 146字), 去聲의 성조값 [21]이 [13]으로(900여개 去聲字 중 277字), 入聲의 성조값이 [33]에서 [21]로(480여개의 入聲字 중 109字) 변화하였다고 묘사하고 있다. 이와 같은 변화는 위의 대조표에서 볼 수 있듯이 土話의 해당 성조값이 상응하는 官話의 동일 聲類 성조값을 그대로 모방한 결과로 나타난 현상임을 알 수 있다. 즉 土話의 陰平이 官話의 陰平 성조값을, 土話의 陽平이 官話의 陽平 성조값을, 土話의 去聲이 官話의 去聲 성조값을, 土話의 入聲이 官話의 陽平 성조값을 그대로 모방한 결과이다(上聲의 성조값은 官話와 土話가 서로 일치한다). 宜章 官話에서는 入聲이 이미 모두 소실되었는데, 土話의 入聲이 官話 陽平의 성조값을 모방한 것은 官話의 入聲字들이 入聲의 소실 후 모두 陽平으로 합류되었기 때문이다. 이는 土話의 入聲이 官話의 入聲 소실이라는 사실과 入聲의 陽平 합류라는 변화를 동시에 수용하면서 入聲字의 성조값 변화를 가져오게 된 결과라고 볼 수 있다. 하지만 이와 같은 변화의 전제도 변화된 성조값이 土話의 성조값 체계 중에 이미 존재하고 있던 성조값이라는 점이다. 즉 자신들의 구어에 익숙하지 않은 성조값을 새롭게 만들면서 변화하는 것은 아니라는 것이다(宜章 土話 入聲字의 일부가 官話 陽平의 성조값으로 변화하였지만, 官話 陽平의 성조값은 土話의 기존 去聲의 성조값과 일치한다). 이와 같은 변화는 분명 土話에 대한 官話의 영향으로 형성된 현상이며, 앞에서 논의했던 官話에 대한 土話의 영향 이후 후대에 형성된 변화 현상이라고 볼 수 있을 것이다. 대조표에서 예시한 東安 官話와 土話의 유사성(동일 聲類의 성조값이 대부분 일치하는 유사성)도 이러한 과정을 통해 형성된 것이라고 예측해 볼 수 있다. 즉 초기에는 聲類의 구분과 상관없이 官話의 성조값을 土話에 존재하는 비슷한 성조값으로 대체하여 발음하는 상황이 지속되다가, 후에 官話의 영향력이 더욱 커지고 일상생활 속에서도 밀접한 관련을 갖고 오랜 기간 사용되게 되면서 동일 聲類 성조값을 그대로

수용하여 발음하는 수준까지 발전하였다고 볼 수 있을 것이다. 이러한 변화는 宜章 土話 入聲 성조의 예에서 볼 수 있었듯이 官話 성조의 역사적 변화 양상까지도 수용하면서 변화하게 된다.

이상 이중 방언 지역에서의 성조값 변화를 두 가지 측면(즉 모어인 간섭으로 인한 상대 방언(학습 대상 방언) 성조값의 변화 그리고 상대 방언의 영향으로 인한 모어 성조값의 변화 두 가지 측면)에서 관찰해 보았다. 일차적으로는 상호 성조값의 감각적 유사성을 근거로 학습 대상이 되는 방언 성조의 성조값을 (聲類의 구분과 상관없이) 모어 중에 존재하는 성조의 성조값으로 대체하여 발음하는 현상이 나타나게 되고, 또 그 후 학습 대상이 되는 상대 방언(강세방언)의 영향력이 커지면서 모어의 성조값을 상대 방언 동일 聲類의 성조값과 동일하게 발음하게 되는 정도까지 발전하게 되는 것이라고 분석해 보았다. 또한 동일 聲類의 성조값을 그대로 모방하며 발음하는 상태가 지속되다보면 두 방언의 聲類 수까지도 일치하는 변화를 가져오게 될 수도 있을 것이다. 즉 위에서 예시한 宜章 土話의 경우처럼 만일 入聲字의 성조값이 官話 陽平(土話 去聲)의 성조값으로 변화하다 보면 土話 중의 入聲 성조는 점차 官話와 마찬가지로 소실되어(혹은 土話 중의 去聲으로 합류되어) 官話와 똑같은 4개의 聲類(陰平, 陽平, 上聲, 去聲)로 변화하는 과정을 거칠 것이라고 예측해 볼 수 있다.

2. 文讀의 유추

음운학에서 유추(類推)[179]란 일반적으로 어떤 어음 성분이 자체적으로

---

179) 類推(analogy or analogical change): 어떤 단어(word)나 형태(form)가 그것과 비슷하거나 비슷하다고 여겨지는 단어에 이끌리어 정상적인 발전궤도를 벗어나 버리는 전혀 예측할 수 없는 엉뚱한 경향을 말한다. 즉, 현존하는 형태의 모형을 근거로 하

는 어음 변화의 조건을 갖추고 있지 않음에도 불구하고, 본래 동일 부류
였던 聲母 혹은 韻母 혹은 聲調에 변화가 발생하였을 때 그것을 따라 함
께 변화하는 현상을 가리킨다.[180) 즉 유추 현상은 음운 변화의 예외적 현
상 중 하나라고 할 수 있다. 하지만 이제까지 漢語方言 중의 유추 현상을
전문적으로 다룬 논저는 많지 않은 것 같다. 필자의 관찰에 의하면 이중
방언 생활이라는 특수한 상황에서는 (상대적으로 약세인) 모어(母語)의
간섭으로 인해 다양한 유추 현상이 나타날 수 있다고 생각한다. 본 절에
서는 필자의 경험을 토대로 粤北土話와 湘南土話에서 나타나는 유추 현상
을 소개하고, 또 그러한 현상이 나타나게 된 원인과 변화원리에 대해 필
자의 생각을 제시해 보고자 한다. 방언 자료는 필자가 직접 현지 조사를
통해 얻은 자료와 中國 廣東省 中山大學의 庄初升 교수가 제공해 준 字音
자료 그리고 기존에 출판되어있는 논문이나 저서에 나와 있는 '同音字表'
를 근거로 하고 있다.[181)

粤北土話 山攝開口一等寒韻 見系 운모에는 [-oŋ](혹은 [-ɔŋ])으로 발음

여 새로운 단어를 만들거나, 또는 그것에 맞추어 단어들을 수정하는 과정을 말한다.
예를 들면, bean의 복수형이 beans이기 때문에 어린이들은 deer의 복수를 deers로
하며, 또는 대부분의 동사에 부가되는 과거시제(past tense)는 -d, -ed이기 때문에
help의 원래의 과거형인 holp를 helped로 바꾸는 경향이 일어나는 것을 말한다. 이
는 표층심리적인 현상으로서 규칙(rule)과는 구별된다고 현대 언어 이론에서는 말한
다. 이정민, 배영남, 김용석 『언어학사전』, 박영사, 2000년:48-49.

180) 王福堂, 『漢語方言語音的演變和層次』, 語文出版社, 2005年.

181) 粤北土話 자료는 필자가 3개월 간 5개 지역(韶關西河, 南雄雄州, 南雄百順, 連州附城, 曲
江犂市)의 실제 방언 조사를 통해 얻은 자료(필자의 조사 자료는 후에 중국 학자들의 조
사 자료와의 대비를 통해 수정 보완하였다)와 그 외 廣東省 中山大學 庄初升 교수께서
제공해 준 자료(仁化石塘, 連州豊陽, 乳源桂頭) 그리고 『樂昌土話研究』(張雙慶 主編, 廈
門大學出版社, 1998년)에서 제시한 字音表 중 樂昌長來, 樂昌皈塘 자료를 활용하였다.
湘南土話 자료는 기존에 출판된 저서 혹은 논문 중 鮑厚星(1998) 『东安土话研究』, 沈
若雲(1999) 『宜章土话研究』, 李永明(1988) 『临武方言-土话与官话的比较研究』, 黃雪情
(1993) 『江永方言研究』, 張曉勤(1999) 『宁远平话研究』, 周先義(1994) 「湖南道县(小
甲)土话同音字汇」, 範峻軍(2000) 「湖南桂阳敖泉土话同音字汇」에 나와 있는 字音表를
활용하였다.

되는 어음 층이 있다. 이 어음 층은 주변 客家방언이나 粵방언의 영향으로 형성된 文讀音으로 보이는데, 정도의 차이는 있지만 다수의 粵北土話 지역에 분포되어 있다. 다음은 비교를 용이하게 하기 위해 粵北土話 중 비교적 대표성을 지닌 10곳의 土話方言을 예로 山攝開口一等韻과 二等韻의 운모 음을 나타내 본 것이다. 표의 각 항에 나열된 발음 중 성모 구분이 없다면 첫 번째에 배열된 음이 관할하는 글자 수가 가장 많은 주요 발음이다(例字가 없는 경우는 해당 韻 내의 글자들이 예외 없이 모두 한 가지 운모로 발음되는 경우이다).

	寒_	曷_	山二	黠辖二
南雄雄州	ɔɑ (端系) oŋ (见系)	ai/aiʔ 达辣擦 uʔ 割 ɣʔ 渴	ɔɑ	ai/aiʔ八杀扻铡
南雄百顺	ɑ̃ (端系) oŋ (见系)	ae (端系) ʉ (见系)	ɑ̃	ae
韶关西河	ɔɑ (端系) oŋ 汉寒岸 un 竿赶干 on 安	uaʔ (端系) uɔiʔ 割葛	ɔɑ	uaʔ 扎杀 ɔiʔ 抹辖
曲江犁市	oŋ 单难伞汉 A 但兰餐刊	eə 辣擦割 A 达	A 办山闲艰 oŋ 慢扮	A 八察瞎 eə 扻抹
仁化石塘	oŋ	ou a 擦	aŋ 办山闲删 oŋ 扮慢板颜	a ou 抹
乳源桂头	œn 单难餐汉 iɐ̃ 坛兰残	u 辣擦割 ia 达	iɐ̃ 办山闲颜 œn 办慢	ia 八察杀瞎 u 扻抹 a 铡
乐昌长来	ɔŋ	u	ɔŋ 办慢闲颜 ɿŋ 山产眼	u 八抹 ɔ 察 ou 铡
乐昌皈塘	a	ɔ	a 办慢删闲 ia 山眼班 ie 艰简	ɔ 八扻察瞎 ia 杀
连州附城	ɔŋ	ou 达辣擦 u 割渴	ɔŋ	ou

	寒―	曷―	山―	黠轄―
连州丰阳	a 单难餐散 o 干寒案 uaŋ 韩汉安	a 达辣擦 o 割	a ia 眼	a o 抹

山攝開口一等 見系 운모의 발음 [-oŋ](혹은 [-ɔŋ])을 文讀으로 보는 이유는 다음과 같다. (1)우선 粤北土話의 陽聲韻은 현재 白讀 층에서 대부분 韻尾가 탈락되었거나 혹은 鼻化韻으로 발음되는데 [-oŋ]과 같이 비음 운미가 확연히 나타나는 발음은 일반적인 白讀 층 발음이 아니다. (2)발음 자체가 주변 강세방언(혹은 지역사회의 실질적인 통용어)인 客家방언 혹은 粤방언의 발음과 매우 유사하다. 客家방언 山攝開口一等 見系 운모는 현재 대부분 [-ɔn] 혹은 [-on](非見系는 [-an])으로 발음되며, 粤방언의 대표 방언인 廣州방언 그리고 粤北土話와 같은 지역에 분포한 廣東省 북부 粤방언에서도 山攝開口一等 見系는 일률적으로 [-ɔn] 혹은 [-on](非見系는 [-an])으로 발음된다.[182][183] 粤北土話의 韻尾 [-ŋ]은 客家방언이나 粤방언과 차이가 있지만, 이는 土話의 음운체계가 외래 방언 성분을 수용하는 과정에서 자신의 음운 특성을 외래 방언 성분에 적용시켜 받아들인 결과로 볼 수 있을 것이다. (3)見系字 내에 비음 운미가 탈락된 글자 음과 비음 운미를 보유한 글자 음이 혼재되어 있는 방언의 경우 口語 중 상용자는 보통 비음 운미가 탈락된 경우가 많고, 비상용자는 비음 운미를 보유하고 있는 경우가 많다.

---

182) 李如龍 張双慶, 『客贛方言調查報告』字音對照表, 厦門大學出版社, 1992年, 詹伯慧 張日升 主編, 『粤北十縣市粤方言調查報告』字音對照表, 暨南大學出版社, 1994年.

183) 南雄雄州, 南雄百順, 韶關西河 土話의 경우는 山攝合口一等桓韻 端系도 마찬가지로 [-oŋ]으로 발음되는데(기타 粤北土話에서도 글자 수의 차이는 있지만 많은 지역에서 이와 같은 어음 층이 존재한다), 이 역시 客家방언과 유사한 특징이다(粤방언에서는 보통 [-yn]으로 발음된다).

그런데 粵北土話 山攝開口一等 見系 文讀音 [-oŋ](혹은 [-ɔŋ])은 방언에 따라 見系에만 머물지 않고, 非見系(즉 端系)까지 분포되어 있음을 볼 수 있다. 예를 들어 曲江犁市 土話 山攝開口一等 見系는 대부분 [-oŋ]으로 발음되는데, 非見系 역시 다수가 [-oŋ]으로 발음된다. 예를 들어 보면 다음과 같다. 肝koŋ¹, 旱hoŋ⁴, 案oŋ⁵(이상 見系), 丹toŋ¹, 蛋ta², 難loŋ², 蘭la², 散soŋ⁵, 贊tsa⁵(이상 非見系). 그런데 仁化石塘과 連州附城 土話에서는 山開一寒韻은 見系와 非見系를 막론하고 모든 글자들이 일률적으로 [-oŋ] 혹은 [-ɔŋ]으로 발음된다. 뿐만 아니라 仁化石塘과 連州附城 土話에서는 二等 山刪韻에서도 이와 같은 어음 층이 나타난다. 仁化石塘 土話에서는 일부 글자들에서만 나타나지만, 連州附城 土話에서는 二等 山刪韻 전체가 모두 [-ɔŋ]으로 발음된다. 예를 들어보면 다음과 같다(비교를 용이하게 하기 위해 曲江犁市와 같은 例字를 사용한다).

仁化石塘: 肝koŋ¹, 旱hoŋ⁵, 案oŋ⁵(이상 一等見系), 丹toŋ¹, 蛋toŋ³, 難loŋ², 蘭loŋ², 散soŋ⁵, 贊tsoŋ⁵(이상 一等非見系), 艱kaŋ¹, 顔ŋoŋ², 限haŋ¹, 晏oŋ⁵(이상 二等見系), 扮poŋ⁵, 班paŋ¹, 慢moŋ¹, 产ts'aŋ³, 刪saŋ¹(이상 二等非見系)

連州附城: 肝kɔŋ¹, 旱hɔŋ⁴, 案ɔŋ⁵(이상 一等見系), 丹tɔŋ¹, 蛋tɔŋ⁶, 難nɔŋ², 蘭lɔŋ², 散sɔŋ⁵, 贊tsɔŋ⁵(이상 一等非見系), 艱kɔŋ¹, 顔ŋɔŋ², 限hɔŋ⁶, 雁ŋɔŋ⁶(이상 二等見系), 扮pɔŋ⁶, 班pɔŋ¹, 慢mɔŋ⁶, 产ts'ɔŋ³, 刪sɔŋ¹(이상 二等非見系).

그렇다면 이와 같은 현상은 외래 방언의 영향으로 형성된 一等 見系 文讀音이 동일 韻 내의 非見系로 점차 확대되고, 더 나아가 二等韻까지 확산되어가는 과정을 보여주고 있는 것이라고 볼 수 있을 것이다. 이러한 현상도 일종의 음운 변화라면 여기에는 두 가지 종류의 음운 변화방식이 존재한다고 할 수 있다. 一等 見系 운모가 [-oŋ] 혹은 [-ɔŋ]으로 발음되는 과정은 文讀과 白讀이 교체되는 교체식 음운변화(소위 疊置式音變)184)이고, 이렇게 교체된 文讀音이 一等 非見系 및 二等韻까지 확산되는 과정은 土話 방언의 유추작용 때문이라고 할 수 있을 것이다. 즉 본래의 土話방언에서는 하나의 동일 운모였던 山攝開口一(二)等 운모에 외래 성분인 一等 見系 文讀音이 자리 잡게 되면서, 土話방언 주민들은 무의식적으로 文讀音의 영향을 받지 않은(본래 一等 見系 운모와 동일 운모였던) 一等 非見系 운모더 나아가 二等韻 운모까지도 본래의 동음관계를 유지시키기 위해 운모를 (一等 見系 운모와 동일한 운모로) 교체시키는 음운 변화를 일으키게 되었다고 볼 수 있을 것이다. 이는 일종의 유추 혹은 유추의 확산작용이라고 밖에 설명될 수 없는데, 마치 북경어 家見tɕia¹ 牙疑ia² 蝦匣ɕia² 鴉影ia¹ 亞影ia⁵(假攝開口二等 麻韻)에서처럼 開口二等 見曉組의 성모가 구개음화되면서 그 영향으로 운모에 [i]개음이 생겨난 후 본래 성모가 없던 (혹은 소실된) 일부 影母字(예의 '鴉'와 '亞')에도 유추작용으로 [i]개음이 생겨난 것과 같은 이치라고 할 수 있을 것이다. 다시 말해 이러한 현상은 외래 방언 성분이(혹은 방언 자체 내의 역사적 음운 변화가) 직접 글자의 독음 변화에 영향을 준 것이 아니라, 古音을 단위로 합류 혹은 분리되어 있는 모어의 유형 특징이 文讀音과 상관없는 글자들까지도 동일한 음운 변화를 일으키게 한 유추 현상이라고 볼 수 있을 것이다.

湘南土話에서도 유사한 유추 현상을 발견할 수 있다. 湘南土話에 속한

---

184) 한어방언 중의 文白異讀은 서로 다른 두 방언의 관계 속에서 형성된다. 다시 말해 본래는 하나의 언어에서 출발하여 서로 다른 변화와 발전을 거친 두 방언 중 한 방언이 다른 한 방언의 음운적 요소를 수용하는 과정에서 생기는 현상이라고 할 수 있다. 한 글자의 文讀과 白讀은 초기에는 서로 병존한다. 즉 (해당 글자가 포함된) 어떤 어휘에서는 文讀 만을 사용하고 어떤 어휘에서는 白讀 만을 사용하는 상태가 지속된다. 그러나 일반적으로 文讀은 그 사용 범위가 점차 확대되어 가고, 白讀은 상대적으로 사용 범위가 축소되어 결국에는 대부분의 어휘에서 文讀이 白讀을 교체하게 된다. 이처럼 文讀과 白讀은 서로 교체되는 관계에 있다. 徐通鏘(1996:353-355) 『歷史語言學』. 王洪君(1992)「文白異讀與疊置式音變」에서는 이러한 文讀과 白讀의 교체식 음운변화를 '疊置式音變'이라 칭하였다.

대부분의 방언에서는 白讀 층에서 咸山攝開口三四等과 深臻曾梗攝開口三四等에 똑같은 발음의 운모 어음 층이 존재한다. 中古音을 기준으로 보더라도 이와 같은 지나친 韻攝 간의 합류(合流)관계는 보기 힘든 현상이다. 이와 같은 韻攝 간 합류관계를 가진 발음을 분석해 보면 대부분이 비음 운미(혹은 입성운미)가 소실되고, 운미가 [i]인 [ai]류([ai], [ɛi], [ei] 등)와 [ie]류([ie], [iɛ] 등)의 발음이다. 다음은 東安방언의 [ie](입성운), 宜章방언의 [ɛi](양성운)와 [ie](입성운), 臨武방언의 [ie](입성운), 江永방언의 [ie, ai](양성운)와 [i](입성운), 道縣방언의 [iɛ](양성운)와 [i(ŋ)](입성운), 桂陽방언의 [ie](입성운), 寧遠방언의 [i](입성운)을 예로 韻攝간 합류 관계를 나타내 본 것이다.

東安: 猫lie², 接ȶie¹文/ȶai⁷白, 吖ie²文/ie⁷白(이상 咸攝), 列lie¹文/lie⁷白, 节ȶie¹文/tsai⁷白, 舌zie²文/zie⁷白, 热zie²文/lai⁷白, 结ȶie¹文/kai⁷白, 噎ie¹文/ie⁷白(이상 山攝), 袭ɕie¹文/ɕie⁷白, 给ȶie¹文/ke⁷白(이상 深攝), 乙ie²(이상 臻攝), 逼pie¹文/pai⁷白, 力li²文/lie⁷白, 直ʥie²文/die⁷白, 织ȶi¹文/ȶie⁷白(이상 曾攝), 腋ɕie¹文/ɕio⁷白(이상 梗攝)

宜章: 陜sɛi³白, 闪so³/sɛi³‖接ȶie⁷, 折ʥie⁷, 吖ie⁷, 贴'ie⁷, 协ɕie⁵(이상 咸攝), 鲜ɕi¹/sɛi⁷, 战tsɛi¹‖铁'ie⁷, 节ȶie⁷, 舌ɕie⁷, 结ȶie⁷(이상 山攝), 浸tsɛi⁵, 沉sɛi³/ts'ɛi², 针tsɛi¹, 琴k'ɛi², 音ɛi¹‖袭ɕie⁵, 湿ɕie⁷(이상 深攝), 贫pɛi², 民min⁵文/mɛi²白, 信sɛi⁵, 衬ts'ɛi⁵, 身sɛi¹, 忍ɛi³, 近k'ɛi³‖乙ie⁷, 逸ɕie⁷(이상 臻攝), 菱lɛi², 瞪tɛi⁵, 胜sɛi⁵, 兴hɛi⁵, 证tsən¹/tsɛi⁵‖鲫ȶie⁷, 蚀ɕie⁷(이상 曾攝), 兵pɛi¹, 井tsɛi³, 郑ts'ɛi⁵, 轻k'ɛi¹, 星sən¹文/sɛi¹白‖逆nie⁷, 脊ȶie⁷/ȶi3, 液ie⁷(이상 梗攝)

臨武: 贴'ie⁷, 接ȶie⁷, 褶ȶie⁷, 协ɕie⁷(이상 咸攝), 别pie¹, 节ȶie⁷, 哲ȶie⁷, 结kie⁷(이상 山攝), 立lie¹, 集ȶ'ie⁷, 湿ɕie⁷, 急kie⁷(이상深攝), 栗lie⁷, 七ȶ'ie⁷, 秩'ie⁷, 失ɕie⁷, 吉kie⁷(이상 臻攝), 力lie¹, 直ȶ'ie⁷, 食ɕie¹, 极k'ie¹(이상 曾攝), 积ȶie⁷, 石so⁵/ɕie¹, 击kie⁷, 益ie⁷(이상 梗攝)

江永: 检ȶie³/ȶin³, 掩ie³, 檐ie²‖贴't'i⁷, 接tsi⁷, 折ȶie⁷(이상 咸攝), 腱ȶie⁵, 怜lai², 便~宜pai⁴‖切ts'i⁷, 撤ȶ'i⁷, 结ȶi⁷(이상 山攝), 针ȶie¹, 音ie¹, 品pai³, 心sai¹‖执ȶi⁷, 急ȶi⁷, 吸ȶi⁷(이상 深攝), 珍ȶie⁵, 身ɕie¹, 信sai⁵, 臻tsai¹

‖ 悉si^7, 质tɕi^7, 吉tɕi^7(이상 臻摄), 胜ɕie^5, 孕ie^6, 陵ai^2, 凭pai^2 ‖ 息si^7, 直tɕi^6, 食ɕi^6(이상 曾摄), 贞tɕie^1, 秉pai^3, 皿mai^4, 苹pai^2 ‖ 斥tɕ'i^7, 滴ti^7, 析si^7(이상 梗摄)

道县: 接tɕi^7, 贴t'i^7, 折tsɿ^7(이상 咸摄), 辨iɛ^6/pən^4, 边piɛ^1/pən^1, 练liɛ^5/nən^6 ‖ 切tɕ'i^7, 结tɕi^7, 蛰tsɿ^6, 折tsɿ^7(이상 山摄), 林liɛ^2, 心ɕiɛ^1, 针ɕiɛ^1, 音iɛ^1 ‖ 习ɕi^6, 十sɿ^6, 急tsɿ^7, 及tsɿ^6(이상 深摄), 信ɕiɛ^5, 珍tɕiɛ^1, 近tɕiɛ^4, 引lie^4 ‖ 实ɕi^6, 失sɿ^6, 乙i^7(이 상 臻摄), 凭pie^2, 瞪tɕiɛ^6, 蒸tɕiɛ^1, 兴ɕiɛ^5 ‖ 力li^6, 熄ɕi^7, 织tɕi^7, 极tsɿ^7(이상 曾摄), 晶tɕiɛ^1, 逞tɕ'iɛ^3, 经tɕiɛ^1 ‖ 踢t'i^7, 溺ni^6, 绩tɕi^7(이상 梗摄)

桂陽: 接sie^7, 叶ie^7, 业nie^7, 贴t'ie^7(이상 咸摄), 切ts'ie^7, 折ʃie^7, 热ie^7, 结 ʃie^7(이상 山摄), 立lie^7, 湿ʃie^7, 入ie^7, 急tʃie^7(이상 深摄), 笔pie^7, 七 ts'ie^7, 失ʃie^7, 日ie^7(이상 臻摄), 力lie^7, 熄sie^7, 直tʃ'ie^7, 食ʃie^7(이상 曾 摄), 敌tie^7, 历lie^7, 积tsie^7, 戚ts'ie^7 (이상 梗摄)

寧遠: 接tɕi^2, 叶i^6, 贴t'i^2(이상 咸摄), 铁t'i^2, 捏li^2, 切tɕ'i^2/tɕ'ie^6, 结tɕi^2(이상 山 摄), 习ɕi^6, 蛰tɕi^5, 急tɕi^6(이상 深摄), 疾tɕi^6, 日ni^6/ŋ^6, 吉tɕi^6, 一i^2(이상 臻 摄), 逼pi^2, 熄ɕi^2, 食i^6/sɿ^6, 极tɕi^6(이상 曾摄), 敌ti^2, 积tɕi^6, 脊tɕi^2(이상 梗摄)

江永방언과 道縣방언에는 이러한 부류의 발음이 通攝一三等, 曾攝開口一等, 梗攝開口二等, 臻攝開口一等 및 合口一三等에서도 나타난다. 예시해 보면 다음과 같다.

江永: 憐$_{先}$lai^2 心$_{侵}$sai^1 民$_{真}$mai^2 陵$_{蒸}$lai^2 萍$_{青}$pai^2 送$_{東一}$sai^5 風$_{東=}$pai^1 贈$_{登}$tsai^6 粳$_{庚二}$kai^3 恨$_{痕}$hai^3 本$_{魂}$pai^3 迅$_{諄}$sai^5

道縣: 邊$_{先}$piɛ^1 林$_{侵}$liɛ^2 眞$_{真}$tɕiɛ^1 蒸$_{蒸}$tɕiɛ^1 經$_{青}$tɕiɛ^{1}送$_{東=}$ɕiɛ^5 終$_{東三}$tɕiɛ^1 層$_{登}$tɕ'iɛ^2 埂$_{庚二}$kiɛ^5 根$_{痕}$kiɛ^1 門$_{魂}$miɛ^2 裙$_{文}$kiɛ^2

이상과 같이 湘南土話 咸山攝開口三四等과 深臻曾梗攝開口三四等의 白讀 층에 분포한 [ai]류([ai], [ɛi], [ei]) 혹은 [ie]류([ie], [iɛ])의 발음은 주변 방언(湘방언, 客家방언, 粤방언, 官話 등)에서는 찾아보기 힘든 상당히 독특한 어음 층을 형성하고 있다고 할 수 있다. 그런데 이 두 부류의 白讀音

은 그 분포 상황을 분석해 보면, 두 부류가 상당히 밀접한 관련성을 갖고
있음을 알 수 있다. 그 이유는 다음과 같다.

첫째, 江永방언 咸山攝 및 深臻曾梗攝 開口三四等 양성운 중 [ai]는 幫
組와 端系(端組+泥組+精組)에서만 나타나고, [ie]는 知見系(知組+照組+日
母+見組+曉組+影組)에서만 나타난다. 즉 [ai]와 [ie]는 상보적 분포 관계에
있다. 臻攝開口三等字를 예로 들어보면 다음과 같다.

貧pai², 鄰lai², 進tsai⁵, 珍tɕie¹, 身ɕie¹, 忍nie⁴, 近tɕie⁴, 引lie⁴.

둘째, 상술한 것처럼 [ai]류의 白讀音과 [ie]류의 白讀音은 양성운 혹은
입성운 내에서 분포 범위가 대체로 일치한다. 양성운의 경우 예를 들어 江
永의 [ai]와 道縣의 [ie]는 똑같이 (咸[185))山深臻曾梗攝開口三四等, 梗攝開
口二等, 通攝一三等, 曾攝開口一等, 臻攝開口一等 및 合口一三等에 분포되
어 있다. 道縣의 [ie]를 예로 들어보면 다음과 같다.

辨ie⁶/pən⁴, 边pie¹/pən¹, 练lie⁵/nən⁶(이상 山开三四), 抿mie⁴, 鳞lie², 新ɕie¹,
尘tɕʰie², 真tɕie¹, 近tɕie⁴(이상 臻开三), 凭pie², 瞪tie⁶, 升ɕie⁵, 兴ɕie⁵(이상 曾开
三), 晶tɕie¹, 逞跑 进tɕʰie³, 经tɕie¹(이상 梗开三四), 蓬pie², 东tie¹, 送ɕie⁵, 空~虚
xie¹, 丰fie¹, 肿tɕie³, 用ie⁶(이상 通合一三), 朋pie², 等tie³, 层tɕʰie², 肯xie³(이상
曾开一), 棚pie², 埂kie⁵, 硬nie⁵/ŋən⁶(이상 梗开二), 根kie¹, 本pie³, 粉fie³, 魂
fie², 裙kie²(이상 臻开一, 臻合一三).

입성운의 경우 東安, 宜章, 臨武, 桂陽방언 중의 [ie]는 宜章방언 혹은
江永방언 양성운 중의 [εi] 혹은 [ai]와 마찬가지로 咸山攝開口三四等과 深

---

185) 道縣의 咸攝字 중 [iɛ]로 읽는 어음 층은 주로 一二等韻에서 나타난다. 坎xiɛ², 揷tɕʰ
iɛ⁷, 夹kiɛ⁷, 掐kʰiɛ⁷, 狭xiɛ⁶.

臻曾梗攝開口三四等에 고루 분포한 어음 층이다. 예를 들어 보면 다음과 같다.

> 東安: 折~叠咸tɕie^{1}文/tɕie^{7}白, 舌山zie^{2}文/zie^{7}白, 袭深ɕie^{1}文/ɕie^{7}白, 乙臻ie^2, 直曾dʑi^{2}文/die^{7}白, 腋梗 ɕie^{1}文/ɕio^{7}白
>
> 宜章: 接咸tɕie^7, 节山tɕie^7, 袭深ɕie^5, 乙臻ie^7, 鲫曾tɕie^7, 脊梗tɕie^7/tɕi^3
>
> 臨武: 业咸nie^1, 结山kie^7, 急深kie^7, 吉臻kie^7, 极曾k'ie^1, 击梗kie^7
>
> 桂陽: 接咸tsie^7, 切山ts'ie^7, 湿深ʃie^7, 七臻ts'ie^7, 熄曾sie^7, 戚梗ts'ie^7

셋째, 江永방언의 通攝 양성운 一等 白讀은 [ai]이고, 三等 白讀은 [ie]이다. 즉 두 부류의 음이 等韻을 경계로 나누어져 있다. 만일 三等韻의 [ie]가 방언 내부에서 iai → iei → ie와 같은 어음 변화를 거친 것이라면 一等韻의 [ai]와 三等韻의 [ie]는 동일한 어음 층 성분으로 보아야 하겠지만, [ai]와 [ie]가 白讀과 文讀 관계라면 서로 다른 어음 층이 될 것이다.江永방언에서 [ai]와 [ie]의 분포 상황을 보면, 경우에 따라 이 두 가지의 음이 한 글자에 병존하고 있는 것으로 보아 [ai]와 [ie]는 고대의 白讀과 文讀으로 보는 것이 타당할 것이다. 江永방언 通攝의 예를 들어보면 다음과 같다.

> 蓬pai^2, 动tai^4, 送sai^5, 工kai^1, 红hai^2(이상 一等字), 冢tɕie^3, 肿种~类tɕie^3, 种~树tɕie^5, 供tɕie^5(이상 三等字).

이와 같이 [ai]류와 [ie]류의 白讀音은 분포상 상당히 밀접한 관련성을 가지고 있다. 湘南土話 양성운 혹은 입성운 중에 나타나는 [ai]류 어음 층은 분포 특징이나 발음특성으로 볼 때 아마도 고대로부터 존재한 이 지역 소수민족 언어와 관련된 성분일 가능성이 크다고 볼 수 있다.[186] 하지만

---

186) 湘南土話의 분포 지역은 고대로부터 소수민족의 거주 지역이었다. 湘南土話 중에 나타나는 韻攝 간의 비정상적인 합류관계는 아마도 고대로부터 이어온 이 지역의 소수민족 언어와 관련이 있다고 보여진다. 아마도 당시의 소수민족 언어는 모음이

[ie]류의 어음 층은 [ai]류 어음 층이 형성된 이후 후대에 방언 내에 유입된 성분으로 보인다. 왜냐하면 [ai]류와 [ie]류는 서로 교체관계에 있는 고대의 文白異讀으로 보이기 때문이다. 후대에 방언 내에 유입된 [ie]류 어음 층은 먼저 구개음화된 성모와 결합하는 형식으로 이 지역 방언에 나타나면서, 방언 내 [ai]류 어음 층과 점차 교체되는 현상이 나타났을 것이라 가정해 볼 수 있다. 이와 같은 가정은 이 지역 방언에서 [ai]류 어음 층과 [ie]류 어음 층의 분포를 통해 추론해 볼 수 있다. 우선 [ai]류와 [ie]류의 교체는 三等 知章組와 三四等見系로부터 시작되었다고 추측해 볼 수 있는데, 상술한 江永방언의 咸山攝 및 深臻曾梗攝 開口三四等韻에서 [ai]와 [ie]의 분포 상황은 이와 같은 사실을 설명해 주고 있다고 볼 수 있다. 江永방언 중 深開三侵 澄母字 ‘沉’은 tsai^2/tɕie^{2}와 같이 두 가지 독음으로 발음되는데, 이는 tsai^{2}에서 tɕie^{2}로의 어음 교체과정 중 두 가지 발음이 공존하게 되는 과도기적 단계를 보여주는 현상으로 볼 수 있다. 즉 文白異讀 교체과정 중의 한 단계를 표현하고 있는 것이다. 宜章방언 曾開三 入聲韻 중에도 유사한 현상이 존재한다. 즉 鯽tɕie^7, 熄sei^7, 識sei^7 蝕ɕie^7 등처럼 같은 古音 성모조건 하의 운모가 [ei]와 [ie] 두 가지로 나누어진다. 이처럼 三等 知章組와 三四等見系에서 시작된 어음 교체 현상은 점차 동일 韻 중의 幫組, 端系로 확대되고, 마지막으로 一二等韻까지 확산된 것으로 보인

나 운모 체계에 있어서 漢語에 비해 상당히 단순화된 특성을 가지고 있었을 것이다. 따라서 漢語를 사용하는 과정 중 모어(母語)의 간섭으로 인하여 상술한 현상과 같은 단순화된 특성을 나타내게 되었다고 볼 수 있다. 중국 남방의 소수민족 언어 중 苗語에 속한 언어들의 특징 중 하나가 漢語에 비해 성모의 수가 많고, 운모의 수가 적다는 것이다. 성모가 많은 이유는 성모가 될 수 있는 복자음(復子音)의 수가 많기 때문이며, 운모가 적은 이유는 운미(韻尾)가 되는 자음 혹은 모음의 수가 적기 때문이다. 예를 들어 臘乙坪苗語의 경우 성모는 67개인 반면, 운모는 16개이며, 養蒿苗語의 경우 성모는 39개, 운모는 17개, 大南山苗語의 경우 성모는 57개, 운모는 23개이다. 瑤語나 壯侗族 언어의 경우는 같은 이유로 성모의 수가 많지만, 운모의 경우도 모음에 장단음이 존재하기 때문에 운모의 숫자가 상대적으로 많다. 严学群『民族研究文集』, 民族出版社, 1997年:139. 王辅世『苗语简志』, 民族出版社, 1985年:6-23.

다. 一二等韻으로의 확산 과정은 일종의 유추 현상으로 밖에 볼 수 없는 데[187], 江永방언과 道縣방언 一二等韻에서 [ai]와 [iɛ]의 분포 상황을 보면 이와 같은 사실을 확인할 수 있다. 江永방언의 臻曾攝 開口一等 痕登韻은 한 두 글자의 예외적 발음을 제외하고는 모두 [ai]로 발음된다. 吞t'ai[1], 跟 kai[1], 恨hai[6], 恩ai[1], 朋pai[2], 等lai[3], 增tsai[1], 肯hai[3] 등(예외:根kuoɯ[1], 恒 huoɯ[2]). 그런데 梗攝 開口二等 庚耕韻 중에는 [ai]와 [ie]가 공존한다. 澄橙 tɕie[2], 棚pai[2], 筝tsai[1], 梗kai[3], 耿kai[3] 등. 그러나 道縣방언에서는 臻曾攝 開 口一等 痕登韻도 모두 [iɛ]로 읽고, 梗攝 開口二等 庚耕韻도 일부 文讀音을 제외하면 모두 [iɛ]로 읽는다. 吞kiɛ[1], 根kiɛ[1], 朋piɛ[2], 等tiɛ[3], 层tɕ'iɛ[2], 肯xiɛ[3] (이상臻曾開一痕登), 棚piɛ[2], 彭piɛ[2], 更換kiɛ[1], 埂kiɛ[5], 硬ŋiɛ[5]/ŋən[6](이상 梗 開二庚耕). 道縣방언 중에는 이미 [ai]류의 어음 층이 존재하지 않는다. 道 縣방언 蟹攝 開口一二等의 대다수 글자들 역시 [iɛ]로 발음되는데, 이 또한 유추작용의 결과로 보여진다. 즉 古代 蟹攝 開口一二等의 [ai]韻이 深臻曾 梗攝 및 咸山攝의 [ai]韻을 따라 똑같이 [ie]로 교체되는 과정을 거쳤을 가능성이 크다. 道縣방언 蟹攝 開口一二等 독음의 예를 들어 보면 다음과 같다.

戴tie[5], 耐nie[6], 菜tɕ'ie[5], 改kiɛ[3]/kə[3], 买miɛ[4], 晒ɕiɛ[5], 街kiɛ[1], 矮ŋie[3] 등.

이처럼 일부 구개음화된 성모 즉 三等 知章組와 三四等見系 성모 뒤에 서만 나타나던 [ie]류의 발음(고대의 文讀音 그러나 현재에는 주변 방언 (湘방언 혹은 官話) 성분의 유입으로 白讀音이 됨)이 동일 韻 내의 帮組, 端系로 확대되고, 다시 一二等韻까지 확산된 것은 일종의 유추 현상으로 볼 수 있다. 즉 최초 文白異讀의 교체 범위(三等 知章組와 三四等見系)를

---

187) 이는 아마도 방언 내 三四等韻이 [iai]→[ai]와 같은 'i'개음 탈락의 음운 변화 과정 을 거치면서, 三四等韻의 운모와 一二等韻의 운모가 발음상 구분이 없어졌기 때문 이라고 추측해 볼 수 있다.

넘어 상대 방언의 발음과 상관없이 [ai]류 발음을 모두 [ie]류 발음으로 바꾸는 변화 과정이 진행된 것이다. 이는 주변 강세방언에 의한 文讀 [ie]류 발음을 확대 유추하여 본래 文讀이 존재하지 않는 범위의 [ai]류 발음에까지 [ie]류 발음을 적용시킨 결과라고 볼 수 있을 것이다.

참고문헌

鮑厚星, 『東安土話研究』, 湖南教育出版社, 1998년.

邓永红, 「湖南桂阳洋市土话音系」, 『湘南土话论丛』, 湖南师范大学出版社, 2004年.

範峻軍, 「湖南桂陽縣敖泉土話同音字彙」, 『方言』2000年 第1期.

贺凯林, 「湖南道县寿雁平话音系」『湘南土话论丛』, 湖南师范大学出版社, 2004年.

胡萍, 「论湘语在湘西南地区的接触与变异」, 『湖南社会科学』, 2007年第3期.

黃雪情, 『江永方言研究』, 社會科學文獻出版社, 1993年.

潘家懿, 「开放以来汕尾市语言的变化」, 『双语双方言』, 中山大学出版社, 1989年.

冯国强, 「曲江县虱婆声跟赣方言的关系」(未刊)粤北土话与周边方言国际研讨会论文, 2000년.

邝永辉「韶关市郊石陂村语言生活的调查」, 『方言』1998年 第1期.

李榮, 「漢語方言的分區」, 『方言』1989年 第4期.

李如龙, 「论混合型方言-兼谈湘粤桂土语群的性质」, 『云南师范大学学报』第44卷第5期, 2012年.

李如龍 張双慶主編, 『客贛方言調查報告』, 廈門大學出版社, 1992년.

李星辉, 「湖南永州岚角山土话音系」, 『方言』2003年 第1期.

李星辉, 「湖南桂阳流峰土话音系」, 『湘南土话论丛』, 湖南师范大学出版社, 2004年.

李永明, 『臨武方言-土話與官話的比較研究』, 湖南人民出版社, 1988年.

_____ 「湘南双方言区概况及声调」, 陈思泉主编『双语双方言与现代中国』, 北京语言文化大学出版社, 1999年.

李永新, 「方言接触中的调值问题」, 『武陵学报』第35卷第4期, 2010年.

梁猷剛, 「广东省北部汉语方言的分布」, 『方言』1985年 第2期.

林立芳, 莊初升, 「粤北地區漢語方言概況」, 『方言』2000年 第2期.

卢小群, 「湖南嘉禾土话的特点及内部差异」『方言』2000年 第1期.

罗昕如「湖南蓝山县太平土话音系」,『湘南土话论丛』, 湖南师范大学出版社, 2004年.

罗昕如, 「湖南蓝山土话的内部差异」,『方言』2002年 第2期.

劉綸新主編,『客贛方言比較研究』, 中國社會科學出版社, 1999년.

沈若雲,『宜章土話研究』, 湖南教育出版社, 1999年.

唐湘晖, 「湖南桂阳县燕塘土话语音特点」,『方言』2000年 第1期.

王福堂,『漢語方言語音的演變和層次』, 語文出版社, 1999년.

_____ 「平話, 湘南土話和粤北土話的歸屬」,『方言』2001년 第2期.

王辅世,『苗语简志』, 民族出版社, 1985年.

王洪君, 「文白異讀與疊置式音變」,『語言學論叢』1992年 第17輯.

谢奇勇, 「湘南新田南乡土话语音分析」,『湘南土话论丛』, 湖南师范大学出版社, 2004年.

徐通鏘,『歷史言語學』, 商務印書館, 1996年.

严学群,『民族研究文集』, 民族出版社, 1997年.

叶国泉 罗康宁, 「广东双方言区的分布及其成因」, 陈思泉主编『双语双方言与现代中国』, 北京语言文化大学出版社, 1999年.

游俊 李汉林,『湖南少数民族史』, 民族出版社, 2001年.

曾獻飛,『湘南官話語音研究』(湖南師範大學 博士學位論文), 2004年.

詹伯慧, 張日升主編『粤北十縣市粤方言調查報告』字音對照表, 暨南大學出版社, 1994年.

張均如, 「廣西中南部地區壯語中的老借詞原於漢語"古平話"考」,1982년,『語言研究』제1기.

張曉勤,『寧遠平話研究』, 湖南教育出版社, 1999年.

張双慶 主編『樂昌土話研究』, 廈門大學出版社, 1998년, <字音對照表>.

張振兴, 「深入研究双语双方言的现象」, 陈思泉主编『双语双方言与现代中国』, 北京语言文化大学出版社, 1999年.

周政, 「陕南混合方言韵母和声调的演变」,『汉语学报』, 2013年 第2期.

周先義, 「湖南道縣(小甲)土話同音字彙」,『方言』1994年 第3期.

莊初升, 「粤北客家方言的分布和形成」,『韶关大学学报』1999년 第1期.

_____ 「连州市丰阳土话的音韵特点」,『语文研究』2001년 第3期.

_____ 「闽南四县闽 客双方言现象探析」, 陈思泉主编『双语双方言与现代中国』, 北京语言文化大学出版社.

제9장

漢語方言 중 韻攝에 따른
入聲 성조의 분화 현상 고찰

漢語方言 성조의 역사적 분화(分化) 과정 중 가장 중요한 조건이 되는 것은 무엇보다도 聲母의 淸濁 여부 즉 聲母의 무성음 특성과 유성음 특성 이라고 할 수 있을 것이다. 즉 中古 平上去入 四聲이 후에 聲母의 淸濁(즉 무성음과 유성음) 특성에 따라 각각 음조(陰調)와 양조(陽調)의 두 성조로 분화된 것이다. 소위 四聲이 八調로 변화한 것인데 現代漢語 방언의 경우 이러한 漢語 성조의 역사적 발전 과정을 가장 충실히 반영하고 있는 방언 은 吳방언 지역의 溫州방언과 閩방언 지역의 潮州방언, 粵방언 지역의 廣 州방언 등이라고 할 수 있다.[188] 현재 溫州 방언과 潮州 방언은 모두 8개 의 성조를 가지고 있는데, 각각 陰平, 陽平, 陰上, 陽上, 陰去, 陽去, 陰入, 陽入이다. 廣州 방언은 이와 같은 8개 성조의 기초 위에서 陰入이 다시 모음의 장단(長短)에 따라 上陰入과 陽陰入 두 성조로 나누어져 9개의 성 조가 되었다.[189] 하지만 대다수의 漢語方言에서는 이와 같은 변천을 거친 이후에도 몇몇 성조가 서로 병합되는 등 성조 체계 내에 재차 조정이 이 루어지게 된다. 따라서 粵방언을 제외한 대다수 방언의 성조는 일반적으

---

188) 張雙慶, 萬波, 「贛語南城方言古全濁上聲字今讀的考察」, 『中國語文』1996年 第5期.
189) 北京大學中文系語言學敎硏室, 『漢語方言字彙』(第二版), 文字改革出版社, 1989年.

로 8개가 되지 않는다. 북방 官話방언의 경우 일반적으로 4개에서 5개 정도이고, 동남부의 남방 방언의 경우는 6개에서 7개 성조를 가진 방언이 가장 많다.

그런데 漢語方言 성조의 분화 요인에는 中古 聲母의 淸濁 여부 이외에도 방언에 따라 聲母(주로 淸聲母)의 유/무기음이 조건이 되어 나타나는 성조의 분화, 文讀과 白讀의 대립으로 인한 성조의 분화, 글자가 속한 韻攝의 다름에 따라 나타나는 성조의 분화, 모음의 장단(長短)으로 인한 성조의 분화 등 다양한 요인들이 존재한다. 본 장에서는 그 중 韻攝 따라 나누어지는 성조의 분화 현상에 대해 집중 고찰해 보고자 한다. 즉 中古 韻攝을 직접적인 변화 조건으로 방언 내 성조가 나누어지는 경우인데, 다른 모든 조건이 동일한 상황에서 일부 특정한 韻攝의 글자들이 하나의 고정된 성조로 발음되고, 또 다른 일부 韻攝의 글자들은 또 다른 성조로 발음되는 경우이다. 韻攝에 따른 성조의 분화 현상은 漢語方言 중 일부 지역에만 나타나는 현상에 불과하지만 漢語方言 성조의 변천 과정에서 빼 놓을 수 없는 중요한 현상 가운데 하나라고 생각된다. 기존의 연구 결과를 중심으로 여러 논저들을 살펴본 결과 韻攝에 따른 성조의 분화 현상은 주로 中古 入聲字에서 나타나는데, 廣西省에 분포한 桂北平話 중의 일부 방언(臨桂縣 兩江平話와 四塘平話)에서는 中古 入聲字의 성조 분화와 관련하여 매우 흥미로운 현상이 나타나고 있음을 발견할 수 있었다. 필자의 판단으로 이들 지역 방언에서 나타나는 현상들은 漢語方言 중에서 나타나는 '韻攝에 따른 入聲 성조의 분화 현상'의 다양한 요인들을 대부분 포함하고 있다고 생각된다. 이에 본 장에서는 桂北平話를 중심으로 漢語方言 중에 나타나는 '韻攝에 따른 입성 성조의 분화 현상'을 고찰해 보고, 또 이와 같은 현상이 나타나게 된 원인과 변화 원리에 대해 필자 나름의 분석을 시도해 보고자 한다.

1. 桂北平話에서 나타난 入聲 분화 현상 분석

桂北平話[190]는 중국의 廣西省을 중심으로 분포되어 있는 平話 방언[191]
의 내부 분류 중 하나이다. 平話는 지리적 요인과 언어적 특성에 따라 桂
北平話와 桂南平話로 나누는데, 桂北平話는 주로 桂林市의 교외지역과 臨
桂, 靈川, 永福, 龍勝, 富川, 鍾山, 賀縣, 融安, 融水, 羅城, 柳江, 柳城 등지
에 분포되어 있고(廣西省 중북부), 桂南平話는 주로 賓陽, 邕寧, 橫縣, 貴
港, 上林, 馬山 등의 현(縣)과 南寧市 교외 및 左江, 右江 유역에 분포되어
있다(廣西省 서남부 및 일부 북부). 또한 廣西省과 인접한 湖南省의 道縣,
寧遠, 藍山과 通道 동족자치현(侗族自治縣) 등 10여 개의 현과 일부 농촌
에서도 平話가 사용되고 있다.[192] 梁敏, 張均如(1999:24)의 조사에 의하면
平話를 모어로 사용하는 인구는 대략 3, 4백만 정도가 된다고 한다. 본 절
에서는 그 중 韻攝 간 入聲 성조의 분화 현상이 나타나고 있는 臨桂縣 兩
江平話와 四塘平話(桂北平話)의 음운 특성을 집중 분석해 보고자 한다.[193]

---

190) '桂'는 廣西省의 별칭이다.

191) 平話는 張均如(1982:197-219)에서 "廣西省 壯族 언어 중 존재하는 고래로부터의 한
어 차용어(借用語)는 粵방언이 아닌 平話에서 차용한 것이고, 平話는 粵방언과는 다
른 독립적인 한어방언이다."라는 주장이 제기된 이후 몇몇 학자들의 연구 성과로 새
롭게 그 중요성이 인정되어 지금은 독립적인 방언으로 분류되고 있는 한어방언이다.

192) 桂北平話와 桂南平話는 언어적 특성에 있어서 상당히 큰 차이를 보인다. 특히 桂南
平話는 廣東省 서북부에 분포한 粵방언(특히 粵방언 勾漏片)과 언어 특성상 상당히
유사하여(대표적으로 中古 全濁聲母를 현재 대부분 무기음으로 발음하는 특성 등)
劉村漢(1995), 伍魏(2001:133-141) 등에서는 桂南平話를 마땅히 粵방언으로 귀속
시켜야 한다는 주장이 제기되고 있다. 그러나 李連進(2000:169-173)에서는 桂南平
話와 粵방언의 차이점에 착안하여 桂南平話를 粵방언으로 귀속시켜야 하는 것이 아
니라, 粵방언 勾漏片을 平話로 귀속시켜야 한다고 주장하고 있다. 桂北平話는 이와
는 또 다른 논의의 선상에 있다. 桂北平話는 桂南平話와도 언어 특성상 많은 차이
가 있고, 내부적으로도 지역적 편차가 커서 桂北平話의 성격이나 분류, 주변 방언과
의 관계 등의 문제는 아직 많은 논의와 연구가 필요한 부분으로 남아 있다. 특히
桂北平話와 주변 粵北土話, 湘南土話 그리고 桂南平話의 관계 문제(하나의 동일한
방언 지역으로 볼 것인지 아니면 각각 독립적인 방언으로 볼 것인지의 문제)는 현
재 중국 방언학계에서 앞으로 해결해야 할 큰 과제로 남겨져있다.

193) 현재 平話에 대한 조사연구 자료는 李連進(2000)의 『平話音韻研究』에서 가장 광범

이 두 지역 방언에서 나타나는 入聲 성조의 분화 양상은 상당히 복잡한 면모를 보이고 있는데, 이 번 절에서는 이 두 지역방언 入聲이 분화 과정에서 이와 같은 복잡성을 갖게 된 원인과 그 변화 원리에 대해 면밀히 분석해 보고, 또 그러한 논의를 바탕으로 中古 이래 이 지역 入聲 성조의 변천 과정에 대해 필자 나름의 가정을 시도해 보고자 한다.

臨柱縣 兩江平話(이하 兩江平話)와 臨柱縣 四塘平話(이하 四塘平話)의 현 성조 체계는 다음과 같다(성조값은 '五度標調法'에 의거 숫자로 표기하였다).

	陰平	陽平	上聲	陰去	陽去	入聲
兩江平話	35	13	33	53	31	5
四塘平話	35	13	33	55	31	上陰入 44 下陰入 42

兩江平話와 四塘平話는 모두 陽入(中古 濁聲母 入聲字의 성조)이 소실되었고, 陰入(中古 淸聲母 入聲字의 성조)만이 남아있다(四塘平話의 경우는 陰入이 두 개의 성조로 나누어지는데 대다수의 글자가 上陰入(44)으로 발음되고, 宕江梗通攝의 일부 글자들만이 下陰入(42)으로 발음된다. 兩江平話는 陽入이 없고, 陰入도 한 가지 뿐이므로 陰入을 入聲이라 칭한다). 즉, 中古 濁聲母 入聲字는 현재 모두 舒聲調로 합류되었다. 兩江平話의 濁入字는 다수가 陽平으로, 소수가 陽去로 합류되었으며, 四塘平話의 濁入字는 대부분 陽去로 합류되었다. 예를 들어 보면 다음과 같다.

위하게 제시하고 있다. 하지만 중국 학계에서 이 저서 중의「字音對照表」중 성조 표기가 좀 혼란스럽다는 평가가 있어 본 글에서는 李連進(2000)에서의 자료는 참고하지 않았다. 본 글에서 근거로 삼은 글자 음은 駱明弟(1996:190-199)「臨桂四塘平话同音字汇」(『方言』1996年 第3期)와 梁金荣(1996:180-189)「临桂两江平话同音字汇」(『方言』1996年 第3期) 이다.

濁入字	雜咸	合咸	十深	熱山	罰山	實臻
兩江	ts'o³¹	hei¹³	ʃe¹³	ni¹³	fo³¹	ʃe¹³
四塘	tsuə³¹	xuə³¹	ʃə³¹	ŋiɔ³¹	fə³¹	ʃə³¹

濁入字	鑿宕	濁江	賊曾	白梗	劃梗	服通
兩江	ts'əu³¹	tʃ'əu³¹	ts'o¹³	p'ei³¹	fe³¹	fu¹³
四塘	tʃou³¹	tʃou³¹	tsə³¹	pa³¹	xua³¹	fu³¹

그런데 清入字의 경우 兩江平話와 四塘平話 모두 入聲으로 발음되는 글자는 대부분 咸山宕梗攝 三四等字와 深臻曾通攝字이다. 咸山宕江梗攝 一二等字는 대부분 舒聲調로 합류되었다. 兩江平話의 경우 咸山宕江梗攝 一二等字는 대부분 上聲으로 합류되었고, 四塘平話에서는 대부분 陰去로 합류되었다. 예를 들어 보면 다음과 같다.

清入字	摺咸三	結山四	噎山四	脚宕三	尺梗三	錫梗四
兩江	tʃi⁵	ki⁵	i⁵	ki⁵	tʃ'i⁵	si⁵
四塘	tʃə⁴⁴	kiə⁴⁴	iə⁴⁴	kiə⁴⁴	tʃ'ə⁴⁴	sə⁴⁴

清入字	濕深三	七臻三	逼曾三	粥通三	克曾一	谷通一
兩江	ʃə⁵	ts'e⁵	pei⁵	tʃəu⁵	k'o⁵	kəu⁵
四塘	ʃe⁴⁴	ts'ə⁴⁴	pə⁴⁴	tʃau⁴²	k'ə⁴⁴	kau⁴²

清入字	塔咸一	割山一	八山二	托宕一	桌江二	客梗二
兩江	t'o³³	kəu³³	po³³	t'əu³³	tʃəu³³	hei³³
四塘	tuə⁵⁵	kuə⁵⁵	puə⁵⁵	t'ua⁴⁴	tsou⁵⁵	xa⁵⁵

그렇지만 咸山宕江梗攝 一二等字 중에도 일부는 여전히 入聲으로 발음되고 있으며, 四塘平話의 경우 咸山宕江梗攝 三四等字 중 일부는 入聲이 아닌 陰去(혹은 陽去)로 발음된다. 예를 들어 보면 다음과 같다.[194]

---

194) 원저에 기록되어있는 글자 수가 상대적으로 적어 글자 수의 통계를 낼 수는 없지만, 제시된 '同音字表'에 나타난 해당 글자를 모두 나열하였다.

- 咸山宕江梗攝 一二等 淸入字 중 入聲으로 발음되는 글자
  兩江平話: 磕k'ei⁵, 葛kəu⁵, 拨钵pu⁵, 泼p'u⁵, 脱t'u⁵, 阔fu⁵, 作tsəu⁵, 霍fu⁵, 角ko⁵, 栅ʃ'a⁵ 등
  四塘平話: 喝xə⁴⁴, 拨钵puə⁴⁴, 泼p'uə⁴⁴, 撒s'uə⁴⁴, 阔xuə⁴⁴, 抷t'uə⁴⁴, 索sou⁴², 各阁搁胳kou⁴², 郭kuə⁴⁴, 扩廓k'uə⁴⁴, 霍藿xuə⁴⁴, 格kə⁴⁴ 등(四塘平話 宕攝一等 淸入字는 대다수가 上陰入 혹은 下陰入으로 발음된다)

- 四塘平話 咸山宕梗攝 三四等 淸入字 중 入聲이 아닌 陰去(혹은 陽去)로 발음되는 글자
  接tsiɛ⁵⁵, 妾ts'iɛ⁵⁵, 贴帖t'iɛ⁵⁵, 叠碟牒蝶谍tiɛ³¹, 鳖piɛ⁵⁵, 薛siɛ⁵⁵, 泻ʃiɛ⁵⁵, 撇p'iɛ⁵⁵, 铁t'iɛ⁵⁵, 节tsiɛ⁵⁵, 切ts'iɛ⁵⁵, 屑siɛ⁵⁵, 雪siɛ⁵⁵, 发fə⁵⁵, 着tiə³¹/tiə³³, 约iə³¹, 益i³¹, 滴ti⁵⁵/tiɛ⁵⁵, 击kyə³¹ 등

그 외 濁入字가 入聲으로 발음된다든지, 淸入字 중 深臻曾通攝字가 舒聲調로 발음되는 예외적인 경우는 극소수에 불과하다.

그렇다면 이와 같은 사실에 근거해 兩江平話와 四塘平話의 '韻攝에 따른 入聲의 분화 과정'을 다음과 같이 가정해 볼 수 있을 것이다. 中古 入聲字 중 우선 濁聲母(全濁 및 次濁성모 포함) 入聲字가 먼저 舒聲調로 합류되었고, 그 다음으로 淸聲母 入聲字 중 咸山宕江梗攝 一二等字가 舒聲調로 합류되었다. 咸山宕梗攝 三四等字와 深臻曾通攝字는 여전히 入聲(陰入 혹은 上陰入 혹은 下陰入)으로 남아있다. 하지만 咸山宕江梗攝 一二等字 중 일부 글자들이 여전히 入聲(四塘平話의 경우 上陰入 혹은 下陰入)으로 남아 있는 사실로 미루어 볼 때 咸山宕江梗攝 一二等字는 현재에도 舒聲調로의 변화가 진행 되고 있는 과정에 있다고 볼 수 있으며, 또 四塘平話의 경우 咸山宕梗攝 三四等字 중의 일부 글자들이 舒聲調로 발음되고 있는 사실에 근거해 보면 咸山宕梗攝 三四等字도 一二等字에 이어 점차 舒聲調로 변화되어가는 경향을 가지고 있다고 판단해 볼 수 있다.

그렇다면 이와 같은 변화의 원인이 되는 음운 조건은 무엇일까? 즉 中古 입성 성조가 '韻攝'에 따라 혹은 '等'에 따라 달리 나누어지는 이유는

무엇인가? 필자는 이와 같은 변화의 원인이 될 가능성이 있는 음운 조건을 다음 두 가지로 생각해 보았다. ① 中古 入聲韻尾의 성질 혹은 소실 시기 차이로 인한 韻攝 간 성조의 불균형 변화, ② 韻攝 내 운모를 구성하는 모음(韻腹 혹은 介音)의 차이로 인한 성조의 변화. 물론 이 이외에도 粤방언에서처럼 운모를 구성하는 (주요)모음의 장단(長短)에 따라 韻攝 간 성조가 분화되는 경우 등 또 다른 변화 조건이 존재할 가능성이 있지만, 관련된 기존의 연구 성과와 桂北平話의 특성 그리고 필자의 소견을 종합해 볼 때 우선은 이와 같은 두 가지 변화 조건만을 고려해 보는 것도 큰 무리는 없을 것이라 판단된다. 그러면 이와 같은 두 가지 가능성을 전제로 兩江平話와 四塘平話의 韻攝 간 성조 분화의 원인에 대해 생각해 보도록 하겠다.

우선은 中古 入聲韻尾의 다름 혹은 入聲韻尾의 소실 시기 차이로 인해 韻攝 간 서로 다른 성조 변화가 발생하게 된 것은 아닌지 고려해 볼 필요가 있다. 즉 韻攝 간 서로 다른 入聲韻尾가 성조의 변화를 초래했거나, 혹은 일부 韻攝의 入聲韻尾가 먼저 소실되면서(혹은 일부 韻攝의 入聲韻尾 음가가 급격히 약화되면서), 中古이래 폐쇄음 入聲韻尾 [-p], [-t], [-k]의 영향으로 촉급하게 발음되던 入聲 성조에도 변화가 생기게 되었고(일부 韻攝의 入聲 성조가 舒聲調와 유사한 형태로 변화하거나 더 나아가 舒聲調와 합류되는 변화 등), 그로 인해 韻攝간 성조의 불균형이 생기게 되었다고 가정해 볼 수 있다. 하지만 兩江, 四塘平話 입성의 변화 양상을 살펴보면 中古 入聲韻尾의 성질이나 소실 시기와는 관련성이 적다고 볼 수 있다. 주지하다시피 中古 咸深攝의 入聲韻尾는 [-p]이고, 山臻攝의 入聲韻尾는 [-t], 宕江曾梗通攝의 入聲韻尾는 [-k]이다. 그런데 兩江, 四塘平話 清入字의 경우 함께 변화된 같은 부류의 韻攝은 中古 入聲韻尾를 기준으로 보았을 때 변화의 양상이 또 다른 부류와 구별되는 특성을 갖고 있지 못하다. 즉 舒聲調로 변화한 咸山宕江梗攝 一二等과 入聲으로 남아있는 深臻

曾通攝 그리고 咸山宕梗攝 三四等 두 부류 모두 中古音을 기준으로 [-p], [-t] [-k] 세 가지의 운미 특성을 모두 가지고 있다. 또한 그 중 서로 다른 성조로 나누어진 咸山宕梗攝 一二等과 三四等은 中古 운미특성이 아닌 운모의 '等'에 따라 서로 다른 변화 양상을 나타내고 있는 것이기 때문에 적어도 中古 入聲韻尾의 성질이나 소실 관계를 통해서는 이들의 변화 원리를 설명해 낼 수 없다고 볼 수 있다. 따라서 兩江, 四塘平話의 입성 성조 분화 현상은 中古 入聲韻尾의 성질이나 소실 시기와는 관련성이 적다고 판단해 볼 수 있다.195) 하지만 中古 入聲韻尾는 兩江, 四塘平話에서 韻攝에 따른 성조의 분화가 이루어지기 전 濁入字의 성조 변화에는 영향을 주었을 것으로 생각된다. 兩江, 四塘平話 濁入字의 성조는 현재 대부분 舒聲調로 합류되었는데, 필자의 판단으로 古代(유성음 성모가 무성음화되기 이전 / 현재는 모두 무성음화 됨)에는 入聲韻尾의 존재가 濁入字 舒聲調化의 주요 원인이었을 것이다. 왜냐하면 유성음 성모(濁聲母)는 무성음 성모(清聲母)보다 발음할 때 더 힘이 들어간다고 볼 수 있는데, 여기에 또 폐쇄음 운미까지 더해진다면 발음의 편의성 때문에 유성음 성모 음절의 入聲韻尾는 무성음 성모 음절의 入聲韻尾보다 더 쉽게 약화 혹은 탈락되었을 것이라고 판단해 볼 수 있다. 운미가 탈락된 이후의 변화는 일반적인 한어방언의 경우와 유사한 과정을 거쳤을 것이다. 즉 入聲韻尾의 탈락으로 인해 성조값에는 일정한 변화가 생길 수 있지만 입성 성조는 일정 기간 그대로 유지하였을 것이다. 하지만 시간이 흘러 일정한 시기가 되면 결국 입성 성조도 소실되면서 入聲字들의 성조는 기존 성조체계 내의 舒聲調로 합류되었을 것이다. 그러나 清入字는 入聲韻尾의 약화 혹은 탈락 시기가 濁入字보다 늦었기 때문에 현재와 같은 불균형 상태가 만들어진

---

195) 中古 이후 兩江, 四塘平話의 入聲韻尾가 [-p], [-t] [-k] → [-t] [-k] → [-t] → [ʔ] → ø 등과 같은 점진적 통합과 소실의 과정을 거쳤다 하더라도 결과는 마찬가지일 것이다.

것이라고 볼 수 있다.

또한 四塘平話 清入字의 성조가 上陰入과 下陰入 두 가지로 나누어지게 된 최초의 원인도 中古 入聲韻尾와 관련이 있는 것으로 볼 수 있다. 이유는 다음과 같다. 四塘平話의 경우 下陰入字가 咸山深臻攝에는 분포해 있지 않고, 宕江梗通攝에만 분포해 있다(宕江梗通攝에서도 清入字는 대부분 上陰入으로 발음되고 일부 글자들만이 下陰入으로 발음된다). 이를 통해 볼 때 中古 韻尾가 [-p], [-t]였던 咸山深臻攝字와 韻尾가 [-k]였던 宕江曾梗通攝字가 서로 다른 韻尾의 영향으로 성조값에 차이가 생겨 두 개의 성조로 나누어졌다고 생각해 볼 수 있다. 咸深山臻攝의 中古 入聲韻尾 [-p], [-t]는 당시 한 가지로 통합되어 있었을 수도 있고 그렇지 않을 수도 있다. 다만 구강의 앞쪽에서 발음되는 [-p], [-t]韻尾와 구강의 뒤쪽에서 발음되는 [-k]韻尾의 영향으로 성조가 두 가지로 나누어졌을 것이다(入聲韻尾의 차이로 성조가 나누어지는 현상은 客家방언 등 기타 한어방언에서도 찾아볼 수 있다. 제2절 참조). 그 후 일부 韻尾가 소실되거나 혹은 韻尾 간 통합의 과정이 있었을 것이고(四塘平話 上陰入과 下陰入의 분포상황으로 볼 때[196]) [-k]韻尾가 먼저 소실되거나 성문 폐쇄음 [ʔ]로 약화되었을 것이고, 남은 [-p], [-t]韻尾도 한 가지 韻尾로 통합되는 과정이 있었을 것이다), 결국에는 남아있던 韻尾의 구분까지도 모호해 지면서 上陰入과 下陰入의 성조 구분도 점차 사라져 가는 과정을 거치게 되었다고 생각해 볼 수 있다.[197] 다시 말해 清入字 중 宕(江)曾梗通攝의 入聲韻尾 [-k]가 먼저 약화 혹은 탈락되었고[198], 그 후 咸山深臻攝의 入聲韻尾 [-p], [-t]도

---

196) 上陰入字는 咸山深臻攝과 宕江梗通攝 전반에 걸쳐 분포해 있지만, 下陰入字는 宕江梗通攝 일부 글자에만 제한적으로 나타난다.

197) 물론 이러한 일련의 入聲韻尾 소실 과정은 앞서 논의했던 咸山宕江梗攝 一二等 入聲韻尾의 소실이 먼저 선행된 이후 咸山宕江梗攝 三四等 및 深臻曾通攝에서 진행되었을 것이다. 하지만 咸山宕江梗攝 一二等字 중에도 앞서 예시했듯이 上陰入 혹은 下陰入으로 남아있는 예외적인 글자들이 존재한다.

198) 咸山宕江梗攝 一二等 清入字 중 대부분의 글자들은 앞서 논의했듯 주요 모음의 저

(합류 된 후 다시) 약화 혹은 탈락되면서 上陰入과 下陰入의 성조값은 대다수의 글자에서 한 가지로 합류되어 발음하게 되지만, 下陰入字 중 일부 글자들만이 아직 변화하지 않고 본래의 구분을 유지하고 있는 것이라고 볼 수 있다. 이처럼 兩江, 四塘平話의 '韻攝에 따른 入聲 성조의 분화' 현상은 현재의 합류 방향만을 놓고 보면 中古 入聲韻尾의 성질 혹은 소실 시기의 차이와는 관련성이 적어 보이지만, 좀 더 면밀히 고찰해 보면 古代에는 분명 入聲韻尾의 성질 혹은 소실 시기의 차이와 관련된 현상들이 내재해 있었음을 추론해 볼 수 있다.

中古 入聲韻尾의 성질이나 소실 시기 차이가 현재 兩江, 四塘平話의 韻攝 간 입성 성조 분화의 직접적 원인이 될 수 없다면 다음으로 생각해 볼 수 있는 문제는 각 韻攝 내 운모를 구성하는 모음(주요 모음 혹은 介音)의 특성이 兩江, 四塘平話 성조 분화의 원인이 될 수 있는가 하는 것이다. 우선 中古音을 기준으로 보았을 때 兩江, 四塘平話 淸入字에서 성조가 나누어져 있는 咸山宕江梗攝 一二等과 深臻曾通攝 및 咸山宕梗攝 三四等 두 부류 韻攝의 주요 차이는 주요 모음(핵모음) 조음점의 고저(高低)에 있다. 중국의 저명한 음운학자들의 연구에 의하면 중고 咸山宕江梗攝 一二等의 주요 모음은 대체로 저모음(low vowel)이고, 深臻曾通攝 및 咸山宕梗攝 三四等의 주요 모음은 대체로 고모음(high vowel)이다. 다음은 『切韻』의 9개 攝 주요 모음에 대한 여러 학자들의 재구음이다.[199]

모음 특성으로 인해 咸山宕梗攝 三四等과 深臻曾通攝字보다 입성운미의 탈락 시기가 빨랐을 것이다. 여기에서 말하는 淸入字의 입성운미 탈락은 咸山宕梗攝 三四等과 深臻曾通攝의 입성운미를 가리킨다.

199) 刘晓南, 『音韵学读本』諸家 『切韻』擬音對照表, 上海交通大学出版社, 2011年:222-223 간지, 각 학자들의 운모 재구음 중 주요 모음만 발췌하였다. 음표 위의 ' ˇ '는 짧은 길이의 음(短音)을 나타낸다.

攝	等	高本漢	董同龢	李榮	王力	陸志偉	周法高
咸攝	一等	ɑ	ɑ, ʌ	ɑ, ɒ	ɑ, ɒ	ɑ, ɒ	ɑ, ə
	二等	a, ǎ	a, ɐ	a, ɐ	a, ɐ	a, ɐ	a, æ
	三等	ɛ	æ, ɐ̌, ɐ	ɛ, ɐ	ɛ, ɐ	ɛ, ɐ	æ, a, ɑ
	四等	e	ɛ	e	e	ɛ	ɛ
深攝	三等	ɐ	e, ě	ə	e, ě	e	ɪ, e
山攝	一等	ɑ	ɑ	ɑ	ɑ	ɑ	ɑ
	二等	a, ǎ	a, æ	a, ɛ	a, æ	ɐ, a	a, æ
	三等	ɛ	æ, ɐ̌, ɐ	ɛ, ɐ	ɛ, ɐ	ɛ, ɐ	æ, a, ɑ
	四等	e	ɛ	e	e	ɛ	ɛ
臻攝	一等	ə	ə	ə	ə	ə	ə
	三等	ɛ, ě, ə	e, ě, ə	ě, ə	e, ě, ə	ě, ə	e, ɪ, ə
宕攝	一等	ɑ	ɑ	ɑ	ɑ	ɒ	ɑ
	三等	a	ɑ	a	a	a	ɑ
江攝	二等	ɔ	ɔ	ɔ	ɔ	ɔ	o
曾攝	一等	ə	ə	ə	ə	e	ə
	三等	ə	ə	ə	ə	ě	e
梗攝	二等	ɐ, æ	ɐ, æ	ɐ, ɛ	ɐ, æ	a, ɐ	a, æ
	三等	ɐ, ɛ	ɐ, ɛ	ɐ, ɛ	ɐ, ɛ	æ, ɛ	a, æ
	四等	e	ɛ	e	e	ɛ	ɛ
通攝	一等	u, o	u, o	u, o	u, o	u, o	u, o
	三等	u, o	u, o	u, o	u, o	u, o	u, o

위의 표에서 볼 수 있는 것처럼 咸山宕江梗攝 一二等의 주요 모음은 대체로 [a], [ɑ], [ɔ], [ɐ], [æ] 등 저모음이며, 深臻曾通攝 및 咸山宕梗攝 三四等의 주요 모음은 일부 재구음을 제외하면 대체로 [i], [u], [e], [o], [ə] ([ɛ]) 등 고모음이다. 그런데 兩江, 四塘平話에서 舒聲調로 합류된 入聲字는(濁入字를 제외하고) 모두 咸山宕江梗攝 一二等字였다(深臻曾通攝字와

咸山宕梗攝 三四等字는 입성 성조를 여전히 보유하고 있다). 다시 말해 中古 주요 모음의 특성으로 본다면 兩江, 四塘平話에서 舒聲調로 합류된 入聲字(淸入字)는 모두 저모음 특성을 가졌던 韻攝의 글자들이라고 할 수 있다. 그렇다면 주요 모음의 저모음 특성이 일부 입성의 舒聲調化 그리고 그로 인한 韻攝간 입성 성조의 분화 현상과 관련성을 가질 수 있는 것일까? 우선 兩江, 四塘平話에 나타난 현상으로만 보더라도 그러한 가능성은 충분히 있는 것이라고 볼 수 있다. 입성이 舒聲調化되려면 우선 入聲韻尾의 탈락이 선행되어야 하는데, 일반적인 발음 원리로 보더라도 저모음 뒤의 入聲韻尾가 고모음 뒤의 入聲韻尾보다 쉽게 탈락되는 것이라고 볼 수 있다. 왜냐하면 저모음 뒤에서 入聲韻尾를 발음하는 것은 고모음 뒤에서 入聲韻尾를 발음하는 것보다 혀의 동작이 커서 더 힘이 들 것이기 때문이다. 그렇다면 兩江, 四塘平話에서는 中古시기 저모음 특성을 가지고 있던 咸山宕江梗攝 一二等 入聲字들의 入聲韻尾가 가장 먼저 탈락되어 기타 韻攝의 글자보다 먼저 舒聲調化되는 변화를 거친 것이라고 가정해 볼 수 있다. 같은 韻攝의 三四等字는 운모 내 '[i]'介音의 영향으로 주요 모음이 고모음화 되면서 운미의 탈락 시기가 늦추어졌고, 그로 인해 입성 성조의 보유 시기도 길어져 현재 一二等字와는 다른 양상을 나타내게 된 것이라고 생각해 볼 수 있다. 다음은 兩江, 四塘平話 9개 攝의 주요 운모 발음을 나열한 것이다. 開口韻과 合口韻 운모의 구분이 없는 경우는 달리 구분하여 표기하지 않았다. 해당 韻攝 내 한 개(혹은 간혹 2개) 정도의 글자에서만 나타나는 예외적인 발음은 기록하지 않았다.

	咸一二	山一二	宕一	江二	梗二
兩江平話	o	o u (合口)	əu u	əu o	ei a
四塘平話	uə	uə	ou uə	ou ə a	a ə

	咸三四	山三四	宕三	梗三四	深三
兩江平話	i	i u, o(合口)	i	i ei æ	i ei e
四塘平話	iɛ iə ə	iɛ iə ə	iau iə uə(合口)	ə iə	ə iə

	臻一三	曾一三	通一三
兩江平話	i e	o (開一) io (開三)	əu u
四塘平話	ə iə	ə iə	au iau ə, u, o, y

　　兩江, 四塘平話의 운모를 구성하는 주요 모음은 中古音에서처럼 韻攝에 따른 고저(高低)가 확연히 구분되지는 않지만, 兩江平話의 경우는 주요 모음의 고저를 기준으로 볼 때 대체로 中古音의 구도를 유지하고 있다고 볼 수 있다. 즉 深臻曾通攝의 주요 모음은 대부분 고모음으로 구성되어 있고(咸山宕梗攝 三四等도 '[i]'介音의 영향으로 고모음화되었다), 咸山宕江梗攝(주로 一二等)의 주요 모음은 저모음은 아니지만 深臻曾通攝 보다는 조음점이 낮은 모음들로 구성되어 있다. 四塘平話의 경우는 江攝과 梗攝의 일부 글자들을 제외하면 현재 韻攝 간 주요 모음의 고저 구분을 찾아보기 힘들다. 또한 咸山宕江攝 一二等 모음의 경우는 兩江, 四塘平話 모두 후설 원순모음의 특성을 가지고 있기도 한데 이는 兩江, 四塘平話가 中古 이후 방언 내 자체적인 음운 변화에 의해 혹은 주변 방언의 영향으로 咸山宕江攝 一二等의 주요 모음이 고모음화 되면서 후설 원순모음화 되었기 때문이라고 볼 수 있다. 사실 주변의 일부 桂北平話 그리고 桂北平話와 바로 인접해 있는 湖南省 남부의 湘南土話를 비교해 보면 서로 유사한 모음 특성을 가지고 있음을 알 수 있다. 예를 들어보면 다음과 같다.

예의 지명 중 靈川三街, 鬱林福綿은 桂北平話에 속하는 방언이며, 東安花橋, 江永, 宜章赤石, 臨武는 湘南土話에 속하는 방언이다.[200] 기타 방언과의 비교를 위해 粤방언의 대표 방언인 廣州방언과 湘방언 중 老湘語의 대표 방언이라 할 수 있는 双峰방언의 글자 음도 함께 나열하였다.

	答咸一	甲咸二	擦山一	瞎山二	托宕一	桌江二	百梗二
臨桂两江	to^{33}	ko^{33}	$ts'o^{33}$	ho^{33}	$t'əu^{33}$	$tʃəu^{33}$	pei^{33}
臨桂四塘	$tuə^{55}$	$kuə^{55}$	$ts'uə^{55}$	$xuə^{55}$	$t'uə^{44}$	$tsou^{55}$	pa^{55}
靈川三街	to^{54}	$kɔ^{54}$	$ts'ɔ^{54}$	$hɔ^{54}$	$t'ɔ^{54}$	$tsɔ^{54}$	pa^{54}
鬱林福綿	$t'ɔp^{33}$	$kɔp^{33}$	$tɕ'ɔt^{33}$	$kɔt^{33}$	$t'ɔk^{33}$	$tɕɔk^{33}$	pak^{33}
東安花橋	$to42_{白}$	$ko42_{白}$	$ts'a42_{白}$	$xa42_{白}$	$t'u42_{白}$	$tsu42_{白}$	$po42_{白}$
江永	lu^{5}	$kuə^{5}$	$ts'ø^{5}$	$hø^{5}$	$t'ou^{5}$ $t'əu^{5}$	$tsəɯ^{33}$	$pɯə^{5}$
宜章赤石	to^{33}	$ko^{33}_{白}$	$ts'o^{33}$	ho^{33}	$t'əu^{33}$ $t'o^{21}$	$tsəɯ^{33}$	pa^{33}
臨武	ta^{53}	ka^{53}	$ts'a^{53}$	xa^{53}	$t'o^{11}$	tso^{53}	po^{11}
廣州	tap^{33}	kap^{33}	$tʃ'at^{33}$	het^{2}	$t'ɔk^{33}$	$tʃœk^{33}$	pak^{33}
双峰	ta^{13}	ka^{13}	$ts'a^{13}$	xa^{13}	$t'ʊ^{13}$	tsu^{13}	pe^{13} pia^{13}

마지막으로 한 가지 더 부연하자면 入聲의 入聲韻尾가 소실되면서 入聲의 성조값이 舒聲調와 유사하게 변화하는 경우 혹은 入聲이 사라져 결국 舒聲調와 합류되는 경우 모두 성조값의 변화에는 일정한 방향성이 있다고 믿어진다. 入聲의 성조값이 入聲韻尾의 소실로 인해 舒聲調와 유사하게 변화하는 경우 변화된 성조값은 일반적으로 방언 성조체계 내에 있는 성조값과 전혀 무관한 새로운 형식의 성조값이 아니고, 기존의 성조

---

200) 靈川三街(桂北平話)의 예는 李連進(200) 『平話音韻研究』중의 '字音對照表'를 활동하였고, 湘南土話의 예는 沈若云(1999) 『宜章土話研究』, 李永明(1988) 『临武方言』, 黄雪贞(1993) 『江永方言研究』, 鮑厚星(1988) 『东安土话研究』중의 '同音字表'를 활용하였다. 廣州방언과 双峰방언은 北京大學中文系 『漢語方音字彙』를 참고하였다.

체계 내에 있는 성조값을 모방하여 유사하게 만들어 낸 성조값이라고 할 수 있다. 四塘平話의 上陰入[44]과 下陰入[31]이 각각 기존 성조 체계 내의 陰去[55] 및 陽去[31]와 성조의 고저 굴곡 유형에서 유사성을 갖고 있는 것을 보아도 알 수 있다. 그 외 기타 桂北平話에서도 비슷한 현상을 쉽게 찾아 볼 수 있다. 다음은 廣西省 북부에 위치한 興安縣 高尚軟平話와 資源縣 延東平話의 성조값을 나열한 것이다.[201]

> 高尚軟平話: 陰平[35]　陽平[13]　陰上[55]　陽上[41]　陰去[22]　陽去[11]　入聲
> [51]
> 延東平話: 陰平[44]　陽平[23]　陰上[33]　上陽上[53]　下陽上[242]　陰去[35]
> 陽去[24]　入聲[22]

高尚軟平話와 延東平話 모두 入聲韻尾는 소실되었고 入聲의 성조값도 舒聲調의 성조값과 유사한 형태로 변했는데, 高尚軟平話의 入聲[51] 성조값은 陽上[41]의 성조값과 유사하고, 延東平話의 入聲[22] 성조값은 陰上[33]의 성조값과 유사함을 알 수 있다. 入聲이 舒聲調로 합류되는 경우도 기존 성조체계 내에 자신의 성조값과 유사한 음가의 성조값으로 합류되는 것이라고 할 수 있다. 四塘平話 咸山宕江梗攝 一二等 淸入字가 陰去로 합류된 이유도 咸山宕江梗攝 一二等 중의 下陰入字(宕江梗攝 一二等 淸入字)들이 上陰入[44]과 합류된 이후 다시 舒聲調로 합류되었기 때문이라고 할 수 있다. 즉 上陰入[44] 성조값과 유사한 陰去[55]로 합류된 것이다. 그리고 아직 下陰入[42]으로 남아있는 宕江梗通攝의 글자들도 기타 淸入字들과 마찬가지로 결국 上陰入으로 합류된 후 陰去로 합류되거나, 혹은 성조값이 유사한 陽去[31]로 직접 합류될 것이다. 하지만 현재까지 上陰入과의 구분을 그대로 유지하고 있는 下陰入字들은 上陰入과의 합류보다

---

201) 张桂权, 『桂北平话与推广普通话研究-资源延東直话研究』, 广西民族出版社, 2005年:18.
　　 林亦『桂北平话与推广普通话研究-興安高尚軟土话研究』, 广西民族出版社, 2005年:16.

는 성조값이 유사한 陽去로 직접 합류될 가능성이 더 높다고 볼 수 있다. 현재에도 陽去로 합류된 淸入字들이 많이 있는데 대부분 宕江梗通攝에 집중되어 있다. 예를 들어보면 다음과 같다.

括kuə³¹, 着tiə³¹, 约iə³¹, 戳ʃau³¹, 忆亿ziə³¹, 霍ʃə³¹, 盒³¹, 去kyə³¹, 卜pə³¹, 叔ʃu³¹ 등

이상의 논의를 종합하여 兩江, 四塘平話의 中古이후 韻攝에 따른 入聲 성조의 분화 과정을 가정해 보면 다음과 같다.

(1) 中古 성모의 淸濁 차이로 인해 入聲 성조가 陰入과 陽入으로 나누어짐.

(2) 濁入字의 入聲韻尾가 먼저 탈락되고, 淸入字의 入聲韻尾는 일정 기간 그대로 유지됨(濁入字의 성조 陽入은 차차 舒聲調로 합류됨).

(3) 淸入字의 성조는 入聲韻尾의 차이로 인해 上陰入(咸山深臻攝字의 성조)과 下陰入(宕江曾梗通攝字의 성조)으로 나누어짐.

(4) 淸入字 중 저모음 특성의 주요 모음(핵모음)을 가진 咸山宕江梗攝 一二等字의 入聲韻尾가 먼저 탈락되면서 舒聲調化 됨.

(5) 咸山宕梗攝 三四等과 深臻曾通攝 淸入字 중 下陰入字(宕江曾梗通攝字)의 入聲韻尾가 먼저 약화 혹은 탈락되고, 이어서 上陰入字(咸山深臻攝字)의 入聲韻尾도 약화 혹은 탈락되면서 上陰入과 下陰入의 구분이 없어지기 시작함. 四塘平話의 경우 아직 완전히 합류되지는 않았지만 일부 韻攝(宕梗通攝)의 일부 글자에 구분의 흔적이 남음.

(6) 四塘平話의 上陰入과 下陰入은 결국 兩江平話에서처럼 하나의 入聲 성조로 합류될 것임.

(7) 入聲이 舒聲調로 합류될 때는 일정한 방향성이 있다고 할 수 있는데, 방언의 기존 성조체계 내에서 성조의 고저 굴곡 유형(즉 調型)

이 자신과 유사한 성조로 합류되는 것이 일반적임. 따라서 四塘平
話 下陰入[42]도 성조의 고저 굴곡 유형이 비슷한 陽去[31]로 합류
될 가능성이 가장 높다고 볼 수 있음.

2. 기타 남방 방언에서 나타난 유형

客家방언 중 일부 지역에서도 韻攝에 따른 성조 분화 현상이 나타난다.
그런데 客家방언에서는 기본적으로 입성자의 성조가 咸深山臻攝의 성조
와 宕江曾梗攝의 성조 두 가지로 나누어진다. 이는 兩江, 四塘平話의 경우
와는 다른 양상인데, 이와 같은 방식으로 나누어지는 원인은 앞 절에서도
언급했듯이 中古 이래로 유지된 韻攝 간 入聲韻尾의 차이 때문일 가능성
이 가장 크다고 볼 수 있다. 江西省 南豊 客家방언의 입성은 咸深山臻攝
字(中古 [-p, -t]韻尾, 현재는 [-p, -l]韻尾)의 성조 前入[23]과 宕江曾梗攝
字(中古 [-k]韻尾 현재는 성문폐쇄음 [ʔ])의 성조 後入[5](혹은[54])[202]로
나누어진다. 예를 들어보면 다음과 같다.[203]

咸深山臻攝(前入[23]): 塔咸tap²³, 十深ɕip²³, 八山pal²³, 月山nyel²³, 畢臻pil²³
宕江曾梗攝(後入[5]): 落宕lo²⁵, 角江ko²⁵, 直曾tsʼə²⁵, 白梗pʼaʔ⁵, 谷通kuʔ⁵

그런데 南豊방언 咸山臻攝의 일부 몇몇 글자들은 운미가 [-p, -l]가 아
닌 [-ʔ]로 발음되는데, 이들 글자들의 성조는 後入[5]이다(納na²⁵, 撮ʼo²⁵,

---

202) 中古 성모의 淸濁에 따라 나누어진 성조는 통상 陰-/陽-으로 구분하지만, 中古 韻尾
에 따라 혹은 유/무기음, 모음의 장단(長短) 등 기타 다른 요인으로 인해 성조가 나
누어지는 경우는 성조명 앞에 보통 前-/後- 혹은 上-/下-를 덧붙여 구분한다. 여기에
서는 방언마다 각 저자의 논문에서 사용된 용어를 그대로 사용하였다.

203) 이하 南豊방언의 예는 王莉寧, 「江西南豊方言的聲調分化現象」(『方言』2010年 第1
期:7-12쪽)에서의 예를 인용하였다.

術ɕyʔ⁵ 등). 또 曾攝의 일부 글자는 운미가 [-ʔ]이 아닌 [-l]로 발음되는데
성조가 前入[23]이다(塞ɕiɛl²³, 息ɕil²³, 極tɕil²³ 등). 連讀變調 중에서도 韻
尾가 [-p, -l]인 글자가 두 글자 단어의 앞 글자에 위치할 때 운미가 대부
분 [-ʔ]로 바뀌는데, 이 때 성조도 前入에서 後入으로 바뀐다고 한다. 예를
들어 보면 다음과 같다.

　　글자의 본래 발음: 合 hop²³, 蠟 lap²³, 雪 ɕyɛl²³, 侄 tɕ'iɛl²³
　　連讀 중의 발음: 合同 hoʔ⁵ hŋ²⁴, 蠟燭 laʔ⁵ tsyʔ⁵, 雪豆 ɕyɛʔ⁵ hɛu³³,
　　　　　　　　　　侄子 tɕ'iɛʔ⁵ tsəʔ⁵

　이와 같은 사실로 미루어볼 때 南豊방언의 前入/後入 입성성조 분화는
분명 入聲韻尾의 차이 때문에 생긴 것이라고 볼 수 있을 것이다. 福建省
의 詔安(秀篆) 客家방언에서도 入聲韻尾에 따른 입성 성조의 분화 현상을
볼 수 있다. 詔安(秀篆)방언 咸深山臻攝은 [-p, -t]韻尾로 발음되는데, 宕江
梗通攝은 中古 [-k]韻尾가 소실되어 현재는 운미가 없는 開尾韻으로 발음
된다. 그런데 曾攝(中古 [-k]韻尾)은 현재 宕江梗通攝과는 다르게 [-t]운미
로 발음된다고 한다. 이는 曾攝의 운미가 山臻攝의 운미로 합류되었다고
볼 수 있는데, 흥미로운 것은 濁入字의 경우 성조 역시 宕江梗通攝을 따
르지 않고 (咸深)山臻攝의 성조를 따른다는 것이다. 구체적으로 기술해
보면 다음과 같다. 詔安(秀篆)방언 淸入字는 咸深山臻宕江曾梗通攝 모두
陰入[4]으로 발음되어 구분이 없지만, 濁入字는 두 가지로 나누어지는데,
咸深山臻曾攝은 陽入[3]으로 발음되고, 宕江梗通攝은 陽去[33]로 발음된
다.204) 즉 濁入字 중 曾攝字의 성조는 현재 동일한 入聲韻尾를 가진 山臻
攝과 같은 성조를 나타내고 있다는 것이다. 예를 들어 보면 다음과 같다.

---

204) 辛世彪, 『東南方言聲調比較研究』, 上海教育出版社, 2004年: 78.

清入字(陰入[24]): 鴨咸ap²⁴, 汁深ʃip²⁴, 八山bat²⁴, 七臻ts'it²⁴, 各宕kɔu²⁴, 桌江 tsɔu²⁴, 色曾set²⁴, 壁梗pia²⁴, 曲通k'iu²⁴

濁入字(陽入[3] 혹은 陽去[33]): 雜咸ts'ap³, 習深sip³, 拔山pat³, 實臻ʃit³, 薄宕 p'ɔu³³, 學江hɔu³³, 直曾ʃit³, 石梗ʃia³³, 局通 k'iu³³

詔安(秀篆)방언의 이와 같은 현상 또한 入聲韻尾가 원인이 된 성조 분화 현상의 예가 된다고 할 수 있을 것이다.

粵방언은 대부분의 지역에서 淸入字의 성조가 上陰入과 下陰入 두 가지로 나누어진다(濁入字의 성조는 보통 한 가지이다). 上陰入과 下陰入은 보통 주요 모음의 장단(長短)에 따라 나누어지는데, 上陰入으로 발음되는 글자는 주요 모음이 대부분(절대다수가) 단모음으로 발음되고, 下陰入으로 발음되는 글자는 주요 모음이 대부분(절대다수가) 장모음으로 발음된다.[205] 그런데 上陰入과 下陰入 글자에서 나타나는 단모음과 장모음의 차이는 또 中古音을 기준으로 보았을 때 운모를 두 부류로 나누고 있다. 즉 深臻曾通攝 및 梗攝三四等字는 단모음 특성을 가진 上陰入으로 발음되고, 咸山宕江攝 및 梗攝二等字는 장모음 특성을 가진 下陰入으로 발음된다.[206] 廣州방언의 예를 들어 보면 다음과 같다.[207]

---

205) 袁家驊 等, 『漢語方言槪要』(第二版), 語文出版社, 2001年:185.

206) 일반적으로 粵방언에서 上/下陰入의 구분은 모음의 장단(長短)에 따라 나누어진다고 알려져 있다. 하지만 상당수의 粵방언 중에는 모음의 장단구분이 없는데도 불구하고 上/下陰入이 나누어진다. 또한 모음의 장단구분이 없는 방언에서도 上陰入과 下陰入은 늘 韻攝를 기준으로 확연히 나누어진다. 辛世彪, 『東南方言聲調比較硏究』, 上海敎育出版社, 2004年: 67. 또 학자에 따라서는 粵방언에서 나타나는 장단모음의 차이를 고대로부터 이 지역에 살아온 소수민족 언어의 영향과 관련시켜 설명하기도 한다.

207) 北京大學中國語言文學系, 『漢語方音字彙』, 語文出版社, 2003年. 廣州방언의 성조는 陰平 53(혹은 55), 陽平 21, 陰上 35, 陽上 23, 陰去 33, 陽去 22, 上陰入 5, 下陰入 33, 陽入 22(혹은 2)이다.

深臻曾通攝 및 梗攝三四等(上陰入[5]): 濕深ʃep⁵, 筆臻pet⁵, 出臻ʧʼøt⁵, 得曾tek⁵, 息曾ʃɪk⁵/ʃek⁵, 谷通kʊk⁵, 竹通ʧʊk⁵, 僻梗三pʼɪk⁵, 的梗四tɪk⁵

咸山宕江攝 및 梗攝二等(下陰入[33]): 答咸tap³³, 接咸ʃip³³, 渴山hɔt³³, 鐵山tʼit³³, 各宕kɔk³³, 約宕jœk³³, 朔江ʃɔk³³, 百梗二pak³³

　清入字 성조의 이와 같은 분화 방식은 앞 절에서 논의한 兩江, 四塘平話와 비교해 볼 때 咸山攝의 一二等과 三四等이 나누어지지 않았을 뿐 기타 조건은 四塘平話와 거의 동일하다고 볼 수 있다. 따라서 粤방언 清入字가 上/下陰入으로 나누어진 이유도 대체로 韻攝 간 주요 모음의 차이가 주요 원인이었을 것이라고 예측해 볼 수 있다. 入聲韻尾의 성질은 粤방언 清入字의 현 성조 분화와 직접적인 관련은 없는 것으로 판단된다. 왜냐하면 粤방언의 入聲韻尾는 비록 일부 방언을 제외하면 대부분의 지역에서 中古音과 정확히 대응되는 형태로 [-p], [-t], [-k] 운미가 모두 온전히 남아있지만(이는 兩江, 四塘平話 등 桂北平話와는 상이한 특성이다), 上陰入字와 下陰入字가 나타나는 韻攝의 분포상황으로 볼 때 清入字의 성조 분화가 운미의 차이 때문이라고는 볼 수 없기 때문이다.

　閩방언 중 海南島의 海口방언(閩南방언)에서도 韻攝에 따른 입성 성조의 분화 현상이 나타난다. 韻攝의 분포 상황은 兩江, 四塘平話 그리고 粤방언과 유사하지만, 다른 점은 咸山攝 혹은 梗攝의 一二等과 三四等의 구분 없다는 점 그리고 清入字 뿐만 아니라 濁入字에서도 마찬가지로 분화 현상이 나타난다는 점이다. 정리해 보면 다음과 같다. 海口방언 清入字 중 深臻曾通攝字는 모두 上陰入으로 발음되고, 咸山宕江梗攝字는 下陰入으로 발음된다. 濁入字 중 深臻曾通攝字는 陽入으로 발음되고, 咸山宕江梗攝字는 陽去로 합류되었다(咸山宕江梗攝字는 清入字와 濁入字 모두 입성 운미가 탈락되었다). 예를 들어보면 다음과 같다.[208] 海口방언의 현 성조는 陰平[23], 陽平[31], 上聲[213], 陰去[35], 陽去[33], 上陰入[5], 下陰入[55], 陽入[3] 8개이다.

清入字: 甲咸ka⁵⁵   殺山tua⁵⁵   索宕to⁵⁵   啄江?due⁵⁵   客梗xɛ⁵⁵   急深kip⁵   出臻sut⁵
　　　 北曾?bak⁵   屋通ok⁵
濁入字: 蝶咸ia³³   熱山zua³³   落宕lo33   學江o³³   石梗tsio³³   入深zip³   律臻lut³
　　　 極曾kek³   木通mok³

晉방언[209] 일부 지역에서도 韻攝에 따른 입성 성조의 분화 현상이 나타난다. 陝西省 북부에 위치한 綏德, 子洲, 清澗 등 현(縣)의 방언에서는 咸山宕江攝과 梗攝二等 그리고 曾攝一等字의 入聲韻尾가 사라지고 이들 글자들은 현재 대부분 舒聲調로 합류되어 발음된다. 반면 深臻通攝 및 梗攝三四等, 曾攝三等字는 대부분 통합된 入聲韻尾[-?]를 보유하고 있으면서 성조도 여전히 入聲으로 발음된다.[210][211] 子洲방언의 예를 들어보면 다음과 같다. 子洲방언의 深臻曾三梗三四通攝 입성자들은 현재 대부분 舒聲調(대부분 上聲)와 入聲 두 가지로 발음된다. 글자 단독으로 발음할 때는 舒聲調로 발음되지만 두 글자 이상의 단어 혹은 구에서는 대부분 入聲으로 발음된다.[212] 子洲방언의 성조는 陰平[13], 陽平[22], 上聲[423], 去

---

208) 辛世彪, 「海口方言入聲演變的特點」, 海南師範學院學報, 2001年 第3期:64-67. 제시한 예의 발음은 모두 白讀 층의 발음이다. 文讀 층에서 清入字는 대부분 陰入(上陰入)으로 발음되며, 濁入字는 대부분 陽入으로 발음된다.

209) 李榮은 『漢語方言的分區』(1985:245) 및 『中國語言地圖集』(1987, 1988:B7)에서 晉語를 "山西省 및 그 인접지역에 入聲이 있는 방언(山西省以及毗連地區有入聲的方言)"이라 정의하고 이를 근거로 본래 官話에 속해 있던 이 지역 방언을 분리시켜 독립적인 방언으로 규정하고 있다. 山西省의 인접지역이란 陝西省 북부, 內蒙古 서남부, 河北省 서북부 및 河南省 북부 등의 광대한 지역을 포함하고 있는 개념이다.

210) 邢向東 孟万春, 「陝北甘泉, 延長方言入聲字讀音研究」, 『中国语文』2006年第5期:445.

211) 방언에 따라 咸山攝一二等과 三四等 혹은 梗攝二等과 三四等 혹은 曾攝一等과 三等의 입성 성조가 다양하게 나누어져 나타나는 것은 방언마다 中古 이래 韻攝의 모음 변화 양상이 서로 다르기 때문일 것이다.

212) 張建華 『子洲方言語音研究』, 2011년, 西北大學 碩士學位論文 81쪽. 子洲방언의 예

聲[53], 入聲[4] 5개이다.

咸山宕江섭 및 曾攝一等, 梗攝二等: 搭$_{咸}$ta^{423}, 涉$_{咸}$ʂɯ^{423}, 八$_{山}$pa^{423}, 襪$_{山}$ua^{423}, 說$_{山}$ʂuɯ^{423}, 博$_{宕}$pɯ^{22}, 弱$_{宕}$ʐɯ^{423}, 朴$_{江}$p'ɯ^{423}, 樂$_{宕}$ʒɣɛ^{53}, 北$_{曾}$piɛ^{423}, 特$_{曾}$t'ɯ^{53}, 麥$_{梗}$miɛ^{423}, 革$_{梗二}$kɯ^{22}

深臻通섭 및 梗攝三四等, 曾攝三等: 習$_{深}$ɕie^{423}/ɕie？^{4}$_{複~}$, 入$_{深}$ʐue^{423}/ʐue？^{4}$_{~口}$, 蜜$_{臻}$mie^{423}/mie？^{4}$_{蜂~}$, 七$_{臻}$tɕ'ie^{423}/tɕ'ie？^{4}$_{~个}$, 力$_{曾三}$lie^{423}/lie？^{4}$_{有~}$, 直$_{曾三}$tʂe^{423}/tʂe？^{4}$_{~接}$, 惜$_{梗三}$ɕie^{423}/ɕie？^{4}$_{可~}$, 踢$_{梗四}$t'ie^{423}/t'ie？^{4}$_{~出来}$, 讀$_{通}$tue^{423}/tue？^{4}$_{朗~}$, 服$_{通}$fe^{423}/fe？^{4}$_{衣~}$

참고문헌

北京大學中文系語言學教研室, 『漢語方言字彙』(第二版), 文字改革出版社, 1989年.

鮑厚星, 『東安土話研究』, 湖南教育出版社, 1998.

蔡國妹, 「莆仙方言的入聲舒化現象考察」, 『閩江學院學報』第28卷 第4期.

黃雪貞, 『江永方言研究』, 社會科學文獻出版社, 1993年.

_____ 「客家方言古入聲字的分化條件」, 『方言』1997年 第4期.

李連進, 『平話音韻研究』, 廣西人民出版社, 2000, 字音表.

_____ 「廣西玉林話的歸屬」, 『方言』2000年 第2期.

李榮, 「漢語方言的分區」『方言』1989年 第4期.

李小凡, 「平話的歸屬和漢語方言分類」, 『語言科學』2012年 第11卷 第5期.

李永明, 『臨武方言-土話與官話的比較研究』, 湖南人民出版社, 1988年.

李新魁 黃家教 施其生 麦耘 陈定方, 『廣州方言研究』, 廣東人民出版社, 1995年.

刘晓南, 『音韵学读本』諸家 『切韻』擬音對照表, 上海交通大学出版社, 2011年.

梁敏, 張均如, 「廣西平話概論」, 『方言』, 1999年 第1期.

梁金榮, 「臨桂兩江平話的聲韻調」, 『方言』, 1994年 第1期.

_____ 「臨桂兩江平話同音字彙」, 『方言』1996年 第3期.

_____

는 張建華(2011) 중의 예를 인용하였다.

林亦, 『桂北平話與推廣普通話研究-興安高尚軟土話研究』, 廣西民族出版社, 2005年.

劉綸新主編, 『客贛方言比較研究』, 中國社會科學出版社, 1999年.

駱明弟, 「临桂四塘平话同音字汇」, 『方言』1996年 第3期.

沈若雲, 『宜章土話研究』, 湖南教育出版社, 1999年.

王福堂, 『漢語方言語音的演變和層次』, 語文出版社, 1999年.

_____ 「平話, 湘南土話和粵北土話的歸屬」, 『方言』2001年 第2期.

王莉寧, 「江西南豐方言的聲調分化現象」, 『方言』2010年 第1期.

伍魏, 「論桂南平話的粵語系屬」, 『方言』2001年 第2期.

辛世彪, 『東南方言聲調比較研究』, 上海教育出版社, 2004年.

辛世彪 「海口方言入聲演變的特點」, 海南師範學院學報, 2001年 第3期.

邢向东 孟万春, 「陝北甘泉, 延长方言入声字读音研究」, 『中国语文』2006年 第5期.

袁家驊 等, 『漢語方言概要』(第二版), 語文出版社, 2001年.

詹伯慧, 張日升主編, 『粵北十縣市粵方言調查報告』, 暨南大學出版社, 1994年.

張桂權, 『桂北平話與推廣普通話研究-資源延東直話研究』, 廣西民族出版社, 2005年.

張均如, 「廣西中南部地區壯語中的老借詞源於古"平話"考」, 『語言研究』1982年第1期.

張建華, 『子洲方言語音研究』, 西北大學 碩士學位 論文, 2011년.

제10장
粵北土話 變音의 변화과정 고찰

'變音'이란 '本音'에 상대되는 개념으로, 글자 본래의 음이 '本音'이라면 '變音'은 글자 본래의 음이 변화하면서 일정한 의미작용 혹은 어법작용을 하게 되는 '本音'의 변화형식이라고 할 수 있다. 漢語方言에서의 變音은 일반적으로 '작은 것을 지칭하는 느낌(小稱), 친애하는 감정(愛稱) 혹은 경시하는 감정(鄙稱)' 등의 의미를 표현하는 경우가 많아 보통 指小變音(중국어로는 小稱變音)[213)이라 칭하기도 한다. 變音은 방언에 따라 '小稱', '愛稱', '鄙稱' 등과 같은 의미작용 외에도 단어의 품사를 구분하는 등의 어법 작용을 하기도 한다. 變音의 어음형식은 성조의 변화로 표현되는 경우도 있고, 방언에 따라서는 성조의 변화와 더불어 운모의 형식을 변화시키기도 한다. 때로는 소위 '兒化' 혹은 '兒尾'[214) 등의 방식으로 표현되기도 하는데, 北京語 중의 兒化는 이러한 변음현상의 일종이라고 할 수 있다.

중국 廣東省 북부에는 漢語方言의 분류 문제에 있어 아직 성격이 명확히 규명되지 못한 지역 토속방언이 광범위하게 분포되어있다. 『中國語言地圖集』(1987)에서는 이 지역 방언을 '韶州土話'라 명명했는데, 현재 학

---

213) '指小'는 漢語의 '小稱 혹은 愛稱'을 번역한 것으로 영어로는 'diminutive 혹은 hypocoristic' 등으로 나타낼 수 있다.

214) 제6장 1절 참조.

계에서는 보편적으로 '粵北土話'라는 명칭을 사용한다. 莊初昇(2004)에서는 粵北土話가 분포한 廣東省 북부 24개 지역을 음운특성에 근거해 雄州片(烏逕, 雄州, 百順, 長江 등 4개 지역), 韶州片(白沙, 臘石, 周田, 上窯, 石陂, 犁市, 梅村, 石塘, 桂頭, 長來 등 11개 지역), 連州片(黃圃, 皈塘, 三溪 星子, 保安, 連州, 西岸, 豐陽, 三江 등 9개 지역)의 3개 方言片으로 구분하고 있다. 그 중 雄州片과 韶州片에는 보편적으로 變音현상이 나타나고 있는 것으로 알려져 있다. 그런데 粵北土話에서 나타나는 變音은 普通話에서 나타나는 '兒化' 현상과 같이 단순하지 않고, 운모의 중간 혹은 끝에 성문파열음[ʔ]을 넣어 발음하는 형태로 나타나거나, 성조를 변화시키는 등 여러 가지 다양한 유형의 변음들이 혼재되어 나타난다. 본 장에서는 이와 같은 다양한 양상으로 나타나는 粵北土話의 변음들을 유형별로 재차 세분화한 후 각 유형간의 유기적 관계와 형성 원인을 분석하여 粵北土話 변음의 역사적 변천 과정에 대해 기존의 연구보다 좀 더 진일보한 의견을 제시해 보고자 한다.

본문 중 사용된 자료는 필자가 2000년 9월 8일부터 약 3개월여 간 5개 지역(韶關西河, 南雄雄州, 南雄百順, 連州附城, 曲江犁市)의 실제 방언 조사를 통해 얻은 자료와 그 외 中山大學 莊初升 교수가 제공해 준 준 자료(仁化石塘, 連州豐陽, 乳源桂頭, 曲江白沙, 曲江犁市방언의 字音 자료), 『樂昌土話研究』(張雙慶 主編, 夏門大學出版社, 1998년)에서 제시한 字音表(樂昌長來, 皈塘, 北鄕, 黃圃, 三溪) 그리고 莊初升(2004) 『粵北土話音韵研究』, 李冬香(2009) 「曲江區大村土話小稱變音的變異研究」, 邵慧君(1995) 「韶關本城話中的變音」, 莊初升 林立芳(2000) 「曲江縣白沙鎭大村土話的小稱變音」, 伍巍(2003) 「廣東曲江縣龍歸土話的小稱」 등에서 제시한 자료를 활용한 것이다.

1. 粤北土話의 變音 유형

粤北土話 각 지역 방언의 변음 현상을 종합해 보면 다음과 같은 몇 가지 유형으로 나누어 볼 수 있다.

(1) 유형: 운모의 중간에 성문파열음을 넣어 발음하는 變音 현상

粤北土話 분포 지역 남부의 일부 방언 중에는 운모의 중간에 성문파열음을 넣어 발음하는 變音현상이 나타난다. 犂市방언[215]을 예로 들어보면 다음과 같다. 镰lɛn³⁵ 表~／lɛʔɛ²¹ 刀~, 察tsʻa¹¹ 观~／tsʻaʔa²¹ 警~, 蓋kuo³³ ~住／kuoʔo²¹ 镮~, 春tsʻan⁵³ ~天／tsʻaʔn²¹ 鸡~, 鹅gou³⁵ 天~／goʔu²¹ 白~, 钱tsʻei³⁵ 姓~／tsʻeʔi²¹ 赚~. 이 때 성조값은 발음의 중간에 성문파열음으로 인해 약간의 휴지(休止)가 나타나는 것을 제외하면 犂市방언 중의 入聲 성조값과 유사하다.[216] 莊初升(2004)의 자료에 의하면 이 이외에도 白沙, 上窑, 臘石 등 방언 중에도 동일한 현상이 나타난다. 白沙방언의 예를 들어 보면 다음과 같다. 婆pʻɔʔɔ⁴⁵, 帕毛巾pʻoʔo²³, 路luʔu⁴⁵, 蓋kuʔu²³, 指tsɿʔɿ²³, 椒tsiaʔa²³, 前~灶tsʻieʔe⁴⁵, 日ŋiʔi⁴⁵, 戚tsʻəʔe⁴⁵, 俗tsʻɐʔu⁴⁵ 등. 특이한 점은 白沙, 臘石 등 방언의 경우 운모의 중간에 성문파열음이 삽입된 이후 전체 음절의 성조값이 中古 성모의 조건에 따라 두 가지로 나누어진다는 것이다. 白沙방언의 경우 中古 淸聲母字와 濁聲母(全濁聲母, 次濁聲母)上聲字는 變音 후 23(2ʔ23) 정도의 성조값이 되며[217], 그 외 中古 濁聲母字는 變音 후 45(4ʔ45)정도의 성조값이 된다. 예를 들어 보면 다음과 같다.[218] 带toʔo²³(淸去), 桃tʻaʔu⁴⁵(全浊平),

---

215) 犂市방언의 예는 필자가 직접 조사한 자료와 莊初升교수가 제공해 준 준 자료를 대조하여 정리한 것이다.

216) 犂市방언의 성조 체계는 다음과 같다. 陰平53, 阳平35, 阴上23(223), 阳上11, 阴去33, 阳去32, 入声21.

217) 濁聲母 上聲字는 변음형식이 아닌 경우는 방언 내의 淸聲母 去聲字와 합류되어 陰去로 발음된다.

艇t'ia?ŋ²³(全浊上), 卵lθ?ŋ²³(次浊上), 月ŋθ?θ⁴⁵(次濁入).[219]

(2) 유형: 운모의 끝에 성문파열음을 넣어 발음하는 變音 현상

粤北土話 분포지역 중남부의 일부 방언에는 운모의 끝에 성문파열음을 넣어 발음하는 變音 현상이 나타난다. 石塘, 桂头, 梅村 등의 방언이 그러한데, 石塘, 桂头방언의 예를 들어 보면 다음과 같다.[220]

	蓋	春	钱	茄	菌	帽	鸭
石塘	kua⁴⁵~住	ts'uɛŋ⁴⁴~天	ts'iŋ³²²姓~	k'o?³²	k'uɛŋ?³²	mau?³²	ou?³²
	kua?³²蓋~	ts'uɛŋ?³²鸡~	ts'iŋ?³²赚~				
桂头	kvu⁴⁴~住	ts'aŋ⁵¹~天	ts'ɛn⁴⁵姓~	k'œy?⁴	k'vaŋ³²⁴	bo?⁴	ia?⁴
	kvu?⁴蓋~	ts'aŋ?⁴鸡~	ts'ɛn?⁴赚~		k'vaŋ?⁴		

이 때 變音의 성조값은 방언 성조체계 내의 성조값과 유사하지만[221], 음절 끝에 성문파열음을 동반하면서 촉급하게 발음되기 때문에 방언 성조체계 내의 성조값과는 다소 차이가 있다고 볼 수 있다. 또한 앞의 (1)유형 즉 '운모의 중간에 성문파열음을 넣어 발음하는 變音'의 경우는 白沙방언에서처럼 變音의 성조값이 성모의 古音 조건에 따라 두 가지로 나누어지

---

218) 白沙방언의 성조체계는 다음과 같다. 阴平13, 阳平21, 上声24, 阴去44, 阳去22, 阴入5, 阳入3.

219) 莊初升(2004:248)에 의하면 上窑, 臘石 등 방언의 경우도 마찬가지라고 하였다. 즉 中古 清聲母字와 濁聲母上聲字는 變音 후 23(2?23) 정도의 성조값이 되며, 그 외 中古 濁聲母字는 變音 후 45(4?45)정도의 성조값이 된다고 하였다. 莊初升(2004)에서는 白沙의 예만 구체적으로 제시하고 있지만, 일부 서술에서 臘石방언의 변음 발음을 예시한 경우가 있어 함께 적어본다. 臘石:蓋ku?i²³蓋~, 鵝gɔ?u⁴⁵白~.

220) 石塘, 桂头방언의 예는 필자가 직접 조사한 자료와 莊初升교수가 제공해 준 준 자료를 대조하여 정리한 것이다. 梅村자료는 莊初升(2004)에서 제시된 예가 적어 나열하지 않았다. 梅村방언의 예를 들어보면 다음과 같다. 蓋kuɤ⁴⁴~住/kuɤ?⁴蓋~, 錢 ts'iŋ³²²姓~/ts'iŋ?³²赚~.

221) 石塘방언과 桂頭방언의 성조체계는 다음과 같다. 石塘방언:阴平44, 阳平322, 上声324, 去声45, 入声42, 桂頭방언:阴平51, 阳平45, 阴上324, 阳上21, 阴去44, 阳去33.

기도 하지만, 성문파열음이 음절 끝에 나타나는 (2)유형의 경우는 變音의 성조값이 항상 한 가지로만 나타난다. 이와 같이 운모의 끝에 성문파열음을 넣어 발음하는 變音 현상은 粵北土話 이외의 기타 漢語方言 중에서도 종종 볼 수 있다. 山西省의 太原, 長治, 大同 등 방언에서는 舒聲字가 입성 성조로 발음되면서 성문파열음이 동반되는 指小變音 현상이 나타난다.[222] 예를 들어보면 다음과 같다. 娶tsʻəʔ~媳妇子, 相ɕiəʔ~眼, 喉ɣuəʔ~咙(이상 太原 방언) 泡pʻəʔ~桼, 蔗tsəʔ, 股kuəʔ屁~(이상 長治방언) 蔗tsaʔ, 士tʻuəʔ黄~, 姑ku小~子/kuəʔ丈夫的妹妹(이상 大同방언). 潘悟云(1995:120)에서는 吳방언에 속한 靑田방언에도 '外甥儿ɦioŋ⁶sãŋ¹ŋʔ², 娘舅niãŋ²dʑiɐuʔ⁴' 등처럼 음절 말미에 성문파열음이 동반되는 변음현상이 있다고 하였다.

(3) 유형: 방언 성조 체계 내에 없는 성조값으로 표현되는 變音 현상

莊初升(2004:245)에 의하면 粵北土話 분포 지역의 동북부에 위치한 長江방언에서는 방언 성조체계 내에 없는 높은 상승조의 성조로 표현되는 變音현상이 나타난다고 하였다. 예를 들어 보면 다음과 같다. 沙soˊ, 茄kʻioˊ, 指tsɿˊ, 菌kʻuŋˊ, 棍kuŋˊ, 帽mauˊ, 鴨ɔˊ, 鹿luˊ, 篩sɛ⁴⁴~米/sɛˊ米~, 头tʻɛu²²~髮/tʻʋiˊ熱~등. 張雙慶(1998:53-127)의 자료에 의하면 粵北土話 지역 남부에 위치한 長來방언에도 유사한 變音현상이 나타난다. 하지만 이 지역의 變音은 상승조가 아닌 하강조라는 데 차이가 있다. 예를 들어 보면 다음과 같다. 禾vu↘, 鱼ŋɔ↘, 篩ʃi³¹~米/ʃi↘米~, 弟tʻei³³徒~/tʻi↘老~, 票pʻæi↘, 法fu↘, 扇ʃai↘, 刷tsʻu¹²印~/tʃʌu↘牙~, 门mɛŋ↘, 状tsʻaŋ³³無~/tsʻaŋ↘告~등. 李如龍, 張雙慶(1992:12)의 조사에 따르면 贛방언에 속하는 江西省 宜豐방언에도 長江방언에서와 같은 상승조의 變音현상이 나타난다. 예를 들어 보면 다음과 같다. 構tɕiæuˊ, 坪pʻanˊ, 鵝~石ŋɔˊ, 芽暴~ŋaˊ,

222) 溫端政 「試論山西晉語的入聲」, 『山西方言硏究』, 山西人民出版社, 1989年:18-19.

担扁~tan↗, 胡~须u↗, 橙ts'an↗ 등. 이와 같은 방언들 중에 나타나는 變音현상은 방언의 성조체계 내에 없는 성조값으로 변음현상을 나타낸다는 특징을 가지고 있다.

(4) 유형: 성문파열음과 방언 성조체계 내에 없는 성조값의 변음이 동시에 나타나는 變音 현상

粤北土話 분포 지역의 동북부 韶关市内의 西河방언에서는 상술한 (1)유형과 (3)유형의 變音현상이 동시에 나타난다. 西河방언 일부 상용자들은 본래의 성조를 잃어버리고 높게 상승하는 상승조의 성조로 발음되는 경우가 있는데, 이 때 운모의 중간에는 때때로 성문파열음이 동반되기도 한다. 높게 상승하는 상승조의 성조로 발음될 때 성조값은 대체로 西河방언 성조 체계 중의 上声[35]과 유사하다. 그러나 성조의 마지막 끝 부분이 上聲의 성조값보다 더 높아. 굳이 숫자로 표기하자면 [36] 혹은 [37] 정도의 성조값이 된다고 할 수 있다. 이러한 글자들의 성조값은 본지인의 어감으로도 방언 내 上聲[35]의 성조값과는 다르며, 동일한 음운 위치의 다른 글자들과도 확연히 구분된다. 예를 들어 보면 다음과 같다. 锯 ki↗≠ 句 ki⁵⁵ ≠ 举 ki³⁵, 架 ka↗≠ 嫁 ka⁵⁵ ≠ 假真假 ka³⁵, 免 tʰu↗≠ 吐 tʰu⁵⁵ ≠ 土 tʰu³⁵, 椒 tsiu↗≠ 焦 tsiu¹² ≠ 酒 tsiu³⁵, 钱 tsʰɛn↗≠ 前 tsʰɛn²¹ ≠ 浅 tsʰɛn³⁵, 门 man↗≠ 闻 man²¹ ≠ 敏 man³⁵, 蝇 ian↗≠ 迎 ian²¹ ≠ 饮 ian³⁵, 裙 kʰuan↗≠ 群 kʰuan²¹ ≠ 捆 kʰuan³⁵, 帐 tsɛŋ↗≠ 账 tsɛŋ⁵⁵ ≠ 长生~ tsɛŋ³⁵, 粽 tsaŋ↗≠ 众 tsaŋ⁵⁵ ≠ 总 tsaŋ³⁵。이와 같은 글자들이 빠르게 발음될 때는 운모 중간에 나타나는 성문파열음이 거의 감지되지 않는다. 하지만 천천히 좀 더 느리게 발음될 때는 예외 없이 운모의 중간에 성문파열음 [ʔ]이 삽입된다. 운모의 중간에 성문파열음을 넣어 발음할 때도 상승조의 성조 유형은 그대로 유지되지만, 상승하는 폭이 다소 작아져 대략 [23]

혹은 [34] 정도의 음가로 발음된다고 볼 수 있다. 예를 들어 보면 다음과 같다. 眼淚 ŋoa⁵⁵ loʔi↗, 姐妹 tsai³⁵ moʔi↗, 巷 hoʔoŋ↗, 银 ŋaʔan↗, 围裙 vai²¹ kʰuaʔan↗, 鱼 ŋiʔi↗, 小麦 siu³⁵ mɛʔɛ↗, 菊花 kʰoʔo↗fa¹², 舅爷 kʰiu³³ iaʔa↗, 书桌 ʃi¹² tsoʔu↗, 褪色 tʰoiʔ⁵⁵ sɛʔi↗, 笔 paʔi↗.²²³⁾

(5) 유형: 방언 내의 성조와 동일한 성조값으로 표현되는 變音 현상

粵北土話 분포지역 동북부에 위치한 烏逕방언이 이와 같은 유형에 속한다고 볼 수 있다. 烏逕방언 중의 指小變音은 성조의 변화로 표현되는데, 변화된 성조의 성조값이 방언 내의 陰平 성조값과 동일하다.²²⁴⁾ 따라서 變音현상인지 아니면 방언 본래의 성조인지 구분하기가 용이하지 않은 경우가 있을 수 있는데, 이러한 경우에는 방언 성조의 일반적 변화 규칙에 비추어 해당 글자의 독음이 변화 규칙에 부합되는지 그렇지 않은지 대조해 보아 變音 여부를 판단하는 수밖에 없다. 예를 들어 次濁聲母 上聲字인 '領'자는 烏逕방언에서 두 가지 성조로 발음된다. ① [liɛ̃¹²]('领东西'에서

---

223) 西河방언 운모의 중간에 성문폐쇄음을 넣어 발음할 때는 몇 가지 규칙을 발견할 수 있는데 다음과 같이 정리해 볼 수 있다. (1) 운모에 모음韻尾나 비음 운미가 있는 경우는 주요 모음과 운미 사이에 성문파열음을 삽입하여 발음한다. 단, 비음 운미 앞에 성문파열음을 삽입하는 경우 비음 운미 앞에는 주요 모음이 다시 한 번 중복되어 발음되는 경우가 대부분이다. 鹅 ŋoʔu↗, 剪刀 tsɛn35 taʔu↗, 眼淚 ŋoa55 loʔi↗, 姐妹 tsai35 moʔi↗, 巷 hoʔoŋ↗, 银 ŋaʔan↗, 鷄公公鸡 kɛi12 kaʔaŋ↗, 围裙 vai21 kʰuaʔan↗, 算盘 soŋ55 pʰoʔoŋ↗。(2) 단모음으로 구성된 운모의 경우는 운모 뒤에 성문파열음을 삽입한 후 (단모음) 운모를 다시 한 번 중복하여 발음한다. 鱼 ŋiʔi↗, 小麦 siu35 mɛʔɛ↗, 菊花 kʰoʔo↗fa12, 夕下 hɛŋ12 haʔa↗。(3) '韻頭(介音)+주요 모음(韻腹)'으로 구성된 운모의 경우는 주요 모음 뒤에 성문파열음을 삽입한 후 주요 모음을 다시 한 번 중복하여 발음한다. 黃瓜 voŋ21 kuaʔa↗, 电话 tʰen33 uaʔa↗, 舅爷 kʰiu33 iaʔa↗, 畫 uaʔa↗。(4) 入聲韻字의 경우는 운미의 성문파열음이 없어지고, 운모의 중간에 위의 (1), (2), (3) 규칙에 의거 성문파열음을 삽입한다. 今日 kiaŋ12 ŋiʔi↗, 书桌 ʃi12 tsoʔu↗, 褪色 tʰoi55 sɛʔi↗, 笔 paʔi↗, 碟 tʰiʔi↗, 亲戚 tsʰan12 tsʰɛʔi↗。

224) 烏逕방언의 성조체계는 다음과 같다. 阴平42, 阳平21, 上声24, 阴去12, 阳去5, 변음 ①21, 변음②42

의 '领', 陰去), ②[liẽ⁴²]('衫领'에서의 '领', 陰平). 烏徑방언에서 中古 濁聲母 上聲字를 陰去로 발음하는 현상은 烏逕방언 성조 체계 내에서 규칙성을 가지고 있다. 하지만 濁聲母 上聲字를 陰平으로 발음하는 현상은 성조 변화의 규칙성을 찾아볼 수가 없다. 따라서 우리는 '領'자의 陰平 성조는 방언 성조체계의 역사적 변화 결과가 아닌 變音 현상이라고 판단해 볼 수 있다. 烏逕방언에서 陰平으로 발음하는 글자들 중 變音현상이라고 판단되는 글자들의 예를 들어 보면 다음과 같다.225) 梨li⁴², 茄tɕ'io⁴², 磨mo⁴², 錐tsʻo⁴², 芽ŋoœ⁴², 轿tɕ'iæ⁴², 豆t'ɛ⁴² 등. 烏逕방언 지역에서 멀지 않은 雄州방언의 變音현상도 같은 유형에 속한다고 볼 수 있다. 雄州방언의 變音은 中古 성모 조건의 다름에 따라 다음 두 가지로 나누어진다.226) ① 淸聲母 入聲字를 제외한 淸聲母字는 [11]로 발음되는데, 성조값 [11]은 방언 내 陽平의 성조값과 동일하다. ② 淸聲母 入聲字와 濁聲母字는 [42]로 발음되는데, 성조값 [42]는 방언 내 陽去의 성조값과 동일하다. 예를 들어 보면 다음과 같다. 沙(淸平)sa¹¹, 裤(淸去)fu¹¹, 塔(淸入)t'ai⁴², 茄(浊平)tɕio⁴², 丈(浊上)tsɔŋ⁴², 领(浊上)liaŋ⁴², 截(浊入)tsai⁴² 등. 雄州방언의 경우도 성조로 표현되는 變音 형식이 방언 성조체계 내의 성조값과 동일하기 때문에 때로는 變音현상인지 아니면 방언 본래의 성조인지 구분하기 어려운 경우가 많다.

2. 粵北土話 變音의 역사적 변천

變音은 漢語의 일부 남방 방언에서는 비교적 보편적으로 나타나는 현상 중의 하나인데, 陳忠敏(1992:72-76)에서는 "성문파열음이 있는 變音 현상

---

225) 예는 張雙庆 萬波 「南雄(乌径)方言音系特点」(『方言』1996年第4期:290-297) 중의 예를 인용하였다.

226) 雄州방언의 성조체계는 다음과 같다. 阴平44, 阳平11, 上声24, 阴去33, 阳去42, 入声5.

은 남방 일부 방언에서 공통적으로 나타나며, 이는 指小變音 현상의 초기 형식으로 볼 수 있다"라고 하였다. 그렇다면 상술한 5종류의 변음형식 중 (1)유형(운모의 중간에 성문파열음을 넣어 발음하는 變音)과 (2)유형(운모의 끝에 성문파열음을 넣어 발음하는 變音)이 성문파열음이 있는 변음형식이다. 이 두 유형 변음형식의 형성 시기를 비교해 보면 (2)유형보다는 (1)유형이 더 오래된 형식일 가능성이 크다. 왜냐하면 (1)유형 중 白沙, 周田, 上窑, 臘石 등 방언의 변음은 中古 성모 조건 즉 中古 성모의 淸濁(무성음과 유성음) 여부에 따라 두 가지 형식으로 나누어지기 때문에 이 지역 변음 형식의 형성 시기를 적어도 '濁音淸化 시기'(全濁聲母가 무성음 성모로 변화되는 시기) 이전까지 소급해 볼 수 있기 때문이다. (2)유형에는 (1)유형과 같이 中古 성모의 淸濁 여부(혹은 그 외 변음에 영향을 줄 수 있는 역사적 음운조건)에 따라 변음형식이 分化되는 현상이 나타나지 않기 때문에, (2)유형은 (1)유형과 비교해 보았을 때 보다 후대에 형성되었을 가능성이 크다고 볼 수 있다. 또한 (1)유형 내에서도 두 가지의 변음형식이 한 가지로 통합되어가는 경향이 존재한다. 白沙방언의 字音 자료를 분석해 보면 일부 글자들에서 이미 두 가지 변음형식의 구분이 없어지고 있음을 관찰할 수 있다. 예를 들어 보면 다음과 같다. 虫(全濁平)=葱(淸平)tsaʔŋ^{45}, 弾$_{子~}$(全濁去)=炭(淸去)tʻoʔŋ^{45} 등. 같은 유형에 속한 犂市방언의 경우에도 이미 두 가지로 나누어지는 변음형식은 존재하지 않는다. 犂市방언에서는 여기서 한 걸음 더 나아가 운모의 중간에서 발음되던 성문 파열음이 음절 끝으로 옮겨가 발음되는 현상도 존재한다. 즉 (1)유형에서 (2)유형으로의 전이가 진행되고 있는 것이라고 볼 수 있는데, 예를 들어 보면 다음과 같다. 茄kʻœʔœ^{21}／kʻœʔ^{21}, 谱pʻuʔu^{21}／pʻuʔ^{21}, 帽mauʔu^{21}／mauʔ^{21}, 岸ŋoəʔə^{21}／ŋoəʔ^{21}, 信$_{捎~}$saʔaŋ^{21}／saŋʔ^{21}, 墨maʔi^{21}／maiʔ^{21}, 责zaʔa^{21}／zaʔ^{21} 등. 예의 글자들은 모두 성문파열음이 운모의 중간 혹은 음절 끝에 오는 것이 모두 가능하다. 莊初昇(2004:255)의 犂市방언 자료를 보더라도 똑같은 경향을 발견할 수 있다.227) 예를 들어 보면 다음과 같다.

	발음인①	발음인②
热头太阳	gei?² tia?a⁴⁵	gei?² tia?a⁴⁵
碑石墓碑	pai²¹ sie?e⁴⁵	pai²¹ sie?e⁴⁵
草坪	ts'au⁴⁵ pie?e⁴⁵	ts'au⁴⁵ pie?e⁴⁵／ts'au⁴⁵ pie?⁵
热凳白天	gei?² ta?ŋ²³	gei?² ta?ŋ²³／gei?² taŋ?²
时候	sɿ⁵³ hia?a⁴⁵	sɿ⁵³ hia?a⁴⁵／sɿ⁵³ hia?⁵
镬盖锅盖	vou?² kuo?o²³	vou?² kuo?²
担杆扁担	ta⁵⁵ kuo?ŋ²³	ta⁵⁵ kuoŋ?²³
鸡公公鸡	kei²¹ kɛ?ŋ²³	kei²¹ kɛŋ?²

발음인②의 발음 중 '坪, 凳, 候' 등의 글자들은 성문파열음이 운모의 중간 혹은 음절 끝에 오는 것이 모두 가능하며, '盖, 杆, 公' 등의 글자들은 성문파열음이 이미 음절 끝에서만 발음되고 있음을 알 수 있다.

(3)유형 즉 '방언 성조체계 내에 없는 성조값으로 표현되는 變音 현상'은 대체로 (1)유형 혹은 (2)유형의 운모 형식에서 성문파열음이 생략되고 성조만 그대로 남은 상태의 변음형식이라고 볼 수 있다. 粤北土話 지역 남부 曲江縣 龍歸방언의 변음현상은 기본적으로 운모의 중간에 성문파열음을 넣어 발음하는 (1)유형이지만(中古 清聲母字[3?23], 濁聲母字 [4?34]), 일부 2음절 혹은 다음절 단어의 자연스러운 발화 중에서는 성문파열음이 사라진다고 한다(이 때의 성조값은 중간의 성문파열음만 사라질 뿐 동일한 성조값을 유지한다: 中古 清聲母字[323], 濁聲母字 [434]). 예를 들어보면 다음과 같다.228) 이 때 [323], [434] 등의 성조값은 龍歸방언 성조체계 내에 없는 변음 성조이다.

---

227) 莊初升(2004)에서의 犁市방언 자료는 필자의 자료와 글자의 성조값에서 차이가 나지만 변음현상의 변화 과정과 경향은 동일하기 때문에 인용하였다.

228) 伍巍, 「广东曲江县龙归土话的小称」, 『方言』2003年 第1期:54-60.

笔 pi?i³²³　　毛笔 mau⁴² pi?i³²³ ／ mau⁴² pi³²³
信 sa?an³²³　　写信 sie²⁴ sa?an³²³ ／ sie²⁴ san³²³
鸽 ka?a³²³　　白鸽 p'a² ka?a³²³ ／ p'a² ka³²³
树 ʃi?i⁴³⁴　　杉树 ʃuɔ²¹ ʃi?i⁴³⁴ ／ ʃuɔ²¹ ʃi⁴³⁴
路 lu?u⁴³⁴　　山路 ʃaŋ²¹ lu?u⁴³⁴ ／ ʃaŋ²¹ lu⁴³⁴
石 ʃie?e⁴³⁴　　马卵石 muɔ⁴⁴ loŋ⁴⁴ ʃie?e⁴³⁴ ／ muɔ⁴⁴ loŋ⁴⁴ ʃie⁴³⁴

　龍歸방언과 같은 曲江縣에 위치한 大村방언의 경우도 변음형식 [4?45]
가 청년층의 발음에서는 중간의 성문파열음이 생략된 채 발음되는 경우가
많다고 한다.229)

　粵北土話 지역 중남부 石陂방언의 변음은 기본적으로 '방언 성조체계
내에 없는 성조값으로 표현되는' (3)유형의 변음형식([33])인데, 일부 中古
淸入字의 경우는 음절 끝에 성문파열음을 넣어 발음하는 변음형식이 나타
난다고 한다. 이 때 성문파열음을 넣어 발음하든 그렇지 않든 의미상으로
는 아무런 변화가 없다. 예를 들어 보면 다음과 같다. '竹tʃø³³／tʃø?³, 谷kø³³
／kø?³, 戚ts'ɐi³³／ts'ɐi?³, 粟sø³³／sø?³, 约ŋuɔu³³／iɔu?³, 塔t'a³³／t'a?³ 등. 石
陂방언의 이와 같은 변음형식은 (2)유형에서 (3)유형으로 변화해 가는 과
도기적 단계를 보여주는 좋은 예가 될 수 있을 것이다. 이처럼 (3)유형은
(1)유형 혹은 (2)유형 중의 성문파열음이 생략되면서 변음 성조만 그대로
남은 형태로 보는 것이 타당하다고 생각한다. 본래의 변음 성조가 상승조
(上升調)였다면 상승조가 될 것이고(長江방언 등), 하강조(下降調)였다면
하강조가 될 것이며(長來방언 등), 강승조(降升調)였다면 강승조가 될 것
이다(龍歸방언).

　(4)유형 즉 '성문파열음과 방언 성조체계 내에 없는 성조값의 변음이 동
시에 나타나는 變音 현상'은 (1)유형 혹은 (2)유형이 (3)유형으로 변화하는
과정의 중간 단계에 있는 변음형식으로 볼 수 있을 것이다. 즉 운모의 중

---

229) 李冬香, 「曲江區大村土話小稱變音的變異硏究」, 『文化遺産』 2009年第3期:145-146.

간 혹은 음절 끝에 성문파열음을 넣어 발음하던 방식에서 성문파열음이 탈락되고 성조 변음만 남게 되는 과정의 과도기적 형태로 볼 수 있다. 앞서 예시한 龍歸방언이나 石陂방언도 일정 부분 (4)유형의 성격을 갖고 있다고 볼 수 있다. 龍歸방언이나 石陂방언은 기본적으로 각각 유형(1)과 유형(3)의 변음형식을 가진 방언이지만, 龍歸방언은 일부 다음절 단어 내에서 (3)유형이 나타나고, 石陂방언은 일부 淸入字에서 (2)유형의 흔적이 나타난다. 따라서 龍歸방언 변음은 (1)유형에서 (3)유형으로 변화하는 과정 중에 있다고 볼 수 있고, 石陂방언 변음은 (2)유형으로부터 변화되어 온 것이라고 생각해 볼 수 있다. 제2절 (4)유형에서 예시한 西河방언의 변음현상도 龍歸방언과 마찬가지로 (1)유형의 변음형식이 (3)유형의 변음형식으로 변화해가는 과도기적 단계의 변음현상이라고 판단된다. 하지만 西河방언이 龍歸방언과 다른 점은 龍歸방언에서는 (3)유형의 변음현상이 일부 다음절 단어에서만 제한적으로 나타나지만, 西河방언에서는 변음현상이 나타나는 대부분의 글자에서 (1)유형과 (3)유형이 동시에 나타난다는데 차이가 있다. 따라서 西河방언의 변음현상은 龍歸방언의 변음현상보다 더욱 진전된 변화의 형태를 보이는 변음형식이라고 판단해 볼 수 있다. 역으로 西河방언이나 龍歸방언의 변음현상이 (3)유형에서 (1)유형으로 변화해가는 것이라고 가정하기는 힘들다. 왜냐하면 본래 없던 성문파열음이 운모 중에 생겨나기 위해서는 그에 상응하는 음운조건이나 발음상의 원리가 있어야 하는데 그와 같은 조건이나 원리를 찾을 수 없고, 또 어음의 변화는 발음을 보다 쉽고 수월하게 하는 쪽으로 변화한다는 보편적 변화 원리에도 부합되지 않기 때문이다. 따라서 西河방언의 변음현상은 粵北土話 변음의 변화과정 중 (1)유형에서 (3)유형으로 변화해 가는 과도기적 단계의 변음형식을 보여주고 있는 것이라고 판단된다. 그렇다면 이들 방언은 '(1)유형 → (4)유형 → (3)유형'의 변화과정을 거치고 있는 것으로 볼 수 있다. 石陂방언의 경우는 '(2)유형 → (4)유형 → (3)유형'과 같은 발전 과정을 거쳐 왔다고 가정해 볼 수 있지만, 주변방언 특히 犁市방언의 경우를 고려해 볼 때 (2)유형은 본래 (1)유형으로부터 변화되어왔을 가능성이 크므로 石陂방언은 과거 '(1)유형 → (2)유형 → (4)유형 → (3)유형'의 변화를 겪어 왔다고 생각해 볼 수 있다. 그렇다면 粵北土話 변음의 최초 형식이라고 할 수 있는 (1)유형은 (2)유형을 거쳐 변화하기도 하지만, 石陂방언의 경우처럼 (2)유형을 거치지 않고 바로 (4)유형과 (3)유형으로 변화하기도 한다고 볼 수 있다. 그리고 결국에는 (5)유형과 같이 방언 성조체계 내의 성조로 합류되는 변화를 겪게 될 것이다. (5)유형 ' 방언 내의 성조와 동일한 성조값으로 표현되는 變音 현상'은 (3)유형 즉 '방언 성조체계 내에 없는 성조값으로 표현되는 變音 현상'이 진일보 변화한 형태로 볼 수 있을 것이다. 상술한 바와 같이 烏逕방언과 雄州방언이 이에 해당되는데 이들 방언 내에서는 변음의 성조값이 방언 성조체계 내의 성조값과 동일하기 때문에 변음현상 여부를 판단하기가 쉽지 않은 경우가 있을 수 있다. 이는 방언 내의 변음현상이 약화되어 변음이 가져오는 의미상(어감상)의 변화 혹은 어법 작용으로서의 기능이 점차 모호해 지는 단계에 와 있는 것이라고 추론해 볼 수 있다. 그렇다면 粵北土話 변음의 역사적 변화과정은 다음과 같이 나타내 볼 수 있다.

변화과정①: 운모의 중간에 성문파열음을 넣어 발음하는 變音((1)유형) → 운모의 중간에 성문파열음을 넣어 발음하는 變音과 방언 성조체계 내에 없는 성조값의 변음이 동시에 나타나는 變音((4) 유형) → 운모의 중간에 성문파열음을 넣어 발음하는 變音 형식이 사라지고 방언 성조체계 내에 없는 성조값의 變音으로 통합((3)유형) → 방언 성조체계 내의 성조로 합류((5)유형)

변화과정②: 운모의 중간에 성문파열음을 넣어 발음하는 變音((1)유형) →

운모의 끝에 성문파열음을 넣어 발음하는 變音((2)유형) →
운모의 끝에 성문파열음을 넣어 발음하는 變音과 방언 성조
체계 내에 없는 성조값의 변음이 동시에 나타나는 變音((4)유
형) → 운모의 끝에 성문파열음을 넣어 발음하는 變音 형식이
사라지고 방언 성조값 내에 없는 성조값의 變音으로 통합
((3)유형) → 방언 성조체계 내의 성조로 합류((5)유형)

그런데 (1)유형의 변음형식은 다시 변음 성조가 두 가지로 나누어지는
경우와 한 가지로만 나타나는 경우의 두 부류로 나누어 볼 수 있다. 변음
성조가 두 가지로 나누어지는 경우는 中古 성모의 淸/濁(무성음과 유성음)
이 分化의 조건이 된다. 白沙, 腊石, 龍歸 등 방언의 경우 中古 淸聲母字는
[2ʔ23] 혹은 [3ʔ23]으로 발음되고, 濁聲母字는 [4ʔ45] 혹은 [4ʔ34]로 발음
된다.230), 周田, 上窑, 向陽, 犁市 등 방언에서는 구분 없이 한 가지로만
나타난다.

	白沙	腊石	龍歸	周田	上窑	向陽	犁市
淸聲母字	2ʔ23	2ʔ23	3ʔ23	21ʔ12	4ʔ45	4ʔ45	2ʔ23
濁聲母字	4ʔ45	4ʔ45	4ʔ34				

이와 같은 분포 상황으로 볼 때 (1)유형의 변음은 본래 中古 성모의 淸/
濁을 조건으로 두 부류로 나누어져 있다가 후대에 한 가지로 통합되는 과
정을 거친 것이라고 볼 수 있다. 지리적으로 인접한 白沙방언과 上窑방언

---

230) 白沙, 腊石, 龍歸 등 방언 중 濁聲母 上聲字의 성조는 현재 淸聲母 去聲字와 통합되
어 陰去로 발음된다. 이 때문에 濁聲母 上聲字의 변음형식도 淸聲母字와 동일하게
나타난다. 濁聲母 上聲字와 淸聲母 去聲字의 성조 통합은 후대에 주변방언 혹은 북
방 방언의 영향과 관련이 있다고 볼 수 있다. 방언 자료는 犁市를 제외하고 莊初升
(2004:41-78)을 근거로 하고 있다.

을 비교해 보면 白沙방언에서는 서로 다른 성조값을 가진 變音字들이 上窰방언에서는 同音字로 나타나는 것을 볼 수 있다. 白沙방언: 蟲ts'ɐ⁴ʔn⁴⁵ ≠ 葱ts'ɐ²ʔn²³, 彈t'ө⁴ʔŋ⁴⁵ ≠ 炭t'ө²ʔŋ²³, 上窰방언: 蟲= 葱 ts'a⁴ʔŋ⁴⁵, 彈= 炭 t'o⁴ʔŋ⁴⁵.[231] 이와 같이 한 가지로 통합된 (1)유형의 변음은 다시 (2)유형이나 (3)유형으로 변화해 갈 것이라고 예측해 볼 수 있다. 그런데 (3)유형과 (5)유형 일부 방언의 변음 형식을 보면 변음 성조가 여전히 두 가지로 나누어지고 있음을 볼 수 있다. 雄州, 烏逕, 北鄕, 長來, 周田 등 방언의 경우가 그러하다.

	雄州	北鄕	烏逕	長來	周田
清聲母字	11	31	21	12	12
濁聲母字	42	33	43	↘	3

그렇다면 이들 방언의 경우는 中古 성모 조건에 따라 두 가지로 나누어져 있던 (1)유형 변음형식이 통합의 과정 없이 성문파열음이 탈락되면서 그대로 현재까지 두 개의 변음형식을 유지하고 있는 것일까? 즉 雄州, 烏逕, 北鄕, 長來, 周田방언의 경우는 (2)유형이나 (3)유형의 과정을 처치지 않고 (1)유형에서 성문파열음이 탈락된 후 바로 (5)유형으로 발전한 것일까? 하지만 성조간 합류관계를 분석해 보면 이와 같은 변화의 가능성은 높지 않은 것 같다. 雄州, 烏逕, 北鄕, 長來, 周田방언의 성조체계는 다음과 같다.

雄州: 陰平 44 陽平 11 上聲 24 陰去 33 陽去 42 入聲 5　　변음① 11 변음② 42

烏逕: 陰平 43 陽平 21 上聲 24 陰去 12 陽去 5　　변음① 21 변음② 42

北鄕: 陰平 212 陽平 42 上聲 55 去聲 33 入聲 31　　변음① 31 변음② 33

長來: 陰平 31·陽平 51 上聲 24 去聲 33 入聲 12　　변음① 12 변음② ↘

周田: 陰平33 陽平11 上聲35 陰去41 陽去31 陰入5 陽入3　　변음① 12 변음② 3

---

231) 莊初升, 『粤北土话音韵硏究』, 中国社会科学出版社, 2004年:257.

우선 雄州방언을 보면 中古 淸聲母字의 변음(변음①)은 방언 내 陽平 성조와 합류되었고, 中古 濁聲母字의 변음(변음②)은 陽去와 합류되었다. 그런데 雄州방언의 濁聲母 入聲字들도 濁聲母字의 변음과 마찬가지로 모두 陽去로 합류되었다(현재의 入聲 성조는 淸聲母 入聲字들의 성조이다). 즉 濁聲母 入聲字의 현 성조와 濁聲母字의 변음 성조가 일치한다(모두 陽去로 합류). 이와 같은 사실은 과거 雄州방언 入聲이 陰入(中古 淸聲母 入聲字의 入聲 성조)과 陽入(中古 濁聲母 入聲字의 入聲 성조)으로 나누어져 있던 시기 濁聲母字의 변음 성조값이 陽入과 같아졌고, 후에 함께 陽去로 합류된 것이라고 볼 수 있을 것이다. 濁聲母字의 변음 성조값이 陽入과 같아진 이유는 당시 陽入字의 운모 발음과 濁聲母字의 변음형식이 똑같이 음절 끝에 성문파열음을 넣어 발음하는 형태였기 때문에 성조값의 합류현상이 나타났다고 볼 수 있다. 그 후 陽入字의 운모 발음과 濁聲母字의 변음 발음에서 음절 끝 성문파열음이 모두 탈락되면서 함께 陽去로 합류되었을 것이다. 반면 淸聲母字의 변음은 濁聲母字의 변음보다 먼저 성문파열음이 탈락되면서 入聲과의 합류 없이 바로 舒聲化되었고, 후에 陽平 성조와 합류되었다고 볼 수 있다. 淸聲母 入聲字는 현재에도 입성 성조를 그대로 유지하고 있다. 따라서 雄州방언의 변음은 (1)유형에서 (5)유형으로 직접 변화했다기 보다는 淸聲母字의 변음과 濁聲母字의 변음이 각기 서로 다른 경로를 통해 발전하여 현재의 모습이 된 것이라고 판단해 볼 수 있다.

그런데 雄州, 烏逕, 周田 등 방언의 변음 현상을 관찰해 보면 두 가지의 공통점을 발견할 수 있다. 첫째는 濁聲母字의 변음 성조값이 淸聲母字의 변음 성조값보다 높이가 높다는 점이고, 둘째는 淸聲母字의 변음이 濁聲母字의 변음보다 먼저 舒聲化 된다는 점이다. 淸聲母字와 濁聲母字의 변음 성조값 높이는 앞서 나열한 예들에서 쉽게 확인해 볼 수 있다. 淸聲母字의 변음이 濁聲母字의 변음보다 먼저 舒聲化 된다는 점은 이들 방언지역 내 연령대별 발음의 차이와 성조간 합류관계를 통해 확인해 볼 수 있다. 李冬香, 莊初聲(2009:472-494)에 의하면 曲江縣 大村방언의 변음은 [2ʔ23](淸聲母字의 변음)과 [4ʔ45](濁聲母字의 변음) 두 가지로 나누어지는데, 淸聲母字의 변음 [2ʔ23]은 30세 이하 연령층의 발음에서 이미 성문파열음이 사라졌지만, 濁聲母字의 변음 [4ʔ45]는 12세 이하 아이들의 발음에서도 25% 이상 성문파열음이 남아있다고 한다. 앞서 설명한 雄州방언의 경우도 淸聲母字의 변음이 濁聲母字의 변음보다 먼저 성문파열음이 탈락되면서 舒聲化되었다고 볼 수 있다. 淸聲母字의 변음은 먼저 舒聲化되었기 때문에 入聲 성조와 합류되지 않고 후에 자신과 성조값이 유사한 陽平 성조와 합류되었을 것이다. 반면 淸聲母字의 변음이 舒聲化된 이후에도 성문파열음을 간직하고 있던 濁聲母字의 변음은 성문파열음이 음절 끝으로 이동하면서 陽入과 성조값이 같아졌고, 후에 방언 운모체계 내의 성문파열음이 모두 탈락되면서 陽入과 함께 陽去로 합류되었다고 볼 수 있다. 周田방언의 경우도 淸聲母字의 변음(변음①)은 현재 성문파열음이 탈락되고 방언 성조체계 내에 없는 성조값 [12]로 발음되지만, 濁聲母字의 변음(변음②)은 입성운미(성문파열음)를 현재까지 보유하고 있는 陽入과 합류되었다. 烏逕방언의 경우는 현재 入聲 성조가 소실되어 사라졌다. 하지만 淸聲母字의 변음은 陽平과 합류되었고, 濁聲母字의 변음은 일부 入聲字와 함께 陰平으로 합류되었다.[232] 北鄕방언이나 長來방언은 中古 성모에 따른 변음의 分化 조건이 불분명하다. 이는 주변 강세방언의 영향으로 변음 성조에도 일정한 변화가 있는 것이라고 판단된다. 하지만 변음 성조의 일부는 두 방언에서 모두 入聲과 합류되어있다. 이와 같은 사실들을 종합해 볼 때 雄州, 烏逕, 周田 등 방언 변음의 발전과정은 다음과 같이 정리해 볼 수 있다. 운모의 중간에 성문파열음을 넣어 발음하는 變音형식

---

232) 烏逕방언의 入聲字는 中古 성모 淸濁의 구분 없이 일부는 陰平으로 일부는 陽去로 합류되었다. 庄初升 『粤北土話音韵硏究』, 中国社会科学出版社, 2004年:227-228.

이 둘로 나누어져 있던 시기((1)유형의 초기) 상대적으로 성조값의 높이가 낮은 변음(주로 淸聲母字의 변음)이 먼저 舒聲化되어 방언 성조체계 내에 없는 성조값의 변음으로 발전되거나 혹은 더 나아가 방언 성조체계 내 유사한 성조값의 舒聲 성조와 합류되는 과정을 거치게 되고, 상대적으로 성조값의 높이가 높은 변음(주로 濁聲母字의 변음)은 성문파열음이 음절 끝으로 옮겨가면서 방언 내 入聲 성조와 합류되는 과정을 거치게 된다. 그후 방언 음운체계 내의 성문파열음이 모두 탈락하게 되면서 入聲 성조와 합류된 濁聲母字의 변음은 또다시 방언 성조체계 내 유사한 성조값을 가진 舒聲 성조와 합류하게 된다. 그렇다면 粵北土話 변음의 변화과정은 앞서 언급한 변화과정①과 변화과정② 이외에 雄州, 烏逕, 周田 등 방언을 포괄할 수 있는 다음의 변화과정③을 설정해 볼 수 있다.

변화과정③:

운모의 중간에 성문파열음을 넣어 발음하는 變音((1)유형), 단 中古 淸聲母字의 변음과 中古 濁聲母字의 변음이 두 가지로 나누어 있는 상태 → 淸聲母字의 변음은 먼저 舒聲化되어 방언 성조체계 내에 없는 성조값의 변음으로 변화하거나((3)유형) 혹은 더 나아가 방언 성조체계 내 유사한 성조값의 舒聲 성조와 합류 → 濁聲母字의 변음은 성문파열음이 음절 끝으로 옮겨가면서 방언 내 入聲 성조와 합류 → 방언 음운체계 내의 성문파열음이 모두 탈락되면서 濁聲母字의 변음도 방언 성조체계 내 유사한 성조값의 舒聲 성조와 합류

漢語方言 성조의 일반적인 특징 중 하나는 中古 동일 성조의 글자들 중 濁聲母字의 성조값(일반적으로 陽調(陽平, 陽上, 陽去, 陽入)의 성조값)이 낮고, 淸聲母字의 성조값(일반적으로 陰調(陰平, 陰上, 陰去, 陰入)의 성조값)이 높다는 것이다. 유성음 성모는 발음할 때 성대를 진동시켜야하기 때문에 음절 전체를 발음하는데 힘의 소비가 더 많게 되고, 그로 인해 유

성음 성모 음절이 무성음 성모 음절보다 성조의 높이가 상대적으로(자연
스럽게) 낮아진다는 것이다.233) 또한 入聲韻尾를 동반한 入聲韻의 경우는
일반적으로 濁聲母入聲字가 淸聲母入聲字보다 먼저 舒聲化된다고 하였
다.234) 하지만 粤北土話 변음의 변화과정을 살펴보면 이와 같은 한어방언
의 일반적인 변화와 상반되는 현상이 나타나고 있음을 알 수 있다. 즉 淸
聲母字의 변음 성조값은 濁聲母字의 변음 성조값보다 높이가 낮고, 또 淸
聲母字의 변음이 濁聲母字의 변음보다 먼저 舒聲化된다. 하지만 한 가지
공통점은 中古 入聲韻의 舒聲化 과정과 粤北土話 변음의 舒聲化 과정 모
두 中古 淸聲母字이든 濁聲母字이든 성조값의 높이가 낮은 발음의 글자들
이 먼저 舒聲化 된다는 점이다.

3. 주변 방언과의 관련성

그런데 한 가지 의문이 드는 부분은 粤北土話와 본래 같은 방언이었다
고 여겨지고 있는 주변 湘南土話나 桂北平話235)에는 상술한 바와 같은 변

---

233) 한어방언 중에는 中古 동일 성조의 글자들 중 무성음 성모 글자들의 성조값이 낮고,
유성음 성모 글자들의 성조값이 높은 경우도 있다. 이와 같은 현상이 나타나는 이
유는 王福堂(2005)에 의하면 방언 내 모종의 변화(예를 들어 서로 다른 두 개 성조
의 성조값이 같아지거나 비슷해지는 등의 변화)로 인해 성조체계 내 각 성조의 높
낮이에 변화가 생겼기 때문이라고 설명하고 있다. 예를 들어 [33]에서 [55]로 혹은
[42]에서 [21]로 등의 변화가 있을 수 있는데 이렇게 각 성조의 높낮이에 변화가
생겼다고 하더라도 성조의 굴곡 유형(즉 調型)은 변화하지 않는 것이 일반적이라고
설명하고 있다. 王福堂,『漢語方言語音的演變和層次』,語文出版社, 2005년:217-220.

234) 辛世彪,『東南方言聲調比較研究』, 上海教育出版社, 2004年:160.

235) 湘南土話는 湖南省 남부 지역의 오랜 토속어인데, 주로 東安, 雙牌, 新田, 寧远, 道
县, 蓝山, 江永, 江华, 资兴, 永兴, 桂东, 嘉禾, 桂阳, 临武, 宜章, 汝城, 信道, 冷水滩
등지에 분포되어 있다. 平話는 주로 廣西省의 철로, 하천 등 교통로를 중심으로 한
도시의 교외와 농촌지역에 분포되어 있는데 내부적으로 (지리적 요인과 언어적 특
성에 의거해) 다시 桂北平話와 桂南平話로 나눈다. 桂北平話는 주로 桂林市의 교외
지역과 臨桂, 靈川, 永福, 龍勝, 富川, 鍾山, 賀縣, 融安, 融水, 羅城, 柳江, 柳城 등
지에 분포되어 있고, 桂南平話는 주로 賓陽, 邑寧, 橫縣, 貴港, 上林, 馬山 등의 현

음현상이 나타나지 않는다는 점이다. 이와 같은 사실은 粵北土話의 변음현상이 古代로부터 이어져 온 방언 고유의 특성이 아니고 인근 강세방언과의 관계 속에서 후대에 형성된 특성일 가능성을 암시해 주고 있는 것이라고 생각된다. 현재의 방언 분포 특징으로 볼 때 粵北土話에 직접적인 영향을 줄 수 있는 주변 방언은 粵방언 혹은 客家방언이라고 할 수 있다. 왜냐하면 현재에도 粵北土話 분포지역에는 대부분 粵방언 혹은 客家방언 주민들이 함께 살고 있으며, 지역 통용어도 粵北土話가 아닌 粵방언 혹은 客家방언인 경우가 대부분이기 때문이다(湖南省과 인접한 지역은 西南官話가 통용어인 경우도 있다). 粵北土話 주민들은 대부분 대외적으로는(직장 혹은 장터 등) 지역 통용어를 사용하고, 집 안 혹은 마을 단위에서만 粵北土話를 사용한다고 한다. 따라서 주변 강세방언의 영향을 쉽게 받을 수 있는 위치에 있다고 할 수 있다. 하지만 粵방언이나 客家방언에서도 상술한 바와 같은 변음 현상은 찾아보기 힘들다. 그런데 粵北土話의 주요 분포 지역인 廣東省과 인접한 江西省 중북부의 贛방언 지역에서는 유사한 현상이 나타난다.

앞서 제2절 粵北土話의 변음 유형 중 (3)유형에서 언급했듯이 江西省 宜豊 贛방언에는 長江방언과 유사한 상승조의 변음현상이 나타난다. 같은 贛방언에 속하는 江西省 黎川방언에서도 글자의 성조값을 변화시킴으로써 여러 가지 의미 기능 혹은 어법 기능을 표현하는 변음 현상이 나타난다. 顔森(1993:11)에 의하면 黎川방언의 변음현상은 ①오름조의 변음(이하 升變音)과 ②내림조의 변음(이하 降變音) 그리고 ③높게 발음되는 변음(이하 高變音) 3가지로 나누어진다. 升變音은 黎川방언 성조체계 내 陽平[35]

_____

(縣)과 南寧市 교외 및 左江, 右江 유역에 분포되어 있다. 湘南土話와 桂北平話는 粵北土話와 지리적으로 인접해 있고, 언어학적으로도 중요한 공통점들을 많이 갖고 있어 현재 학계에서는 粵北土話, 湘南土話, 桂北平話를 하나의 방언으로 보는 관점이 지배적이다. 하지만 桂南平話의 성격에 관해서는 마땅히 粵방언으로 귀속시켜야 한다는 등 많은 이견이 존재한다.

의 성조값과 동일하고, 降變音은 陰去[53]의 성조값과 동일하다. 高變音은 黎川방언 陽入[5]의 성조값과 동일하다. 3가지 변음 형식 중 降變音이 가장 많이 사용되며, 일반적인 指小變音이 나타내는 바와 같이 '작은 것을 지칭하는 느낌(小稱), 친애하는 감정(愛稱) 혹은 경시하는 감정(鄙稱)' 등을 표현하는데 쓰인다. 예를 들어 보면 다음과 같다.236) 아래 예 중 밑줄 그어진 글자가 변음현상이 나타나는 글자이다. 성조값 표기 중 '/' 왼쪽은 글자 본래의 성조값이고 '/' 오른 쪽은 변화된 변음 성조값이다.

升變音: 老長 lou⁴⁴/³⁵ tsˊɔŋ³⁵, 冰冷 pɛŋ²²/³⁵ laŋ⁴⁴
降變音: 蝦公 ha⁴⁴ kuŋ²²/⁵³, 簷老鼠 iam³⁵ lo⁴⁴ ɕiɛ⁴⁴/⁵³(蝙蝠)
高變音: 兵卒 piŋ²² tsoiʔ³/⁵, 戲面俗 hi⁵³ miɛn¹³ kop³/⁵

黎川방언 인근의 邵武방언(福建省 서북부에 위치한 贛방언)에서는 非入聲字를 入聲 성조로 발음하는 현상이 나타나는데, 张双庆 萬波(1996:1-15)에서는 邵武방언에서의 이와 같은 현상은 발음 형태나 의미 기능으로 볼 때 黎川방언의 指小變音과 성격이 같다고 결론을 내리고 있다. 변음의 성조값도 黎川, 邵武 두 지역 모두 [53](降變音)으로 같다. 또한 邵武방언 부근의 南城, 光澤, 泰寧 등 지역에서도 유사한 현상이 나타난다고 하였다. 논문 중의 일부 예를 옮겨보면 보면 다음과 같다. 예에서는 변음 성조값만 표기되어 있는데 대부분 [53], [41], [51] 등 내림조의 성조값이다.

	黎川	邵武	南城	光澤	泰寧
桌桌子	tsou⁵³ uɛ	tsau⁵³ ə	tsou⁵³ uɛ	tsau⁴¹ ə	tso⁵¹ lɛ
剪剪刀	tɕiɛn⁵³ ɲɛ	tsien⁵³ nə	tɕiɛn⁵³ tou	tsien⁴¹ nə	kau tsan³⁵³
蚊蚊子	mɛn⁵³ nɛ	mən⁵³ nə	mɛn³⁵ ni	mɛn⁴¹ nə	mun⁵¹ tsˊia

---

236) 顔森, 『黎川方言研究』, 社會科學文獻出版社. 1993년:11-17. 顔森, 「黎川方言的兒尾和仔尾」, 『方言』1989年 第1期:60-64.

陳忠敏(1993:823)에서는 邵武방언의 入聲韻은 본래 성문파열음[?] 운미를 갖고 있었으며, 당시의 指小變音 역시 성문파열음을 갖고 있었기 때문에 變音字와 入聲字의 성조가 같아지는 현상이 나타났을 것이라고 하였다. 또한 후에 入聲韻 중의 성문파열음이 탈락되면서 변음형식에서도 성문파열음이 탈락되었지만 성조는 여전히 入聲과 같은 성조를 유지하고 있는 것이라고 하였다. 黎川, 邵武방언 등의 이와 같은 현상은 앞서 논의한 粤北土話의 변음과 분명 유사한 점이 있다고 볼 수 있다. 하지만 현재의 자료만으로는 粤北土話의 변음 현상과 贛방언 변음 현상 간의 직접적인 관련성을 판단하기는 힘들다. 이와 관련하여 앞으로도 좀 더 광범위한 조사 연구가 필요할 것이라고 생각된다.237)

참고문헌

陳忠敏, 「語音層次的定義及其鑒定的方法」, 『歷史層次與方言研究』, 上海教育出版社, 2007年.

_____ 「寧波方言"蝦猪鷄"類字聲調變讀及其原因」, 『語言研究』 1992年 第2期.

_____ 「邵武方言入聲化字的實質」 『史語所集刊』 第63本 第4分册, 1993年.

鄺永辉, 「韶关市郊石陂村语言生活的调查」, 『方言』1998年 第1期.

李冬香, 「曲江區大村土話小稱變音的變異研究」, 『文化遺産』 2009年 第3期.

李榮, 「漢語方言的分區」 『方言』1989年 第4期.

李新魁等, 『廣州方言研究』, 廣東人民出版社, 1995年.

李如龍 張雙慶主編, 『客贛方言調查報告』, 厦門大學出版社, 1992年.

梁猷剛, 「廣東省北部汉语方言的分布」, 『方言』1985年 第2期.

---

237) 莊初升(2004:141)에서는 粤北土話 중 일부 知徹澄母 三等字가 [t], [t']성모로 발음되는 현상이 贛방언과 유사함을 설명하면서, 이와 같은 粤北土話와 贛방언의 유사성은 아마도 江西省 贛방언 주민들의 이 지역 이주, 특히 宋, 元, 明 시기 江西省의 주민들이 湖南省과 湖北省(혹은 廣東省)으로 대거 이동하였다는 소위 '江西塡湖廣'의 移民史와 관련이 있을 것이라 추측하고 있다.

林立芳 莊初升,「粤北地區漢語方言概況」,『方言』2000年 第2期.

劉綸新主編,『客贛方言比較研究』, 中國社會科學出版社, 1999年.

潘悟云,「温´处方言和闽语」,『吴语和闽语的比较研究』, 上海教育出版社, 1995年.

邵慧君,「韶關本城話中的變音」,『暨南學報(哲學社會科學版)』1995年 第3期.

王福堂,『漢語方言語音的演變和層次』, 語文出版社, 1999.

_____「平話, 湘南土話和粤北土話的歸屬」,『方言』2001年第2期.

溫端政,「試論山西晉語的入聲」,『山西方言研究』, 山西人民出版社, 1989년.

伍巍,「廣東曲江縣龍歸土話的小稱」,『方言』2003年 第1期.

谢自立,『南雄雄州镇方言里的促变音』,『中国方言学报 第一期』, 商务印书馆, 2006年.

辛世彪,『東南方言聲調比較研究』, 上海教育出版社, 2004年.

顔森,『黎川方言研究』, 社會科學文獻出版社. 1993년.

「黎川方言的兒尾和仔尾」,『方言』1989年 第1期.

應雨田,「湖南安鄉方言的兒化」,『方言』1990年 第1期.

詹伯慧 張日昇,『粤北十縣市粤方言調查報告』, 暨南大學出版社, 1994년, 字音對照表.

張双慶 主編,『樂昌土話研究』, 廈門大學出版社, 1998年, 字音對照表.

張双庆 萬波,「南雄(乌逕)方言音系特点」,『方言』1996年 第4期.

_____「從邵武方言幾個語言特點的性質看其歸屬」,『語言研究』1996年 第1期.

郑张尚芳,「方言中的舒声促化现象」,『中国语言学报』第5期, 1995年.

莊初升,「粤北客家方言的分布和形成」,『韶关大学学报』1999年 第1期

『粤北土话音韵研究』, 中国社会科学出版社, 2004年.

莊初升 林立芳,「曲江縣白沙鎮大村土話的小稱變音」,『方言』2000年 第3期.

漢語 7대 방언의
지역적 분포와 어음 특징

1. 官話방언

'官話방언'은 '북방 방언'이라고도 한다. '官話'는 古代 중국에서 표준어 혹은 공통어의 개념으로 사용되었던 명칭이다. 官話는 淸나라 시기까지만 하더라도 官方(정부, 당국)에서 사용되는 것은 물론 전국적인 통용어로서의 위치를 가지고 있었으며, 古代에는 雅言, 通語, 凡語 등의 명칭으로 불리기도 하였다. 하지만 현재 現代漢語 방언의 분류에서 사용되는 명칭 '官話(방언)'는 古代에 사용되던 '官話'와는 전혀 다른 개념이다. 古代에 사용되던 명칭 '官話'는 古代 중국(특히 明, 淸 시기)의 표준어 혹은 공통어를 지칭하던 개념이고, 現代漢語 방언의 분류에서 사용되는 명칭 '官話(방언)'는 현대 중국의 표준어 즉 普通話 형성의 기초가 되는 북방 방언 전체를 지칭하는 개념이다.

官話방언은 內蒙古, 黑龍江, 吉林, 遼寧, 北京, 天津, 河北, 河南, 山東, 安徽, 江蘇, 湖北, 湖南, 四川, 重慶, 雲南, 貴州, 山西, 陝西, 寧夏, 甘肅, 靑海, 新疆, 廣西, 江西 등 26개 省, 市, 自治區에 속한 1,500여개 縣市의 전체 혹은 일부 지역에 분포되어 있다. 동북쪽 끝 黑龍江省의 성도 哈爾濱에서 서남쪽 雲南省의 성도 昆明까지, 동쪽 江蘇省의 성도 南京에서 서북쪽 新疆省의 성도 烏魯木齊까지 각각 모두 3000여 킬로미터 이상 떨어져 있지만 官話방언에 속한 이들 지역 주민들은 상호간 의사소통에 큰 어려움이 없다고 한다. 漢語는 세계에서 방언간의 차이가 가장 심한 언어 중 하나이다. 심지어 어떤 지역에서는 몇 십 킬로미터만 떨어져 있어도 서로 말이 통하지 않는다고 한다. 그런데 그와 같은 차이는 주로 중국의 동남쪽에 집중되어 있는 남방 방언에서 나타나는 현상이다. 북방 방언 즉 官話방언은 동서남북으로 몇 천 킬로미터에 걸쳐 분포해 있지만 주민들 간 기본적으로 의사소통이 가능하다. 이처럼 광대한 지역에 분포한 방언이 상호 대화가 가능한 통일된 특성을 보이는 것도 세계 언어에서 보기 드문 현상중 하나라고 할 수 있을 것이다. 官話방언의 사용 인구는 대략 9억 명 이상으로 중국 전체 漢語 사용 인구의 70% 이상을 차지한다.

官話방언은 현대 중국의 표준어인 普通話의 기초방언이다. 官話방언이 분포한 중국의 북방지역은 고대로부터 수도(洛陽, 長安(현 西安), 汴梁(현 開封) 등)가 위치해 있었을 뿐만 아니라 중국의 정치, 경제, 문화의 중심지로서 중국의 표준어 형성에도 지대한 영향을 끼쳐왔다. 先秦시기의『論語』,『孟子』, 漢나라 때의『史記』,『漢書』, 唐나라 말기 8대가의 散文, 唐 이후 출현하기 시작한 話本, 明, 淸시기의『三國演義』,『水滸傳』,『西遊記』,『紅樓夢』 등의 작품들도 모두 북방 官話(雅言, 通語, 凡語)를 기초로 쓰여진 작품들이다. 특히 唐 이후 明, 淸 시기까지 당시 북방 官話의 구어를 기초로 쓰여진 다양한 문학작품들은 전국적으로 애독되면서 현대 普通話의 어휘나 어법 형성의 근간이 되었다고 볼 수 있다. 또한 隋, 唐, 宋 시기에는 과거제도가 보편화되고, 中原音을 기초로 집필된『切韻』,『廣韻』,『集韻』 등의 韻書가 詩 押韻의 기준이 되면서 韻書에 반영된 북방의 소위 '正音'은 지식인 계층에게 지대한 영향을 주었다. 따라서 북방 官話방언이 현대 普通話 형성의 기초방언이 된 것은 매우 자연스런 귀결이라고 할 수 있을 것이다.

官話방언은 내부 언어적 차이에 근거해 보통 北京官話, 東北官話, 膠遼官話, 冀魯官話, 中原官話, 蘭銀官話, 西南官話, 江淮官話 등 8개의 하위방언으로 분류된다. 앞 장에서 언급하였듯이 아래 표처럼 官話방언의 하위방언은 일반적으로 李榮(1985)의 제안을 따라 '中古 入聲의 현 성조'라는 기준을 가장 중요한 근거로 삼아 분류하는데, '中古 入聲의 현 성조'라는 하나의 기준만으로도 官話의 하위방언을 대부분 성공적으로 구분해 낼 수 있다.

	西南官話	原官話	冀魯官話	蘭銀官話	北京/東北	膠遼官話	江淮官話
古清音	陽平	陰平		去聲	陰陽上去	上聲	入聲
古次濁		陰平		去聲			
古全濁		陽平					

이 중 江淮官話의 특성은 中古 入聲을 현재에도 入聲으로 발음한다는 점이다. 이는 기타 7개 지역과 구분되는 특성인데, 기타 7개 지역은 공통적으로 中古 全濁聲母 入聲을 현재 陽平으로 발음한다. 江淮官話는 揚州, 南京, 合肥, 安慶, 黃崗 등지에 분포되어 있다.

西南官話의 특성은 中古 入聲을 현재 모두 陽平으로 발음한다는 점이며, 이 또한 기타 7개 官話방언과 구분되는 특성이다. 西南官話는 成都, 重慶, 武漢, 常德, 昆明, 貴陽, 柳州, 桂林 등지의 방언을 포함한다.

中原官話는 中古 次濁聲母 入聲을 현재 陰平으로 발음한다는 점이 가장 특징적이다. 淸聲母 入聲 역시 陰平으로 발음하고, 全濁聲母 入聲은 陽平으로 발음한다. 中原官話는 西安, 運城, 洛陽, 鄭州, 信陽, 曲阜, 徐州, 阜陽 등지와 甘肅省, 靑海省, 寧夏回族自治區, 新疆維吾爾自治區의 일부 지역에 분포되어 있다.

蘭銀官話는 中古 淸聲母 入聲을 현재 去聲으로 발음한다는 점이 기타 7개 지역과 구분되는 특성이다. 次濁聲母 入聲 역시 去聲으로 발음하고, 全濁聲母 入聲은 陽平으로 발음한다. 蘭銀官話는 蘭州, 武威, 張掖, 酒泉, 銀川 등지와 新疆維吾爾自治區 북부 일부 지역 등에 분포해 있다.

膠遼官話는 中古 淸聲母 入聲을 현재 上聲으로 발음한다는 점에서 기타 7개 지역과 구분된다. 次濁聲母 入聲은 去聲으로 발음하고, 全濁聲母 入聲은 陽平으로 발음한다. 膠遼官話는 靑島, 煙臺, 大連 등지에 분포되어 있다.

冀魯官話의 특성은 中古 淸聲母 入聲을 현재 陰平으로 발음하고, 次濁聲母 入聲은 去聲으로 발음한다는 점이다. 全濁聲母 入聲은 陽平으로 발음한다. 中古 淸聲母 入聲을 현재 陰平으로 발음하는 점은 冀魯官話와 中原官話의 공통 특성이고, 次濁聲母 入聲을 去聲으로 발음하는 점은 冀魯官話, 蘭銀官話, 膠遼官話, 北京官話의 공통 특성이다.

北京官話와 東北官話는 '中古 入聲의 현 성조'라는 기준만으로는 구분하기 어렵다. 이 두 지역 官話의 中古 淸聲母 入聲은 현재 모두 陰平, 陽平, 上聲, 去聲 4가지 성조로 분산되어 발음된다. 그리고 次濁聲母 入聲과 全濁聲母 入聲도 똑같이 각각 去聲과 陽平으로 발음된다. 하지만 다음과 같은 2가지 측면에서 東北官話와 北京官話는 차이를 나타낸다. ① 中古 淸聲母 入聲字 중 上聲으로 발음되는 글자는 東北官話가 北京官話보다 훨씬 많다. ② 陰平, 陽平, 上聲, 去聲 4성의 성조값도 東北官話와 北京官話가 비슷하지만, 東北官話 陰平의 성조값은 北京官話보다 보편적으로 낮다. 이 이외에도 北京官話에서 나타나는 舌尖後 유성 마찰음 [ʐ]가 東北官話에서는 나타나지 않고 모두 零聲母로 발음되는 점 등 두 지역 방언 간에는 음운상의 일정한 차이가 존재한다. 따라서 『中國語言地圖集』에서는 이와 같은 차이점에 근거해 東北官話와 北京官話를 하나의 하위방언으로 묶지 않고, 각각 독립적인 방언으로 설정한 것이라고 볼 수 있다. 실제로 東北官話 중의 많은 방언들은 河北省에 분포한 방언들보다 北京語에 더욱 근접하다고 알려져 있다.

官話방언 각 하위방언의 분포와 사용 인구는 다음과 같다(인구수는 2017년 기준이다).

东北官话 ┃ 东北官话는 黑龙江省, 吉林省의 대부분 지역, 辽寧省의 일부 지역 그리고 内蒙古 동부와 河北省 동북부에 분포해 있다. 『中國語言地圖集』(1987)에서는 東北官話를 다시 吉沈片, 哈阜片, 黑松片, 每片 4개의 方言片[238]으로 나누고 있다.

---

238) 앞 장에서 언급하였듯이 한어방언의 분류에서는 일반적으로 하나의 방언을 두 개의 층(層)으로 나누어 '方言'과 '次方言'으로 분류하는 것이 일반적이지만, 1897년에 출판된 『中國語言地圖集』에서는 이를 더욱 세분화시켜 하나의 방언을 '大區 - 區 -

東北官話는 음운체계가 北京官話와 가장 유사하다고 알려져 있다. 사용 인구는 198개 縣市 9802만 명에 달한다.

北京官话 | 北京官话는 华北官话라 칭하기도 하는데, 北京市를 중심으로 河北省 북부와 内蒙古 중부에 분포해 있다.『中國語言地圖集』에서는 北京官話를 다시 京师片, 懷承片, 朝峰片, 石克片 4개의 方言片으로 나누고 있다. 北京官話의 사용 인구는 52개 縣市 2676만 명 정도이다.

冀鲁官话 | 冀鲁官话는 河北省의 대부분 지역과 天津市 그리고 山東省 북부와 서북부,北京市의 平谷区, 山西省의 廣靈縣, 内蒙古의 寧城縣 등지에 분포되어 있다.『中國語言地圖集』에서는 冀鲁官话를 다시 保唐片, 石济片, 沧惠片 3개의 方言片으로 나누고 있다. 冀鲁官话의 사용 인구는 162개 縣市 8942.5만 명 정도이며, 東北官話를 제외하면 北京官话와 가장 유사한 방언으로 알려져 있다.

胶辽官话 | 胶辽官话는 山東省의 胶东半岛와 辽宁省의 辽东半岛 그리고 吉林省의 동남부 지역 및 江苏省의 赣榆县 등지에 분포되어 있다.『中國語言地圖集』에서는 胶辽官话를 다시 登连片, 青州片(青莱片), 蓋桓片(营通片) 세 개의 方言片으로 나누고 있다. 사용 인구는 44개 縣市 3495만 명 정도이다.

中原官话 | 中原官话는 河南省과 陕西省의 关中지역, 山東省의 南部지역을 중심으로 山東省, 河北省, 河南省, 山西省, 安徽省, 陕西省, 甘肅省, 寧夏回族自治區, 青海省, 新疆維吾爾自治區 등 10개 省에 걸쳐 분포되어 있다.『中國語言地圖集』에서는 中原官话를 다시 郑开片, 洛襄片, 兖菏片, 漯项片, 商阜片, 关中片, 南鲁片, 秦陇片, 陇中片, 南疆片 등 10개의 方言片으로 나누고 있다. 대표 방언은 河南방언이다. 사용 인구는 西南官話 다음으로 많으며 397개 縣市 1억 8천 648만 명 정도이다.

兰银官话 | 兰银官话는 甘肅省, 青海省, 寧夏回族自治區, 新疆維吾爾自治區의 일부 지역에 분포되어 있는 방언이다.『中國語言地圖集』에서는 兰银官话를 다시 金城片, 银吴片, 河西片, 新疆北疆片 4개의 方言片으로 나누고 있다. 사용 인구는 70

片 - 小片 - 點'의 다섯 단계로 구분하였다. 그 중 '區', '片', '點'은 가장 기본이 되는 방언 층이며 '大區'와 '小片'은 방언에 따라 필요한 경우 사용할 수 있도록 융통성 있게 처리해 놓은 것이다.

개 縣市 1690만 명 정도이다.

江淮官话 ┃ 江淮官话는 주로 江蘇省 북부, 安徽省 중남부 지역에 집중 분포해 있으며, 湖北省과 江西省 일부 지역에도 분포되어 있다. 『中國語言地圖集』에서는 江淮官话를 다시 通泰片, 洪巢片, 黃孝片 세 개의 方言片으로 나누고 있다. 江淮官话의 사용 인구는 108개 縣市 8605만 명 정도이다.

西南官话 ┃ 西南官话는 중국 서남부의 四川省、重庆市、贵州省、云南省、湖北省 및 인근의 广西壮族自治区의 북부, 湖南省의 서부, 陝西省의 북부 등지에 분포되어 있는 방언이다. 『中國語言地圖集』에서는 西南官话를 다시 成渝片, 滇西片, 黔北片, 昆貴片, 灌赤片, 鄂北片, 武天片, 岑江片, 黔南片, 湘南片, 桂柳片, 常鶴片 등 12개의 方言片으로 나누고 있는데, 통상 대표지역 명칭을 따라 四川话、重庆话、贵州话、雲南话、桂柳话、湖北话 등으로 부르는 경우가 많다. 사용 인구는 546개 縣市 2억 6천만 명에 달한다. 西南官話는 官話방언 중 분포면적이 가장 넓고 사용 인구도 가장 많은 방언이다.

이 중 南京, 揚州, 合肥 등 市가 속해 있는 江淮官話는 魏晉南北朝 시기만 해도 남방 방언인 吳방언에 속하는 방언이었다.[239] 하지만 이 지역은 西晉 末年 永嘉의 亂, 唐, 五代의 전란, 金의 남침(南宋의 천도) 등 여러 차례의 전란으로 인해 북방 주민들이 대거 유입되게 되고, 그에 따라 언어도 점차 北方化가 진행되면서 서서히 官話방언으로 변화하게 되었다. 현재 북방 방언과 남방 방언(吳, 客家, 贛, 湘, 閩, 粤, 平話방언 등) 사이에는 서로 의사소통이 전혀 불가능할 정도로 그 차이가 크다는 점을 감안한다면 江淮官話는 南北朝 이래 약 1500년 이상의 세월동안 원래의 언어에서 전혀 다른 언어로 변모한 것이라고 볼 수 있을 것이다.

또 한 가지 官話방언과 관련하여 언급하여야할 중요한 문제는 '晉語'의 설정 문제이다. 李榮은 『漢語方言的分區』(1985:245) 및 『中國語言地圖集』

---

239) 袁家驊 等, 『漢語方言槪要』(第二版), 語文出版社, 2001年:57. 鮑明煒主編, 『江蘇省志方言志』, 南京大壑出版社, 1998年.

(1987, 1988:B7)에서 晉語[240]를 "山西省 및 그 인접지역에 入聲이 있는 방언(山西省以及毗連地區有入聲的方言)"이라 정의하고 이를 근거로 본래 官話에 속해 있던 이 지역 방언을 분리시켜 독립적인 방언으로 규정하고 있다. 山西省의 인접지역이란 陝西省 북부, 內蒙古 서남부, 河北省 서북부 및 河南省 북부 등의 광대한 지역을 포함하고 있는 개념이다. 그러나 앞 장에서 언급했듯 官話의 하위방언 중 江淮官話 역시 入聲이 있다는 특성에 의거해 분류된 官話의 하위방언이고, 四川省의 많은 방언지역에도 入聲이 존재하지만 역시 西南官話의 일부로 볼 수밖에 없는 방언들이다. 따라서 동일한 기준을 가지고 江淮官話는 官話의 하위방언으로 분류하고 晉語는 官話로부터 분리시켜 독립적인 방언으로 규정하게 되는 내부적 모순이 생기게 된다는 의문이 제기되어 왔고 지금까지도 많은 논의가 진행되고 있는 문제 중의 하나이다.

侯精一『晉語的分區(稿)』(1986:253-261), 劉育林『陝北方言略說』(1988: 257-269) 등에서는 '入聲'과 관련된 특성을 포함하여 晉語를 다른 官話방언과 구분 지을 수 있는 여러 가지 언어적 특성들을 제시하고 있는데, 종합해 보면 다음 몇 가지로 요약될 수 있다.

① 入聲이 있다. 太原: 壁pie$?^7$, 拔pa$?^8$ 등.
② 北京語에서 비음 운미를 통해 대립되는 ən/əŋ, in/iŋ, uən/uəŋ, yn/yŋ 네 종류의 운모 쌍은 晉語 중에서는 대부분 -ŋ尾韻로 합류되었다. 太原: 根=庚kəŋ^1, 新=星ɕiŋ^1, 魂=紅xuəŋ^1, 群=窮tɕ'yŋ^1 등.
③ 접두사 '圪'이 있다. 吳堡: 圪洞 kɤ$?^8$ tuŋ^5 등.
④ 접미사 '子'를 入聲韻으로 발음한다. 太原: tsə$?^7$. 일부 지역에서는 운모를 변화시킴으로써 접미사 '子'의 뜻을 표현하기도 한다. 獲嘉: 茄tɕ'iɛ^2 → 茄子tɕ'io^2 등.
⑤ 分音詞가 있다. 平遙: 擺pæ^3 → pʌ$?^7$ læ^3 등.

---

240) '晉'이란 본래 山西省의 별칭이기도 하다.

〈중국 漢語方言의 분포 (연두색 부분이 官話방언 지역)〉

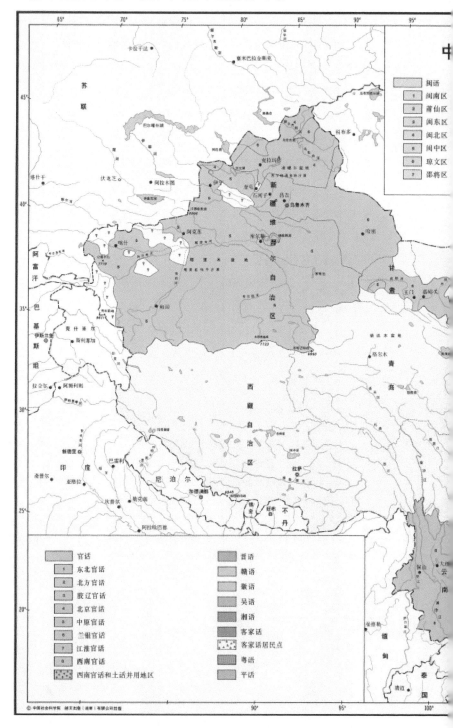

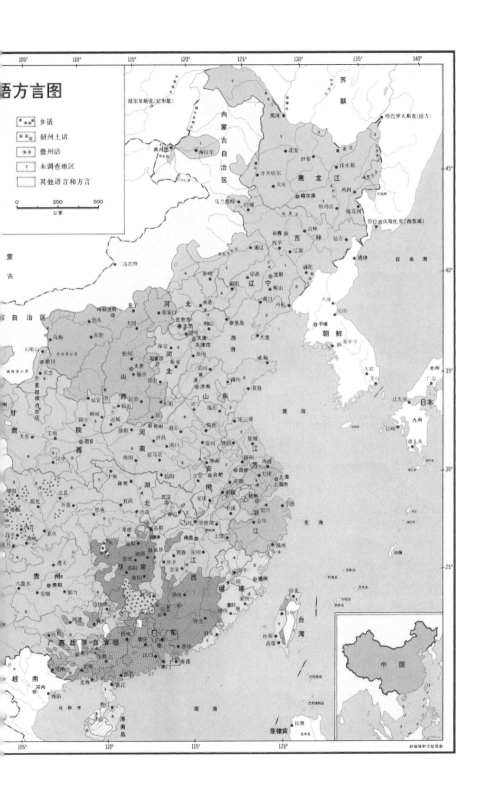

이에 대해 王福堂 『漢語方言語音的演變和層次』(1999:73-74)에서는 다음과 같은 이유로 晋語의 분리에 반론을 제기하고 있다. "첫째, 入聲의 변화 혹은 陽聲韻의 변화와 같은 晚期 歷史性 기준이나 어휘의 구조적 특성에 근거해 晋語를 (官話로부터 분리시켜) 독립적인 방언으로 규정하는 것은 설득력이 부족하다. 둘째, 江淮官話도 入聲(入聲韻 및 入聲調)이 있지만 官話의 하위방언일 뿐이고, 四川省의 많은 방언지역에도 入聲(入聲調)이 존재하지만 역시 西南官話의 일부로 볼 수밖에 없는데 유독 晋語만 入聲(入聲韻 및 入聲調)이 있다고 해서 官話로부터 독립시킨다면 방언분류의 원칙에 있어 기준은 같은데 처리를 달리하게 되는 모순이 발생하게 된다. 셋째, 山西省 서남부의 방언도 晋語의 중요한 특성들을 대부분 가지고 있지만 入聲이 없다는 이유만으로 晋語에서 제외시켜 기타 다른 官話방언으로 편입시키고 있는데 이 또한 晋語 설정상의 문제점을 드러내는 것이다. 넷째, 晋語 중 일부 지역에서는(예를 들어, 陝西省 북부 延安, 延長, 甘泉 등) 入聲의 유무와 관련하여 연령 간 분명한 차이가 나타나는데 만약 入聲이 있는 노인층의 방언은 晋語로 분류하고 入聲이 없는 청년층의 방언은 기타 다른 官話방언으로 분류한다는 것은 상상할 수 없는 일이다." 또한 같은 문장에서 晋語의 보다 중요한 특성들이 기타 다른 官話방언과 일치하고 있다고 지적하고 있다. 즉, ①中古 全濁聲母는 무성음화 이후 平聲字는 유기음으로, 仄聲字는 무기음으로 발음된다, ②中古 -m韻尾는 -n韻尾로 합류되었다, ③入聲이 있는 지역은 소수이고, 다수의 지역에서 이미 入聲은 소실되었다 등이 그것이다. 그러나 晋語의 일부 지역에서는 全濁聲母 平聲字가 무기음으로 발음되는 경우도 있으며, -m韻尾를 보유하고 있는 방언이 있고, 방언 조사자의 다름에 따라 대다수의 방언에 入聲이 있다는 조사결과도 있기 때문에 문제가 그리 간단하지만은 않다. 晋語를 官話의 하위방언으로 처리할 것인가 아니면 분리시켜 남방의 閩방언, 粤방언 등과 동등한 위치의 독립적인 방언으로 분류할 것인가의 문제는 아직도 방언학계의 중요한 과제로 남아 있다.

다음은 학계에서 일반적으로 인정되고 있는 官話방언 공통의 주요 어음 특징이다.

(1) 파열음 혹은 파찰음인 中古 全濁聲母는 무성음화된 후 平聲字는 유기음, 仄聲(上去入聲)字는 무기음으로 발음된다.

	同全濁平	動全濁上	洞全濁去	獨全濁入
北京(北京官話)	t'uŋ²	tuŋ⁵	tuŋ⁵	tu²
哈爾濱(東北官話)	t'uŋ²	tuŋ⁵	tuŋ⁵	tu²
煙台(膠遼官話)	t'uŋ⁵	tuŋ⁵	tuŋ⁵	tu⁵
濟南(冀魯官話)	t'uŋ²	tuŋ⁵	tuŋ⁵	tu²
洛陽(中原官話)	t'uŋ²	tuŋ⁵	tuŋ⁵	tu²
銀川(蘭銀官話)	t'uəŋ³	tuəŋ⁵	tuəŋ⁵	tu⁵
成都(西南官話)	t'oŋ²	toŋ⁵	toŋ⁵	tu²
揚州(江淮官話)	t'oŋ²	toŋ⁵	toŋ⁵	tɔʔ⁷

(2) 비음 운미는 대부분의 지역에서 -n, -ŋ 두 개이다(-m은 -n으로 합류되었다). 일부 지역에서는 -n 혹은 -ŋ韻尾도 약화되어 운모의 鼻化 성분으로 남아있는 경우도 있다.

	甘中古-m韻尾	肝中古-n韻尾	缸中古-ŋ韻尾
北京(北京官話)	kan¹	kan¹	kaŋ¹
哈爾濱(東北官話)	kan¹	kan¹	kaŋ¹
煙台(膠遼官話)	kan¹	kan¹	kaŋ¹
濟南(冀魯官話)	kã¹	kã¹	kaŋ¹
洛陽(中原官話)	kan¹	kan¹	kaŋ¹
銀川(蘭銀官話)	kan¹	kan¹	kaŋ¹
成都(西南官話)	kan¹	kan¹	kaŋ¹
揚州(江淮官話)	kæ̃¹	kã¹	kaŋ¹

(3) 대부분의 지역에서 入聲은 소실되었다. 入聲이 소실되었기 때문에 入聲韻尾(파열음 운미)도 소실되었다. 그러나 일부 지역에서는 入聲 성조와 入聲韻尾(주로 성문파열음인 [-ʔ])를 모두 보유하고 있는 경우도 있고, 入聲韻尾는 소실되었지만 入聲 성조는 남아있는 경우도 있다.

	福中古-k韻尾	熱中古-t韻尾	白中古-t韻尾	席中古-k韻尾
北京(北京官話)	fu^2	$ʐɤ^5$	pai^2	$ɕi^2$
哈爾濱(東北官話)	fu^3	$ʐɤ^5$	pai^2	$ɕi^2$
煙台(膠遼官話)	fu^2	ie^3	po^5	$ɕi^5$
濟南(冀魯官話)	fu^1	$ʐə^5$	pei^2	$ɕi^2$
洛陽(中原官話)	fu^1	$ʐə^1$	$pæ^2$	si^2
銀川(蘭銀官話)	fu^5	$ʐə^5$	$pia^5/pɛ^5$	$ɕi^5$
成都(西南官話)	fu^2	ze^2	pe^2	$ɕi^2$
揚州(江淮官話)	$fɔʔ^7$	$ieʔ^7$	$pɔʔ^7$	$ɕieʔ^7$

(4) 中古 全濁聲母 上聲은 去聲으로 합류되었고, 去聲은 陰去와 陽去로 나누어지지 않고 去聲 하나로 통합되었다.

	抱全濁上	報清去	暴全濁去
北京(北京官話)	pau^5	pau^5	pau^5
哈爾濱(東北官話)	pau^5	pau^5	pau^5
煙台(膠遼官話)	$pɑo^5$	$pɑo^5$	$pɑo^5$
濟南(冀魯官話)	$pɔ^5$	$pɔ^5$	$pɔ^5$
洛陽(中原官話)	$pɔ^5$	$pɔ^5$	$pɔ^5$
銀川(蘭銀官話)	$pɔ^5$	$pɔ^5$	$pɔ^5$
成都(西南官話)	pau^5	pau^5	pau^5
揚州(江淮官話)	$pɔ^5$	$pɔ^5$	$pɔ^5$

이와 같은 官話방언의 특성들은 기타 남방 방언과의 접경지역이나 개별 지역에 따라 예외적 현상도 나타날 수 있지만, 대체로 대부분의 官話방언에서 공통적으로 나타나는 현상이라고 할 수 있다.

다음은 官話방언 전체의 공통 특징은 아니지만 개별 지역 방언에서 독특하게 나타나는 중요한 특징들을 정리해 본 것이다.

(1) 북경어에서 零聲母로 발음되는 影, 疑母 開口字를 北京官話 중의 承德, 赤峰 등지에서는 n- 혹은 ŋ- 성모로 발음한다.

片	지명	鵝疑	愛影	襖影	安影	岸疑
懷承	承德	nɤ²	nai⁵	nau³	nan¹	nan⁵
朝峰	赤峰	ŋɤ²	ai⁵	nau³	ŋan¹	ŋan⁵
京師	北京	ɤ²	ai⁵	au³	an¹	an⁵

中原官話에서는 影, 疑母 開口字를 대부분의 지역에서 ŋ- 혹은 ɣ-로 발음한다.

片	지명	鵝疑	愛影	襖影	安影	岸疑
鄭曹	鄭州	ɣɤ²	ɣai⁵	ɣau³	ɣan¹	ɣan⁵
蔡魯	曲阜	ɣɤ²	ɣɛ⁵	ɣɔ³	ɣɑ̃¹	ɣɑ̃⁵
洛徐	洛陽	ɣɔ²	ɣai⁵	ɣɔɛ³	ɣã¹	ɣã⁵
信蚌	信陽	ŋɤ²	ŋai⁵	ŋau³	ŋan¹	ŋan⁵
汾河	萬榮	ŋɤ²	ŋai⁵	ŋɑu³	ŋæ¹	ŋæ̃⁵
關中	西安	ŋɤ²	ŋɜ⁵	ŋou³	ŋæ¹	ŋæ̃⁵

蘭銀官話에 속한 烏魯木齊와 民樂에서도 影, 疑母 開口字를 ŋ- 혹은 ɣ-로 발음한다.

片	지명	鵝疑	愛影	襖影	安影	岸疑
哈阜	民樂	ɣɤ²	ɣai⁵	ɣau³	ɣan¹	ɣan⁵
黑松	烏魯木齊	ŋə²	ŋai⁵	ŋau³	ŋan¹	ŋan⁵

東北官話 중의 일부 지역에서도 影, 疑母 開口字를 n- 성모로 발음하는
현상이 나타난다.

片	지명	鵝疑	愛影	襖影	安影	岸疑
哈阜	長春	nɤ²	nai⁵	nou³	nan¹	nan⁵
黑松	佳木斯	nɤ²	nai⁵	nou³	nan¹	nan⁵

冀魯官话 일부 지역에서도 影, 疑母 開口字를 n-, ŋ- 성모로 발음하는
현상이 나타난다. 山東省 莒南에서는 舌面後(舌根) 마찰음 ɣ-로 발음한다.

片	지명	鵝疑	愛影	襖影	安影	岸疑
保唐	天津	nɤ²	nai⁵	nau³	nan¹	-
石濟	石家莊	ŋɤ²	ŋai⁵	ŋau³	ŋan¹	ŋan⁵
滄惠	莒南	ɣɔ²	ɣɛ⁵	ɣɔ³	ɣã¹	ɣã⁵

西南官話에서는 다수의 지역에서 ŋ- 성모로 발음되는 경우가 많지만,
保山에서는 성문파열음 ʔ- 성모로 발음된다.

片	지명	鵝疑	愛影	襖影	安影	岸疑
成渝	成都	o²	ŋai⁵	ŋai³	ŋan¹	ŋan³
滇西	保山	uo²	ʔæɛ⁵	ʔɑɔ³	ʔɑŋ¹	ʔɑŋ⁵
昆貴	昆明	o²	æ⁵	ɔ³	ã¹	ã⁵
桂柳	柳州	ŋo²	ŋæ²	ŋo³	ŋã¹	ŋã⁵

(2) 東北官話 중의 일부 지역에는 舌尖後音(捲舌音) 성모 tʂ-, tʂʻ-, ʂ-가
없고, 모두 舌尖前音 ts-, tsʻ-, s-로 발음된다. 『中國語言地圖集』에 의하면
通化, 佳木斯 등의 방언이 그러하다. 이들 지역에는 유성 마찰음 ʑ-도 零
聲母로 발음된다. 예를 들어보면 다음과 같다. 그 외 지역은 북경어와 거

의 유사하다.

片	지명	早	找	操	超	熱	軟
吉沈	通化	tsau^3	tsau^3	ts'au^1	ts'au^1	ie^5	ʐan^3
黑松	佳木斯	tsau^3	tsau^3	ts'au^1	ts'au^1	ie^5	ʐan^3
哈阜	哈爾濱	tsau^3	tsau^3	ts'au^1	tʂ'au^1	zɣ^5	ʐuan^3

冀魯官话의 경우 舌尖前音 ts-, ts'-, s- 성모와 舌尖後音 tʂ-, tʂ'-, ʂ- 성모의 분포가 북경어와 대부분 일치한다. 그런데 廣靈과 盧龍 등 방언에서는 舌尖前音과 舌尖後音의 구분이 없어졌다. 廣靈방언에서는 모두 ts-, ts'-, s- 한 가지로만 발음되고, 盧龍방언에서는 모두 tʂ-, tʂ'-, ʂ- 한 가지로만 발음된다. 그 외 天津, 巨鹿, 鹽山 등 일부 지역에서는 舌尖前音과 舌尖後音의 구분은 있지만 분포 특징이 북경어와 차이를 보인다.[241]

片	지명	資精	支章	知知	齹從	饞崇	纏澄
保唐	廣靈	tsɿ^1	tsɿ^1	tsɿ^1	ts'æ^2	ts'æ^2	ts'æ^2
	盧龍	tʂʅ^1	tʂʅ^1	tʂʅ^1	tʂ'an^2	tʂ'an^2	tʂ'an^2
	天津	tsɿ^1	tsɿ^1	tʂʅ^1	ts'an^2	tʂ'an^2	tʂ'an^2
石濟	巨鹿	tsɿ^1	tsɿ^1	tɕi^1	ts'a͡^{2}	tʂ'ia͡^{2}	tɕ'ia͡^{2}
滄惠	鹽山	tsɿ^1	tsɿ^1	tʂʅ^1	ts'a͡^{2}	ts'a͡^{2}	tʂ'a͡^{2}

蘭銀官話도 舌尖前音과 舌尖後音의 구분이 명확하다. 하지만 蘭州, 銀川, 烏魯木齊 등 지역의 발음은 분포 특징이 북경어와 차이를 보인다.

片	지명	資精	支章	知知	齹從	饞崇	纏澄
金城	蘭州	tsɿ^1	tʂʅ^1	tʂʅ^1	ts'ε^2	tʂ'ε^2	tʂ'ε^2
銀吳	銀川	tsɿ^1	tsɿ^1	tʂʅ^1	ts'ε͡^{2}	ts'ε͡^{2}	tʂ'ε͡^{2}
北彊	烏魯木齊	tsɿ^1	tsɿ^1	tʂʅ^1	ts'ε͡^{2}	ts'ε͡^{2}	tʂ'ε͡^{2}

---

241) 舌尖前音과 舌尖後音의 (中古音을 기준으로 한) 세부적 분포특징은 지역별로 다양하게 나타나기 때문에 일괄적으로 설명하기 힘들다. 따라서 여기서는 '분포특징이 북경어와 다르다'는 표현만으로 대체한다.

中原官話의 경우도 대부분의 지역에서 舌尖前音과 舌尖後音의 구분이 확연하다. 하지만 분포 특징이 북경어와 차이를 보인다. 예외적으로 鄭州, 曲阜, 信陽 등 지역 방언의 경우는 현재 中古 성모의 구분 없이 모두 ts-, ts'-, s- 혹은 tʂ-, tʂ'-, ʂ- 한 종류로만 발음된다.

片	지명	資精	支章	知知	翳崇	饒崇	纏澄
鄭曹	鄭州	tsɿ¹	tʂʅ¹	tʂʅ¹	tʂʼan²	tʂʼan²	tʂʼan²
蔡魯	曲阜	tsɿ¹	tsɿ¹	tsɿ¹	tsʒ̃²	tsʒ̃²	tsʒ̃²
洛徐	洛陽	tsɿ¹	tsɿ¹	tʂʅ¹	tsʒ̃²	tsʒ̃²	tʂʼa²
信蚌	信陽	tsɿ¹	tsɿ¹	tsɿ¹	tsʼan²˙	tsʼan²	tsʼan²
汾河	萬榮	tsɿ¹	tsɿ¹	tʂʅ¹	tsʼæ̃²	tsʼæ̃²	tʂʼæ̃²
關中	西安	tsɿ¹	tsɿ¹	tʂʅ¹	tsʼæ̃²	tsʼæ̃²	tʂʼæ̃²

西南官話의 경우는 대부분의 지역에서 舌尖前音과 舌尖後音이 구분되지 않고, 모두 舌尖前音 ts-, ts'-, s-로 발음된다. 예외적으로 保山, 昆明, 西昌, 鐘祥 등 일부 지역 방언에서는 舌尖前音과 舌尖後音이 구분된다. 하지만 분포 특징은 북경어와 차이가 난다.

片	지명	資精	支章	知知	蘇心	梳生	書書
滇西	保山	tsɿ¹	tʂʅ¹	tʂʅ¹	su¹	su¹	ʂu¹
昆貴	昆明	tsɿ¹	tʂʅ¹	tʂʅ¹	su¹	su¹	ʂu¹
灌赤	西昌	tsɿ¹	tʂʅ¹	tʂʅ¹	su¹	su¹	ʂu¹
鄂北	鐘祥	tsɿ¹	tʂʅ¹	tʂʅ¹	su¹	su¹	ʂu¹

江淮官話에서도 다수의 지역에서 舌尖前音과 舌尖後音이 구분이 없어진 것으로 알려져 있다.

膠遼官話의 경우는 북경어와 마찬가지로 舌尖前音과 舌尖後音의 구분이 확연하다. 그런데 山東省 그리고 遼寧省 일부 지역 방언에서는 精組

(精清從心邪) 성모는 예외 없이 ts-, ts'-, s-로 발음되는데 知, 莊, 章組(知
徹澄, 莊初崇生, 章昌船書禪) 성모가 中古 성모를 기준으로 명확히 두 종
류로 나누어진다. 錢曾怡(1985, 2001)에 의하면 첫 번째(편의상 A라 칭
함) 부류는 莊組字 전체, 知組開口二等字, 章組止攝開口字, 遇攝 이외의
知章組 合口三登字의 성모 발음이고, 두 번째(B) 부류는 知組開口三等字,
止攝 이외의 章組開口字, 遇攝 知章組字의 성모 발음이다. 예를 들어 보면
다음과 같다.

片	지명	支(A)	知(B)	愁(A)	綢(B)	生(A)	聲(B)
青州	諸城	tʂ₁^1	tʃ₁^1	tʂ'ou^2	tʃ'ou^2	ʂəŋ^1	ʃəŋ^1
	平度	tʂ₁^1	tʃ₁^1	tʂ'ou^2	tʃ'ou^2	ʂoŋ^1	ʃoŋ^1
登連	榮城	tʂ₁^1	tʃ₁^1	tʂ'ou^2	tʃ'ou^2	ʂəŋ^1	ʃəŋ^1
	煙台	ts₁^1	tɕi^1	ts'ou^2	tɕ'iou^2	saŋ^1	ɕiŋ^1

(3) 膠遼官話 중 山東省에 분포한 青島, 平度, 榮城, 煙台 등 방언에서
는 尖音과 團音이 확연히 구분된다. 하지만 遼寧省에 분포한 蓋縣 등 방
언에서는 북경어와 마찬가지로 尖音과 團音이 구분되지 않는다.

片	지명	集	極	妻	欺	西	稀
青州	青島	tsi^2	tɕi^5	ts'i^1	tɕ'i^1	si^1	ɕi^1
	平度	tsi^2	ci^2	ts'i^1	c'i^1	si^1	ci^1
登連	榮城	tsi^2	ci^2	ts'i^1	c'i^1	si^1	ci^1
	煙台	tɕi^5	ci^5	tɕ'i^1	c'i^1	ɕi^1	ci^1
蓋桓	蓋縣	tɕi^2	tɕi^2	tɕ'i^1	tɕ'i^1	ɕi^1	ɕi^1

冀魯官话 에 속한 石家莊, 巨鹿, 莒南, 利津 등지에서도 尖音과 團音이
확연히 구분된다.

片	지명	集	極	妻	欺	西	稀
石濟	石家莊	tsi⁵	tɕi²	ts'i¹	tɕ'i¹	si¹	ɕi¹
	巨鹿	tsi²	tɕi²			si¹	ɕi¹
滄惠	莒南	tsi²	tɕi²	ts'i¹	tɕ'i¹	si¹	ɕi¹
	利津	tsi²	tɕi²	ts'i¹	tɕ'i¹	si¹	ɕi¹

中原官話의 경우는 대부분의 지역에서 尖音과 團音의 구분이 없어졌다. 하지만 鄭州와 洛陽 등에서는 여전히 尖音과 團音이 확연히 구분된다.

片	지명	集	極	妻	欺	需	虛
鄭曹	鄭州	tsi²	tɕi²	ts'i¹	tɕ'i¹	sy¹	ɕy¹
洛徐	洛陽	tsi²	tɕi²	ts'i¹	tɕ'i¹	sy¹	ɕy¹

西南官話에 속한 대부분의 지역에서도 尖音과 團音의 구분이 없어졌다. 예외적으로 保山, 柳州에서만 尖音과 團音의 구분이 남아있다.

片	지명	集	極	妻	欺	西	稀
滇西	保山	tsi²	tɕi²	ts'i¹	tɕ'i¹	si¹	ɕi¹
桂柳	柳州	tsi²	ki²	ts'i¹	k'i¹	si¹	xi¹

(4) 북경어에서 ʐ- 성모로 발음되는 日母字가 膠遼官話에서는 零聲母로 발음된다.

片	지명	日	熱	肉	如	軟	入
青州	諸城	i³	iə⁵	iou⁵	y²	ya³	iə̃²
登連	煙台	i³	ie³	iou⁵	y⁵	yan³	ɪn¹
蓋桓	蓋縣	i⁵	iə⁵	iou⁵	lu²/y²	yan³	in²

冀魯官話에서는 다수의 지역에서 북경어와 똑같이 ʐ- 성모로 발음되지만, 일부 지역에서는 z- 혹은 l- 성모로 발음된다(濟南의 경우는 合口呼 운

모 앞에서만 l- 성모로 발음된다).

片	지명	饒	熱	肉	人	如	軟
保唐	諸城	zao^2	zə^5	zəu^5	zəŋ^2	zu^3	zuæ^3
石濟	巨鹿	lɑu^2	lɤ^5	iou^5	iən^2	lʊ^2	yan^3
	濟南	ʐɔ^2	ʐə^5	ʐou^5	ʐẽ^2	lu^2	luã^3
滄惠	鹽山	ʐɔ^3	ʐə^5	ʐou^5	ʐə̃^{2}	lu^2	yã^3
	壽光	lɔ^2	lə^5	ləu^5	lə̃^{2}	lu^2	luã^3

西南官話에서는 z-, ʐ-, n-, ŋ-, 零聲母 등 다양하게 발음된다.

片	지명	熱	饒	肉	人	如	軟
成渝	成都	ze^2	zau^2	zəu^2	zən^2	zu^2	zuan^3
滇西	保山	ʐɤ^2	ʐɑɔ^2	ʐu^2	ʐɛn^2	ʐu^2	ʐuan^3
武天	武漢	nɤ^2	nau^2	nəu^2	nən^2	y^2	yɛn^3
桂柳	柳州	iɛ^2	iɔ^2	iu^2	iən^2	y^2	ŋyɛ̃^{3}
常鶴	常德	ŋe^5	ŋau^2	ŋou^5	ŋən^2	y^2	ŋan^3

(5) 中原官話 중 洪洞, 新絳, 萬榮, 西安 등 일부 지역에서는 북경어에서 tʂ-, tʂ'-, ʂ-, ʐ-로 발음하는 성모를 合口呼 운모 앞에서 pf-, pf'- f-, v- 혹은 마찰음 f-, v-로 발음한다.

片	지명	猪	穿	窓	雙	鼠	軟
汾河	洪洞	tʂu^1	tʂ'uan^1	tʂ'o^1	fo^1	fu^3	van^3
	新絳	pfu^1	pf'ə̃^{1}	pf'ə^1	fə^1	fu^3	vã^3
	萬榮	pfu^1	pf'æ^1	pf'ʌŋ^1	fɤ^1	fu^3	væ^3
關中	西安	pfu^1	pf'æ^1	pf'ɑŋ^1	fɑŋ^1	fu^3	væ^3

그 중 洪洞, 萬榮에서는 북경어에서 tɕ-, tɕ'- 성모로 발음되는 일부 글자들을 t-, t'-, tʂ-, tʂ'-로 발음한다.

片	지명	鷄	家	澆	敲	間	緊
汾河	洪洞	ti¹	tiɑ¹	tiɑo¹	t'iɑo¹	tien¹	tien³
	萬榮	tʂʅ¹	tʂɑ¹	tʂɑu¹	tʂ'ɑu¹	tʂæ̃¹	tʂei³

蘭銀官話 蘭州방언에서도 북경어에서 tʂ-, tʂ'-, ʂ-, ʐ-로 발음하는 성모
를 合口呼 운모 앞에서 pf-, pf'- f-, v-로 발음한다.

片	지명	猪	穿	窓	雙	鼠	軟
金城	蘭州	pfu¹	pf'ɛ̃¹	pf'ɑ̃¹	fɑ̃¹	pf'u³	vɛ̃³
銀吳	銀川	tʂu¹	tʂ'uæ̃¹	tʂ'uaŋ¹	ʂ'uaŋ¹	tʂ'u³	ʐuæ̃³

(6) 西南官話에 속한 방언 중 50% 이상의 지역에서는 n- 성모와 l- 성
모가 구분되지 않고 그 중 한 가지로만 발음된다.

片	지명	南	蘭	奴	爐	農	籠
成渝	成都	nan²	nan²	nu²	nu²	nɔŋ²	nɔŋ²
黔北	遵義	lan²	lan²	lu²	lu²	loŋ²	loŋ²
鄂北	鐘祥	nan²	nan²	nu²	nu²	nuŋ²	nuŋ²
武天	武漢	nan²	nan²	nəu²	nəu²	noŋ²	noŋ²
常鶴	常德	lan²	lan²	lou²	lou²	loŋ²	loŋ²

江淮官話의 경우도 n- 성모와 l- 성모가 구분되지 않는 경우가 많다.

片	지명	南	蘭	泥	離	女	呂
洪巢	揚州	læ²	læ²	li²	li²	ly³	ly³
泰如	南通	nyø̃²	ɑ̃²	ni²	li²	ny³	liø³
黄孝	英山	lən²	lən²	n̩ɿ²	li²	ŋʮ³	ʮ³
	孝感	nan²	nan²	ni²	ni²	ŋʮ³	ŋʮ³

(7) 西南官話 중 昆明과 西昌 두 곳에는 撮口呼 운모가 존재하지 않는다. 북경어에서 撮口呼로 발음되는 글자들은 일반적으로 齊齒呼로 발음된다.

片	지명	居	雨	決	月	捐	雲
昆貴	昆明	tɕi¹	i³	tɕie²	ie²	tɕiɛ̃¹	i²
灌赤	西昌	tɕi¹	i³	tɕiɛ⁷	iɛ⁷	tɕian¹	in²

(8) 膠遼官話 중 榮城, 煙台 등 登連片에 속한 방언들은 蟹, 止, 山, 臻 攝 合口 端系字(端透定, 泥來, 精淸從心邪母字)를 대부분 開口呼로 발음한 다. 그 외 靑島 등 일부 지역에서도 소수의 글자들이 開口呼로 발음되는 경우가 있다.

片	지명	對	歲	雷	暖	酸	蹲
靑州	靑島	tei⁵	suei⁵	lei⁵	nã³	suã¹	tuẽ¹
	諸城	tuei⁵	θuei⁵	luei²	nuã³	θuã¹	tuã¹
登連	榮城	tei⁵	sei⁵	lei⁵	nan³	san¹	tən¹
	煙台	tei⁵	sei⁵	lei⁵	nan³	san¹	tən¹
蓋桓	蓋縣	tuei⁵	suei⁵	luei²	nuan³	suan¹	tun¹

西南官話 일부 지역에서도 유사한 현상이 나타난다.

片	지명	對	歲	雷	暖	酸	敦
黔北	遵義	tuei⁵	suei⁵	luei⁵	nuan³	suan¹	tən¹
鄂北	鐘祥	təi⁵	sui⁵	ləi²	nan³	suan¹	tən¹
武天	武議	tei⁵	sei⁵	lei²	nan³	san¹	tən¹
常鶴	常德	tei⁵	ɕyei⁵	lei²	nan³	ɕyan¹	tən¹

(9) 冀魯官话 曾攝開口一等 德韻과 梗攝開口二等 陌麥韻의 운모는 대부 분의 지역에서 북경어와 유사하게 -ɤ, -ei, -o, -ai 등으로 발음된다. 그런 데 廣靈, 巨鹿, 利津 등 일부 지역에서는 북경어와 달리 대부분 -ei, -ɛ,

-æɛ 등으로 발음된다.

片	지명	曾開一 德			梗開二 陌麥		
		墨	德	刻	白	摘	客
保唐	廣靈	mei⁵	tei¹	k'ɯ¹	pɛ²	tsɛ¹	tɕ'iə¹
	天津	mo⁵	tɤ²	k'ɤ⁵	pai²	tsai¹	k'ɤ⁵
石濟	巨鹿	mei⁵	tei¹	k'ei¹	pæɛ²	tʂæɛ¹	k'ɤ⁵
滄惠	利津	mei⁵	tei⁷	k'ei⁷	pei²	tsei⁷	k'ei⁷

中原官話의 경우는 曾開一 德韻과 梗開二 陌麥韻의 운모를 대부분의 지역에서 -ei 혹은 -ɛ로 발음한다(梗攝의 경우는 지역에 따라 -ai로 발음하는 경우도 있다).

片	지명	曾開一 德			梗開二 陌麥		
		墨	德	刻	白	摘	客
鄭曹	鄭州	mei¹	tɛ¹	k'ɛ¹	pɛ²	tsɛ¹	k'ɛ¹
洛徐	洛陽	mei¹	tai¹	k'ai¹	pai²	tsai¹	k'ai¹
信蚌	信陽	mɛ¹	tɛ¹	k'ɛ¹	pɛ²	tsɛ¹	k'ɛ¹
關中	西安	mei¹	tei¹	k'ei¹	pei²	tsei¹	k'ei¹

蘭銀官話의 경우 蘭州에서는 주로 -ɤ, 銀川에서는 -a, -ia, 烏魯木齊에서는 -ei, -ə로 발음한다.

片	지명	曾開一 德			梗開二 陌麥		
		墨	德	刻	白	摘	客
金城	蘭州	mɤ⁵	tɤ⁵	k'ɤ⁵	pɤ²	tsɤ⁵	k'ɤ⁵
銀炅	銀川	mia⁵	tia⁵	k'a⁵	pia⁵	tsə⁵	k'a⁵
北疆	烏魯木齊	mei⁵	ta³	k'ə⁵	pei³	tsai¹	k'ei⁵

西南官話에서도 -e, -æ, -ə, -ai, ia 등 다양하게 발음된다.

片	지명	曾開一 德			梗開二 陌麥		
		墨	德	刻	白	摘	客
成渝	成都	me²	te²	kʻe²	pe²	tse²	kʻe²
黔北	遵義	mæ²	tæ²	kʻæ²	pæ²	tsæ²	kʻæ²
灌赤	漢源	mai²	tai¹	–	pai¹	tsai¹	kʻe¹
鄂北	鐘祥	mə²	tə²	kʻə²	pə²	tsə²	kʻə²
黔南	都勻	mia⁷	tia⁷	kʻia⁷	pia⁷	tɕia⁷	kʻia⁷
桂柳	柳州	mɤ²	tɤ²	kʻɤ²	pɤ²	tsɤ²	kʻɤ²

(10) 中原官話 중 信陽, 寶鷄, 天水 등 일부 지역에서는 북경어에서 -n 韻尾와 -ŋ 韻尾로 구분되는 深臻攝와 曾梗攝 舒聲字의 韻尾가 구분 없이 -n 혹은 -ŋ운미로 발음된다.

片	지명	根臻	庚梗	貞臻	蒸曾	今深	經梗
信蚌	信陽	kən¹	kən¹	tsən¹	tsən¹	tɕin¹	tɕin¹
秦隴	寶鷄	kəŋ¹	kəŋ¹	tʂɔŋ¹	tʂɔŋ¹	tɕiŋ¹	tɕiŋ¹
隴中	天水	kən¹	kən¹	tʂɔn¹	tʂɔn¹	tɕin¹	tɕin¹

蘭銀官話 지역에서는 深臻攝와 曾梗攝 舒聲字의 운모 전체가 합류되었다.

片	지명	根臻	庚梗	貞臻	蒸曾	今深	經梗
金城	蘭州	kə̃¹	kə̃¹	tʂə̃¹	tʂə̃¹	tɕiə̃¹	tɕiə̃¹
銀吳	銀川	kɔŋ¹	kɔŋ¹	tʂəŋ¹	tʂəŋ¹	tɕiŋ¹	tɕiŋ¹
北疆	烏魯木齊	kəŋ¹	kəŋ¹	tʂəŋ¹	tʂəŋ¹	tɕiŋ¹	tɕiŋ¹

西南官話에서도 深臻攝와 曾梗攝 舒聲字의 운모가 대부분 합류되었다.

片	지명	根臻	庚梗	貞臻	蒸曾	今深	經梗
成渝	成都	kən^1	kən^1	tsən^1	tsən^1	tɕin^1	tɕin^1
滇西	大理	kə̃^{1}	kə̃^{1}	tsə̃^{1}	tsə̃^{1}	tɕĩ^1	tɕĩ^1
	保山	kɛn^1	kɛn^1	tʂɛn^1	tʂɛn^1	tɕin^1	tɕin^1
灌赤	洱源	kɔ̃ĩ^1	kɔ̃ĩ^1	tsəi^1	tsəi^1	tɕĩ^1	tɕĩ^1

江淮官話에서도 深臻攝와 曾梗攝 舒聲字의 운모가 대부분 합류되었다.

片	지명	根臻	庚梗	貞臻	蒸曾	今深	經梗
洪巢	揚州	kən^1	kən^1	tsɔn^1	tsɔn^1	tɕin^1	tɕin^1
	南京	kəŋ^1	kəŋ^1	tʂəŋ^1	tʂəŋ^1	tɕiŋ^1	tɕiŋ^1
泰如	南通	kɜ^1	kɜ^1	tʂɜ̃^{1}	tʂɜ̃^{1}	tseŋ^1	tseŋ^1
黃孝	英山	kən^1	kən^1	tʂən^1	tʂən^1	tɕin^1	tɕin^1

(11) 中原官話 洪洞, 新絳, 萬榮 등 일부 지역에서는 宕, 江, 曾, 梗攝 일부 舒聲字의 白讀音 韻尾가 탈락하여 陰聲韻으로 발음된다.

片	지명	湯宕	蒼宕	巷江	剩曾	釘梗	贏梗
汾河	洪洞	t'o^1	ts'o^1	xo^6	ʂe^6	tie^1	ie^2
	新絳	t'ə^1	ts'ə^1	xə^5	ʂe^5	tie^1	ie^2
	萬榮	t'ɤ^1	ts'ɤ^1	xʌŋ^5	ʂʌŋ^5	tiɛ^1	iɛ^2

(12) 西南官話 일부 지역에서는 일부 明母 流攝字와 通攝 入聲字의 발음에 舌根 비음 운미 -ŋ이 나타난다.

片	지명	畝流	某流	茂流	貿流	木通	目通
成渝	成都	moŋ^3	moŋ^3	moŋ^5	moŋ^5	mu^2	mu^2
昆貴	昆明	moŋ^3	moŋ^3	moŋ^5	moŋ^5	mu^2	mu^2
鄂北	鐘祥	muŋ^3	mɔuŋ^3	məuŋ^5	məuŋ^5	muŋ^2	muŋ^2
武天	武漢	məuŋ^3	məuŋ^3	mauŋ^5	mauŋ^5	moŋ^2	moŋ^2

(13) 西南官話 중 西昌, 洱源, 黎平, 都勻, 零陵 등 일부 지역에서는 中古 入聲을 현재도 入聲으로 발음한다.

片	지명	八	福	各	麥	月	雜
灌赤	西昌	pa⁷	fu⁷	ko⁷	mɛ⁷	iɛ⁷	tsa⁸
	洱源	pa⁷	fu⁷	ko⁷	me⁷	ye⁷	tsɑ⁷
岑江	黎平	pa⁷	fu⁷	ko⁷	mɛ⁷	ye⁷	tsa⁷
黔南	都勻	pa⁷	fu⁷	ko⁷	mia⁷	vie⁷	tsa⁷
湘南	零陵	pa⁷	fu⁷	ko⁷	me⁷	ye⁷	tsa⁷

江淮官話에서는 대부분의 지역에 모두 入聲 성조가 남아있다. 그 중 泰如片(泰州, 如皋, 南通, 大豊, 武進, 江陰 등 江蘇省 長江 이남 및 長江 이북의 동남부 지역에 분포한 江淮官話) 지역 방언에서는 入聲이 中古 성모의 清, 濁에 따라 陰入과 陽入 두 가지로 나누어진다.

片	지명	八	福	各	麥	月	雜
洪巢	揚州	pæʔ⁷	fɔʔ⁷	kaʔ⁷	mɔʔ⁷	yiʔ⁷	tsæʔ⁷
泰如	南通	pɑʔ⁷	foʔ⁷	koʔ⁷	moʔ⁸	yʔ⁸	tsaʔ⁸
黃孝	英山	paʔ⁷	fuʔ⁷	koʔ⁷	møʔ⁷	mɥɛʔ⁷	tsaʔ⁷

江淮官話는 湖北省과 江西省, 安徽省에 분포한 일부 방언을 제외하면 대부분의 지역에서 中古 入聲字의 발음은 入聲 성조뿐만 아니라 성문파열음 -ʔ (일부 지역은 설측음 -l 혹은 -k)를 동반한 파열음 운미가 나타난다. 南京방언을 예로 들어 보면, 남경방언 49개의 운모 중 다음 13개가 성문파열음을 동반한 入聲韻이다. -ʅʔ, -aʔ, -əʔ, -oʔ, -iʔ, -iaʔ, -ieʔ, -ioʔ, -uʔ, -uaʔ, -ueʔ, -yʔ, -yeʔ.

(14) 官話방언은 성조의 수가 상대적으로 적다. 특히 江淮官話와 西南官話 일부 지역, 그리고 山西省과 陝西省의 일부 지역을 제외하면, 官話방

언 대부분의 지역에는 入聲이 존재하지 않는다. 전체 官話방언을 놓고 볼때 성조의 수는 보통 4개~5개인데, 4개인 경우가 가장 많다. 中古 平, 上, 去 入 四聲으로부터의 발전이라는 관점에서 보면 官話방언은 일반적으로 다음과 같은 특성을 가지고 있다. 中古 平聲은 성모의 淸, 濁에 따라 현재 陰平과 陽平 두 개의 성조로 나누어진다. 中古 上聲은 淸聲母字와 次濁聲母字의 경우 여전히 上聲으로 발음되지만, 全濁聲母字는 去聲으로 합류되었다. 中古 去聲은 여전히 去聲으로 발음된다. 따라서 官話방언은 보통 陰平, 陽平, 上聲, 去聲 4개 성조로 이루어져 있다. 中原官話 일부 지역 및 江淮官話 南通 등지에서는 去聲이 中古 성모의 淸, 濁에 따라 陰去와 陽去로 나누어지기도 하지만 극히 예외적인 현상에 속한다. 南通방언의 경우는 入聲도 陰入과 陽入으로 나누어져 총 7개의 성조를 가지고 있다.

南通방언의 성조: 陰平, 陽平, 上聲, 陰去, 陽去, 陰入, 陽入

甘肅省 康樂, 山東省 掖縣, 山西省 黎城, 河北省 臨城 등 방언은 中古 平聲이 陰平, 陽平으로 나누어지지 않거나, 去聲이 기타 성조로 합류되어 현재 3개의 성조만이 남아있다.

康樂방언의 성조: 平聲, 上聲, 去聲
掖縣방언의 성조: 陰平, 陽平, 上聲
黎城방언의 성조: 平聲, 上聲, 去聲
臨城방언의 성조: 平聲, 上聲, 去聲

(15) 앞서 언급했듯 官話의 여러 하위방언들은 '中古 入聲의 현 성조'라는 하나의 기준만으로도 전체적인 구분이 가능하다. 즉, 江淮官話에서는 中古 入聲을 현재에도 入聲으로 발음하고, 西南官話에서는 대부분의 지역어서 中古 入聲을 현재 모두 陽平으로 발음한다. 中原官話의 경우는

中古 淸聲母 入聲字와 次濁聲母 入聲字는 陰平으로, 全濁聲母 入聲字는 陽平으로 발음한다. 冀魯官話에서는 淸聲母 入聲字는 陰平, 次濁聲母 入聲字는 去聲, 全濁聲母 入聲字는 陽平으로 발음한다. 蘭銀官話에서는 淸聲母와 次濁聲母 入聲字는 去聲으로, 全濁聲母 入聲字는 陽平으로 발음한다. 膠遼官話의 경우는 淸聲母 入聲字는 上聲, 次濁聲母 入聲字는 去聲, 全濁聲母 入聲字는 陽平으로 발음한다. 물론 지역별로 일부 예외적인 현상들도 존재하지만 이와 같은 특성은 官話방언의 하위방언들을 특징짓는 가장 주요한 특성으로 알려져 있다.

2. 湘방언

官話가 북부방언이라면, 長江 중하류 지역에서 長江을 경계로 북부방언과 마주보고 있는 湘방언과 贛방언은 남부방언과 북부방언의 중간지대에 위치해 있다고 할 수 있다. 이에 많은 학자들이 湘방언과 贛방언을 중부방언이라 칭하고 있다. 중부방언은 북부방언의 특징과 남부방언의 특징을 함께 가지고 있는 방언이라고 할 수 있는데, 그 중 贛방언은 상대적으로 남부방언의 요소를 더 많이 가지고 있고, 湘방언은 상대적으로 북부방언의 요소를 더 많이 가지고 있다고 알려져 있다. 이번 절에서는 우선 湘방언의 특징에 대해 살펴본다.

湘방언은 湘語라고도 하는데, 통상 '中古 全濁聲母의 유성음 음가 보유 여부'를 기준으로 新湘語와 老湘語로 나눈다. 新湘語는 현재 中古 全濁聲母가 모두 무성음화된 지역 방언이고, 老湘語는 中古 全濁聲母 전체 혹은 일부가 유성음 음가를 보유하고 있는 지역 방언이다. 新湘語는 長沙방언이 대표 방언이며, 老湘語는 雙峰방언이 대표 방언이다. 湘방언은 주로 湖南省에 분포되어 있는데, 湖南省 내 湘江과 資江 유역에 집중 분포해 있고, 沅江 중류 일부지역에도 분포되어 있다. 廣西省 북부 興安, 灌陽, 全州, 資源 등 縣과 四川省 내 약 45개 縣市의 일부 지역에도 湘방언을 사용하는 인구가 분포해 있다. 湘방언의 전체 사용 인구는 대략 4500만 정도이다.

前漢 揚雄의 『方言』에 의하면 湘방언은 漢나라 시기까지는 楚語의 일부(남부 楚語)에 속한 방언이었다. 하지만 후에 三國時代 때는 吳나라의 통치를 받게 되고, 또 西晉 말 永嘉의 亂 이후에는 북방 주민들(주로 현 山西省, 陝西省 주민들)이 이주해 오면서 이 지역 방언에도 변화가 생기기 시작하였다. 南北朝 시기 南朝에 속한 이 지역은 東晉 때부터 湘州라는 지명으로 독립적인 행정구역이 되었으며, 이 시기부터 이 지역 방언은 고대의 楚語로부터 분리되어 독립적인 방언으로 변화하게 된다. 고대 楚語 중 북부지역 방언은 점차 北方官話로 변화하였고, 古代 湘州를 중심으로 한 남부지역 방언은 현재의 湘방언으로 변화하였다. 漢나라 및 三國時代까지도 古代 楚語와 (현 浙江省을 중심으로 분포해 있었던) 古代 吳語는 큰 차이가 없었다고 알려져 있다. 하지만 唐나라 시기 安史의 亂 이후 長安, 洛陽 등지의 호족 및 현 湖北省, 河南省 일대의 백성들이 대규모로 현재의 江西省 및 湖南省 일대로 이주해 오면서 古代 楚語와 古代 吳語는 현 江西省을 경계로 분리되었고, 방언의 차이도 점차 커지게 되었다고 보고 있다.

『中國語言地圖集』(1987)에서는 湘방언을 長沙, 益陽 일대의 長益片, 婁底, 邵陽 일대의 婁邵片, 吉首, 漵浦 일대의 吉漵片 3개의 方言片으로 나누고 있다. 『現代漢語方言槪論』(2002)에서는 吉漵片을 辰漵片으로 명칭을 바꾸었고, 『湘方言槪要』(2006)에서는 새롭게 衡州片과 永全片을 추가하여 기존 3개의 方言片과 함께 5개의 方言片으로 나누고 있다. 앞서 언급하였듯이 湘방언은 贛방언보다도 官話의 요소를 더욱 많이 가지고 있는 방언이라고 할 수 있다. 그 중 長沙방언을 대표 방언으로 하는 長益片과 漵浦

방언을 대표 방언으로 하는 吉漵片은 주변 西南官話 지역과 인접한 지역으로 이 지역 湘방언은 중국 사람들이 들었을 때도 西南官話와 매우 유사하게 들린다고 한다. 실제로 이 지역 사람들과 西南官話 지역 사람들은 자신들의 방언만으로도 상호 의사소통이 가능하다고 한다.

- 長益片: 長沙, 益陽, 望城, 寧鄕(東部), 湘陰, 淚羅, 南縣, 株洲, 湘潭, 安鄕(일부), 瀏陽(일부), 平江(일부), 沅江, 桃江, 岳陽

- 婁邵片: 婁底, 邵陽, 湘鄕, 雙峰, 韶山, 婁星, 衡山(後山), 安化(東坪), 漣源, 安化(梅城), 冷水江(일부), 新化, 武崗, 邵東, 新邵, 新寧, 城步, 隆回(남부), 洞口(일부), 綏寧(남부), 會同

- 辰漵片: 辰溪, 漵浦, 漵浦

- 衡州片: 衡陽, 衡南, 衡山(前山), 衡東, 南岳

- 永全片: 東安(일부), 冷水灘(일부), 芝山(일부), 祁陽, 祁東, 道縣(일부), 江永(일부), 江華(일부), 新田(일부), 全州, 興安, 灌陽, 資源, 龍勝

〈湖南省과 廣西省 내에 분포한 湘방언〉

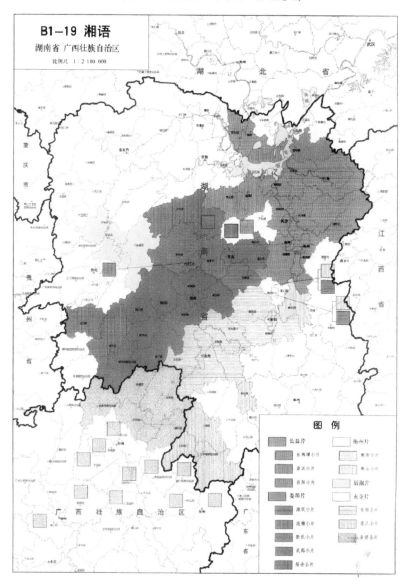

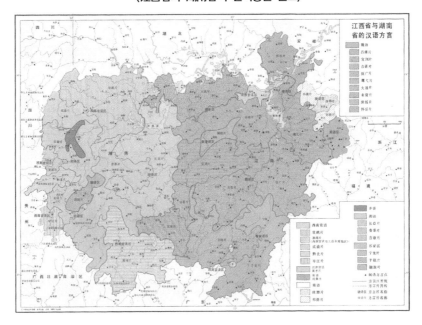

〈江西省과 湖南省의 한어방언 분포〉

〈湘방언의 주요 어음 특징〉

(1) 湘방언의 가장 큰 특징 중 하나는 中古 全濁聲母가 점차 무성음화되어가는 과정에 있다는 것이다. 長沙방언을 대표 방언으로 하는 新湘語의 경우는 대부분의 지역에서 中古 全濁聲母가 이미 모두 무성음화되었다. 하지만 남부 지역에 분포한 老湘語의 경우는 지역마다 무성음화의 정도가 다르다. 대체로 中古 平聲字의 경우는 유성음 음가를 아직 보유하고 있는 경우가 많지만, 上聲字와 去聲字는 유성음 음가를 보유한 지역이 적은 편이다. 入聲字의 경우는 대부분의 지역에서 이미 무성음화되었다. 新湘語인 長沙방언, 老湘語인 雙峰, 漵浦방언 並, 從母字의 예를 들어 보면다음과 같다.

	婆並平	辨並上	步並去	白並入
長沙	po²	piẽ⁶	pu⁶	pɤ⁷
雙峰	bu²	bĩ⁶	bu⁶	pia²
漵浦	bo²	pie⁶	pu⁶	pe⁵

	錢並平	坐並上	字並去	雜並入
長沙	tɕiẽ²	tso⁶	tsɿ⁶	tsa⁷
雙峰	dzĩ²	dzu⁶	dzɿ⁶	tsa²
漵浦	dʑie²	tso⁶	tsɿ⁶	tsa⁷

(2) 湘방언 중 泥, 來母字의 성모는 洪音(開口呼, 合口呼 운모) 앞에서 대부분 구분이 없어졌다. 하지만 細音(齊齒呼, 撮口呼 운모) 앞에서는 여전히 명확히 구분된다.

	南泥 : 藍來	農泥 : 隆來	年泥 : 連來
長沙	lan² = lan²	lən² = lən²	nʑiẽ² ≠ liẽ²
雙峰	læ² = læ²	lan² = lan²	nʑĩ² ≠ ĩ²
漵浦	nɛi² = nɛi²	nʌŋ² = nʌŋ²	nʑie² ≠ lie²

(3) 다수의 지역에서 尖音과 團音의 구분이 없어졌다.[242]

	祭精 : 計見	齊從 : 其群	相心 : 香曉
長沙	tɕi⁵ = tɕi⁵	tɕi² = tɕi²	ɕiaŋ¹ = ɕiaŋ¹
雙峰	tɕi⁵ = tɕi⁵	dʑi² = dʑi²	ɕiaŋ¹ = ɕiaŋ¹
漵浦	tɕi⁵ = tɕi⁵	dʑi² = dʑi²	ɕiaŋ¹ = ɕiaŋ¹

(4) 中古 曉匣母 合口字는 순치음 f-로 발음되기도 하고, x-(h-), ɣ-로 발음되기도 한다. 일부는(주로 匣母 合口字) 零聲母로 발음되기도 한다. 대

---

242) 雙峰에서는 소수이지만 精組字와 見組字가 細音 앞에서 성모의 구분을 보이는 경우가 있다. 接(精) tsia² ≠ 結(見) kia², 捷(從) ts'ia⁵ ≠ 傑(群) k'ia⁵.

체로 新湘語 지역에서는 f-로 발음되는 경우가 많고, 老湘語 지역에서는
x-(h-), ɣ-로 발음되는 경우가 많다.

	虎	灰	壞	魂	黃
長沙	fu³	fei¹	fai⁶	fən²	uan²
雙峰	xəu³	xue¹	ɣua⁶	ɣuan²	ɑŋ²
漵浦	hu³	huəi¹	huɛ⁶	huən²	huaŋ²

(5) 다수의 지역에서 影母字는 開口呼 운모 앞에서 ŋ-성모로 발음된다.

	愛	襖	恩	暗	鴨
長沙	ŋai⁵	ŋəu³	ŋən¹	ŋan⁵	ŋa⁷
雙峰	ŋe⁵	ŋɤ³	ŋæ̃¹	ŋæ̃ᵡ/ua⁵白	ŋa²
漵浦	ŋɛ⁵	ŋaʌ³	ŋən¹	ŋɛi⁵	a²/ia²

(6) 中古 비음 운미는 약화되어 모음(주로 주요 모음(핵모음))의 鼻化성
분으로 남아있는 경우가 많다.

	盤	瞞	攤	展	幫
長沙	põ²	mõ²	t'an¹	tʂə̃³	pan¹
雙峰	bæ̃²	mæ̃²	t'æ̃¹	ʈĩ³	pan¹
漵浦	bɛ̃²	mã²	t'ã¹	tɕĩ³	pɤŋ¹

(7) 다수의 지역에서 中古 去聲이 陰去와 陽去 두 개의 성조로 나누어
진다.

	帶全淸去	太次淸去	代全濁去	賴次濁去
長沙	tai⁵ (陰去)	t'ai⁵ (陰去)	tai⁶ (陽去)	lai⁶ (陽去)
雙峰	ta⁵ (陰去)	t'a⁵ (陰去)	due⁶ (陽去)	la⁶ (陽去)
漵浦	tɛ⁵ (陰去)	t'ɛ⁵ (陰去)	tɛ⁶ (陽去)	nɛ⁶ (陽去)

(8) 湘방언의 성조는 보통 5개에서 6개인데, 中古 平聲은 陰平과 陽平으로 나누어지고, 去聲도 보통 陰去와 陽去로 나누어지는 경우가 많지만, 上聲은 보통 하나의 성조이다. 그리고 약 절반 정도의 방언에는 入聲이 존재한다. 湘방언에서는 中古 入聲韻尾 -p, -t, -k가 완전히 사라졌으며, 入聲 성조를 보유한 방언에서도 入聲韻尾는 나타나지 않는다.

	淸聲母 入聲字		次濁聲母 入聲字		全濁聲母 入聲字	
	割見	鐵透	辣來	葉以	白並	石禪
長沙	ko^7	t'ie^7	la^7	ie^7	pɤ^7	sɿ^7
雙峰	kua^2	t'ia^2	la^5	ia^5	p'o^5	ɕio^5
漵浦	ko^2	t'ie^2	na^2	ie^2	pe^5	sɿ^5

3. 贛방언

贛방언은 주로 江西省 중북부인 贛江 중하류, 撫河 유역, 鄱陽湖지구 그리고 湖南省 동부 및 서남부, 湖北省 동남부, 安徽省 남부, 福建省 서부의 建寧, 泰寧 등 지역에 분포한 방언이다. 江西省 내에서는 贛방언의 분포면적이 가장 넓고, 사용 인구도 가장 많다. 湖南省 서부에 분포한 일부 贛방언 지역을 제외하면 贛방언은 江西省을 중심으로 대부분 동떨어진 지역 없이 하나의 방언 지역으로 모두 연결되어 있다. 贛방언은 동쪽으로는 浙江省 일대의 吳방언 지역, 福建省 일대의 閩방언 지역과 인접해 있으며, 서쪽으로는 湖南省 일대의 湘방언, 북쪽으로는 湖北省, 安徽省 일대의 官話방언 지역과 맞닿아 있다. 贛방언의 사용 인구는 대략 5148만 명 정도이다.

앞서 4장에서 언급했듯이 과거 일부 학자들은 贛방언을 客家방언과 통합하여 '客贛방언'이라는 하나의 (대)방언으로 분류하여야 한다고 주장하였다. 이유는 주요 언어 특성만으로는 두 방언을 확연히 구분해 낼 수 없

기 때문이었다. 실제로 현재까지도 贛방언과 客家방언은 언어특성만으로
는 서로 다른 방언으로 분리해 내기가 힘들다. 하지만 贛방언 지역 주민
들과 客家방언 지역 주민들은 현재에도 서로를 구분하는 분명한 자의식을
가지고 있다고 한다. 客家방언 지역 사람들의 경우는 남녀노소를 막론하
고 자신이 쓰는 말은 (贛방언과는 다른) '客家話'이고, 자신은 '客家人'이
라고 분명히 말하고 있으며, 그 중 대부분의 사람들이 자신의 조상은 과
거 어느 시대, 어느 지역으로부터 이주해 왔다는 것까지 알고 있다고 한
다. 반면 贛방언 지역 사람들은 客家방언 지역과 가까운 인근 혹은 같은
지역에 함께 살고 있는 경우에도 자신의 말은 '客家話'가 아니며, 자신도
'客家人'이 아니라고 분명히 밝힌다고 한다. 그렇다면 언어 특성은 매우
유사한데 상호간 이처럼 확연한 구별의식을 갖게 된 이유는 무엇일까? 王
福堂(2005:77)에서는 그 이유를 다음과 같이 설명하고 있다. 客家방언은
西晉末年(306년) 이후 中原으로부터 크게 3차례에 걸쳐 대이동을 하게 되
는데(아래 (5)客家방언 부분 참조), 그 중 제3차 이동(南宋 말기) 때는 현
재의 廣東省 동부와 북부 쪽으로 이주하게 된다. 당시 廣東省에는 이미
漢族 주민들이 보편적으로 거주하고 있었기 때문에 客家人들은 일반적으
로 廣東省 동북부의 상대적으로 척박한 산지에 거주하게 된다. 그런데
17C 淸朝의 '遷海' 정책 해제로 (약 20 여 년간) 사람이 살지 않던 연해
지역에 다시 주민의 거주가 허가되면서 廣東省 동북부에 있던 客家人들이
대거 연해의 珠江三角洲 지역으로 이주하게 된다. 하지만 얼마간의 시간
이 흐른 후 이 지역의 원주민 漢族들과 客家人들 사이에는 심각한 갈등이
빚어지게 되었고, 그러한 갈등은 점점 확대되고 심화되어 정부의 중재 노
력에도 불구하고 해결될 기미를 보이지 않고 계속되게 된다. 사실 이러한
갈등의 저변에는 客家人을 漢族으로 인정하지 않는 인식이 깔려있기 때문
이라고 볼 수 있다. 이에 客家人들은 자신들의 조상은 東晉 시기 中原으
로부터 남하한 漢族이며, 자신들은 그들의 후예라는 점을 인식시키려 노

력했지만 당시에는 받아들여지지 않았다. 이와 같은 배경 하에서 '客家人', '客家話'라는 독특한 개념이 생기게 되었다고 볼 수 있다. 언어학적으로 '客家話'는 의심의 여지가 없는 漢語이며, 漢語의 주요 방언 중 하나이다. 하지만 이와 같은 역사적 배경 하에서 '客家話'는 한어방언이라는 인식보다 '客家人'의 언어라는 인식이 강하게 남게 되었고, 그러한 인식은 아직까지도 일반인들의 의식 속에서 완전히 사라지지 않았다고 볼 수 있다. 즉 '客家話'를 漢語의 지역 방언으로 보지 않고, '客家人'과 동일시하는 관념이 생긴 것이다. 이와 같은 심리적 요인 때문에 客家방언과 贛방언 지역 주민들은 상호 매우 유사한 방언을 사용하고 있음에도 불구하고 서로 다르다는 인식이 생기게 되었다고 볼 수 있다.

『中國語言地圖集』(1987)에서는 贛방언을 다음과 같은 9개의 次方言(方言片)으로 나누고 있는데, 그 중 ①~⑤는 江西省 내에 분포한 贛방언 지역이며, 지명 앞의 별표는 해당 지역에 贛방언 이외에도 다른 방언이 함께 분포되어 있음을 나타낸다.

① 昌靖片: 南昌市, 南昌, 新建, 安義, 永修, *修水, 德安, 星子, 都昌, 湖口, *高安, *奉新, *靖安, *武寧, *銅鼓(이상 江西省), *平江(이상 湖南省)

② 宜瀏片: 宜春市, 宜春, *義豊, 上高, 淸江, 新幹, 新餘市, 分宜, 萍鄉市, 豊城, *萬載(이상 江西省), *瀏陽, 醴陵(이상 湖南省)

③ 吉茶片: 吉安市, *吉安, 吉水, 峽江, *泰和, *永豊, 安福, 蓮花, *永新, *寧岡, *井岡山, *萬安, *逐川(이상 江西省), *攸縣, *茶陵, 酃縣(이상 湖南省)

④ 撫廣片: 撫州市, 臨川, 崇仁, 宜黃, 樂安, 南城, 黎川, 資溪, 金溪, 東鄉, 進賢, 南豊, *廣昌(이상 江西省), 建寧, 泰寧(이상 福建省)

⑤ 鷹弋片: 鷹澤市, 貴溪, 餘江, 萬年, 樂平, 景德鎭市, 餘幹, 波陽, *彭澤, 橫峰, 弋陽, 鉛山(이상 江西省)

⑥ 大通片: 大冶, 咸寧市, 嘉魚, 蒲圻, 崇陽, 通城, 通山, 陽新, 監利(이상 湖北省),
　　　　　*臨湘, *岳陽, 華容(이상 湖南省)

⑦ 耒資片: 耒陽, 常寧, 安仁, 永興, 資興(이상 湖南省)

⑧ 洞綏片: *洞口, *綏寧, *隆回(이상 湖南省)

⑨ 懷岳片: 懷寧, 岳西, 潛山, 太湖, *望江, *宿松, *東至, *石臺, *池州市(이상 安徽省)

〈贛방언의 분포〉

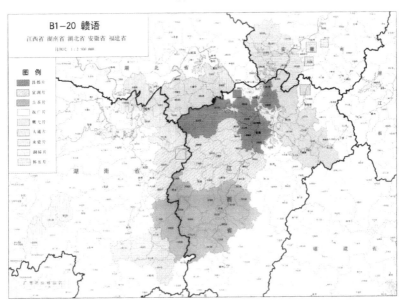

〈漢語 남방 방언 중 贛방언의 위치〉

〈贛방언의 주요 어음 특징〉

(1) 贛방언의 가장 큰 특징 중 하나는 中古 全濁聲母가 현재 파열음 혹은 파찰음으로 발음될 때 모두 무성 유기음으로 발음된다는 점이다. 따라서 贛방언 中古 全濁聲母는 현재 中古 次淸聲母와 합류되어 있다. 이는 湘방언과 확연히 구분되는 특징이다.

	東端	通透	同定	節精	切淸	截從
南昌	tuŋ¹	t'uŋ¹	t'uŋ²	tɕiɛt⁷	tɕ'iɛt⁷	tɕ'iɛt⁷
宜春	təŋ¹	t'əŋ¹	t'əŋ²	tɕiɛ⁷	tɕ'iɛ⁷	tɕ'iɛ⁷
撫州	tuŋ¹	t'uŋ¹	t'uŋ²	tɕiɛt⁷	tɕ'iɛt⁷	tɕ'iɛt⁷

그런데 일부 贛방언 지역에서는 全濁聲母가 次淸聲母로 합류된 이후 다시 성모가 유성음화되는 과정을 거친 방언들이 있다. 하지만 성모가 유성음화된 이후에도 全濁聲母와 次淸聲母의 합류관계는 변하지 않는다.

	東端	通透	同定	節精	切淸	截從
平江	$tɤŋ^1$	$d'ɤŋ^1$	$d'ɤŋ^2$	$tsiet^7$	$dz'iet^7$	-
都昌土塘	$tuŋ^1$	$d'uŋ^1$	$d'uŋ^2$	$tsiet^7$	$dz'iet^7$	$dz'iet^8$
赤壁蒲圻	$tən^1$	$dən^1$	$dən^2$	$tɕie^7$	$dʑie^7$	$dʑie^7$

(2) 다수의 贛방언 지역에서 泥, 來母字의 성모는 洪音(開口呼, 合口呼 운모) 앞에서 구분이 없어졌다.

	南泥 : 藍來	腦泥 : 老來	年泥 : 連來
南昌	$lan^2 = lan^2$	$lau^3 = lau^3$	$n̠iɛn^5 \neq liɛn^5$
宜春	$lan^2 = lan^2$	$lau^3 = lau^3$	$n̠iɛn^2 \neq liɛn^2$
撫州	$lam^2 = lam^2$	$lau^3 = lau^3$	$n̠iɛn^2 \neq tiɛn^2$

(3) 다수의 지역에서 尖音과 團音의 구분이 없어졌다.

	祭精 : 計見	淸淸 : 輕溪	相心 : 香曉
南昌	$tɕi^5 = tɕi^5$	$tɕ'iaŋ^1 = tɕ'iaŋ^1$	$ɕioŋ^1 = ɕioŋ^1$
宜春	$tsi^2 \neq tʃɿ^2$	$tɕ'iaŋ^1 \neq tʃ'aŋ^1$	$sioŋ^1 \neq ʃoŋ^1$
撫州	$tɕi^5 = tɕi^5$	$tɕ'iaŋ^1 = tɕ'iaŋ^1$	$ɕioŋ^1 = ɕioŋ^1$

일부 尖音과 團音이 구분되는 贛방언의 경우도 精組 성모 혹은 見組 성모 한 쪽만 구개음화되어 있다. 精組 성모와 見組 성모가 각각 ts-, ts'-, s-와 k-, k'-, x-로 발음하는 경우는 없다.

(4) 다수의 지역에서 影母字는 開口呼 운모 앞에서 ŋ-성모로 발음된다.

	愛	襖	恩	暗	鴨
南昌	ŋai⁵	ŋau³	ŋiɛn¹	ŋɔn⁵	ŋat⁷
宜春	oi⁵	ŋau³	ŋɛn¹	ŋom²	ŋaiʔ⁷
撫州	ŋoi⁵	ŋau³	ŋɛn¹	ŋom⁵	ŋap⁷

影母字가 開口呼 운모 앞에서 ŋ-성모로 발음되는 현상은 湘방언에서도 동일하게 나타나는 현상이다. 하지만 그 외 吳, 粤, 客家, 閩 등 남방 방언에서는 이와 같은 현상이 거의 나타나지 않는다.

(5) 다수의 방언 지역에서 中古 曉匣母 合口呼字의 성모는 f-로 발음한다.

	虎	灰	壞	魂	黃	滑
南昌	fu³	fəi¹	fai⁶	fən⁵	uɔŋ⁵	uat⁸
宜春	fu³	fi¹	fai⁵	fən²	uoŋ²	uaiʔ⁷
撫州	fu³	fai¹	fai⁶	–	fɔŋ²	–

(6) 대다수의 지역에서 梗攝字 운모의 文白異讀이 나타난다.

	明文	明白	領文	領白	席文	席白
南昌	min²	miaŋ²	lin³	liaŋ³	ɕiʔ⁷	tɕʼiaʔ⁸
宜春	min²	miaŋ²	lin³	liaŋ³	ɕiʔ⁷	ɕiaʔ⁷
撫州	min²	miaŋ²	tin³	tiaŋ³	ɕiʔ⁷	tɕʼiaʔ⁷

(7) 다수의 지역에서 咸山攝 開口 一二等 운모의 주요 모음 차이가 나타난다.

	撥	班	官	關
南昌	pon¹	pan¹	kuon¹	kuan¹
宜春	pon¹	pan¹	kuon¹	kuan¹
撫州	pon¹	pan¹	kuon¹	kuan¹

(8) 다수의 방언 지역에서 中古 去聲이 두 개의 성조로 나누어진다. 淸聲母 去聲字와 濁聲母 去聲字가 각각 陰去와 陽去로 발음되지 않고, 上聲이나 陽平 등 기타 성조로 발음되는 경우도 있는데, 이는 中古 去聲이 陰去와 陽去로 나누어진 후 후대에 재차 변화한 형태로 볼 수 있을 것이다.

	帶全淸	太次淸	代全濁	賴次濁
南昌	tai⁵	t'ai³	t'ai⁶	lai⁶
宜春	tai²	t'ai²	t'oi⁵	lai⁵
撫州	tai⁵	t'ai⁵	hai⁶	lai⁶

中古 去聲이 두 개의 성조로 나누어지는 현상은 湘방언 贛방언을 포함한 남방 방언에서는 비교적 보편적으로 나타나는 현상이다. 하지만 북방 官話 方言에서는 山西省의 일부 방언(溫端政(1993:41)에서 제시한 16개 지역 방언)을 제외하면 中古 去聲이 두 개의 성조로 나누어지는 경우는 거의 없다.

(9) 다수의 지역에서 中古 入聲이 두 개의 성조로 나누어진다.

	淸聲母 入聲字		次濁聲母 入聲字		全濁聲母 入聲字	
	竹知	脫透	辣來	葉以	白並	石禪
南昌	tsuk⁷	t'ɔt⁷	lat⁸	iɛt⁸	p'ak⁸	sak⁷/sak⁸
宜春	ʧuʔ⁷	t'oiʔ⁷	laiʔ⁷	iɛʔ⁷	p'aʔ⁷	ʃaʔ⁷
撫州	tuk⁷	hoit⁷	lait⁸	iɛp⁸	p'ak⁸	sak⁸

(10) 일부 贛방언에서는 中古 來母 三四等字 성모가 舌尖 破裂音으로 발음된다.

	梨來三	連來三	六來三	犁來四	蓮來四	練來四
湖口	di²	diɛn²	diu⁶	di²	diɛn²	diɛn⁶
修水	d'i²	d'iɛn²	d'iuʔ⁷	d'i²	d'iɛn²	diɛn⁶
南城	ti²	tian²	tiuʔ⁷	ti²	tian²	tian⁶
安義	li²	t'iɛn²	t'iuʔ⁷	li²	t'iɛn²	t'iɛn⁶

(11) 일부 贛방언에서는 성모의 유/무기음 여부가 성조의 변화에 영향을 준다. 中古 去聲字를 예로 들어 보면 다음과 같다.

	全清聲母 去聲字		次清聲母 去聲字		濁聲母 去聲字	
	覇幫	凍端	怕滂	痛透	賣明	洞定
永修	pa上陰去	təŋ上陰去	pʻa下陰去	dʻəŋ下陰去	mai陽去	dʻəŋ陽去
湖口	pa上陰去	toŋ上陰去	pa下陰去	doŋ下陰去	mai陽去	doŋ陽去

永修와 湖口에서의 中古 去聲字은 우선 성모의 淸/濁에 따라 陰去와 陽去 두 개의 성조로 나누진 다음, 陰去(中古 淸聲母 去聲字의 성조)는 후에 다시 성모의 유/무기음에 따라 上陰去와 下陰去로 분화되었다. 湖口의 次濁聲母 去聲字는 현재 유기음 성분이 소실되었지만 현재의 성조로 볼 때 이는 성모의 유/무기음에 따라 陰去가 上陰去와 下陰去로 나누어진 이후 후대에 나타난 현상이라고 볼 수 있다.

(12) 일부 贛방언에서는 中古 透, 定母字 성모를 마찰음으로 발음한다.

	湯透	腿透	藤定	袋定	天透	甜定
泰和	hɔ̃¹	huæ³	hẽ²	hue⁵	hiẽ¹	hiẽ²
宜黃	hoŋ¹	hei¹	hən²	hei⁶	ɕiɛn¹	ɕiɛn²
撫州	hoŋ¹	hoi³	hɛn²	hoi⁶	tʻiɛn¹	tʻiɛm²

(13) 일부 贛방언에서는 知組(知徹澄母) 三等字와 章組(章昌船書禪母)字를 t-(tʻ-) 성모로 발음한다.

	張知	抽徹	苧澄	掌章	臭昌	出昌
宜黃	toŋ¹	tɕʻiu¹	tɕʻiɛ¹	toŋ³	tɕʻiu⁵	tʻɐt⁷
泰和	tɔ̃¹	tʻiu¹	tʻy⁵	tɔ̃³	tʻiu²	tʻui¹
撫州	toŋ¹	tʻiu¹	tʻɛ¹	toŋ³	tʻiu⁵	tʻuɪt⁷

4. 吳방언

吳방언은 江蘇省 동남부(長江이남, 鎭江 동부)와 上海市, 浙江省 전체
그리고 江西省, 福建省, 安徽省의 일부 지역에 분포한 방언으로 사용 인구
는 대략 9000만 명에 달한다. 대표 지역 방언은 蘇州방언과 上海방언이
다. 吳방언은 '江浙話' 혹은 '江南話'라고도 불리는데, 최초의 형성 시기
는 대략 春秋時代 吳나라와 越나라에서 사용되던 古代의 漢語를 그 기원
으로 보고 있다.

吳방언은 지역적으로 북방 방언과 바로 연접해 있기 때문에 역사상 끊
임없이 북방 방언의 영향을 받아왔다. 특히 東晉의 建康(지금의 南京) 천
도, 唐 중기 安史의 亂 그리고 12세기 金의 침입으로 인한 南宋의 건립
등의 사건들은 북방지역 주민들이 吳방언 지역으로 대거 유입되는 계기가
되었고, 그에 따라 吳방언도 다양한 측면에서 북방 漢語의 영향을 받게
된다. 대표적인 예로, 앞서 官話방언에서 언급하였듯이 현재 南京, 揚州,
合肥 등 江蘇省 북부, 安徽省 중남부 지역에 분포해 있는 江淮官話는 魏
晉南北朝 시기만 해도 吳방언에 속하는 방언이었지만 역사상 북방 주민들
의 대거 유입과 그에 따른 영향으로 점차 北方化가 진행되어 현재는 官話
방언으로 변화하였다. 南宋의 수도였던 臨安, 지금의 杭州 지역 방언의 경
우는 현재 방언의 분류상 吳방언에 속하긴 하지만 어음, 어휘, 어법 등 모
든 면에서 북방 방언의 요소를 다량 간직하고 있는 독특한 방언으로 알려
져 있다.

吳방언은 내부적으로 상당히 큰 차이를 보인다. 吳방언은 편의상 북부
吳語와 남부 吳語로 나누는데, 북부 吳語 지역은 남부 吳語 지역보다 인
구가 좀 더 많지만, 면적으로 보면 남부 吳語 지역이 북부 吳語 지역보다
넓다. 북부 吳語는 江蘇省 남부와 浙江省 북부에 분포되어 있는데 지역
간 언어적 차이가 크지 않고 공통점이 많아 상호 의사소통에 문제가 없

다. 하지만 錢塘江이남 浙江省 중부, 남부에 분포한 남부 吳語는 지역적 차이가 커서 북부 吳語와는 물론이고 남부 吳語 상호간에도 의사소통에 어려움이 있다고 한다. 吳방언은 현재 지역별 언어적 특성에 근거해 보통 太湖片, 台州片, 甌江片, 上麗片, 金衢片, 宣州片의 6개 方言片으로 나누고 있다. 그 중 太湖片만이 북부 吳語에 속한다. 吳방언 각 하위 方言片의 분포는 다음과 같다.

- 太湖片: 주로 江蘇省 남부와 浙江省 북부에 분포한 방언으로 일부는 江蘇省 북부와 安徽省 남부에도 분포되어 있다. 蘇州방언과 上海방언이 대표 방언이다. 江蘇省 남부의 蘇州, 南京, 常州, 無錫, 鎭江, 丹陽, 上海 등 市 관할지역과 浙江省 북부의 紹興, 寧波, 杭州, 嘉興, 湖州, 舟山 등 市 관할지역 그리고 江蘇省 북부 南通, 泰州, 靖江 등 市의 일부 지역, 安徽省 남부의 宣城市 일부 지역 등지에 분포되어 있다.
- 台州片: 浙江省 台州, 臨海, 溫嶺, 溫州(樂淸市 淸江이북), 寧波(寧海縣 岔路이남), 金華(盤安縣 方前鎭, 高二鄕) 등 市 관할지역에 분포한 방언이다. 臨海방언이 대표 방언이다.
- 甌江片: 浙江省 台州(玉環縣 일부), 麗水(靑田縣 동부), 溫州 등 市 관할지역에 분포한 방언이다. 溫州방언이 대표 방언이다.
- 上麗片: 浙江省 그리고 江西省과 福建省 일부 지역에 분포한 방언으로, 麗水방언이 대표 방언이다. 浙江省의 杭州(淳安縣 서부 및 開化縣과 常山縣 사이의 일부 鄕村), 衢州(江山市, 常山縣, 開化縣), 金華(武義縣(구 宣平縣), 麗水, 溫州(文成縣, 泰順縣) 등 市 관할지역 그리고 江西省의 上饒市, 福建省의 南平市 일부 지역에 분포한 방언이다.
- 金衢片: 浙江省 金華, 永康, 蘭溪, 義烏, 衢州(柯城區, 衢江區, 龍游縣), 杭州(建德市, 淳安縣 남부) 麗水市(縉雲縣) 등 市 관할지역과 義烏市의 일부 지역에 분포한 방언이다. 金華방언이 대표 방언이다.
- 宣州片: 주로 安徽省 남부에 분포한 방언으로 江蘇省 서남부 및 浙江省 일부 지역에도 분포해 있다. 宣城방언이 대표 방언이다. 安徽省 남부 宣城, 池州, 黃山, 銅陵, 馬鞍山 등 市 관할지역과 江蘇省 남부의 南京市(高淳縣 서부, 溧水縣 남쪽 일부), 浙江省 臨安市(구 昌化縣의 昌北區) 등 지역에 분포되어 있다.

<〈吳방언의 분포〉>

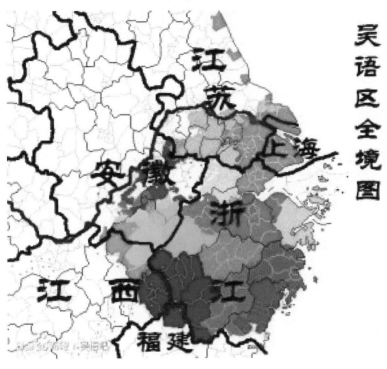

〈浙江省, 上海, 江蘇省 내 吳방언의 분포〉

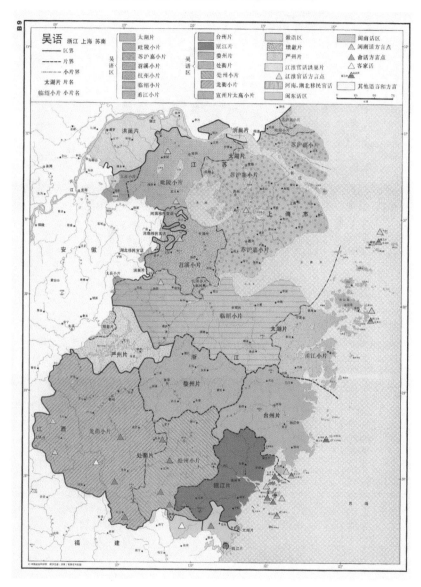

다음은 吳방언에서 비교적 보편적으로 나타나는 吳방언 공통의 주요 어음 특징이다. 吳방언의 공통특징들은 북쪽으로 갈수록 약해지고 분포면 적도 적어지는 경향을 보인다. 이는 북방 官話의 영향 때문이라고 볼 수 있을 것이다.

〈 吳방언의 주요 어음 특징 〉

(1) 中古 全濁聲母가 대다수의 지역에서 여전히 유성음으로 발음된다. 그래서 中古 幫滂並, 端透定, 見溪群, 精淸從 성모가 각각 p, p‘, b / t, t‘, d / k(tɕ), k‘(tɕ‘), g(dʑ) / ts(tɕ), ts‘(tɕ‘), dz(z, dʑ)와같이 발음된다. 蘇州방 언 並, 定, 群, 從, 邪, 禪母字의 예를 들어 보면 다음과 같다. 蘇州: 幣並 bi^8, 旁並 ba^2, 道定 $dæ^6$, 台定 $dɛ^2$, 近群 $dziŋ^6$, 傑群 $dziəʔ^8$, 罪從 $zæ^6$, 絶從 $ziiʔ^8$, 旋邪 zir^2, 涉禪 $zɤʔ^8$. 江蘇省 남부 일대의 吳방언에는 이와 같은 유성음이 무성음화 되어가는 과정에 있다고 한다. 그래서 이 지역의 中古 全濁聲母 는 완전한 무성음은 아니지만 무성음에 가깝게 발음된다. 발음의 시작은 무성음에 가깝지만, 시작과 함께 바로 강한 유성 유기음 성분이 동반된다 (이러한 발음을 중국 학계에서는 ’淸音濁流’라 부른다). 浙江省 남부의 일 부 吳방언에서는 中古 全濁聲母의 일부 혹은 전체가 이미 무성음화 되어 무성 무기음으로 발음된다(慶元, 橫渡, 陵陽 등 방언). 慶元방언의 예를 들 어 보면 다음과 같다. 棚 $pɛ̃^2$, 近 $tɕien^4$文/$kɛ̃^4$白, 鈍 $tɛ̃^6$. 独 $touʔ^8$. 이와 같은 사실로 미루어 볼 때 吳방언 중의 全濁聲母도 유성음에서 무성음으로 점 진적인 변화의 과정을 거치고 있다고 볼 수 있다.

(2) 中古 微母字의 성모가 현재 文讀은 v-, 白讀은 m-로 발음된다. 上 海: 味 vi^6文/mi^6白, 溫州: 問 $vaŋ^6$文/$maŋ^6$白.

(3) 中古 日母字의 성모가 현재 文讀은 z-(ʑ-) 혹은 零聲母, 白讀은 n-(ŋ-)로 발음된다. 上海: 日 zəʔ^{8}文/ŋiəʔ^{8}白, 兒(耳, 二) əl^{6}文/ŋi^{6}白.

(4) m, n, ŋ 은 모음 없이 스스로 음절을 이룰 수 있다. 蘇州; 母 mo^{1}文 /m̩^{6}白, 五 əu^{1}文/ŋ̍^{6}白, 你 ni^{1}文/n̩^{6}白.

(5) 見溪群 開口二等 성모에는 보통 文白異讀이 나타나는데 白讀은 洪音 운모와 함께 k-(k')로 발음되고, 文讀은 細音 운모와 함께 tɕ-(tɕ')로 발음된다. 남부 吳語에서 白讀이 나타나는 비율이 높으며 일부 지역은 文讀이 없고 白讀만 나타난다. 蘇州: 交見 tɕiæ^{1}文/kæ^{1}白, 恰溪 tɕ'iaʔ^{7}文/k'aʔ^{7}白, 溫州: 交見 kuɔ^1, 恰溪 k'aʔ^7.

(6) 단모음 운모가 많다. 일부 지역을 제외한 대부분의 지역에서 -i, -u 韻尾(蟹效流攝 韻尾)가 존재하지 않는다. 上海: 排 ba^6, 太 t'a^5, 來 lɛ^6, 該 kɛ^1, 倍 be^6, 隊 de^6, 飛 fi^1, 淚 li^6, 毛 mɔ^6, 早 tsɔ^6, 偷 t'ɤ^1, 守 sɤ^6.

(7) 咸山攝의 一等韻과 二等韻 운모(白讀音)의 구분이 나타난다. 蘇州: 肝 kø^1 ≠ 間 kɛ^1, 溫州: 含 ɦø^2 ≠ 咸 ɦia^1.

(8) 蟹攝 開口一等 咍韻과 泰韻의 운모 구분이 나타난다. 북부 吳語에서는 보통 端系字에서 나타나고, 남부 吳語에서는 端系字와 見系字 모두에서 나타난다. 蘇州: 戴 tɛ^5 ≠ 帶 tɑ^5, 遂昌: 菜 ts'ei^5 ≠ 蔡 ts'a^5, 漑 kei^5 ≠ 蓋 ka^5.

(9) 止蟹攝 合口三等의 일부 상용 見系字(貴, 虧, 跪, 圍, 鱖 등)에 文白異讀이 있는데 白讀은 -y 운모로 발음되고, 文讀은 合口呼 운모 u-로 발

음된다. 蘇州: 貴 $kuɛ^5$文/$tɕy^5$白, 金華: 圍 ui^2文/y^2白.

(10) 비음 운미는 대부분의 지역에서 -ŋ 하나만 나타난다. 中古 咸山攝字의 비음 운미는 보통 탈락되어 단모음 운모로 발음되거나 -ŋ 운미(혹은 鼻化韻)로 발음되는 경우가 많고, 中古 深臻梗攝字는 보통 모두 -ŋ 운미로 합류되어 발음된다. 예를 들어 上海방언의 경우 咸山攝의 三咸, 山山 등은 모두 $sɛ^1$로 발음되고, 深臻梗攝의 金深, 斤臻, 京梗 등은 모두 $tɕiŋ^1$으로 발음된다. 일부 지역에서는 -ŋ 韻尾가 나타나지 않고, 모두 -n으로 합류되는 경우도 있다. 예를 들어 無錫방언에서는 金, 斤, 京 모두 tɕin으로 발음된다.

(11) 入聲字의 발음은 대다수의 지역에서 성문파열음 -ʔ 韻尾를 동반한다. 일부 지역에서는 성문파열음도 약화 탈락되어 開尾韻으로 발음되는 경우도 있다. 蘇州: 甲 $tɕiaʔ^7$文/$kaʔ^7$白, 列 $liɪʔ^8$, 客 $k'ɒʔ^7$.

(12) 中古 平上去入 4성은 吳방언 대부분의 지역에서 성모의 淸, 濁에 따라 陰調와 陽調로 나누어져 있다. 淸聲母字는 陰調, 濁聲母字는 陽調로 보통 陰平, 陽平, 陰上, 陽上, 陰去, 陽去, 陰入, 陽入 8개의 성조로 이루어져 있다. 蘇州방언을 비롯한 일부 지역에서는 陽上이 陽去로 합류되어 7개의 성조로 이루어져 있는 경우도 있다. 上海방언의 경우는 陽平, 陽上, 陽去 3개의 성조가 하나의 성조로 합류되어 6개의 성조가 남아있다. 浙江省 남부 永康방언에서는 陰入과 陽入이 각각 陰上과 陽上으로 합류되어 역시 6개의 성조만 남아있다.

5. 客家방언

客家방언은 客家話, 客語, 客方言 등으로도 불리는데, 일부 지역에서는 客家방언을 '𠊎話' 혹은 '麻介話'라 칭하기도 한다. '𠊎話'라고 하는 이유는 客家방언에서 일인칭 대명사를 보통 'ŋai(성조는 지역마다 차이가 있음)'라고 발음하는 경우가 많기 때문에, 'ŋai'의 方言字인 '𠊎'를 사용하여 그렇게 부르는 것이다. '麻介話'라고 하는 이유도 客家방언의 의문대명사 'mak⁷ kai⁵(혹은 ma?⁷ kɛ⁵)'(성조는 지역마다 차이가 있음)(보통화의 의문대명사 '什么'에 해당됨)'의 方言字인 '麻介'(혹은 '乜個', '脉個'라 쓰기도 함)를 사용하여 그렇게 부르는 것이다. 어떤 지역에서는 客家방언을 또 '新民話', '客籍話' 혹은 '河源聲' 등으로 부르기도 하는데, '新民話' 혹은 '客籍話'라 부르는 것은 그들의 말이 본래부터 그 지역에 살던 사람들의 말이 아닌 새로 이주하여 온 사람들의 말이란 의미이다. '河源聲'이라 부르는 것도 새로 이주하여 온 사람들의 본래 거주지가 黃河유역이었기 때문에 붙여진 이름이라고 한다. 客家방언은 역사적으로 전란을 피해 中原지역으로부터 지속적으로 남하한 漢族 주민의 언어라고 알려져 있다. 客家란 명칭도 그 지역의 토착민(논밭을 가진 主戶)과 상대되는 개념으로 붙여진 이름이다(일설에는 중국 내 소수민족인 '土家'와 상대되는 개념으로 붙여진 이름으로 보기도 한다). 이와 같은 역사적인 배경 때문에 客家방언의 명칭도 지역마다 다양하게 나타나는 것이라고 볼 수 있다.

학자들의 연구에 의하면 客家人의 이동은 크게 ① 西晉末年(306년)이후 永嘉의 亂으로 中原으로부터 이동하여 약 300년 간 현재의 長江하류, 安徽省 남부, 江蘇省, 江西省 북부 및 중부 등지에 정착한 시기[243], ② 唐末(874년) 전란(黃巢의 난)을 피해 현재의 江西省 동남부 및 福建省 서부

---

[243] 唐나라 중엽 安史의 亂(755년)을 전후한 시기에도 현 河南省, 湖北省 주민들이 대거 이 지역으로 진입함.

지역으로 이동한 시기, ③ 南宋末年(1271년) 몽고족의 남하로 다시 廣東省 북부 및 동부로 이동한 시기의 세 차례 시기로 구분하고 있다. 첫 번째 이동 이후에는 약 3, 4백년의 시간동안 안정된 정착 시기를 갖게 되는데, 이 시기를 통해 이주한 주민들의 방언은 지역적으로 융화되어 일체화되는 변화를 겪게 된다. 즉 이 시기에는 원주민의 방언과 현재 江西省 중, 북부를 중심으로 분포한 贛방언 그리고 客家방언이 혼재되어 상호 구분이 어려운 수준까지 발전했다고 볼 수 있다. 방언학계의 일반적인 인식도 贛방언과 客家방언의 공통점은 대부분 이 시기에 형성되었다고 보고 있다. 따라서 첫 번째 이동은 江西省 중, 북부를 중심으로 贛방언의 초기 형태가 만들어지는 계기가 되었으며, 두 번째 이동은 그 중 客家방언이 분리되는 변화의 요인이 되었고, 세 번째 이동은 客家방언이 廣東省까지 확산되어 독립적인 방언으로 발전하는 전기가 되었다고 볼 수 있다.

客家방언이란 명칭은 언어 특성에 따른 漢語方言의 분류 명칭이다. 따라서 때로는 客家방언을 사용하는 사람들이 客家人이 아닌 경우도 있다. 예를 들어 중국의 소수민족인 畬族이 사용하는 언어는 畬族 언어의 기층(영어 'substratum', 중국어 '底層')[244]을 가지고 있는 客家방언이다. 이는 畬族이 오래전 자신들의 언어를 버리고 客家방언을 통용어로 사용하게 되면서 나타난 현상이라고 할 수 있다. 또한 客家人이라고 해서 꼭 客家방언을 사용하는 것도 아니다. 예를 들어 廣東省의 일부 지역 客家人들은 客家방언을 사용하지 않고 지역 강세방언인 粵방언만을 사용한다고 하고, 臺灣의 일부 지역 客家人들도 이 지역 강세방언인 閩南방언만을 사용한다고 한다. 따라서 어떤 방언이 客家방언에 속하는 지는 반드시 언어적 특성을 기준으로 판단하여야만 한다.

---

244) 기층이란 본래 지리학 용어로서 가장 낮은 곳에 있는 지질층을 가리킨다. 언어학에서는 이 용어를 차용해 역사상 이미 다른 언어(혹은 방언)에 의해 교체되어 없어진 언어(혹은 방언)의 흔적(주로 음가상의 특징이라든가 개별적 어휘 특징으로 나타난다)을 가리키는 뜻으로 사용된다.

客家방언은 廣東省의 梅州방언을 대표 방언으로 하며, 사용 인구는 해외 화교를 포함하여 대략 9610만 정도이다. 客家방언은 福建省, 江西省, 廣東省, 廣西省, 臺灣, 海南省, 湖南省, 四川省, 重慶 등 省市에 분포해 있다. 그 중 廣東省 중·동부 지역, 江西省 남부 지역, 福建省 서부 지역에 집중적으로 분포해 있다. 그 중 廣東省, 江西省, 福建省 내의 客家방언 분포 지역을 나열해 보면 다음과 같다.

廣東省: 梅州(梅江區), 梅縣, 興寧, 大埔, 五華, 蕉嶺, 豊順, 平遠, 河源, 和平, 連平, 龍川, 紫金, 始興, 新豊, 翁源

江西省: 寧都, 石城, 瑞金, 興國, 會昌, 安遠, 新豊, 於都, 南康, 大餘, 崇義, 上擾, 贛縣, 尋烏, 定南, 龍南, 全南

福建省: 長汀, 上杭, 寧化, 清流, 永定. 武平, 連城

『中國語言地圖集』(1987)에서는 客家방언이 비교적 집중된 지역을 다음 8개의 方言片(次方言)으로 나누고 있다. ①粵臺片(嘉應小片, 興華小片, 新惠小片, 韶南小片), ②粵中片, ③惠州片, ④粵北片, ⑤汀州片, ⑥寧龍片, ⑦於桂片, ⑧銅鼓片. 『現代漢語方言槪論』(2002)에서는 여기에 粵西片을 하나 더 추가하여 설정하고 있다. 이 중 ③惠州片 방언은 廣東省 珠江三角洲에 속한 惠州市 지역에만 분포한 방언으로 음운특성상 粵방언의 특성을 다수 포함하고 있는 방언으로 알려져 있다.

- 粵臺片: 梅州梅江區, 梅縣, 興寧, 大埔, 蕉嶺, 平遠, 惠州惠城區, 惠陽, 惠東, 東莞, 龍門, 淸遠, 佛岡, 深圳寶安區/龍崗區, 增城, 五華, 豊順, 東源, 曲江, 乳源, 新豊, 英德, 淸新, 連山, 連南, 廣州, 從化, 揭西(이상 廣東省: 동부와 북부), 尋烏, 定南, 龍南, 全南(이상 江西省), 香港新界地區(이상 홍콩), 苗栗, 新竹, 桃園, 屛東部分鄕村, 高雄部分鄕嶺(이상 臺灣: 서북부)

- 粵中片: 和平, 連平 博羅, 河源, 龍川(이상 廣東省: 중부)

- 惠州片: 惠州

- 粤北片: 始興, 南雄, 翁源, 英德, 乳源, 仁化, 連南, 連縣, 陽山, 樂昌(이상 廣東省; 북부)

- 汀州片: 長汀, 上杭, 寧化, 淸流, 永定, 武平, 連城, 明溪(이상 福建省 서부)

- 寧龍片: 寧都, 石城, 瑞金, 興國, 會昌, 安遠, 尋烏, 新豊, 定南, 龍南, 全南, 廣昌, 永豊(이상 江西省)

- 於桂片: 於都, 南康, 大餘, 崇義, 上擾, 贛縣, 寧岡, 井岡山, 永新, 吉安, 逐川, 萬安, 泰和(이상 江西省), 汝城, 桂東, 酆縣, 茶陵, 攸縣(이상 湖南省)

- 銅鼓片: 銅鼓, 修水, 武寧, 靖安, 奉新, 高安, 宜豊, 萬載(이상 江西省), 瀏陽, 平江(이상 湖南省)

〈客家방언의 분포〉

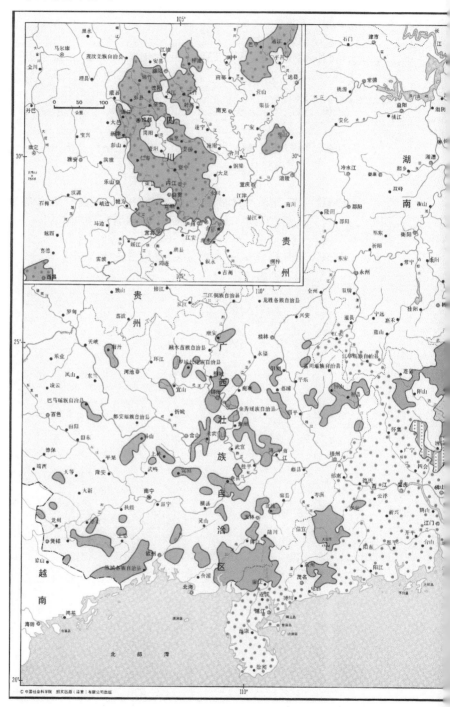

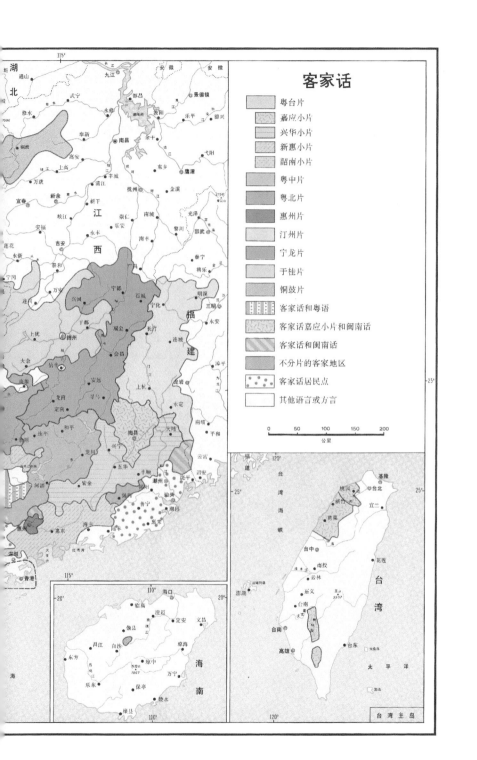

客家话

- 粤台片
- 嘉应小片
- 兴华小片
- 新惠小片
- 韶南小片
- 粤中片
- 粤北片
- 惠州片
- 汀州片
- 宁龙片
- 于桂片
- 铜鼓片
- 客家话和粤语
- 客家话嘉应小片和闽南话
- 客家话和闽南话
- 不分片的客家地区
- 客家话居民点
- 其他语言或方言

0   50   100   150   200
公里

台湾主岛

〈江西省, 湖南省, 福建省, 廣東省, 홍콩, 臺灣에 분포한 客家방언〉

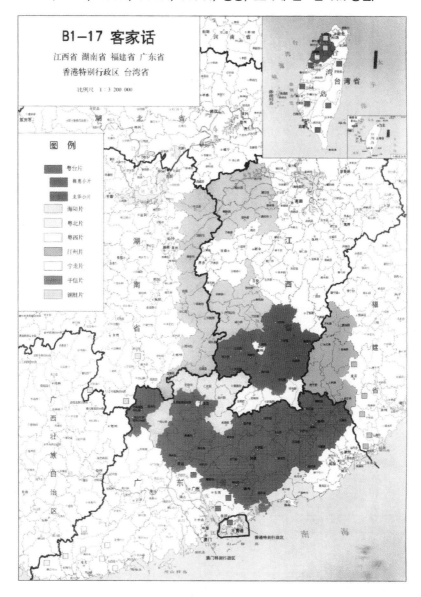

〈客家방언의 주요 어음 특징〉

(1) 客家방언의 中古 全濁聲母는 贛방언과 마찬가지로 현재 파열음 혹은 파찰음으로 발음될 때 中古 성조와 관계없이 모두 무성 유기음으로 발음된다.

	窮平	坐上	病去	直入
梅州	$k'iu\eta^2$	$ts'o^1$	$p'ia\eta^5$	$ts'\theta t^8$
永定	$k'iu\eta^2$	$ts'o^1$	$p'ia\eta^5$	$ts'i?^8$
於都	$t\varphi'i\theta\eta^2$	$ts'\gamma^1$	$p'ia\eta^6$	$ts\varepsilon^8$

하지만 현재까지의 조사 연구에 따르면 廣東省 南雄 및 福建省 連城, 淸流 부근의 일부 客家방언에서는 中古 全濁聲母를 현재 모두 무성 무기음으로 발음하기도 한다.

(2) 客家방언 中古 非敷奉母字의 白讀音은 上古 重脣音의 음가(p, p')를 보유하고 있다. 이와 같은 현상은 廣東省 동부, 福建省 서부 지역 客家방언에서 집중적으로 나타나는 현상으로 贛방언에서는 나타나지 않는 현상이다. 비교를 위해 贛방언 중의 南昌, 宜春방언의 예를 함께 나열해 보면 다음과 같다.

	斧	飛	分	扶	縫
梅州(客家)	pu^3	pi^1	pun^1	$p'u^2$	$p'u\eta^5$
連城(客家)	$pi\varepsilon^3$	puo^1	$p\bar{a}i^1$	$p'i\varepsilon^2$	$p'\theta\eta^6$
於都(客家)	fu^3	fi^1	$f\bar{e}^1$	$p'u^2$	–
南昌(贛)	fu^3	$f\theta i^1$	$f\theta n^1$	fu^5	$fu\eta^6$
宜春(贛)	fu^3	fi^1	fun^1	fu^2	$f\theta\eta^5$
撫州(贛)	fu^3	fi^1	fun^1	fu^2	$fu\eta^6$

(3) 客家방언 中古 宕攝 合口三等 非組(非敷奉微母)字의 白讀에는 -i-
介音이 나타난다. 이 역시 贛방언에서는 나타나지 않는 현상이다.

	放	網		放	網
梅州(客)	piɔŋ⁵	miɔŋ³	南昌(贛)	fɔŋ⁵	uɔŋ³
永定(客)	pioŋ⁵	mioŋ³	宜春(贛)	foŋ²	moŋ³
於都(客)	hɔ̃⁵	mɔ̃³	撫州(贛)	fɔŋ⁵	mɔŋ³

(4) 客家방언 中古 曉匣母字는 合口呼 운모 앞에서 f- 성모로 발음된다
(匣母字의 경우는 일부만 f- 성모로 발음된다).

	虎曉	灰曉	壞匣	魂匣	黃匣	滑匣
梅州	fu³	fɔi¹	fai⁵	fun²/vun²	voŋ²	vat⁸
連城	fiɛ³	fɔi¹	fa⁶	fãi²	voŋ²	va⁵
於都	fu³	hue¹	huæ⁶/fæ⁶	–	hɔ̃²/vɔ̃²	va⁶

(5) 客家방언 中古 微母(文讀)와 匣, 影, 云母 合口字의 성모는 대부분
v-로 발음된다. (匣母字의 예는 위의 (4)항 참고)

	萬微	文微	烏影	碗影	位云	王云
梅州	van⁵	vun²	vu¹	vɔn³	vi⁵	vɔŋ²
連城	va⁶	vãi²	viɛ¹	va³	vi⁶	voŋ²
於都	vã⁶	ve̋²	vu¹	vɔ̃³	vi⁶	vɔ̃²

(6) 客家방언에서는 보통 尖音과 團音이 확연히 구분된다(다수의 客家
방언 지역에서 中古 見系(見溪群疑曉匣影云以母) 三四等字의 성모가 구개
음화되지 않았다).

	酒精 : 九見	秋清 : 丘溪	就從 : 舊群	修心 : 休曉
梅州	tsiu³≠kiu³	ts'iu¹≠k'iu¹	ts'iu⁵≠k'iu⁵	siu¹≠hiu¹
連城	tsaɯ³≠kiaɯ³	ts'aɯ¹≠k'iaɯ¹	ts'aɯ⁶≠k'iaɯ⁶	saɯ¹≠ʃaɯ¹
於都	tsiu³≠tɕiu³	ts'iu¹≠ɕiu¹	ts'iu⁶≠tɕ'iu⁶	siu¹≠ɕiu¹

(7) 中古 精組(精淸從心邪母)字와 知章莊組(知徹澄/莊初崇生/章昌船書禪母)字의 성모 발음이 다양하게 나타난다. 梅州를 비롯한 다수의 客家방언에서는 대부분 ts-, ts'-, s- 한 가지로 합류되어 있다. 梅州: 租 $tsɿ^1$, 粗 $ts'ɿ^1$, 蘇 $sɿ^1$, 猪 tsu^1, 除 $ts'u^2$, 阻 $tsɿ^3$, 初 $ts'ɿ^1$, 鋤 $ts'ɿ^2$, 梳 $sɿ^1$, 止 $tsɿ^3$, 齒 $ts'ɿ^3$, 詩 $sɿ^1$, 時 $sɿ^2$. 하지만 中古 精莊組字와 知章組字가 각각 ts-, ts'-, s-와 tʃ-, tʃ'-, ʃ- (혹은 tɕ-, tɕ'-, ɕ)로 나누어져 있는 경우도 많다.

(8) 대부분의 客家방언에는 撮口呼 운모가 나타나지 않는다.

	呂	取	須	區	雨	與
梅州	li^1	$ts'i^3$	si^1	$k'i^1$	i^3	i^1
長汀	li^3	$ts'i^3$	si^1	$tʃ'i^1$	i^3	i^1
桃源	li^1	$ts'i^3$	si^1	$k'i^1$	i^3	i^1

(8) 客家방언 운모 중에는 'ɔ'를 주요 모음으로 하는 운모가 비교적 많다. 普通話에서 'a'를 주요 모음으로 하는 운모 ai, an, uan, aŋ, iaŋ 등은 客家방언에서 ɔi, ɔn, uɔn, ɔŋ, iɔŋ 등과 같이 발음되는 경우가 많다. 梅州: 代 $t'ɔi^3$, 開 $k'ɔi^1$, 來 $lɔi^1$, 安 $ɔn^1$, 寒 $hɔn^2$, 官 $kuɔn^1$, 剛 $kɔŋ^1$, 良 $liɔŋ^2$.

(9) 中古 流攝 開口一等 厚, 侯韻과 開口三等 尤韻의 운모는 다수의 客家방언에서 eu로 발음된다. 福建省 서부의 客家방언(아래의 예 중 長汀)에서는 ɐɯ로 발음된다.

	某	走	斗	狗	愁	口
梅州	meu^1	$tseu^3$	teu^3	keu^3	seu^2	$k'eu^3$
桃源	meu^1	$tseu^3$	teu^3	keu^3	seu^2	$k'eu^3$
長汀	$mɐɯ^3$	$tsɐɯ^3$	$tɐɯ^3$	$kɐɯ^3$	$ts'ɐɯ^2$	$kɐɯ^3$

(10) 대다수의 지역에서 梗攝字 운모의 文白異讀이 나타난다.

	明文	明白	淸文	淸白	成文	成白
梅州	min^2	miaŋ^2	ts'in^1	ts'iaŋ^1	sən^2	ts'aŋ^2/saŋ^2
秀篆	min^2	miaŋ^2	ts'in^1	ts'iaŋ^1	ʃin^2	ʃaŋ^2
長汀	meŋ^2	miaŋ^2	ts'eŋ^1	ts'iaŋ^1	tʃ'eŋ^2	ʃaŋ^2

(11) 客家방언 중 中古 비음 운미 -m, -n, -ŋ와 入聲韻尾 -p, -t, -k의 보유 현황은 대략 다음 3가지 유형으로 나누어 볼 수 있다. ①中古 비음 운미 -m, -n, -ŋ와 入聲韻尾 -p, -t, -k를 모두 보유한 경우로서 廣東省의 동부와 중부, 臺灣에 분포한 客家방언이 대부분 이 유형에 속한다. 江西省의 寧都, 石城 客家방언 역시 中古 비음 운미와 入聲韻尾를 모두 보유하고 있다고 알려져 있다. ②中古 비음 운미는 -m가 소실되고 -n, -ŋ만 남아있고, 入聲韻尾는 -p, -k가 소실되고, -t와 入聲韻尾의 약화 형태인 성문파열음 -ʔ만 남아있는 경우로서 江西省, 四川省, 福建省의 서부, 廣東省의 서부와 북부 일대의 客家방언이 대부분 이 유형에 속한다. ③中古 비음 운미는 -m, -n가 소실되고 -ŋ만 남아있으며, 入聲韻尾는 모두 소실되어 현재 모두 開尾韻으로 발음되는 경우로서 福建省 서부의 長汀 등 일부 客家방언이 이 유형에 속한다. 각 유형의 예를 들어 보면 다음과 같다.

	甘	間	耕	合	襪	白
①유형; 梅州	kam^1	kian^1	kaŋ^3	hap^8	mat^7	p'ak^8
②유형; 永定	kaŋ^1	kiɛn^1	kaŋ^3	haʔ^8	mat^7	p'aʔ^8
③유형; 長汀	kū^1	tɕiẽ^1	keŋ^1	ho^6	mai^2	p'a^6

(12) 客家방언의 성조는 보통 6개가 일반적이다. 中古 平聲과 入聲이 현재 中古 성모의 淸濁에 따라 陰平과 陽平, 陰入과 陽入으로 나누어져 총 6개(陰平, 陽平, 上聲, 去聲, 陰入, 陽入)로 이루어져 있다. 성조가 7개이거나 5개인 경우도 있는데, 7개인 경우는 中古 平聲과 入聲이 中古 성

모의 淸濁에 따라 陰調와 陽調로 나누어 질 뿐만 아니라 去聲도 中古 성모의 淸濁에 따라 陰去와 陽去로 나누어져 있기 때문이다. 즉 陰平, 陽平, 上聲, 陰去, 陽去, 陰入, 陽入와 같다. 5개인 경우는 두 가지 유형으로 나누어볼 수 있다. 첫 번째는 中古 平聲만 陰調와 陽調로 나누어지고, 上, 去, 入聲은 陰調, 陽調로 나누어지지 않는 경우이다. 즉 陰平, 陽平, 上聲, 去聲, 入聲 5개의 성조로 구성되어 있다(石城, 南康방언 등). 두 번째는 中古 平聲과 去聲이 陰調와 陽調로 나누어지고, 入聲은 모두 陽平과 陽去로 합류되어 5개만 남은 경우이다. 즉 陰平, 陽平, 上聲, 陰去, 陽去의 5개 성조로 구성되어 있다(長汀방언 등).

6. 粵방언

粵방언은 粵語라고도 하며, 현지인들은 습관적으로 '白話'라고 부른다. 외지인들은 통상 '廣東話'라고 하는데, 사실 粵방언의 분포 범위는 廣東省에만 국한되어있지 않다. 廣西省과 海南省 일부 지역에도 粵방언이 분포되어 있다. 또한 廣東省 경내에는 粵방언뿐만 아니라 客家방언, 閩방언 등 기타 방언들도 함께 분포되어 있다.

粵방언은 廣州방언을 대표 방언으로 하며 사용 인구는 해외 화교를 포함하여 대략 1억 2천만 정도이다. 주로 廣東省과 廣西壯族自治區, 홍콩특별행정구, 마카오특별행정구 등에 분포해 있다. 그 외 海南省 三亞市 연해의 어촌과 섬 그리고 海南省 樂東의 서남부 鶯歌海 일대의 어민들이 사용하는 방언 역시 粵방언에 속하는 것으로 알려져 있다. 학계에서는 이 지역 방언을 '邁話'라고 부른다. 海南省 儋縣과 昌江縣 등지에는 '儋州話'라고 부르는 또 하나의 독특한 방언이 있다. 그간의 연구에 따르면 '儋州話'의 文讀 체계는 대체로 粵방언에 가깝고, 白讀 체계는 客贛방언에 가깝다고 한다. 粤방언은 해외 화교 사회의 주요 방언 중 하나이기도 하며, 화교 중 粤방언 사용 인구는 400만 명 이상이라고 한다.

粤방언 지역은 古代 周나라 때까지만 해도 漢族은 없고 소수민족만이 거주하던 지역이었다. 중국에서는 百越族이라는 명칭으로 고대 남방에 거주하던 소수민족 전체(壯族 瑤族 黎族 布依族 傣族 侗族 畲族 仡佬族 毛南族 京族 등)를 통칭하기도 하는데, 粤방언 분포 지역 역시 古代에는 百越族의 영토였다. 漢族이 이 지역에 거주하기 시작한 것은 秦始皇 때의 남방 정벌(BC 219년) 이후이다. 현재 廣東省을 중심으로 분포되어 있는 粤방언 지역에는 역사상 적어도 3차례의 대규모 북방 漢族의 인구 유입이 있었는데, 다음과 같이 정리해 볼 수 있다. 첫 번째는 秦, 漢시기 50만 가량의 병졸들이 南越 진압을 목적으로 西江을 통해 廣東省에 유입되게 된다. 그 후 원정 병사들이 이곳에 주둔하게 되면서 그들의 가족들까지 이 지역에 거주하게 된다. 두 번째는 唐나라 초기 현 江西省 남부의 大庾嶺에 길이 뚫리면서 많은 북방 주민들이 이 길을 통해 廣東省으로 들어오게 되는데, 이는 당시 이 지역의 인구가 급증하게 되는 원인이 된다. 세 번째는 北宋이 南宋으로 천도하던 시기 북방 주민들이 대거 廣東省의 南雄 珠璣巷을 거쳐 珠江三角洲 지역으로 이주하게 되는데, 이 시기의 인구 유입 규모가 역사상 가장 컸다고 알려져 있다. 이와 같은 3차례의 인구 유입은 본래 漢族이 살지 않던 廣東省 지역에 粤방언이 형성되는 계기가 되었다고 할 수 있다. 현재 粤방언에는 소수민족의 기층 성분이 많이 남아있다고 알려져 있는데, 이는 古代로부터 이곳으로 이주한 북방 주민들의 漢語가 이 지역 소수민족의 언어와 오랜 세월 융화되면서 나타나게 된 현상이라고 볼 수 있다. 하지만 현재 粤방언의 음운체계는 漢語의 中古音을 대표하는 『廣韻』의 음운 체계와 가장 유사하다고 알려져 있다.

中國語言地圖集』에서는 廣西省에 분포해 있는 소위 '平話'를 粵방언과는 다른 독립적인 방언으로 분류하고 있다. 平話는 지리적 요인과 언어적 특성에 의해 桂北平話와 桂南平話로 나누는데, 桂北平話는 주로 桂林市의 교외지역과 臨桂, 靈川, 永福, 龍勝, 富川, 鍾山, 賀縣, 融安, 融水, 羅城, 柳江, 柳城 등지에 분포되어 있고(廣西省 중북부), 桂南平話는 주로 賓陽, 邑寧, 橫縣, 貴港, 上林, 馬山 등의 현(縣)과 南寧市 교외 및 左江, 右江 유역에 분포되어 있다(廣西省 서남부 및 일부 북부). 또한 廣西省과 인접한 湖南省의 道縣, 寧遠, 藍山과 通道 侗族自治縣 등 10여 개의 縣과 일부 농촌에서도 平話가 사용되고 있다. 梁敏, 張均如(1999:24)의 조사에 의하면 平話를 母語로 사용하는 인구는 대략 3, 4백만 정도가 된다고 한다. 桂北平話와 桂南平話는 언어적 특성에 있어서 상당히 큰 차이를 보인다. 특히 桂南平話는 廣東省 서북부에 분포한 粵방언(특히 粵방언 勾漏片)과 언어 특성상 상당히 유사하여, 劉村漢(1995), 伍魏(2001:133-141) 등에서는 桂南平話를 마땅히 粵방언으로 귀속시켜야 한다는 주장이 제기되고 있다. 그러나 李連進(2000:169-173)에서는 桂南平話와 粵방언의 차이점에 착안하여 桂南平話를 粵방언으로 귀속시켜야 하는 것이 아니라, 粵방언 勾漏片을 平話로 귀속시켜야 한다고 주장하고 있다. 桂北平話는 이와는 또 다른 논의의 선상에 있다. 桂北平話는 桂南平話와는 언어 특성상 많은 차이가 있지만, 인접한 湖南省 남부의 湘南土話245)와는 언어적으로도 매우 유사하다고 알려져 있다. 鮑厚星(2004:301-310), 謝奇勇(2005:12-22) 등의 논의에서도 桂北平話와 湘南土話는 상당히 밀접한 관계에 있다고 결론을 내리고 있다.

『中國語言地圖集』에서는 粵방언을 廣府, 邑潯, 高陽, 四邑, 句漏, 吳化, 欽

---

245) 湘南土話는 湖南省 남부 지역의 오랜 토속어인데, 주로 東安, 双牌, 新田, 宁远, 道县, 蓝山, 江永, 江华, 资兴, 永兴, 桂东, 嘉禾, 桂阳, 临武, 宜章, 汝城, 信道, 冷水滩 등지에 분포되어 있다. 湘南土話는 湘방언과는 다르며 아직 방언의 성격이나 귀속이 결정되지 못한 방언이다.

廉의 7개 方言片으로 나누고 있는데 邁話와 儋州話는 표기하지 않고 있다.

- 廣府片: 주로 廣州를 중심으로 한 珠江三角洲, 廣東省 중부 및 북부 일부 지역에 분포한 방언이다. 廣西省 賀州, 梧州, 貴港, 北流, 容縣 등의 일부 지역에도 분포되어 있으며, 홍콩, 마카오의 粤방언도 廣府片에 속한다. 廣府片 粤방언은 廣州방언을 대표 방언으로 하며, 粤방언 중에서도 가장 영향력이 크다.

- 邕潯片: 주로 廣西省(壯族自治區) 邕江, 郁江, 潯江 연안의 南寧, 玉林, 梧州 등지에 분포한 粤방언.

- 高陽片: 주로 廣東省 서남부의 陽江, 茂名, 湛江 등지에 분포한 粤방언.

- 四邑片: 주로 廣東省 臺山, 開平, 恩平, 新會 등 소위 四邑 지역과 인근의 斗門, 江門 등지에 분포한 粤방언.

- 句漏片: 주로 廣東省 서부의 淸遠, 肇慶 두 市의 일부 지역 및 廣西省 동부에 분포한 粤방언.

- 吳化片: 주로 茂名의 서남부, 湛江 동부의 만(灣) 지역에 분포한 粤방언. 湛江市 坡頭市의 南三, 幹塘, 吳川吳陽, 黃坡, 中山, 化州楊梅, 良光, 笪橋 등 지역에 분포해 있다.

- 欽廉片: 주로 廣西省(壯族自治區) 동남쪽 모퉁이의 北海, 合浦, 防城港, 東興, 上思, 欽州, 靈山, 浦北 등의 일부 지역에 분포한 粤방언

〈廣東省과 廣西省에 분포한 粤방언〉

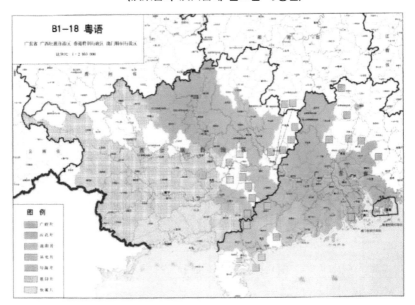

〈廣東省 내 粤방언의 분포 (주황색 부분)〉

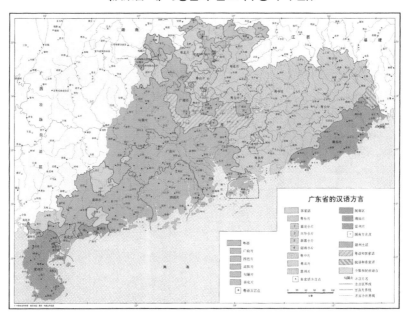

〈粤방언의 주요 어음 특징〉

(1) 粤방언 中古 全濁聲母는 무성음화 된 이후 대부분의 지역에서 파열음, 파찰음으로 발음될 때 平聲字는 유기음, 去聲, 入聲字는 무기음으로 발음된다. 上聲字의 경우는 陽去로 발음될 때는 무기음, 陽上(혹은 上聲)으로 발음될 때는 유기음이다. 그런데 上聲字 중 유기음 陽上(上聲) 발음은 보통 白讀音이고 무기음 陽去 발음은 보통 文讀音이다. 따라서 粤방언 中古 全濁聲母는 白讀 체계에서 볼 때 中古 平, 上聲字는 유기음, 去, 入聲字는 무기음으로 발음된다고 할 수 있다.

	團平	淡上	坐上	洞去	讀入
廣州	t'yn²	tam⁶文/t'am⁴白	ʧɔ⁶文/ʧ'ɔ⁴白	tʊŋ⁶	tuk⁸
陽江	t'un²	tam⁶文/t'am³白	ʧɔ⁶文/ʧ'ɔ³白	tʊŋ⁶	tuk⁸
香港	t'yn²	tam⁶文/t'am⁴白	tsɔ⁶文/ts'ɔ⁴白	toŋ⁶	tok⁸
澳門	t'yn²	tam⁶文/t'am³白	tsɔ⁵文/ts'ɔ³白	toŋ⁶	tok⁸
南寧	t'yn²	t'am⁴	ts'ɔ⁴	toŋ⁶	tok⁸
梧州	t'yn²	t'am⁴	tɕ'ɔ⁴	tʊŋ²	tok⁸

(2) 대다수의 粤방언 지역에서 尖音과 團音이 확연히 구분된다. 中古 見溪群母字의 성모는 모음의 洪細와 관계없이 대부분 k-, k'-, h-로 발음된다.

	祭精 : 計見	清清 : 輕溪	匠從 : 强群
廣州	ʧei⁵ ≠ kei⁵	ʧ'ɪŋ¹ ≠ hɪŋ¹文/hɛŋ¹白	ʧœŋ⁶ ≠ k'œŋ²
陽江	ʧei⁵ ≠ kei⁵	ʧ'ɪŋ¹ ≠ hɪŋ¹	ʧiɛŋ⁶ ≠ k'iɛŋ²

또한 中古 溪母의 일부 글자들은 粤방언에서 보편적으로 f-성모(合口呼 운모 앞) 혹은 h- 성모(開口呼 운모 앞)로 발음된다. 예를 들어 '科'는 廣州, 南寧에서 모두 fɔ¹로 발음되고, '開'는 廣州, 南寧에서 모두 hɔi¹로 발음된다.

(3) 粵방언 中古 微母字는 현재 대부분 쌍순 비음 성모 **m-**로 발음된다. 廣州: 微 mei^2, 文 men^2, 亡 $mɔŋ^2$, 霧 mou^6, 萬 man^6, 物 mat^8.

(4) 中古 非敷奉母字와 曉母合口一二等韻字는 粵방언에서 모두 **f-**성모로 발음된다. 예를 들어 廣州방언에서 '分'과 '昏' 모두 fen^1으로 발음되고, '夫'와 '呼' 모두 fu^1로 발음된다.

(5) 中古 疑母 一二等字는 粵방언에서 대부분 **ŋ-** 성모로 발음된다. 廣州: 我 $ŋɔ^3$, 牙 $ŋa^2$, 外 $ŋɔi^6$, 岳 $ŋɔk^8$.

(6) 粵방언 대부분의 지역에는 자음 스스로 음절이 될 수 있는 성절자음 m̩, ŋ̩이 나타난다. 예를 들어 대부분의 지역에서 '唔' m̩, '吳' ŋ̩ 등과 같이 발음된다. 일부 지역에서는 m̩ 혹은 ŋ̩ 한 가지 성절자음만 나타나는 경우도 있다.

(7) 粵방언 중의 파찰음, 마찰음 성모는 대부분의 지역에서 한 가지로 합류되어 있다. ts-, tsʻ-, s- (혹은 ʧ-, ʧʻ-, ʃ-). 하지만 四邑片과 廣西省 남부의 일부 粵방언에서는 독특한 현상이 나타난다. 예를 들어 四邑片에 속한 臺山방언의 경우 일부 精母字, 淸母字, 일부 從母字가 t-, tʻ-로 발음되고 心母字는 설측마찰음 ɬ-로 발음된다. 臺山: 早 tau^3, 初 $tʻu^1$, 心 $ɬim^1$. 그 외 知組, 照組字는 모두 ʧ-, ʧʻ-, ʃ-로 발음된다. 廣西省 남부의 玉林, 北流, 容縣, 岑溪, 藤縣 등 지역 粵방언의 경우는 精組字는 四邑片과 유사하게 모두 t-, tʻ-, ɬ-로 발음되지만, 知照組字는 tɕ-, tɕʻ-, ɕ-로 발음된다(南寧, 梧州, 桂平, 平南 등 지역에서는 精組字 ts-, tsʻ-, s- 知照組字 tɕ-, tɕʻ-, ɕ-와 같이 발음된다).

(8) 四邑片 粵방언에서는 성모와 관련하여 일반적인 한어방언에서는 보기 힘든 몇 가지 현상이 나타나는데 두 가지만 예를 들어 보면 다음과 같다. ①中古 透定母 仄聲字가 零聲母로 발음되고, 透定母 平聲字는 h- 성모로 발음된다. 臺山: 多 ɔ¹, 杜 u³, 他 ha¹, 徒 hu². ②開平, 鶴山(雅瑤) 등지에서는 中古 幫母字와 並母仄聲字를 순치 유성 마찰음 v-로 발음한다. 開平: 坝 va¹, 暴 vɔ⁴.

(9) 대부분의 粵방언에는 반모음 성모 j-와 w-가 있다. 하지만 臺山방언, 東莞방언 등 일부 지역에는 j-와 w- 성모가 없고 대신 z-, v-(f-) 성모가 나타난다. 예를 들어 '逾'를 廣州에서는 jy²와 같이 발음하지만 臺山에서는 zi², 東莞에서는 zy²와 같이 발음하고. '回'를 廣州에서는 wui²와 같이 발음하지만 臺山과 東莞에서는 vi²와 같이 발음한다. 中山 등 일부 지역에서는 w-성모가 零聲母로 발음되기도 한다. 中山: 華 ua².

(10) 粵방언 대부분의 지역에서 모음 [a]는 장단음(長短音)의 구별이 있다. 장음(長音)인 경우는 [a]로 발음되고, 단음(短音)인 경우는 [ɐ]로 발음된다. 예를 들어, 街/鷄 kai¹/kɐi¹, 三/心 ʃam¹/ʃɐm¹, 達/突 tat⁸/tɐt⁸ 등과 같다.

(11) 대다수의 粵방언 지역에는 원순모음 œ(ø) 혹은 œ(ø)를 주요 모음으로 하는 일련의 운모가 나타난다. 廣州: 鞋 hœ¹, 推 t'œy¹, 信 ʃœn⁵, 香 hœŋ¹, 出 tʃʻœt⁷, 約 jœk⁹. 하지만 廣東省 서부의 高陽片 粵방언 중에는 œ(ø) 혹은 œ(ø)를 주요 모음으로 하는 운모가 없으며, 四邑片에도 臺山방언을 제외하고 이와 같은 원순모음을 포함한 운모가 존재하지 않는다.

(12) 粵방언 중에는 대부분 설첨모음 -ɿ가 나타나지 않는다. 止攝 開口韻의 경우 tʃ-, tʃʻ-, ʃ- 성모와 결합되면 ɿ로 발음되고, 기타 성모와 결합되

면 -ei로 발음된다. 廣州: 知 ʧi¹, 遲 ʧʻi², 師 ʃi¹, 試 ʃi⁵, 碑 pei¹, 基 kei¹, 你 nei⁴. 하지만 廣西省 남부의 南寧, 桂平, 平南, 黃縣 등 일부 粵방언 중에는 ts-, tsʻ-, s-(혹은 tɬ-, tɬʻ-, ɬ-) 성모 뒤에서 -ŋ운모가 나타난다. 南寧: 資 tsŋ¹, 此 tsʻŋ³, 思 sŋ¹, 黃縣: 資 tɬŋ¹, 此 tɬʻŋ³, 思 ɬŋ¹.

(13) 粵방언 대부분의 지역에서는 中古音과 마찬가지로 -m, -n, -ŋ 3개의 비음 운미와 -p, -t, -k 3개의 파열음 운미가 모두 나타난다. 廣州: 金 kɐm¹, 難 nan², 岡 kɔŋ¹, 十 ʃɐp⁸, 達 tat⁸, 北 pɐk⁷. 廣西省 남부의 鐘山, 廣東省 북부의 曲江, 樂昌, 仁化, 連山, 連州 등 일부 粵방언 지역에서는 비음 운미와 파열음 운미의 소실 현상이 나타나는데 -m, -p 운미가 소실되어 모두 -n, -t 운미 혹은 -ŋ, -k 운미로 합류되었다.

(14) 粵방언의 성조는 漢語方言 중에서도 가장 복잡하고 많다. 粵방언의 성조는 보통 8~9개에서 10개까지 나타난다. 그 중 9개인 경우가 전체 粵방언 지역의 3/4 이상을 차지한다. 廣州방언의 성조류와 성조값(五度表記法으로 표기)을 표시해 보면 다음과 같다. 廣州: 陰平 53 혹은 55, 陽平 21, 陰上 35, 陽上 23, 陰去 33, 陽去 22, 上陰入 5, 下陰入 33, 陽入 22 혹은 2(入聲이 上陰入, 下陰入, 陽入 세 개로 나누어진다). 中山 등 일부 지역에서는 6개의 성조만 나타나기도 한다. 몇몇 대표 지역의 성조류와 성조값을 표기해 보면 다음과 같다.

	陰平	陽平	陰上	陽上	陰去	陽去	陰入		陽入		促陽平	성조수
							上	下	上	下		
玉林	54	32	33	23	52	21	55	33	12	11		10
廣州	53	21	35	23	33	22	5	33	22			9
陽江	33	42	11	35	54	35	11	54	42		9	10
臺山	33	11	55	21	(陰平과 합류)	31	55	33	21			8
合浦	44	33	13		11		33	13	11			7
中山	55	51	24		33		55		33			6

7. 閩방언

閩방언은 閩語라고도 하고 속칭 '福佬話'라고도 한다. 閩방언은 주로 福建省에 분포해 있지만 閩방언의 분포 범위는 福建省에만 국한되지 않는다. 閩방언은 福建省과 臺灣, 海南省 및 廣東省 潮汕地區, 雷州半島에 집중적으로 분포되어 있고, 廣西壯族自治區, 江蘇省 남부, 安徽省 남부, 江西省 동북부 등지에도 閩방언이 분포해 있다. 福建省 내에는 閩방언을 비롯하여 客家방언, 贛방언, 吳방언 등이 분포해 있다. 閩방언은 廈門방언과 福州방언을 대표 방언으로 하며, 사용 인구는 대략 8000만 정도이다(閩방언을 사용하는 해외 漢人, 安徽省 남부, 江西省 동북부, 珠江三角洲 閩방언 사용 이민자 수는 포함되지 않음). 閩방언 중 閩南話는 해외 화교사회에서 사용하는 주요 漢語方言 중 하나로 사용 인구는 대략 400만 이상이라고 한다.

閩방언 중에는 中古 非, 敷, 奉母字 성모를 p-, p'-로 발음한다든가, 中古 知, 徹, 澄母字성모를 t-, t'-로 발음하는 등의 上古漢語(秦, 漢 이전 漢語) 특성을 보유하고 있기 때문에 閩방언은 中古시기 이전에 이미 형성되었다고 볼 수 있다. 閩방언의 형성 초기 福建省 지역으로 진입한 최초의 漢族은 춘추시대 현 浙江省 지역을 중심으로 영토를 차지하고 있던 吳나라와 越나라 사람들이었다. 三國時代에는 (東)吳의 영토였는데 당시에도 浙江省 지역의 주민들이 대거 福建省 지역으로 이주했다고 한다. 따라서 閩방언은 현재까지도 여전히 吳방언의 기층을 가지고 있다고 알려져 있다. 秦始皇 통치 시기에는 현재의 福建省 중부 지역과 福州 지역을 점령하여 주둔하기 시작하였는데 이는 북방의 漢族이 처음으로 이 지역에 들어오게 된 계기가 된다. 西晉 말 '永嘉의 난' 이후에는 中原지역의 북방 漢族들이 이 지역으로 대거 이주해 오게 되는데, 북방에서 이주해온 漢族들은 후에 이 지역 토착민들과의 마찰을 피하기 위해 재차 福建省의 남쪽으로 이동하였다고 한다. 唐나라 때는 福建省 남부의 漳州, 泉州 지역, 福建省 동부 지역까지 唐 왕실에서 파견된 관리들의 통치를 받게 되면서 북방 漢語는 이 지역에 더욱 깊은 영향을 주게 된다. 또한 隋, 唐 이후에는 과거제도가 전국적으로 시행되면서 당시 詩 押韻의 기준이 되었던 『切韻』의 음운체계가 文讀의 형식으로 閩방언 내에 자리를 잡게 된다. 이와 같은 배경 하에서 閩방언은 漢語方言 중에서도 방언 내 어음 층이 매우 복잡한 방언으로 발전하게 된다. 즉 閩방언은 (吳방언의 기층을 가지고 있는) 古代의 閩방언과 다양한 북방 지역에서 이주해 온 漢族들의 방언 그리고 『切韻』을 기준으로 한 이 지역 文讀 체계 등이 점진적으로 융화되어 형성되었다고 볼 수 있다.

『中國語言地圖集』에서는 閩방언을 閩南, 莆仙, 閩東, 閩北, 閩中, 琼文, 邵將의 7개 方言片으로 나누고 있다.

- 閩南: 福建省 남부, 臺灣의 대부분 지역, 廣東省 동남부에 분포한 방언. 廈門, 金門, 同安, 漳州, 長壽, 華安, 龍海, 漳浦, 雲霄, 南靖, 平和, 東山, 詔安, 漳平, 龍巖, 泉州, 晉江, 南安, 安溪, 永春, 德化, 惠安, 大田(이상 福建省), 臺北, 基隆, 宜蘭, 彰化, 南投, 臺中, 雲林, 嘉義, 臺南, 屏東, 高雄, 臺東, 花蓮, 澎湖(이상 臺灣), 潮州, 汕頭, 南澳, 澄海, 饒平, 揭西, 揭陽, 潮陽, 普寧, 惠來, 海豊, 陸豊(이상 廣東省) 등.

- 莆仙: 福建省 동부의 두 개 縣에 분포한 방언. 莆田, 仙游 등.

- 閩東: 福建省 동북부 19개 縣에 분포한 방언. 福州, 閩清, 閩侯, 永泰, 長樂, 福清, 平潭, 羅源, 古田, 寧德, 屏南, 連江, 尤溪, 福安, 壽寧, 周寧, 柘榮, 霞浦, 福鼎 등.

- 閩北: 福建省 북부의 8개 縣에 분포한 방언. 建甌, 建陽, 崇安, 松溪, 政和, 南平, 浦城(북부는 吳방언), 順昌(富屯溪 동쪽) 등.

- 閩中: 福建省 중부 3개 縣에 분포한 방언. 三明, 永安, 沙縣 등.

- 琼文: 海南省의 14개 縣市에 분포한 방언. 海口, 瓊山, 澄邁, 定安, 屯昌, 瓊中, 文昌, 瓊海, 萬寧, 陵水, 崖縣, 樂東, 東方, 昌江 등.

- 邵將: 福建省 서북부의 4개 縣에 분포한 방언. 邵武, 光澤, 將樂, 順昌(富屯溪 서쪽)

〈福建省과 廣東省, 臺灣, 海南省에 분포한 閩방언〉

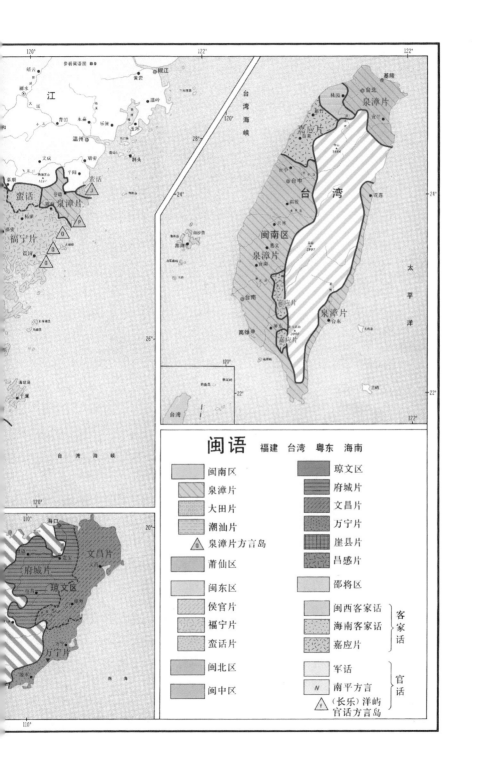

闽语　福建　台湾　粤东　海南

闽南区
泉漳片
大田片
潮汕片
△ 泉漳片方言岛

莆仙区

闽东区
侯官片
福宁片
蛮话片

闽北区
闽中区

琼文区
府城片
文昌片
万宁片
崖县片
昌感片

邵将区

闽西客家话
海南客家话　客家话
嘉应片

军话
N 南平方言　官话
△ (长乐) 洋屿
官话方言岛

<중국 동남부 남방 방언 중의 閩방언 (황토색 부분)>

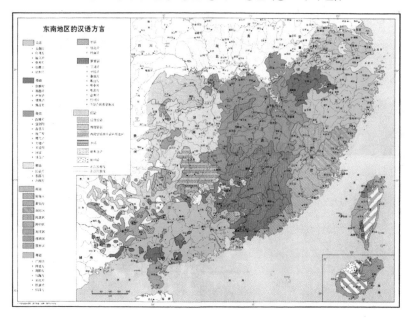

<閩방언의 주요 어음 특징>

閩방언은 漢語方言 중 내부 지역별 차이가 가장 크고 복잡한 방언이다. 남쪽 사람들과 북쪽 사람들 간에 의사소통이 어려우며, 동쪽과 서쪽도 상당한 차이가 존재한다. 이에 20세기 60년대까지만 해도 閩방언을 하나의 대 방언 지역으로 보지 않고, 閩南방언과 閩北방언 두 개의 독립적인 방언으로 나누어 분류했었다. 다음은 閩방언 전체에 비교적 보편적으로 나타나는 특징들을 정리해 본 것이다.

(1) 閩방언 中古 全濁聲母는 무성음화 된 이후 파열음, 파찰음으로 발음될 때 다수의 글자가 무기음으로 발음되고, 소수의 글자만이 유기음으

로 발음된다. 어떠한 글자가 무기음으로 발음되고, 어떠한 글자가 유기음으로 발음되는지 閩방언 지역 내에서는 상당한 일치성을 보인다.

	頭平	舅上	病去	直入
福州	t'au²	kieu⁶	paŋ⁶	tiʔ⁸
莆田	t'au²	ku⁶	pa⁶	tiʔ⁸
廈門	t'au²	ku⁶	p̃ĩ⁶	tit⁸
建瓯	t'e⁵	kiu⁶	paŋ⁶	tɛ⁶
永安	t'ø²	kiau⁴	põ⁵	ta⁴
潮州	t'au²	ku⁴	pẽ⁵	tik⁸
文昌	xau²	ku²	ʔbe¹	ʔdiet⁸

(2) 中古 知組(知徹澄母)字를 端組(端透定母)字와 마찬가지로 t-, t'-로 발음하는 현상이 나타난다.

	竹	中	抽	茶
福州	tøyʔ⁷	tyŋ¹	t'iu¹	ta²
莆田	tøʔ⁷	tøŋ¹	t'iu¹	tɒ²
廈門	tik⁷	tiɔŋ¹	t'iu¹	te²
建瓯	ty⁷	tœyŋ¹	t'iu¹	ta⁵
永安	ty⁷	tam¹	t'iau¹	tsɔ²
潮州	tek⁷	taŋ¹	t'iu¹	te²
文昌	ʔdiok⁷	toŋ¹	xiu¹	ʔde²

(3) 中古 非敷奉母字 중 적지 않은 글자들이 p-, p'-로 발음된다. 기타 남방 방언에도 이와 같은 현상이 나타나지만 閩방언만큼 보편적이지 않다. 文讀은 보통 h-(x-) 성모로 발음된다.

	分非	飛非	蜂敷	房奉
福州	xuŋ¹文/puoŋ¹白	pui¹	xuŋ¹文/p'uŋ¹白	puŋ²
莆田	poŋ¹	pue¹	p'aŋ¹	paŋ²
廈門	hm¹文/ pun¹白	pe¹	hɔŋ¹文/ p'aŋ¹白	paŋ²
建瓯	pyiŋ¹	yɛ³	p'ɔŋ¹	pɔŋ³

	分非	飛非	蜂敷	房奉
永安	pum¹	pue¹	p'aŋ¹	hm²
潮州	puŋ¹	pue¹	p'aŋ¹	paŋ²
文昌	ʔbum¹	ʔbue¹	φaŋ¹	ʔbaŋ²

(4) 中古 匣母字 중 일부 글자들이 k- 성모로 발음된다.

	猴	厚	滑
福州	kau²	kau⁶	kouʔ⁸
莆田	kau²	kau⁶	koʔ⁸
廈門	kau²	kau⁶	kut⁸
建瓯	ke³	ke⁶	ko⁸
永安	kø²	kø⁴	kui⁴
潮州	kau²	kau⁴	kut⁸
文昌	kau²	kau⁵	kut⁸

(5) 中古 章組字 중 일부 글자들이 k-(k'-) 성모로 발음된다.

	支章	枝章	指章	痣章	齒昌
福州	tsie¹	tsie¹	tsai³	tsei⁵	k'i³
建瓯	tsi¹	ki¹	ki⁵	tsi⁵	ts'i³
廈門	ki¹	ki¹	ki³	ki⁵	k'i³
潮州	tsĩ¹	ki¹	ki³	ki⁵	k'i³

(6) 中古 云母(喻三) 일부 글자들이 白讀 층에서 h- 혹은 x- 성모로 발음된다.

	雨	園	云	雄
廈門	hɔ⁶	hŋ²	hun⁶	hiɔŋ²
福州	xuɔ⁶	xuoŋ²	huŋ⁶	xyŋ²
建瓯	xy⁶	xyiŋ⁵	œyŋ³	xœyŋ⁵

(7) 中古 以母(喩四) 일부 글자들이 白讀 층에서 파찰음 혹은 마찰음으로 발음된다.

	檐	蠅	痒	翼
廈門	tsĩ²	sin²	tsĩu⁶	sit⁸
福州	sieŋ¹	sin²	suɔŋ⁶	siʔ⁸
建甌	saŋ⁵	saiŋ⁵	tsiɔŋ⁸	siɛ⁶

(8) 中古 心, 邪, 書, 禪母字 중 일부가 파찰음 ts-, ts'- 성모로 발음된다 (海南省 閩방언 제외). 廈門: 鼠 ts'u³, 樹 ts'iu⁶, 市 ts'i⁶.

(9) 閩방언 중 精組(精淸從心邪) 성모와 照組(照穿牀審禪) 성모는 閩中片의 永安, 沙縣방언 등에서 ts-, ts'-, s-와 ʧ-, ʧ'-, ʃ- 두 가지로 나누어지는 것을 제외하면 대부분의 지역에서 ts-, ts'-, s- 한 가지로만 발음된다 (莆仙片 중의 s- 성모는 ɬ로 발음된다). 예를 들어 '姐'와 '者'를 모두 ts- 성모로 발음하고, '處'와 '趣'는 모두 ts'- 성모로, '死'와 '屎'는 모두 s- 성모로 발음한다.

(10) 中古 開口二等 見系字 중 다수의 글자들이 현재 洪音으로 발음된다.

	家假開二	街蟹開二	江江開二	殼曾開二
福州	ka¹	kɛ¹	køyŋ¹	k'ɔyʔ⁷
莆田	ka¹	ke¹	kaŋ¹	k'aʔ⁷
廈門	ke¹	kue¹	kaŋ¹	k'ak⁷
建甌	ka¹	kai¹	kɔŋ¹	k'u⁷
永安	kɒ¹	ke¹	kam¹	k'u⁷
潮州	ke¹	koi¹	kaŋ¹	k'ak⁷
文昌	ke¹	koi¹	kaŋ¹	k'ak⁷

(11) 中古 四等韻 중 일부 글자들이 洪音으로 발음된다.

	西蟹開四	洗蟹開四	前山開四	青梗開四	踢梗開四
福州	sɛ¹	sɛ³	seiŋ²	tsʼaŋ¹	tʼɛiʔ⁷
莆田	ɬai¹	ɬe³	ɬe²	tsʼa¹	tʼɛʔ⁷
廈門	sai¹	sue³	tsiŋ²	tsʼĩ¹	tʼat⁷
建甌	sai¹	sai³	tsʼiŋ⁵	tsʼaŋ¹	tʼɛ⁷
永安	si¹	se³	tsʼɛiŋ²	tsʼã¹	tʼa⁷
潮州	sai¹	soi³	tsõĩ²	tsʼẽ¹	tʼak⁷
文昌	tai¹	toi³	tai²	se¹	xat⁷

(12) 閩방언 중의 비음 운미와 파열음 운미는 지역마다 매우 다양하게 나타난다. 그 중 閩南방언은 中古音과 마찬가지로 -m, -n, -ŋ 3개의 비음 운미와 -p, -t, -k 3개의 파열음 운미를 모두 보유하고 있다(일부 入聲字는 파열음 운미가 약화되어 성문파열음 -ʔ로 발음된다). 그 외 지역은 일부만 보유하고 있는데, 특히 閩中방언 지역과 閩北방언 지역의 경우는 파열음 운미가 이미 모두 소실되어 비음 운미만 남아있다. 閩南방언의 대표 방언 인 廈門방언의 예를 들어 보면 다음과 같다. 南 lam², 本 pun³, 東 taŋ¹, 十 tsap⁸, 植 tsit⁸, 北 pak⁷, 佰 peʔ⁷.

(13) 閩방언 중 다수의 지역에서 풍부한 鼻化 운모가 나타난다.

	敢	影	關	邊	張
廈門	kã³	ĩã³	kuãĩ¹	pĩ¹	tĩũ¹
潮州	kã³	ĩã³	kuẽ¹	pĩ¹	tĩẽ¹
臺北	kã³	ĩã³	kuĩ¹	pĩ¹	tĩũ¹

(14) 閩방언 중 일부 지역(주로 閩東, 閩中, 閩北 지역)에서는 '雙韻尾' 현상이 나타난다. 예를 들어 福州방언 중에는 ɛiŋ(井), aiŋ(塾) 등과 같은 운모가 있고, 建甌방언 중에는 ɛiŋ(音), aiŋ(恩), ieiŋ(延), uaiŋ(賬) 등의 운

모, 永安방언 중에는 εiŋ(邊), iεiŋ(扁), yεiŋ(船) 등의 운모가 있다.

(15) 閩방언 중 적지 않은 지역에는 撮口呼 운모가 존재하지 않는다.

	魚	女	袁	玄	月
廈門	hi^2	lu^3	uan^2	hian^2	ge$ʔ^8$
潮州	huɯ^2	nɯŋ^3	uen^2	hien^2	gue$ʔ^8$
臺北	hu^2	lu^3	uan^2	hian^2	guat^8

(16) 閩방언 중 다수의 지역에서는 통상 文白異讀 현상이 나타난다. 그 중 閩南방언 지역이 특히 보편적이다.

	歌	幹	平	空	流
廈門	ko^{1}文 kua^{1}白	kan^{1}文 kuã^{1}白	piŋ^{2}文 p̃ĩ^{2}白	k'ɔŋ^{1}文 k'aŋ^{1}白	liu^{2}文 lau^{2}白
潮州	ko^{1}文 kua^{1}白	kan^{1}文 kuã^{1}白	p'en^{2}文 pẽ^{2}白	k'oŋ^{1}文 k'aŋ^{1}白	liu^{2}文 lau^{2}白
臺北	ko^{1}文 kua^{2}白	kan^{1}文 kuã^{1}白	piŋ^{2}文 pẽ^{2}白	k'oŋ^{1}文 k'aŋ^{1}白	liu^{2}文 lau^{2}白

(17) 閩방언의 성조는 보통 6개에서 8개이다. 그 중 성조가 7개인 지역이 가장 많다. 潮州방언(閩南)은 성조가 8개 인데 이는 中古 平, 上, 去, 入 4개의 성조가 각각 陰調와 陽調 두 개의 성조로 나누어져 있기 때문이다. 建甌방언(閩北), 永安방언(閩中)은 성조가 6개인데, 建甌방언의 경우는 中古 平聲과 上聲은 陰調와 陽調로 나누어져 있지 않고, 去聲과 入聲만 陰調와 陽調 두 개로 나누어져 있기 때문에 6개이다. 永安방언의 경우는 반대로 中古 平聲과 上聲은 陰調와 陽調로 나누어져 있지만, 去聲과 入聲은 陰調와 陽調로 나누어져 있지 않다.

福州: 陰平44, 陽平52, 上聲31, 陰去213, 陽去242, 陰入23, 陽入5
莆田: 陰平533, 陽平13, 上聲453, 陰去42, 陽去11, 陰入(21文, 11白), 陽入(4文, 35白)

廈門: 陰平44, 陽平24, 上聲53, 陰去21, 陽去22, 陰入32, 陽入4
建甌: 平聲54, 上聲21, 陰去33, 陽去44, 陰入24, 陽入42
永安: 陰平52, 陽平33, 陰上21, 陽上54, 去聲35, 入聲12
潮州: 陰平33, 陽平55, 陰上53, 陽上35, 陰去213, 陽去11, 陰入21, 陽入4
文昌: 陰平34, 陽平22, 陰上31, 陽上53, 陰去11, 陽去42, 陰入5, 陽入3

8. 漢語方言의 분류상 아직 귀속이 확정되지 못한 방언들

漢語方言 중 다음에 나열한 일부 방언들은 방언의 성격이 모호해 아직
방언 분류상의 귀속이 확정되지 못한 방언들이다. 『中國語言地圖集』에서
도 이들 방언들을 대부분 특정 방언에 귀속시키지 않고 앞으로 더욱 진일
보한 조사 연구가 필요한 방언이라고만 언급하고 있다.

① 畬話: 중국의 소수민족인 畬族은 2017년 현재 368,832 명 정도의
   인구가 福建, 江西, 廣東, 安徽省 등지에 흩어져 살고 있다. 畬族은
   절대다수의 사람들이 漢語를 사용하고 있지만, 廣東省의 惠東, 博羅
   등 4개 縣에 살고 있는 약 1000여 명의 사람들은 자신들의 고유 언
   어를 사용하고 있다. 畬族이 사용하는 漢語를 방언학계에서는 '畬
   話'라고 하며, 畬族의 고유 언어인 '畬語'와 구분하여 사용하고 있
   다. 일부 학자들은 '畬話'가 客家방언에 가깝다고 보고 있다.
② 儋州話: 儋州話는 海南省에 있는 儋縣 대부분의 지역과 昌江縣의 南
   羅 등지에서 약 50만 정도의 인구가 사용하고 있는 방언인데, 『中國
   語言地圖集』에서는 粵방언으로 분류하고 있다. 하지만 현재는 『中
   國語言地圖集』이후의 조사 연구를 토대로 방언의 귀속을 정하기 힘
   든 방언중 하나로 분류하고 있다.

③ 鄕話: 鄕話는 湖南省 元陵縣 서남부 및 漵浦, 辰溪, 瀘溪, 古丈, 永順, 張家界 등 市縣 및 元陵과의 접경지역에 분포되어 있는데, 사용 인구는 대략 40만 정도이다. 鄕話에는 漢語의 특징이 다수 포함되어 있지만 非漢語的인 특징도 적지 않아 鄕話의 성격이나 귀속 문제는 아직 해결되지 못한 과제로 남아있다.

④ 粤北土話와 湘南土話: 粤北土話는 주로 廣東省 북부의 湖南省과 江西省 접경지역인 韶關, 南雄, 樂昌, 曲江, 仁化, 乳源, 武江, 北江, 滇江, 連州, 連南 등지에 분포되어 있는 漢語方言이고, 湘南土話는 粤北土話 분포 지역과 인접한 湖南省 남부 东安, 双牌, 新田, 宁远, 道县, 蓝山, 江永, 江华, 资兴, 永兴, 桂东, 嘉禾, 桂阳, 临武, 宜章, 汝城, 信道, 冷水滩 등지에 분포되어 있는 漢語方言이다. 粤北土話와 湘南土話는 모두 언어적 특성에 있어 내부적으로 지역적 차이가 크고, 방언 자체의 성격도 일반적인 漢語方言과는 다른 매우 복잡한 혼합형 방언의 면모를 보이고 있어, 粤北土話나 湘南土話의 성격 규명이나 주변 방언과의 관계 등 문제는 아직도 방언학계의 주요 관심 대상 중 하나이다.

⑤ 苗族이 사용하는 漢語方言: 중국 내 소수민족인 苗族의 일부는 독특한 漢語方言을 사용하는데, 苗族이 사용하는 漢語方言은 보통 지역에 따라 다음 3가지로 나눈다. ⓐ廣西省 資源, 龍勝 두 개 縣과 湖南省 綏寧, 城步 두 개 縣에 거주하는 대부분의 苗族이 사용하는 漢語方言, ⓑ貴州省 桂縣의 일부 苗族이 사용하는 漢語方言, ⓒ貴州省 晴隆, 普安 등 縣의 일부 苗族이 사용하는 漢語方言. 이 세 종류의 漢語方言은 각각 서로 다른 상이한 방언일 뿐만 아니라, 현지 漢語와도 다르다고 한다.

⑥ 徽州方言: 徽州方言은 서론에서 언급했듯 古代에는 본래 吳방언에 속한 방언이었다. 그런데 徽州方言은 오랜 기간 주변 방언들의 영향을 받아 현재는 주변 방언들의 특징이 방언 내에 혼재되어있는 독특한 방언으로 변화하였다. 이에 『中國語言地圖』에서는 徽州方言을 吳방언의 次方言으로 분류하지 않고, 吳방언이나 贛방언, 粤방언, 閩방언 등 기타 大方言들과 다른 독립적인 방언으로 분류하고 있다. 하지만 王福堂(2004)에서는 徽州方言은 마땅히 吳방언의 次方言으로 분류하여야 한다고 하였다. 徽州方言의 귀속 문제는 아직까지 결론을 내리지 못한 미완의 문제로 남아있다.

이와 같은 귀속이 불분명한 漢語方言 이외에 『中國語言地圖集』에서 새롭게 독립적인 방언으로 분류하고 있는 '平話'라는 방언이 있다. 平話는 주로 廣西省 壯族自治區 서남부와 동남부 그리고 북부에 분포되어 있는 漢語方言이다. 平話는 1980년대 이후 몇몇 학자들의 연구 성과로 새롭게 그 중요성이 인정되어 지금은 독립적인 방언으로 분류되고 있는 漢語方言이다. 平話는 내부적으로 (지리적 요인과 언어적 특성에 의거해) 다시 桂北平話와 桂南平話[246)로 나눈다. 그 중 桂北平話는 상술한 土話, 특히 湘南土話와 지리적으로 상당히 인접해 있고 언어적으로도 많은 공통점을 가지고 있어 현재 많은 학자들이 土話와 桂北平話의 관계 더 나아가 土話와 桂南平話의 관계에 대해 많은 연구를 진행하고 있다. 최근의 경향은 대체로 桂北平話와 土話 특히 湘南土話는 상당히 밀접한 관계에 있다는 점에

---

246) 桂北平話는 주로 桂林市의 교외지역과 臨桂, 靈川, 永福, 龍勝, 富川, 鍾山, 賀縣, 融安, 融水, 羅城, 柳江, 柳城 등지에 분포되어 있고(廣西省 중북부), 桂南平話는 주로 賓陽, 邕寧, 橫縣, 貴港, 上林, 馬山 등의 현(縣)과 南寧市 교외 및 左江, 右江 유역에 분포되어 있다(廣西省 서남부 및 일부 북부). 또한 廣西省과 인접한 湖南省의 道縣, 寧遠, 藍山과 通道 侗族自治縣 등 10여 개의 현과 일부 농촌에서도 平話가 사용되고 있다. 梁敏, 張均如(1999:24)의 조사에 의하면 平話를 母語로 사용하는 인구는 대략 3, 4백만 정도가 된다고 한다.

있어서는 의견의 일치를 보고 있다.247) 그러나 桂南平話와 土話의 관계에 대해서는 많은 이견이 존재한다. 劉村漢(1995), 鄭張尙芳(2000) 등에서는 桂北平話와 湘南土話는 동일한 방언으로 볼 수 있지만 桂南平話는 마땅히 粵방언으로 귀속시켜야 한다고 하였다.248) 그러나 王福堂(2001)에서는 보다 심층적인 분석을 통해 桂北平話와 桂南平話 그리고 粵北土話, 湘南土話 모두 본래는 하나의 방언이었으며 현재 나타나고 있는 차이들은 모두 표면적인 것이라고 결론을 내리고 있다.

---

247) 鮑厚星(2004:301-310), 謝奇勇(2005:12-22) 등의 논의에서는 대체로 桂北平話와 湘南土話 는 상당히 밀접한 관계에 있다고 결론을 내리고 있다.

248) 桂南平話는 廣東省 서북부에 분포한 粵방언(특히 粵방언 勾漏片)과 언어 특성상 상당히 유사하여 劉村漢(1995), 伍魏(2001) 등에서는 桂南平話를 마땅히 粵방언으로 귀속시켜야 한다는 주장이 제기되고 있다. 그러나 李連進(2000)에서는 桂南平話와 粵방언의 차이점 에 착안하여 桂南平話를 粵방언으로 귀속시켜야 하는 것이 아니라, 粵방언 勾漏片을 平 話로 귀속시켜야 한다고 주장하고 있다.

모정열 —————————————————————————

현) 중앙대학교 인문대학 아시아문화학부 중국어문학 전공 교수
중앙대학교 중국어학과 졸업
중앙대학교 대학원 영문과 영어학 전공 석사
北京大學 대학원 중문과 언어학 전공 석사
北京大學 대학원 중문과 현대한어 방언학 전공 박사

mjymsy@hanmail.net

한어방언 어음 연구

漢 語 方 言　　語 音　　研 究

초판인쇄 2020년 4월 10일
초판발행 2020년 4월 10일

지은이 모정열
펴낸이 채종준
펴낸곳 한국학술정보㈜
주소 경기도 파주시 회동길 230(문발동)
전화 031) 908-3181(대표)
팩스 031) 908-3189
홈페이지 http://ebook.kstudy.com
전자우편 출판사업부 publish@kstudy.com
등록 제일산-115호(2000. 6. 19)

ISBN 978-89-268-9902-1 93720